11－032 职业技能鉴定指导书

职业标准·试题库

电气值班员

（第二版）

电力行业职业技能鉴定指导中心　编

电力工程　电气运行与检修专业

中国电力出版社
CHINA ELECTRIC POWER PRESS

内 容 提 要

本《指导书》是按照劳动和社会保障部制定国家职业标准的要求编写的，其内容主要由职业概况、职业培训、职业技能鉴定和鉴定试题库四部分组成，分别对技术等级、工作环境和职业能力特征进行了定性描述；对培训期限、教师、场地设备及培训计划大纲进行了指导性规定。本《指导书》自1999年出版后，对行业内职业技能培训和鉴定工作起到了积极的作用，本书在原《指导书》的基础上进行了修编，补充了内容，修正了错误。

试题库是根据《中华人民共和国国家职业标准》和针对本职业（工种）的工作特点，选编了具有典型性、代表性的理论知识（含技能笔试）试题和技能操作试题，还编制有试卷样例和组卷方案。

《指导书》是职业技能培训和技能鉴定考核命题的依据，可供劳动人事管理人员、职业技能培训及考评人员使用，亦可供电力（水电）类职业技术学校和企业职业学习参考。

图书在版编目（CIP）数据

电气值班员/电力行业职业技能鉴定指导中心编. —2版. 北京：中国电力出版社，2008.9（2025.6重印）
（职业技能鉴定指导书. 职业标准试题库）
ISBN 978-7-5083-7689-9

Ⅰ. 电… Ⅱ. 电… Ⅲ. 电力系统运行–职业技能鉴定–教材 Ⅳ. TM732

中国版本图书馆CIP数据核字（2008）第104614号

中国电力出版社出版、发行
(北京市东城区北京站西街19号 100005 http://www.cepp.sgcc.com.cn)
北京雁林吉兆印刷有限公司印刷
各地新华书店经售

2001年6月第一版
2008年9月第二版 2025年6月北京第三十六次印刷
850毫米×1168毫米 32开本 13.625印张 347千字
印数141501—142500册 定价**55.00**元

电力职业技能鉴定题库建设工作委员会

主　任：徐玉华

副主任：方国元　王新新　史瑞家　杨俊平
陈乃灼　江炳思　李治明　李燕明
程加新

办公室：石宝胜　徐纯毅

委　员：（按姓氏笔划为序）
马建军　马振华　马海福　王　玉
王中奥　王向阳　王应永　丘佛田
吕光全　朱兴林　刘树林　许佐龙
杨　威　杨文林　杨好忠　杨耀福
李　杰　李生权　李宝英　吴剑鸣
张　平　张龙钦　张彩芳　陈国宏
季　安　金昌榕　南昌毅　倪　春
徐　林　奚　珣　高　琦　高应云
章国顺　谌家良　董双武　景　敏
焦银凯　路俊海　熊国强

第一版编审人员

编写人员：李振东　任智新　单宝库

审定人员：丁锡云　马振良　郭自荣

第二版编审人员

编写人员（修订人员）：

陆明智　王万春　冯沪祥

罗　俊

审定人员：王好武　陆　耘　丁佐春

说 明

为适应开展电力职业技能培训和实施技能鉴定工作的需要，按照劳动和社会保障部关于制定国家职业标准，加强职业培训教材建设和技能鉴定试题库建设的要求，电力行业职业技能鉴定指导中心统一组织编写了电力职业技能鉴定指导书（以下简称《指导书》）。

《指导书》以电力行业特有工种目录各自成册，于 1999 年陆续出版发行。

《指导书》的出版是一项系统工程，对行业内开展技能培训和鉴定工作起到了积极作用。由于当时历史条件和编写力量所限，《指导书》中的内容已不能适应目前培训和鉴定工作的新要求，因此，电力行业职业技能鉴定指导中心决定对《指导书》进行全面修编，在各网省电力（电网）公司、发电集团和水电工程单位的大力支持下，补充内容，修正错误，使之体现时代特色和要求。

《指导书》主要由职业概况、职业技能培训、职业技能鉴定和鉴定试题库四部分内容构成。其中，职业概况包括职业名称、职业定义、职业道德、文化程度、职业等级、职业环境条件、职业能力特征等内容；职业技能培训包括对不同等级的培训期限要求，对培训指导教师的经历、任职条件、资格要求，对培训场地设备条件的要求和培训计划大纲、培训重点、难点以及对学习单元的设计等；职业技能鉴定的依据是《中华人民共和国国家职业标准》，其具体内容不再在本书中重复；鉴定试题库是根据《中华人民共和国国家职业标准》所规定的范围和内容，以实际技能操作为主线，按照选择题、判断题、简答题、计算题、绘图题和论述题六种题型进行选题，并以难易程度组合排列，同时汇集了大量电力生产建设过程中具有普遍代表性和典型性的实际操作试题，构成了各工种的技能鉴定试题库。试题库的深度、广度涵盖了本职业技能鉴定的全部内容。题库之后还附有试卷样例和组卷方案，为实施鉴定命题提供依据。

《指导书》力图实现以下几项功能：劳动人事管理人员可根据《指导书》进行职业介绍，就业咨询服务；培训教学人员可按照《指导书》中的培训大纲组织教学；学员和职工可根据《指导书》要求，制订自学计划，确立发展目标，走自学成才之路。《指导书》对加强职工队伍培养，提高队伍素质，保证职业技能鉴定质量将起到重要作用。

本次修编的《指导书》仍会有不足之处，敬请各使用单位和有关人员及时提出宝贵意见。

电力行业职业技能鉴定指导中心

2008 年 6 月

目　录

1 职业概况

1.1 职业名称

电气值班员（11—032）。

1.2 职业定义

操作电气设备，监视、控制其运行的人员。

1.3 职业道德

热爱本职工作，刻苦钻研技术，遵守劳动纪律，爱护工具、设备，安全文明生产，诚实团结协作，艰苦朴素，尊师爱徒。

1.4 文化程度

中等职业技术学校毕（结）业。

1.5 职业等级

本职业按照国家职业资格的规定，设为初级（五级）、中级（四级）、高级（三级）、技师（二级）、高级技师（一级）五个技术等级。

1.6 职业环境条件

室内作业。部分季节设备巡视检查、现场就地操作时高温作业和有一定噪声及灰尘。

1.7　职业能力特征

本职业应具有分析判断电气设备运行异常情况，及时、正确处理故障的能力，应具有能用精练语言进行联系、交流工作的能力，具有准确而有目的运用数字进行运算的能力，具有思维想象几何形体及识绘图能力。

2 职业技能培训

2.1 培训期限

2.1.1 初级工：累计不少于500标准学时；

2.1.2 中级工：在取得初级职业资格的基础上累计不少于400标准学时；

2.1.3 高级工：在取得中级职业资格的基础上累计不少于400标准学时；

2.1.4 技师：在取得高级职业资格的基础上累计不少于500标准学时；

2.1.5 高级技师：在取得技师职业资格的基础上累计不少于350标准学时。

2.2 培训教师资格

2.2.1 具有中级以上专业技术职称的工程技术人员和技师可担任初、中级工培训教师；

2.2.2 具有高级专业技术职称的工程技术人员和高级技师可担任高级工、技师和高级技师的培训教师。

2.3 培训场地设备

2.3.1 具备本职业（工种）理论知识培训的教室和教学设备；

2.3.2 具有基本技能训练的实习场所及实际操作训练设备；

2.3.3 具有仿真机或虚拟仿真机、模拟机；

2.3.4 本厂生产现场实际设备。

2.4　培训项目

2.4.1　培训目的：通过培训达到《职业技能鉴定规范》对本职业的知识和技能要求。

2.4.2　培训方式：以自学和脱产相结合的方式，进行基础知识讲课和技能训练。

2.4.3　培训重点：

（1）电气设备规范及运行规程包括：① 发电机；② 变压器；③ 配电装置；④ 电动机；⑤ 直流设备；⑥ 电力系统运行等方面的规定。

（2）运行操作包括：

1）发电机、变压器组的启动、停止及运行；

2）发电机励磁系统的切换操作；

3）配电装置的运行；

4）电动机的运行；

5）厂用电系统的操作；

6）直流系统的运行、操作；

7）220kV 系统设备的运行操作。

（3）事故分析、判断和处理。

2.5　培训大纲

本职业技能培训大纲，以模块组合（MES）——模块（MU）——学习单元（LE）的结构模式进行编写（见表 1）；职业技能模块及学习单元对照选择见表 2；学习单元名称见表 3。

表 1　　　　　　培训大纲模块

模块序号及名称	单元序号及名称	学习目标	学习内容	学习方式	参考学时
MU1 发电厂运行人员职业道德	LE1 电气值班员的职业道德及电力法规	通过本单元学习之后，了解发电厂电气值班员的职业道德规范，并能自觉遵守行为规范准则和电力法规的规定	1　热爱祖国，热爱本职工作 2　刻苦学习、钻研技术 3　爱护设备、工具 4　团结协作 5　遵守纪律、安全文明 6　尊师爱徒、严守岗位职责 7　电力法规的内容	自学	2
MU2 发电厂安全运行	LE2 安全生产的法制教育	通过本单元的学习之后，了解安全法制教育内容及重要性，自觉遵守法规	1　从电力生产“安全第一”方针入手，提高职工主人翁责任感 2　树立法制观念，增强安全生产的自觉性	讲课与自学	6
	LE3 “预防为主，安全第一”方针	通过本单元的学习之后，掌握“预防为主、安全第一”方针的意义并贯彻执行	1　树立事故可预防的信心 2　严格执行各项规章制度，杜绝操作事故 3　认真搞好季节性安全工作 4　对事故坚持“三不放过”的原则 5　认真组织各项安全活动	讲课与自学	6
	LE4 电业安全工作规程	通过本单元学习之后，了解并掌握安全工作规定内容，遵照执行	1　电气工作时安全距离的规定 2　安全的组织措施 3　安全的技术措施	自学	10
	LE5 安全责任制	通过本单元的学习之后，掌握“管生产必须管安全，安全生产人人有责”的原则	1　厂长、生产厂长在安全生产中的职责和权力 2　安全专责在安全生产中的职责权力	自学	6

续表

模块序号及名称	单元序号及名称	学习目标	学习内容	学习方式	参考学时
MU2 发电厂安全运行	LE6 电气安全用具	通过本单元的学习之后，掌握安全用具的种类并能正确使用，保证安全生产	1 安全用具分类 2 正确使用安全用具 3 安全用具的保管	自学	4
	LE7 触电急救	通过本单元的学习之后，了解触电的种类，掌握触电急救方法	1 触电方式的种类，哪种危害最大 2 什么是安全电流、安全电压 3 学会触电急救方法 4 掌握人工呼吸法	自学	6
MU3 微机应用	LE8 微机应用	通过本单元的学习之后，掌握微机基本操作、控制、调整及事故处理	1 基本操作及技能 2 微机管理 3 监视、控制与调整 4 事故处理	讲课与自学	45
MU4 电力系统运行规定	LE9 调度管辖范围	通过本单元的学习后，了解调度的权限，并能在运行中正确向调度请示办理	1 省调管辖的设备 2 省调管理的设备	讲课	2
	LE10 电压周波管理	通过本单元的学习后，学会电压、周波的管理规定，并能在运行中正确的操作	1 电压管理规定 2 周波管理规定	自学	2
	LE11 运行方式	通过本单元学习后，了解各种类型的运行的规定，并能在系统运行中正确的操作	1 220kV 系统运行方式 2 厂用 6kV 系统运行方式 3 厂用 380V 系统运行方式 4 380V 保安电源运行方式 5 220V 不停电电源运行方式	仿真机培训或结合实际进行讲课	10

续表

模块序号及名称	单元序号及名称	学习目标	学习内容	学习方式	参考学时
MU4 电力系统运行规定	LE12 倒闸操作	通过本单元的学习后，了解倒闸操作的规定与要求，并能进行电力系统各类型系统的操作	1　倒闸操作的一般规定 2　输电线路停、送电操作 3　220kV 母线的倒闸操作 4　旁路母线的倒闸操作 5　厂用 6kV 系统的倒闸操作 6　厂用 380V 系统的倒闸操作 7　厂用 380V 事故保安电源系统的操作 8　220V 不停电电源系统的操作	仿真机培训或结合现场实际学习	20
	LE13 事故处理	通过本单元的学习后，掌握事故处理原则与方法，并能进行各种系统的故障处理	1　事故处理原则 2　线路跳闸现象及处理 3　线路单相断线或断路器单相跳闸现象及处理 4　线路故障、断路器拒动现象及处理 5　220kV 母线故障处理 6　变电所全停事故处理 7　系统振荡事故处理 8　发变组断路器因母差保护及系统故障的处理 9　厂用 6kV 系统故障处理 10　厂用 380V 系统故障处理 11　厂用系统谐振的处理	仿真机培训或结合现场实际讲课与操作	20

续表

模块序号及名称	单元序号及名称	学习目标	学习内容	学习方式	参考学时
MU5 发电机运行规定	LE14 设备技术规范	通过本单元的学习后，了解设备技术规范，并能掌握运行数据进行操作	1 发电机额定数据 2 励磁机额定数据 3 励磁整流柜技术数据 4 备用励磁机额定数据	现场实际讲课与自学	6
	LE15 发电机运行参数的规定	通过本单元的学习后，了解发电机运行参数并能进行发电机的各项操作	1 允许温度与温升的规定 2 绝缘电阻的规定 3 轴承允许振动值的规定 4 冷却系统及冷却介质的规定 5 气体置换的规定	现场实际讲课与自学	6
	LE16 发电机的正常运行方式	通过本单元学习后，了解发电机正常、异常时的运行方式，并能保证发电机正常运行的操作	1 额定情况下的运行方式 2 进风温度变动时的运行方式 3 电压、频率、电流、功率因数变动时的运行方式 4 发电机进相运行方式	仿真机现场实际自学	6
	LE17 励磁系统运行方式	通过本单元学习后，了解励磁系统的运行方式，并能进行励磁系统的运行操作	1 励磁系统运行方式 2 励磁系统切换 3 励磁系统各类保护	自学	6
	LE18 发电机的启动、并列与解列停机	通过本单元学习后，了解启动前需做的各项工作、启动并列与解列停机，并能进行发电机各项正常操作	1 启动前的准备工作 2 启动前的试验项目 3 启动过程中的检查 4 发电机的启动并列 5 用备用励磁机启动并列 6 发电机的解列停机	仿真机培训或现场实际讲课学习	20

续表

模块序号及名称	单元序号及名称	学习目标	学习内容	学习方式	参考学时
MU5 发电机运行规定	LE19 发电机运行中的监视、检查与维护	通过本单元的学习后，了解发电机运行监视、检查与维护，并能保证发电机安全运行的操作	1 正常运行中的监视 2 正常运行中的检查 3 正常运行中的维护 4 发电机保护的使用	自学	6
	LE20 发电机异常运行及事故处理	通过本单元学习后，了解发电机异常、紧急事故与事故处理，能正确处理发电机各种事故的操作	1 发电机异常运行的处理 2 发电机紧急事故的处理 3 发电机事故的处理	仿真机培训或现场实际讲课	10
MU6 变压器运行规定	LE21 变压器的设备技术规范	通过本单元学习后，了解设备技术规范并能掌握运行数据进行正确的操作	1 主变压器技术规范 2 高压工作变压器技术规范 3 高压备用变压器技术规范 4 厂用变压器技术规范 5 干式变压器技术规范	现场实际讲课学习	6
	LE22 变压器运行与维护	通过本单元的学习后，了解变压器运行方式及规定，并能保证变压器正常运行的各项操作	1 额定运行方式 2 允许运行方式 3 绝缘电阻的规定 4 变压器运行前的准备与检查 5 变压器运行中的检查与维护 6 变压器冷却装置的运行规定	仿真机培训或现场实际学习	10
	LE23 变压器的操作及保护	通过本单元的学习后，掌握变压器操作及保护，能进行变压器各种运行方式的正确操作	1 变压器的操作 2 变压器的并列运行 3 变压器的解列停止运行 4 变压器瓦斯保护的运行与规定 5 变压器保护的使用	仿真机培训或现场实际学习	6

续表

模块序号及名称	单元序号及名称	学习目标	学习内容	学习方式	参考学时
MU6 变压器运行规定	LE24 变压器异常运行及事故处理	通过本单元的学习后，了解变压器异常情况、事故现象，能正确进行变压器各类的事故处理	1　变压器的异常运行及处理 2　变压器的事故处理	仿真机培训或现场实际学习	10
MU7 配电装置运行规定	LE25 配电装置的设备技术规范	通过本单元学习后，了解各种设备的规范，并能进行正确的各项操作	1　高压断路器规范 2　高压真空断路器规范 3　隔离开关规范 4　母线规范 5　电压互感器的规范 6　避雷器的规范 7　电流互感器规范 8　低压开关规范	自学或讲课	6
	LE26 配电装置正常运行、检查与维护	通过本单元的学习后，了解配电装置检查及维护内容，并能进行配电装置的正常检查与维护操作	1　断路器的运行检查与维护 2　母线及隔离开关的运行检查与维护 3　电压互感器运行检查 4　避雷器的运行检查 5　电流互感器的运行检查 6　电缆的运行检查	现场实际讲课	6
	LE27 配电装置的操作及注意事项	通过本单元的学习后，了解配电装置的操作程序与方法，能进行配电装置的正确操作	1　断路器的操作及注意事项 2　母线、隔离开关的操作及注意事项 3　电压互感器的操作及注意事项	与实际结合学习	6
	LE28 配电装置的事故处理	通过本单元的学习后，了解配电装置的事故原因，能进行配电装置的各种事故的正确处理	1　开关的事故处理 2　母线、隔离开关的事故处理 3　电压互感器的事故处理 4　电流互感器的事故处理 5　电缆的事故处理	结合现场实际学习	16

续表

模块序号及名称	单元序号及名称	学习目标	学习内容	学习方式	参考学时
MU8 电动机运行规定	LE29 电动机运行总则	通过本单元学习后，了解电动机铭牌参数，能保证电动机正常运行	1 一般规定 2 电动机的铭牌参数	自学	6
	LE30 电动机运行方式	通过本单元学习后，了解电动机运行方式及参数允许值，能正确进行电动机运行操作	1 正常运行方式 2 允许温度与温升 3 振动、串动允许值 4 绝缘电阻的规定	自学	6
	LE31 电动机的操作、监视与维护	通过本单元的学习后，了解电动机启动前准备与监视、检查、启动、停止，并能进行电动机各项操作与维护	1 启动前的准备与检查 2 启动与停止 3 运行中的监视检查与维护 4 电动机的保护使用	讲课	6
	LE32 电动机异常及事故处理	通过本单元学习后，了解电动机异常与事故处理，能正确处理电动机各种事故	1 电机的异常及事故处理 2 电动机停不下来的处理 3 运行中的异常及处理 4 事故处理	讲课	10
MU9 直流系统运行规定	LE33 直流系统技术规范	通过本单元的学习后，了解蓄电池、硅整流、充电机的规范，并能正确地进行各项操作	1 蓄电池的技术规范 2 硅整流装置技术规范 3 充电机的技术规范	自学	6
	LE34 直流系统运行方式	通过本单元的学习后，了解直流运行方式及允许值的规定，并能正确进行运行操作	1 正常运行方式 2 运行电压的允许值 3 蓄电池的温度 4 蓄电池的溶液密度 5 绝缘电阻允许值	现场实际学习	10

续表

模块序号及名称	单元序号及名称	学习目标	学习内容	学习方式	参考学时
MU9 直流系统运行规定	LE35 正常运行操作、检查与维护	通过本单元学习后，了解并列原则及设备送电前的检查与维护，并能正确进行各类设备运行、检查与维护工作	1 直流系统并列原则 2 硅整流装置及充电机送电前的检查 3 浮充电的操作 4 蓄电池的定期充、放电 5 直流系统正常运行的检查与维护	讲课	10
	LE36 直流系统的异常及事故处理	通过本单元的学习后，了解直流系统异常事故现象，并能进行直流系统各种异常及事故的处理	1 直流系统接地 2 硅整流装置及充电机的异常及事故处理 3 直流母线及蓄电池异常及事故处理	讲课	10
MU10 氢系统运行规定	LE37 氢系统防火	通过本单元学习后，了解氢气爆炸原因，能做到防火保安全	1 防火保安 2 氢设备附近不准有明火	自学	4
	LE38 设备运行中的检查、置换、异常及事故处理	通过本单元的学习之后，了解氢系统置换异常及故障现象，能进行氢系统各种异常及事故处理	1 正常进行氢管路检查 2 电气设备的事故处理 3 运行中的异常及处理 4 氢系统的气体置换	结合现场实际学习	10
MU11 电气运行管理	LE39 电气运行管理工作特点、任务和内容	通过本单元的学习之后，掌握运行管理工作的特点、任务和内容，能做好管理工作	1 运行管理工作的特点、任务和内容 2 管理工作对运行人员的要求 3 运行管理人员的职责	讲课与自学	15

续表

模块序号及名称	单元序号及名称	学习目标	学习内容	学习方式	参考学时
MU11 电气运行管理	LE40 运行管理工作标准化	通过本单元的学习之后，掌握标准的内容，更好的做好管理工作	1 标准 2 标准化 3 标准化工作和运行管理工作标准化的内容 4 提高运行管理工作标准化的水平	讲课与自学	15
	LE41 运行管理的日常工作	通过本单元学习之后，了解日常工作内容按着标准执行，能保证安全运行	1 工作标准化流程 2 交接班制度 3 巡视检查 4 操作监护制 5 运行分析 6 年度管理工作要点	自学	15
	LE42 电气运行的技术管理	通过本单元的学习后，了解运行技术管理的内容，更好做好技术管理工作	1 技术管理的任务和内容 2 运行应具备的技术资料 3 技术资料的管理 4 技术培训	自学	16
MU12 发电厂经济指标分析	LE43 发电厂经济主要指标分析	通过本单元的学习之后，能够掌握发电厂经济指标分析和计算，改进运行操作，提高发电厂的经济性	1 发电厂的主要经济指标 2 电气运行小指标	自学	16
MU13 发电厂可靠性管理	LE44 发电厂可靠性管理	通过本单元的学习之后，能够掌握发电厂主、辅设备可靠性管理，制定措施，降低非计划停运，提高设备可靠性	1 发电厂可靠性管理基本知识 2 主、辅设备可靠性管理统计内容 3 发电厂设备异常情况分析	讲课与自学	16

表 2　　职业技能模块及学习单元对照选择表

模块		MU1	MU2	MU3	MU4	MU5	MU6	MU7	MU8	MU9	MU10	MU11	MU12	MU13
内容		发电厂运行人员的职业道德	发电厂安全运行	微机应用	电力系统运行规定	发电机运行规定	变压器运行规定	配电装置运行规定	电动机运行规定	直流系统运行规定	氢系统运行规定	电气运行管理	发电厂经济指标分析	发电厂可靠性管理
参考学时		4	8	50	54	60	32	34	28	30	14	20	16	16
适用等级		初级 中级 高级 技师 高级技师	初级 中级 高级 技师 高级技师	初级 中级 高级 技师 高级技师	中级 高级	中级 高级 技师	中级 高级	初级 中级 高级	初级 中级 高级	初级 中级	初级 中级	中级 高级 技师 高级技师	技师 高级技师	技师 高级技师
学习单元LE序号选择	初	1	2，3，4，5，6，7	8				25，26，27	29，30	33，34，35	37			
	中	1	2，3，4，5，6，7	8	11，12，13	14，15，16，17	21，22，23	27	31	36	38	39，40，41		
	高	1	2，3，4，5，6，7	8	9，10	19，20	24	28	32			42		
	技师	1	2，3，4，5，6，7	8		18						42	43	44
	高级技师	1	2，3，4，5，6，7	8									43	44

表 3　　学习单元名称表

单元序号	单元名称	单元序号	单元名称
LE1	电气值班员的职业道德及电力法规	LE23	变压器的操作及保护
LE2	安全生产的法制教育	LE24	变压器异常运行及事故处理
LE3	“预防为主，安全第一”方针	LE25	配电装置的设备技术规范
LE4	电业安全工作规程	LE26	配电装置正常运行、检查与维护
LE5	安全责任制	LE27	配电装置的操作及注意事项
LE6	电气安全用具	LE28	配电装置的事故处理
LE7	触电急救	LE29	电动机运行总则
LE8	微机应用	LE30	电动机运行方式
LE9	调度管辖范围	LE31	电动机操作、监视与维护
LE10	电压周波管理	LE32	电动机异常及事故处理
LE11	运行方式	LE33	直流系统技术规范
LE12	倒闸操作	LE34	直流系统运行方式
LE13	事故处理	LE35	正常运行操作、检查与维护
LE14	设备技术规范	LE36	直流系统异常及事故处理
LE15	发电机运行参数的规定	LE37	氢系统防火
LE16	发电机的正常运行方式	LE38	氢系统设备运行中的检查置换、异常及事故处理
LE17	励磁系统运行方式	LE39	电气运行管理工作特点、任务和内容
LE18	发电机启动、并列与解列停机	LE40	运行管理工作标准化
LE19	发电机运行中的监视、检查与维护	LE41	运行管理的日常工作
LE20	发电机异常运行及事故处理	LE42	电气运行的技术管理
LE21	变压器的设备技术规范	LE43	发电厂主要经济指标分析
LE22	变压器运行与维护	LE44	发电厂可靠性管理

3 职业技能鉴定

3.1 鉴定要求

鉴定内容和考核双向细目表按照本职业（工种）《中华人民共和国职业技能鉴定规范·电力行业》执行。

3.2 考评人员

考评人员分考评员和高级考评员。考评员可承担初、中、高级技能等级鉴定；高级考评员可承担初、中、高级技能等级和技师、高级技师资格考评。其任职条件是：

3.2.1 考评员必须具有高级工、技师或者中级专业技术职务以上的资格，具有15年以上本工种专业工龄；高级考评员必须具有高级技师或者高级专业技术职务，取得考评员资格并具有1年以上实际考评工作经历。

3.2.2 掌握必要的职业技能鉴定理论、技术和方法，熟悉职业技能鉴定的有关法规和政策，有从事职业技术培训、考核的经历。

3.2.3 具有良好的职业道德，秉公办事，自觉遵守职业技能鉴定考评人员守则和有关规章制度。

鉴定试题库

4

4.1 理论知识（含技能笔试）试题

4.1.1 选择题

下列每题都有 4 个答案，其中只有一个正确答案，将正确答案填在括号内。

La5A1001 在三相交流电路中所谓三相负载对称是指（**C**）。

（A）各相阻抗值相等；（B）各相阻抗值不等；（C）电阻相等、电抗相等、电抗性质相同；（D）阻抗角相等。

La5A1002 交流电路中常用 P、Q、S 表示有功功率、无功功率、视在功率，而功率因数是指（B）。

（A）$\frac{Q}{P}$；（B）$\frac{P}{S}$；（C）$\frac{Q}{S}$；（D）$\frac{P}{Q}$。

La5A1003 磁场力的大小与（A）有关。

（A）磁感应强度；（B）磁力线方向；（C）通过导体的电流；（D）外加电压。

La5A2004 如负载的有功功率为 P，无功功率为 Q，电压为 U，电流为 I，确定电抗 X 大小的关系式是（A）。

（A）$X=\frac{Q}{I^2}$；（B）$X=\frac{Q}{I}$；（C）$X=\frac{I^2}{Q^2}$；（D）$X=\frac{UI^2}{Q}$。

La5A2005 **有一个三相电动机，当绕组连成星形接于 U_L=380V 的三相电源上，或绕组连成三角形接于 U_L=220V 的三相电源上，这两种情况下，从电源输入的功率（A）。**

（A）相等；（B）差 $\sqrt{3}$ 倍；（C）差 $\frac{1}{\sqrt{3}}$ 倍；（D）差 3 倍。

La5A2006 **在交流电流 i 通过某电阻，在一定时间内产生的热量，与某直流电流 I 在相同时间内通过该电阻所产生的热量相等，那么就把此直流 I 定为交流电流 i 的（A）。**

（A）有效值；（B）最大值；（C）最小值；（D）瞬时值。

La5A3007 **测量 50Hz 交流电半波整流器的平均值选用（D）式仪表。**

（A）电磁式；（B）热电式；（C）感应式；（D）磁电式。

La5A3008 **磁电式仪表用于测量（B）。**

（A）交流电；（B）直流电；（C）瞬时值；（D）平均值。

La5A3009 **电动式仪表用于测量（B）。**

（A）直流电；（B）交流电；（C）平均值；（D）有效值。

La5A4010 **导体的电阻与导体的长度关系为（A）。**

（A）正比；（B）反比；（C）随之增加；（D）无关。

La5A4011 **导体的电阻与导体的截面积关系为（B）。**

（A）正比；（B）反比；（C）随之减少；（D）无关。

La5A4012 **长度为 1m，截面是 1mm^2 的导体所具有的电阻值称为（C）。**

（A）电阻；（B）阻抗；（C）电阻率；（D）导纳。

La5A5013 **电阻率的单位是（B）。**

（A）$\Omega \cdot m/mm^2$；（B）$\Omega \cdot m$；（C）$(m \cdot mm^2)/\Omega$；（D）$m/(mm^2 \cdot \Omega)$。

La5A5014 **电导与电阻的关系为（D）。**

（A）反比；（B）正比；（C）函数关系；（D）倒数关系。

La5A5015 **表示电流的单位英文字母是（A）。**

（A）A；（B）g；（C）V；（D）I。

La4A1016 **导体对电流的阻力是（B）。**

（A）电纳；（B）电阻；（C）导纳；（D）感抗。

La4A1017 **电阻的单位是（B）。**

（A）焦耳；（B）欧姆；（C）西门子；（D）电抗。

La4A1018 **表示电阻的英文字母是（A）。**

（A）R；（B）G；（C）A；（D）I。

La4A2019 **电阻的单位是欧姆用字母（A）表示。**

（A）Ω；（B）U；（C）ρ；（D）Q。

La4A2020 **单位时间内，电流所做的功称为（A）。**

（A）电功率；（B）无功率；（C）视在功率；（D）有功率加无功率。

La4A2021 **对称三相交流电路总功率等于单相功率的（B）倍。**

（A）$\sqrt{3}$；（B）3；（C）$\frac{1}{\sqrt{3}}$；（D）$\frac{1}{3}$。

La4A2022 **对称三相交流电路，中性点电压等于（A）。**

（A）0；（B）1；（C）$\sqrt{2}$；（D）$\frac{1}{\sqrt{3}}$。

La4A3023 **蓄电池是一种储能设备，它能把电能转变为（B）能。**

（A）热；（B）化学；（C）机械；（D）光。

La4A3024 **在计算复杂电路的各种方法中，最基本的方法是（A）法。**

（A）支路电流；（B）回路电流；（C）叠加原理；（D）戴维南原理。

La4A3025 **在电阻、电感、电容和电抗组成的电路中，消耗电能的元件是（A）。**

（A）电阻；（B）电感；（C）电抗；（D）电容。

La4A4026 **在电阻、电感、电容组成电路中，不消耗电能的元件是（A）。**

（A）电感、电容；（B）电阻与电感；（C）电容与电阻；（D）电阻。

La4A4027 **在星形连接的对称电路中，线电压 U_L 等于（A）倍相电压 U_{ph}。**

（A）$\sqrt{3}$；（B）3；（C）$\frac{1}{\sqrt{3}}$；（D）$\frac{1}{3}$。

La4A4028 **整流式电流表能测出（B）。**

（A）畸变交流电流；（B）交流毫安级至安培级电流；（C）直流微安级电流；（D）直流大电流。

La4A5029 **为了把电压表的测量范围扩大 100 倍，倍率器的电阻应是内阻的（C）倍。**

（A）$\frac{1}{100}$；（B）$\frac{1}{99}$；（C）99；（D）100。

La4A5030 **为了把电流表量程扩大 100 倍，分流电阻的电阻，应是仪表内阻的（B）倍。**

（A）$\frac{1}{100}$；（B）$\frac{1}{99}$；（C）99；（D）100。

La4A5031 **在电阻串联电路中，每个电阻上的电压大小（A）。**

（A）与电阻大小成正比；（B）相同；（C）与电阻大小成反比；（D）无法确定。

La3A1032 **三个相同的电阻串联总电阻是并联时总电阻的（B）倍。**

（A）6；（B）9；（C）3；（D）$\frac{1}{9}$。

La3A1033 **如图 A-1 所示，*R*=2Ω，*r*=6Ω，A、B 两点间的等效电阻是（A）Ω。**

（A）1.5；（B）3；（C）12；（D）6。

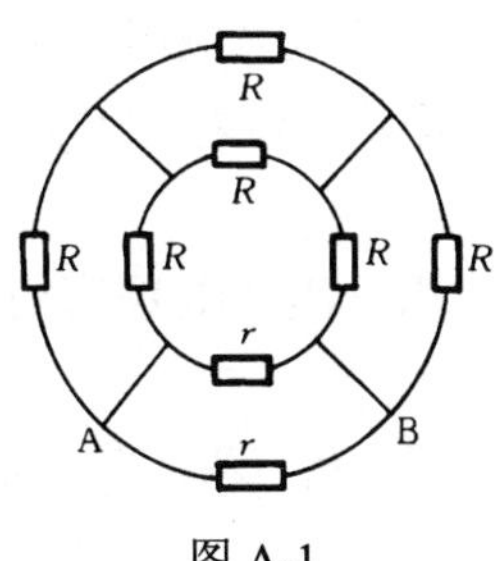

图 A-1

La3A1034 **如图 A-2 所示电阻的等效电阻 R_{ab} 为（B）Ω。**

（A）3.3；（B）2；（C）5.5；（D）4。

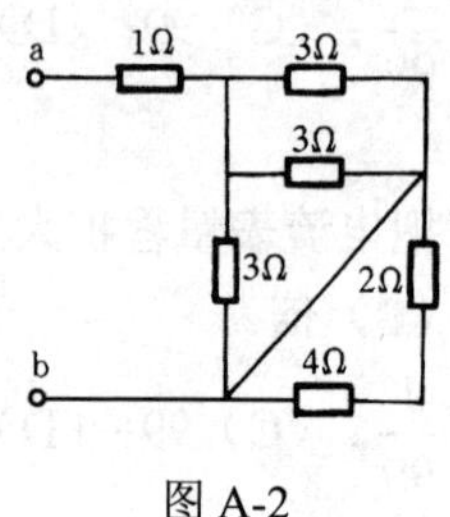

图 A-2

La3A2035 **一台额定电压为 100V、额定电流为 10A 的用电设备接入 220V 的电路中并能正常工作，可以（A）。**

（A）串联一个 12Ω 的电阻；（B）串联一个 20Ω 的电阻；（C）串联一个 10Ω 的电阻；（D）并联一个 12Ω 电阻。

La3A2036 **两台额定功率相同，但额定电压不同的用电设备，若额定电压 110V 设备电阻为 R，则额定电压为 220V 设备的电阻为（C）。**

（A）$2R$；（B）$\frac{1}{2}R$；（C）$4R$；（D）$\frac{R}{4}$。

La3A2037 **一个 220V、100W 的灯泡和一个 220V、40W 的灯泡串联接在 380V 的电源上，则（A）。**

（A）220V、40W 的灯泡易烧坏；（B）220V、100W 的灯泡易烧坏；（C）两个灯泡均易烧坏；（D）两个灯泡均正常发光。

La3A3038 **电阻 $R_1>R_2>R_3$ 将它们并联使用时，各自相应的消耗功率是（B）。**

（A）$P_1>P_2>P_3$；（B）$P_1<P_2<P_3$；（C）$P_1=P_2=P_3$；（D）无法比。

La3A3039 **如图 A-3 所示，通电螺旋管内，放一个磁针，当开关 S 闭合时，磁针 N 极指向为（C）。**

（A）向外转 90°；（B）向里转 90°；（C）图示位置不动；（D）旋转 180°。

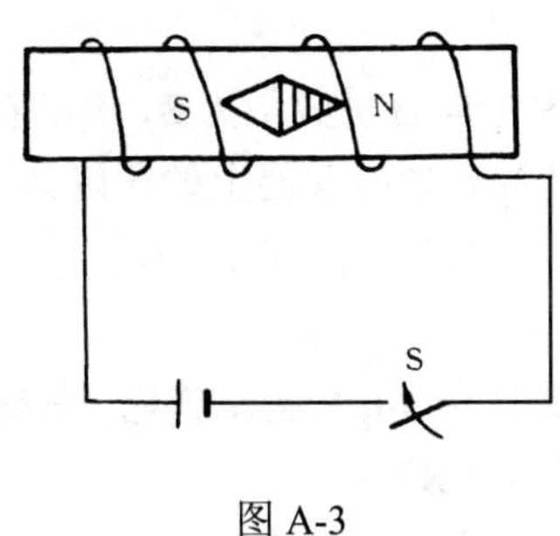

图 A-3

La3A3040 **若同一平面上三根平行放置的导体，流过大小和方向都相同的电流时，则中间导体受到的力为（C）。**

（A）吸力；（B）斥力；（C）零；（D）不变的力。

La3A4041 **线圈中感应电动势的大小与（C）。**

（A）线圈中磁通的大小成正比；（B）线圈中磁通的变化量成正比；（C）线圈中磁通变化率成正比，还与线圈的匝数成正比；（D）线圈中磁通的大小成反比。

La3A4042 **电容器在充电和放电过程中，充电电流与（C）成正比。**

（A）电容器两端电压；（B）电容器两端电压的变量；（C）电容器两端电压的变化率；（D）电容器两端电压大小。

La3A4043 **电容器的电容量与加在电容器上的电压（C）。**

（A）成正比；（B）成反比；（C）无关；（D）无规则变化。

La3A5044 一个电容器C和一个电容量为2μF的电容器串联后，总电容量为电容器C的电容量$\frac{1}{3}$，那么电容器C的电容量是（B）μF。

（A）3；（B）4；（C）6；（D）8。

La3A5045 两个电容量分别为3、6μF的电容串联，若外加电压为12V，则3μF的电容器上的压降为（A）V。

（A）8；（B）4；（C）9；（D）18。

La3A5046 有三个10μF的电容器，要得30μF的电容量，可将三个电容连接成（B）。

（A）串联；（B）并联；（C）混联；（D）其他连接。

La2A1047 一般电气设备铭牌上的电压和电流值的数值是（C）。

（A）瞬时值；（B）最大值；（C）有效值；（D）平均值。

La2A1048 电压的瞬时值表达式$u=110\sin\left(\omega t-\frac{\pi}{3}\right)$V，那么（B）。

（A）电压有效值为110V，相位角是$\frac{\pi}{3}$；（B）电压有效值为$\frac{110}{\sqrt{2}}$V，相位角是$\left(\omega t-\frac{\pi}{3}\right)$；（C）电压的有效值为$\frac{110}{\sqrt{2}}$V，相位角是$-\frac{\pi}{3}$；（D）电压的最大值为110V，相位角是$\frac{\pi}{3}$。

La2A1049 电压和电流的瞬时值表达式分别为$u=220\sin(\omega t-10°)$和$i=5\sin(\omega t-40°)$，那么（B）。

（A）电流滞后电压40°；（B）电流滞后电压30°；（C）电

压超前电流 50°；（D）电压超前电流 30°。

La2A2050 **在电阻 R、电感线圈 L、电容器 C 串联 AB 电路中 R=40Ω；X_L=30Ω；X_C=60Ω，则阻抗 Z_{AB} 为（B）Ω。**

（A）70；（B）50；（C）130；（D）93。

La2A2051 **负载流过交流电流 $i=10\sin 314t$A，电压 $u=10\sin\left(314t+\frac{\pi}{2}\right)$V，则负载是（C）。**

（A）纯阻性的；（B）纯容性的；（C）纯感性的；（D）阻容性的。

La2A2052 **交流电路的功率因数是指（B）。**

（A）无功功率与有功功率之比；（B）有功功率与视在功功率之比；（C）无功功率与视在功功率之比；（D）有功功率与无功功率之比。

La2A2053 **在 R、L、C 串联的交流电路中，当总电压相位落后于电流相位时，则（B）。**

（A）$X_L > X_C$；（B）$X_L < X_C$；（C）$X_L = X_C$；（D）$R+X_L > X_C$。

La2A3054 **三角形连接的供电方式为三相三线制，在三相电动势 E 为对称的情况下，三相电动势相量之和等于（B）。**

（A）E；（B）0；（C）$2E$；（D）$3E$。

La2A3055 **反映电阻元件两端的电压与电流电阻三者关系的定律是（C）。**

（A）基尔霍夫；（B）焦耳定律；（C）欧姆定律；（D）全电路定律。

La2A3056 如果电流的方向由正向负流动，那么电子流的方向是（**B**）。

（A）由正向负；（B）由负向正；（C）左右摆动；（D）无法确定。

La2A4057 能推动电子沿导体流动一种力量，也可以说是电流的一种动力，我们称之为（**C**）。

（A）电导；（B）导纳；（C）电压；（D）电势。

La2A4058 表示电压量的符号是（**C**）。

（A）K；（B）A；（C）U；（D）ω。

La2A4059 电流的单位名称是（**C**）。

（A）库仑；（B）伏特；（C）安培；（D）欧姆。

La2A4060 流入电路中一个节点的电流之和（**C**）流出该节点的电流之和。

（A）大于；（B）小于；（C）等于；（D）无关。

La1A1061 沿任一回路的任一方向绕行一周，各电源电动势和（**C**）各电阻电压降的代数和。

（A）大于；（B）小于；（C）等于；（D）不等于。

La1A1062 电阻串联电路的总电阻为各电阻（**B**）。

（A）倒数之和；（B）之和；（C）之积；（D）之商。

La1A1063 电阻串联电路的总电压（**C**）各电阻的电压降之和。

（A）大于；（B）小于；（C）等于；（D）不等于。

La1A2064 在串联电路中，流过各电阻的电流（A）。
（A）相同；（B）不同；（C）相加；（D）相减。

La1A2065 电阻 $R_1 > R_2$ 的串联，此时流经 R_1 的电流（A）流过 R_2 的电流。
（A）等于；（B）大于；（C）小于；（D）不等于。

La1A2066 几个电阻头尾分别连在一起，这种连接叫电阻（B）。
（A）混联；（B）并联；（C）串联；（D）其他。

La1A2067 并联电阻两端的电压（C）每个电阻两端的电压。
（A）大于；（B）小于；（C）等于；（D）不等于。

La1A2068 R_1 和 R_2 并联后的总电阻是（A）。
（A）$\frac{R_1R_2}{R_1+R_2}$；（B）$\frac{R_1+R_2}{R_1R_2}$；（C）$R_1R_2(R_1+R_2)$；（D）$\frac{R_1(R_1+R_2)}{R_2(R_1+R_2)}$。

La1A3069 并联电路的总电流为各支路电流（A）。
（A）之和；（B）之积；（C）之商；（D）倒数和。

La1A3070 电场力在一段时间内所做的功称为（B）。
（A）电功；（B）电能；（C）电功率；（D）无功。

La1A3071 1MW 的负荷使用 10h，等于（D）kWh。
（A）10；（B）100；（C）1000；（D）10000。

La1A3072 通过某一垂直面积的磁力线叫（B）。

（A）磁场；（B）磁通；（C）磁密；（D）联链。

La1A4073 电阻通电流后所产生的热量与电流平方、电阻及通电的时间成正比，这就是（C）。

（A）基尔霍夫定律；（B）楞次定律；（C）焦耳-楞次定律；（D）焦耳定律。

La1A4074 金属导体的电阻与（D）无关。

（A）导线长度；（B）导线横截面积；（C）导线的电阻率；（D）外加电压。

La1A4075 两个金属板之间电容量的大小与（D）无关。

（A）板间距离；（B）板的面积；（C）板间介质；（D）外加电压。

La1A4076 一个线圈的电感与（D）无关。

（A）匝数；（B）尺寸；（C）有无铁芯；（D）外加电压。

La1A5077 两只额定电压相同的灯泡，串联在适当的电压上，则功率较大的灯泡（B）。

（A）发热量大；（B）发热量小；（C）发热量相等；（D）发热量不等。

La1A5078 两个电阻器件的额定功率不同，但额定电压相同，当它们并联在一个电压上时，则功率大的电阻器（C）。

（A）发热量相等；（B）发热量不等；（C）发热量较大；（D）发热量较小。

La1A5079 通过一电阻线路的电流为5A，4min后通过该电阻线路横截面的电量是（C）。

（A）20C；（B）50C；（C）1200C；（D）2000C。

La1A5080 有一个内阻可以忽略不计的直流电源，给串联的电阻 R_A、R_B 送电，当 90Ω 的电阻 R_A 短路后，电路中的电流是以前的 4 倍，则电阻 R_B 的电阻值是（A）Ω。

（A）30；（B）60；（C）180；（D）260。

Lb5A1081 有一个内阻为 0.15Ω 的电流表，最大量程是 1A，现将它并联一个 0.05Ω 的小电阻，则这个电流表量程可扩大为（B）A。

（A）3；（B）4；（C）6；（D）2。

Lb5A1082 两个电容量为 10μF 的电容器，并联电压为 10V 的电路中，现将电容器电压升至 20V，则此时电容器的电量将（C）。

（A）增大一倍；（B）减小一倍；（C）不变；（D）不一定。

Lb5A2083 用电流表测量通过电灯的电流强度如图 A-4 所示，接线正确的是（C）。

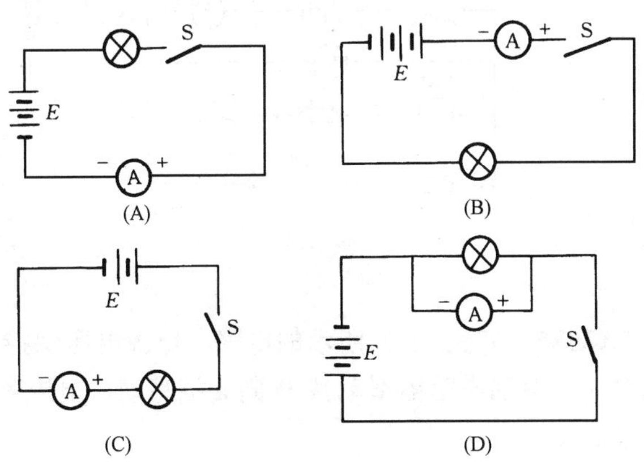

图 A-4

Lb5A2084 用电压表直接测量灯泡 **EL1** 两端电压如图 **A-5** 所示，那个接线正确的是（**D**）。

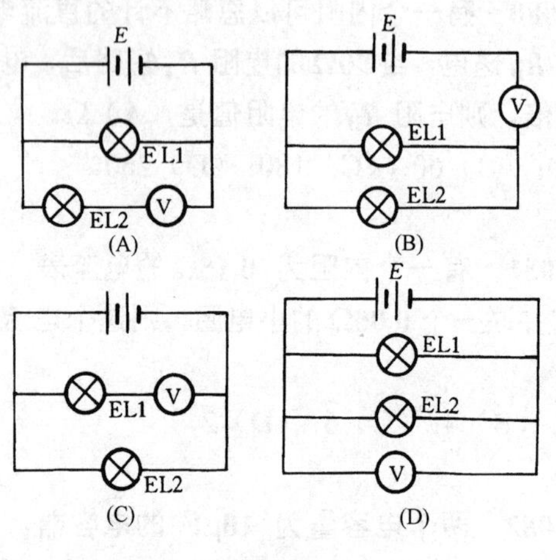

图 A-5

Lb5A2085 如图 **A-6** 所示电路，电源电压不变，当 **S1**、**S** 先闭合，**S2** 后闭合时，**PA1** 的读数正确的是（**B**）。

（A）变大；（B）变小；（C）不变；（D）不一定。

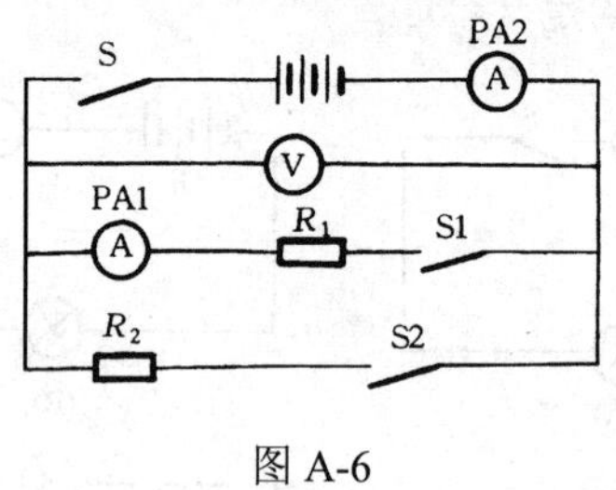

图 A-6

Lb5A2086 如图 **A-7** 所示的电路，电源电压保持不变，当 **S** 闭合时，滑动电阻器滑动片 **D** 向 **a** 端移动，电流表 **PA** 的读数将（**B**）。

（A）增大；（B）减小；（C）不变；（D）不一定。

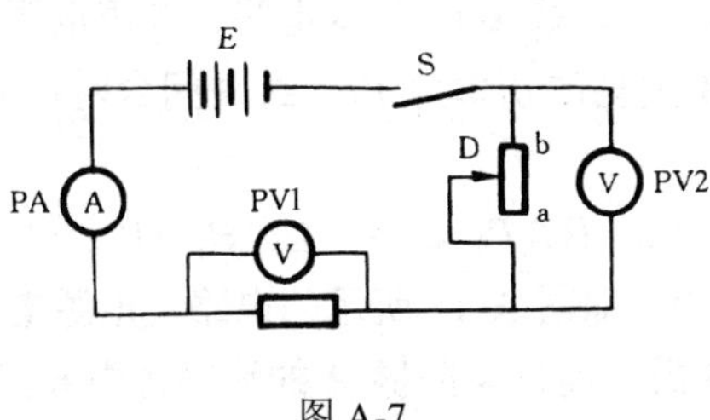

图 A-7

Lb5A3087 如图 **A-8** 所示电路，电源电压保持不变，当 **S** 闭合时，滑动变阻器的滑动片 **D** 向 **a** 端移动，电流表 **PA** 的读数减少；第一个电压表 **PV1** 的读数将（**B**）。

（A）变大；（B）变小；（C）不变；（D）不一定。

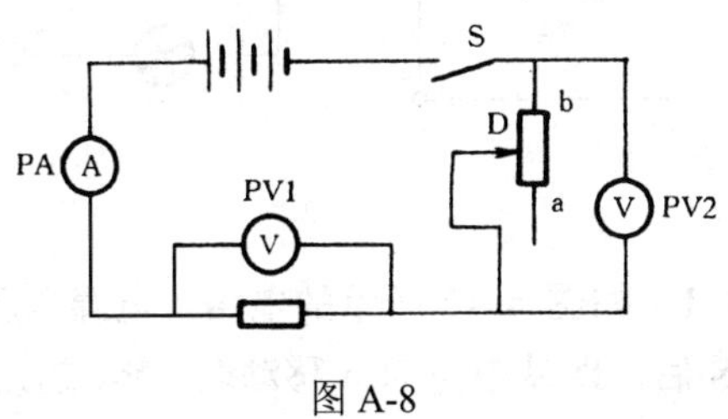

图 A-8

Lb5A3088 如图 **A-9** 所示电路，电源电压保持不变，当 **S** 闭合时，滑动变阻器滑动片 **D** 向 **a** 端移动，电流表 **PA** 的读数减小，电压表 **PV1** 的读数将减小，电压表 **PV2** 的读数将（**A**）。

（A）增大；（B）不变；（C）减小；（D）不一定。

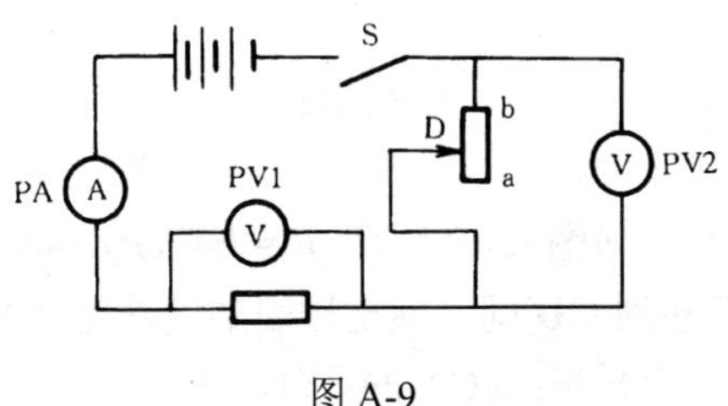

图 A-9

Lb5A3089 如图 **A-10** 所示电路，电源电压保持不变，当 **S** 断开时 **EL1** 消耗的功率为 P_1，当 **S** 闭合时在 **EL1** 上的功率 P_2，则（**A**）。

（A）$P_1=P_2$；（B）$P_1<P_2$；（C）$P_1>P_2$；（D）无法比较。

Lb5A3090 如图 **A-11** 所示的电路，电源电压保持不变，当闭合开关 **S** 后，滑动电阻器 **R** 的滑动片由 **b** 经过 **c** 到 **a** 时，灯泡的亮度变化为（**B**）。

（A）由亮变暗；（B）由暗变亮；（C）亮度不变；（D）无法确定。

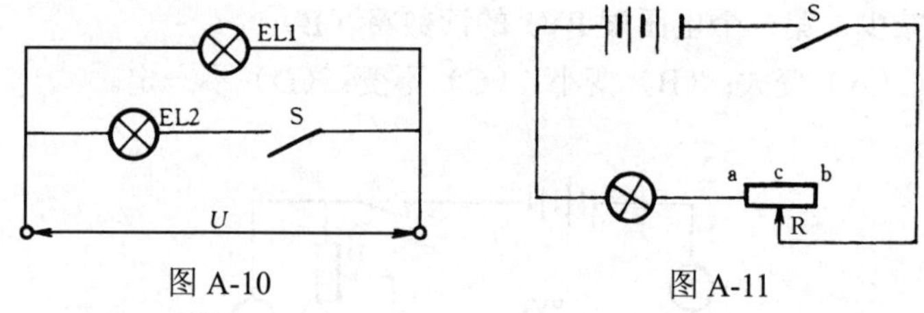

图 A-10　　　　图 A-11

Lb5A4091 如图 **A-12** 所示的电路，电源电压保持不变，当闭合开关 **S** 后，**D** 从中点向 **b** 移动时，**PA** 的读数将（**C**），**PV** 的读数将（**A**）。

（A）变大；（B）变小；（C）不变；（D）无法判断。

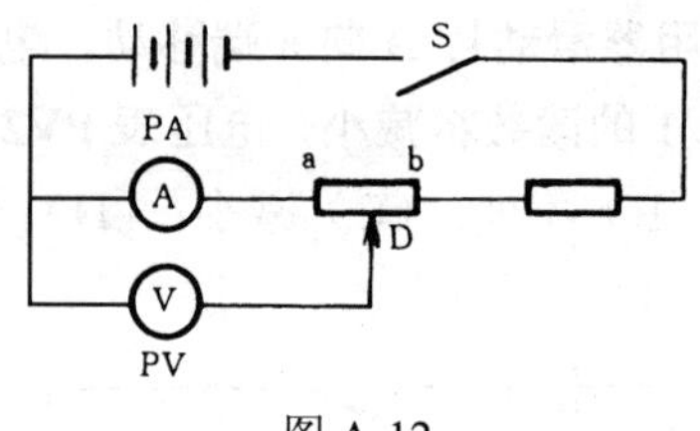

图 A-12

Lb5A4092 如图 **A-13** 所示，R_1=75Ω，R_2=50Ω，U_{AB}=120V，如果把电压表接到 **CD** 间，问电压表的读数是（**A**）**V**。

（A）48；（B）36；（C）24；（D）50。

Lb5A5093 如图 **A-14** 所示，如果 **S** 闭合，则（**B**）。

（A）电流表读数增大，电压表表读数减少；（B）电流表读数减少，电压表读数减少；（C）电流表读数不变；电压表读数减少；（D）读数均不变。

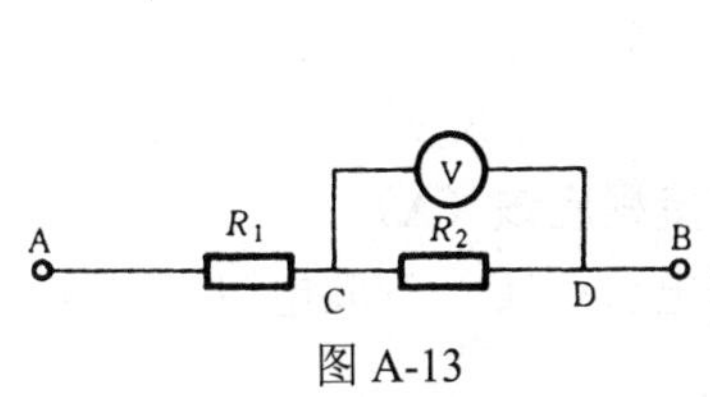

图 A-13

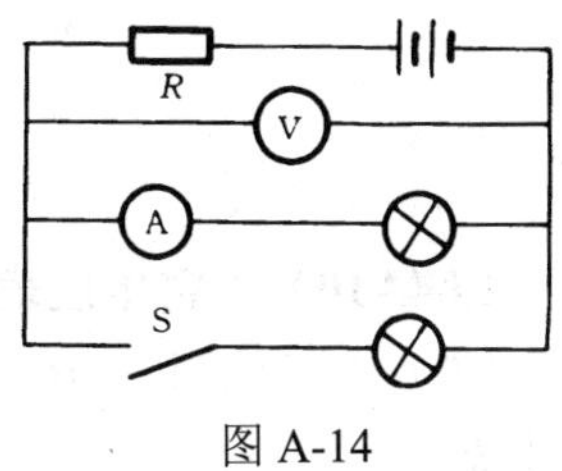

图 A-14

Lb5A5094 如图 **A-15** 所示，是四个用电流表和电压表测量电流和电压的电路图，正确的是（**D**）。

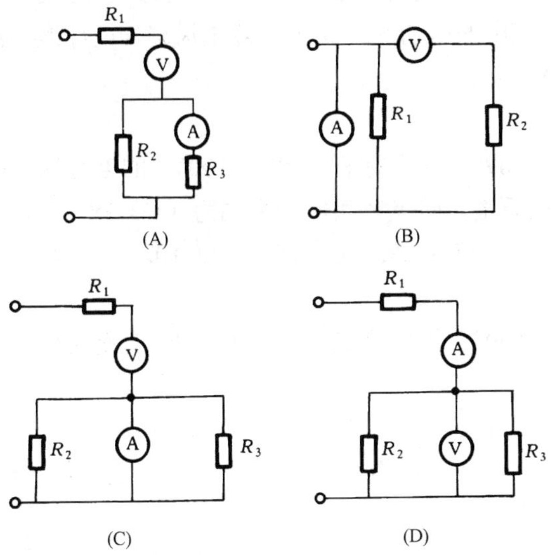

图 A-15

Lb4A1095 如图 **A-16** 所示电路用电流表和电压表测量电阻阻值的两种电路，当电阻 **R** 的阻值较小时，较准确地测量电

阻的阻值，应选择（B）电路。

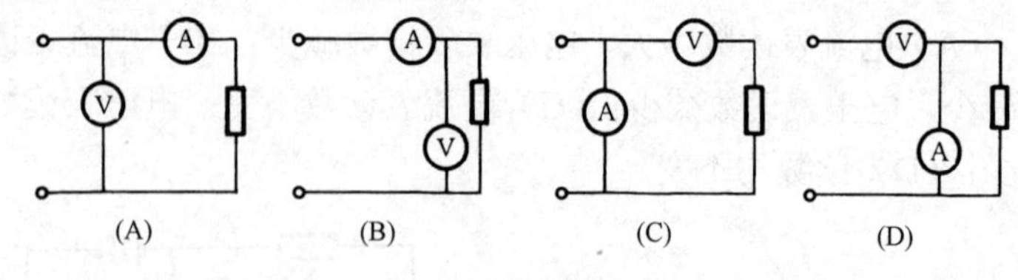

图 A-16

Lb4A1096　将电压表扩大量程应该（A）。

（A）串联电阻；（B）并联电阻；（C）混联电阻；（D）串联电感。

Lb4A1097　电功率的计算公式 $P=UI$，式中的 U 表示用电器两端的电压，I 为通过用电器的电流，此公式适用于（D）。

（A）计算电风扇的电功率；（B）计算电灯泡的电功率；（C）计算蓄电池充电的电功率；（D）计算电风扇、电灯泡、蓄电池的充电的电功率。

Lb4A1098　一个标有 220V，100W 的电灯泡，把它接到 100V 的电源上，灯泡的实际功率约为（C）W。

（A）50；（B）25；（C）20；（D）10。

Lb4A1099　用焦耳定律公式 $Q=I^2RT$ 计算热量，这个公式适用于（D）。

（A）纯电阻性的用电器；（B）电动机；（C）电解、蓄电池充电；（D）任何用电器。

Lb4A1100　对导体电阻的大小，可用 $R=\dfrac{U}{I}$ 来表示，对公式的理解，有下列说法，说法正确的是（C）。

（A）电流越大，电阻越小；（B）电阻与它两端的电压成正比；（C）电阻 R 与两端电压和通过的电流的大小无关，$\frac{U}{I}$ 是个恒量；（D）无法确定。

Lb4A1101　变压器的油枕容积应保证变压器在环境温度达到（C）℃停用时，有油存在。

（A）–10；（B）–20；（C）–30；（D）0。

Lb4A1102　将电流表扩大量程，应该（B）。

（A）串联电阻；（B）并联电阻；（C）混联电阻；（D）串联电容。

Lb4A1103　对称三相电路的有功功率 P 为（A）。

（A）$\sqrt{3}\,U_{L}I_{L}\cos\varphi_{ph}$；（B）$\sqrt{3}\,U_{L}I_{ph}\cos\varphi_{L}$；（C）$\sqrt{3}\,U_{ph}I_{ph}\sin\varphi_{L}$；（D）$\sqrt{3}\,U_{ph}I_{ph}\sin\varphi_{ph}$。

Lb4A2104　电流互感器的二次绕组严禁（A）。

（A）开路运行；（B）短路运行；（C）负载是容性；（D）负载是感性。

Lb4A2105　电压互感器的二次绕组严禁（B）。

（A）开路运行；（B）短路运行；（C）负载是容性；（D）负载是感性。

Lb4A2106　对称三相电源星形连接时，线电流等于（A）。

（A）相电流；（B）相电流的 $\sqrt{3}$ 倍；（C）额定容量除以额定电压；（D）2 倍相电流。

Lb4A2107　对称三相电源星形连接，线电压等于（B）。

（A）相电压；（B）$\sqrt{3}$ 倍的相电压；（C）3 倍相电压；（D）2

倍的相电压。

Lb4A3108　对称三相电源三角形连接时，线电压等于（A）。

（A）相电压；（B）2 倍相电压；（C）3 倍相电压；（D）$\sqrt{3}$ 倍相电压。

Lb4A3109　对称三相电源三角形连接，线电流等于（D）。

（A）相电流；（B）3 倍相电流；（C）2 倍相电流；（D）$\sqrt{3}$ 倍相电流。

Lb4A3110　所谓对称三相负载就是（D）。

（A）三个相电流有效值相等；（B）三个相电压相等且相位角互差 120°；（C）三个相电流有效值相等，三个相的相电压相等且相位角互差 120°；（D）三相负载阻抗相等，且阻抗角相等。

Lb4A3111　在直流电路中，我们把电流流出电源的一端叫做电源的（A）。

（A）正极；（B）负极；（C）端电压；（D）中性端。

Lb4A4112　在一个电阻上加电压 10V 时，电阻中流过 2A 的电流，若在此电阻上加电压 20V 时，电阻中流过的电流是（D）A。

（A）1；（B）1.5；（C）3；（D）4。

Lb4A4113　两个电阻并联，R_1=2Ω，通过的电流为 5A，R_2=4Ω，通过的电流应是（D）A。

（A）8；（B）3.5；（C）10；（D）2.5。

Lb3A1114 在交流电路中，电容 C_1 和 C_2 并联，且 C_1 为 C_2 的 3 倍，则 C_1 通过的电流为 C_2 通过电流的（**B**）倍。

（A）$\frac{1}{3}$；（B）3；（C）1.5；（D）4。

Lb3A1115 在直流电路中，我们把电流流入电源的一端叫做电源的（**B**）。

（A）正极；（B）负极；（C）端电压；（D）电势。

Lb3A1116 在电路中，电流之所以能流动，是由于电源两端的电位差造成的，我们把这个电位差称为（**A**）。

（A）电压；（B）电源；（C）电势；（D）电位。

Lb3A2117 金属的线性电阻与（**C**）无关。

（A）导体长度；（B）导体截面；（C）外加电压；（D）电阻率。

Lb3A2118 电容量 1F 等于 1×10^{12}（**C**）。

（A）μF；（B）μμF；（C）pF；（D）ppF。

Lb3A2119 一个回路的电流与其回路的电阻乘积等于（**D**）。

（A）有功功率；（B）电能；（C）无功功率；（D）电压。

Lb3A3120 两个阻值相同的电阻串联后，其总阻值为（**B**）。

（A）两个阻值相乘积；（B）两个阻值之和；（C）每个电阻的$\frac{1}{2}$；（D）3 倍于一个电阻。

Lb3A3121　同一电磁线圈，分别接到电压值相同的直流电路或交流电路中，这时（A）。

（A）接入直流电路的磁场强；（B）接入交流电路的磁场强；（C）两种电路的磁场相同；（D）两种电路的磁场无法比较。

Lb3A3122　将几个电阻连接成流过同一电流的连接方法，称为（B）。

（A）混联；（B）串联；（C）并联；（D）其他。

Lb3A3123　在一个稳压电路中，稳压电阻 *R* 值增大时，其电流（B）。

（A）增大；（B）减少；（C）不变；（D）不一定。

Lb3A4124　两个 5μF 的电容器并联在电路中，其总电容值为（B）。

（A）2.5μF；（B）10μF；（C）$\frac{2}{5}$μF；（D）3μF。

Lb3A4125　在两个以上的电阻混联的电路中，电路的总电阻称为（C）。

（A）电阻；（B）阻抗；（C）等效电阻；（D）电路电阻。

Lb3A4126　欧姆定律阐述了电路中（D）关系。

（A）电压与电流成正比；（B）电压与电流成反比；（C）电压与电阻成正比；（D）电压、电流、电阻三者之间。

Lb3A4127　不能用简单的串联、并联方法计算的复杂电路，它的支路数是（C）。

（A）两个及以上；（B）三个以上；（C）三个及以上；（D）四个以上。

Lb3A5128　两个平行放置的载流体，当通过的电流为同方向时，两导体将现出（A）。

（A）互相吸引；（B）互相排斥；（C）互不反应；（D）不一定。

Lb3A5129　发电机的发电量以千瓦时为计量单位，这是（B）的单位名称。

（A）电功率；（B）电能；（C）电势；（D）电压。

Lb3A5130　并联电阻电路的总电流等于（A）。

（A）各支路电流之和；（B）各支路电流之积；（C）各支路电流倒数和；（D）无法算。

Lb2A1131　电压和电流的关系式 $I=\frac{U}{R}$，这是（A）。

（A）欧姆定律；（B）基尔霍夫定律；（C）电压定律；（D）电流定律。

Lb2A1132　把几组参数相同的蓄电池并联接入电路中，它们的（B）。

（A）总电压等于各个蓄电池电压之和；（B）总电流等于各个蓄电池流出电流之和；（C）总电阻等于各个蓄电池电阻之和；（D）无法统计。

Lb2A1133　载流导体周围的磁场方向与产生该磁场的（C）有关。

（A）磁场强度；（B）磁力线的方向；（C）电流方向；（D）电压方向。

Lb2A2134　实验证明，磁力线、电流、导体受力，这三者

的方向（**B**）时，公式 $F=BLI$ 成立。

（A）一致；（B）互相垂直；（C）相反；（D）不一致。

Lb2A2135　载流导体功率的大小与（B）无关。

（A）电流大小；（B）时间长短；（C）电压大小；（D）不能确定。

Lb2A2136　一个长方形的永久磁铁，若从中间部位锯开后，则（B）。

（A）一半是 N 极、一半是 S 极；（B）成为两个独立的磁铁；（C）两极性消失；（D）不能确定。

Lb2A3137　检查物质是否带磁性，就看对铁、钴、镍等有无（B）现象。

（A）排斥；（B）吸引；（C）无表示；（D）无规律。

Lb2A3138　导体在磁场中相对运动，则在导体中产生感应电动势，其方向用（B）判断。

（A）左手定律；（B）右手定则；（C）右手螺旋定则；（D）无法制定。

Lb2A3139　电源端电压 U、电流 I、通电时间 t，输出能量的大小等于（B）。

（A）UI；（B）UIt；（C）I^2R；（D）$\sqrt{3}UI$。

Lb2A4140　晶体三极管的输入特性曲线呈（B）。

（A）线性；（B）非线性；（C）开始是线性；（D）开始是非线性。

Lb2A4141　二极管内部 PN 结的结构特点，二极分为点接

触型和（B）接触型。

（A）线；（B）面；（C）点；（D）其他。

Lb2A4142 二极管的直流电阻 R 与外加直流电压 U、流过二极管电流 I 的关系是（A）。

（A）$\frac{U}{I}$；（B）$\frac{I}{U}$；（C）$\frac{\Delta U}{\Delta I}$；（D）无法确定。

Lb2A5143 发电机发出的电能是由（B）转换来的。

（A）动能；（B）机械能；（C）化学能；（D）光能。

Lb2A5144 交流电 A、B、C 三相涂刷相色依次是（A）。

（A）黄绿红；（B）黄红绿；（C）红绿黄；（D）绿红黄。

Lb2A5145 交流电角频率的单位名称是（C）。

（A）度；（B）弧度；（C）弧度每秒；（D）焦耳。

Lb1A1146 视在功率的单位名称和法定单位符号是（C）。

（A）千瓦（kW）；（B）千瓦时（kWh）；（C）千伏安（kVA）；（D）（kvar）。

Lb1A1147 把其他形式的能量转换成电能的设备叫（A）。

（A）电源；（B）电动势；（C）电流源；（D）电压源。

Lb1A1148 二极管的最大正向电流是保证二极管不损坏的最大允许的半波电流的（D）值。

（A）最大；（B）最小；（C）有效；（D）平均。

Lb1A2149 二极管的最大反向电压与电压交流分量有效值 $\tilde{U}$ 的关系是（A）。

（A）$2\sqrt{2}\tilde{U}$；（B）$2\sqrt{3}\tilde{U}$；（C）$4\tilde{U}$；（D）$3.5\tilde{U}$。

Lb1A2150 交流放大器中，放大电路的电压放大倍数 **K** 表示的是输出正弦交流电压相量 $\dot{U}_0$、有效值 U_0、瞬时值 u_0 与输入的正弦交流电压相量 $\dot{U}_i$、有效值 U_i、瞬时值 u_i 的关系是（**B**）。

（A）$\frac{U_0}{U_i}$；（B）$\frac{\dot{U}_0}{\dot{U}_i}$；（C）$\frac{u_0}{U_i}$；（D）不确定。

Lb1A2151 有甲、乙、丙、丁四个带电体，其中甲排斥乙，甲吸引丙，丙排斥丁，如果丁带的负电荷，则乙带的电荷是（**A**）。

（A）正电荷；（B）负电荷；（C）中性的；（D）无法确定。

Lb1A2152 铝材料与铜材料相比较，两者导电性能为（**B**）。

（A）铝比铜好；（B）铜比铝好；（C）铜铝一样；（D）不一定。

Lb1A3153 在正常运行下，电工绝缘材料是按其允许的最高工作（**A**）分级的。

（A）电压；（B）温度；（C）导电性；（D）机械强度。

Lb1A4154 交流电流表或交流电压表指示的数值是（**D**）。

（A）平均值；（B）最大值；（C）最小值；（D）有效值。

Lb1A4155 在 **RL** 串联的交流电路中，复数阻抗 ***X*** 的模 ***Z*** 等于（**B**）。

（A）$R+X_L$；（B）$\sqrt{R^2+X_L^2}$；（C）$R^2+X_L^2$；（D）$R^2-X_L^2$。

Lb1A4156 电容器的电容量与加在电容器上的电压关系是（**A**）。

（A）无关；（B）成正比；（C）成反比；（D）无法确定。

Lb1A5157　一根导线均匀拉长为原来的 3 倍，则它的电阻为原阻值的（C）倍。

（A）3；（B）6；（C）9；（D）12。

Lb1A5158　产生串联谐振的条件是（C）。

（A）$X_L > X_C$；（B）$X_L < X_C$；（C）$X_L = X_C$；（D）$R + X_L + X_C$。

Lb1A5159　空载高压长线路的末端电压（B）始端电压。

（A）低于；（B）高于；（C）等于；（D）不一定。

Lb1A5160　把额定电压为 220V 的灯泡接在 110V 的电源上，灯泡的功率是原来的（C）。

（A）$\frac{1}{2}$；（B）$\frac{1}{8}$；（C）$\frac{1}{4}$；（D）$\frac{1}{10}$。

Lc4A2161　三极管放大器电路如图 A-17 所示，U_i—输入电压，U_c—输出电压，R_b—基极电阻，R_c—集电极电阻，R_L—负载电阻，E_c—电源电动势，C_1、C_2—电容。当接上负载电阻 R_L 后，放大器的电压放大倍数（B）。

（A）增大；（B）减少；（C）不变；（D）无法确定。

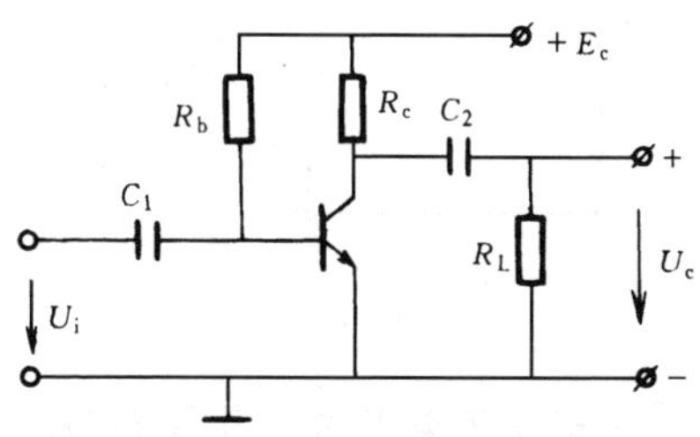

图 A-17

图 A-18

Lc4A2162 如图 **A-18** 所示三极管，用试验方法测得三极各端电压分别为 **1** 端对地–**6.2V**，**2** 端对地–**6V**，**3** 端对地–**9V**，则发射极为（**B**）。

（A）1 端；（B）2 端；（C）3 端；（D）不能定。

Lc4A2163 变压器温度计所反映的温度是变压器的（**A**）。

（A）上部温度；（B）中部温度；（C）下部温度；（D）匝间温度。

Lc4A2164 三极管反向饱和电流 I_{cbo} 与发射极穿透电流 I_{ceo} 之间的关系为（**B**），β 为电流放大倍数。

（A）$I_{ceo}=I_{cbo}$；（B）$I_{ceo}=(\beta+1)I_{cbo}$；（C）$I_{ceo}=\beta I_{cbo}$；（D）$I_{ceo}=(\beta-1)I_{cbo}$。

Lc4A3165 如图 **A-19** 所示三极管电路，试指出其电路的连接方式为（**C**）。

（A）共基极电路；（B）共射极电路；（C）共集电极电路；（D）其他形式。

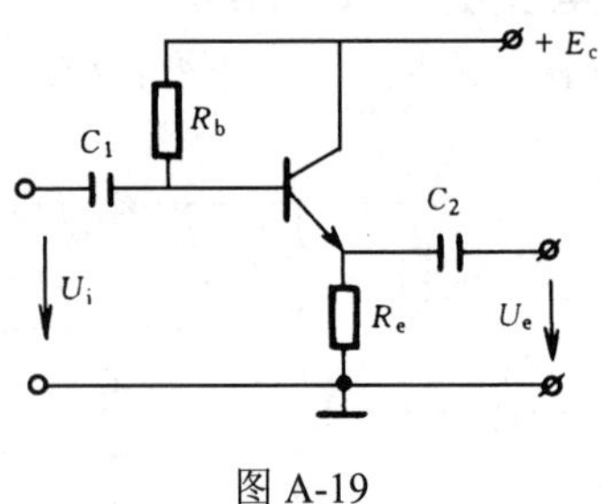

图 A-19

Lc4A3166 三极管集电极的作用是（**C**）。

（A）发射载流子；（B）输送和控制载流子；（C）收集载

流子；（D）不一定。

Lc4A3167　共射极放大电路中，输入信号加在三极管的（A）。

（A）基极与发射极之间；（B）基极与集电极之间；（C）发射极与集电极之间；（D）其他连接方式。

Lc3A2168　全波整流电路如图 A-20 所示，当输入电压 u_1 为正半周时（A）。

（A）V1 导通，V2 截止；（B）V2 导通，V1 截止；（C）V1、V2 都导通；（D）V1、V2 都截止。

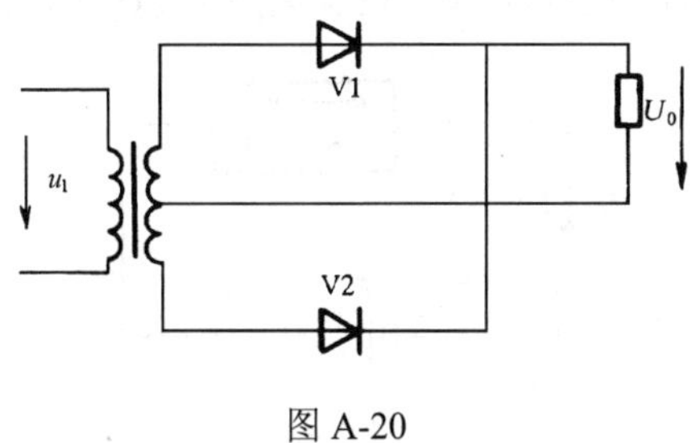

图 A-20

Lc3A2169　三极管工作在放大状态时，基极电流 I_b、集电极电流 I_c、射极电流 I_e 的关系是（A）。

（A）$I_e=I_b+I_c$；（B）$I_c=I_e+I_b$；（C）$I_b=I_c+I_e$；（D）$I_b=I_c-I_e$

Lc3A3170　用万用表检测二极管极性好坏时，应使用万用表的（C）。

（A）电压挡；（B）电流挡；（C）欧姆挡；（D）其他挡。

Lc3A3171　给二极管加 1.5V 正向电压，二极管将（A）。

（A）烧坏；（B）不工作；（C）工作正常；（D）完好。

Lc3A3172　用万用表测量半导体二极管时，万用表电阻挡应调到（B）。

（A）R×1 挡；（B）R×100 挡；（C）R×100k 挡；（D）R×10 挡。

Lc3A3173　PN 结空间电荷区是（B）。

（A）电子和空穴构成；（B）正电荷和负电荷构成；（C）施主离子；（D）施主杂质原子和受主杂质原子构成。

Lc3A4174　如果用 N 型半导体代替图 A-21 中的本征半导体，外电路中的电流将比同样尺寸的本征半导体的（A）。

（A）增加；（B）减少；（C）相等；（D）不变。

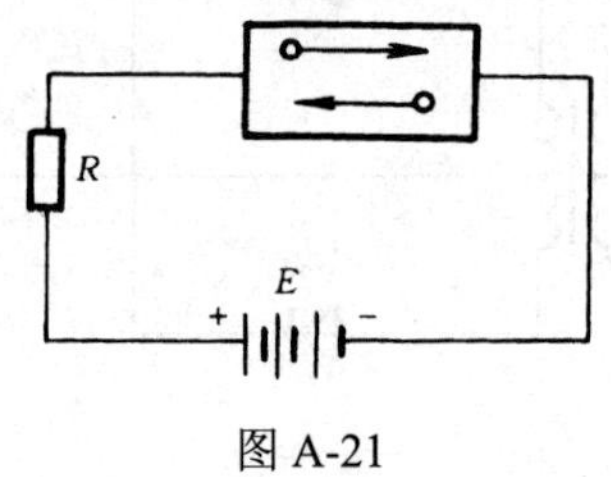

图 A-21

Lc3A4175　半导体三极管工作过程中（A）。

（A）发射区杂质浓度大于基区杂质浓度；（B）发射区杂质浓度小于基区杂质浓度；（C）发射区杂质浓度等于基区杂质浓度；（D）发射区杂质浓度大于集电区杂质浓度。

Lc3A4176　半导体中空穴电流是由（A）。

（A）价电子填补空穴所形成的；（B）自由电子填补空穴所形成的；（C）自由电子定价运动所形成的；（D）价电子的定向运动所形成的。

Lc3A5177　某一静电场内的电力线如图 A-22 所示，（A）

点的电场强度最大。

（A）a；（B）b；（C）c；（D）d。

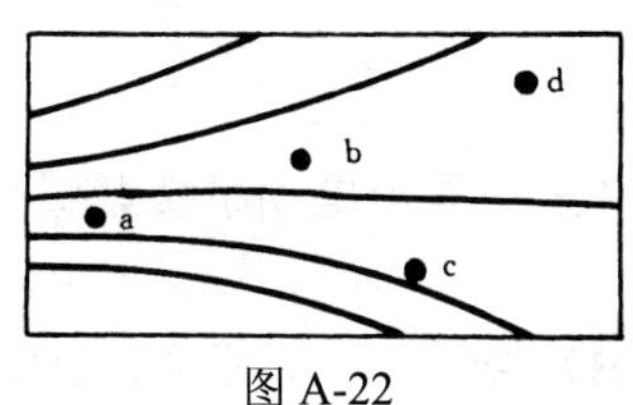

图 A-22

Lc3A5178　试验电荷在静电场中移动时，电场力所做的功与该试验电荷的（C）有关。

（A）大小及运动的距离；（B）大小；（C）大小及位移；（D）不变。

Jd4A1179　电抗变压器在空载情况下，二次电压与一次电流的相位关系是（A）。

（A）二次电压超前一次电流 90°；（B）二次电压与一次电流接近 0°；（C）二次电压滞后一次电流 90°；（D）二次电压滞后一次电流 30°。

Jd5A4180　电机绕组两个边所跨的距离称为（B）。

（A）极距；（B）节距；（C）槽距；（D）间距。

Jd5A4181　测量 1Ω以下小电阻，如果精度要求高，应选用（A）。

（A）双臂桥；（B）毫伏表及电流表；（C）单臂电桥；（D）万用表×1Ω挡。

Jd5A4182　当一台电动机轴上的负载增加时，其定子电流（B）。

（A）不变；（B）增加；（C）减小；（D）变化。

Jd5A4183　交流异步电动机是一种（**B**）的设备。

（A）高功率因数；（B）低功率因数；（C）功率因数是 1；（D）功率因数<1。

Jd5A5184　当三相异步电动机负载减少时，其功率因数（**B**）。

（A）增高；（B）降低；（C）不变；（D）变。

Jd5A5185　已知交流电动机的励磁极对数 ***p*** 和电源频率 ***f***，计算电动机的同步转速 ***n*** 时，用（**B**）公式。

（A）$n=\frac{60p}{f}$；（B）$n=\frac{60f}{p}$；（C）$n=60fp$；（D）$n=\frac{fp}{60}$。

Jd5A5186　三相绕线式交流电动机通过（**B**）方法，可使电动机反转。

（A）调换转子任意两根引线；（B）调换静子任意两相电源线；（C）转子引线、静子电源线全部进行调换；（D）不动。

Jd4A1187　交流电动机静子、转子间空气间隙的最大值或最小值与平均值之间误差，规定不大于（**B**）。

（A）5%；（B）10%；（C）15%；（D）20%。

Jd4A1188　电动机在运行时，其操作盘上的（**D**）指示灯亮。

（A）绿色；（B）黄色；（C）白色；（D）红色。

Jd4A2189　电气设备对地电压在（**B**）及以上为高压。

（A）220V；（B）250V；（C）380V；（D）450V。

Jd4A2190　电流表应（**A**）在被测电路中。

（A）串联；（B）并联；（C）串并均可；（D）混联。

Jd4A2191　电压表应（B）在被测电路中。

（A）串联；（B）并联；（C）串、并均可；（D）混联。

Jd4A3192　三相异步电动机接通电源后启动困难，转子左右摆动，有强烈的“嗡嗡”声，这是由于（A）。

（A）电源一相断开；（B）电源电压过低；（C）定子绕组有短路；（D）原因不定。

Jd4A3193　大容量的异步电动机（B）。

（A）可以无条件的直接启动；（B）在电动机的额定容量不超过电源变压器额定容量的20%～30%的条件下，可以直接启动；（C）据运行现场的具体情况，确定可以直接启动；（D）不一定。

Jd4A3194　在绕线式异步电动机转子回路中，串入电阻是（A）。

（A）为了改善电动机的启动特性；（B）为了调整电动机的速度；（C）为了减少运行电流；（D）为了减少启动电流。

Jd4A4195　启动多台异步电动机时，可以（C）。

（A）一起启动；（B）由小容量到大容量；逐台启动；（C）由大容量到小容量逐个启动；（D）一齐启动。

Jd4A4196　鼠笼式电动机应避免频繁启动。正常情况下，电动机空载连续启动次数不得超过（A）次。

（A）两；（B）三；（C）四；（D）五。

Jd4A4197　选择一台异步电动机连续工作时的保险丝的额定电流按（C）。

（A）该台电机的额定电流；（B）启动电流；（C）是额定

电流的 2.3～3.2 倍；（D）最大电流。

Jd4A5198　多台电动机的公用保险丝的额定电流，是按（C）。

（A）其中最大额定电流的 3 倍；（B）各台额定电流之和；（C）功率最大的一台电动机额定电流的 1.5～2.5 倍，加上其他同时工作的电动机额定电流之和来确定；（D）最大电流的 1.5～2.5 倍。

Jd4A5199　变压器油枕油位计的+40℃油位线，是标示（B）的油标准位置线。

（A）变压器温度在+40℃时；（B）环境温度在+40℃时；（C）变压器温升至+40℃时；（D）变压器温度在+30℃。

Jd4A5200　异步电动机的转矩与（D）。

（A）定子线电压的平方成正比；（B）定子线电压成正比；（C）定子相电压平方成反比；（D）定子相电压平方成正比。

Jd3A1201　零序电流，只有发生（C）才会出现。

（A）相间故障；（B）振荡时；（C）接地故障或非全相运行时；（D）短路。

Jd3A1202　涡流损耗的大小，与频率的（B）成正比。

（A）大小；（B）平方值；（C）方根值；（D）无关。

Jd3A1203　涡流损耗的大小，与铁芯材料的性质（A）。

（A）有关；（B）无关；（C）关系不大；（D）反比。

Jd3A2204　不同的绝缘材料，其耐热能力不同。如果长时间在高于绝缘材料的耐热能力下运行，绝缘材料容易（B）。

（A）开裂；（B）老化；（C）破碎；（D）无关。

Jd3A2205　三相断路器的额定开断容量等于额定电压乘以额定电流，再乘以一个线路系数，其中线路系数为（**B**）。

（A）1；（B）$\sqrt{3}$；（C）3；（D）$\sqrt{2}$。

Jd3A2206　在输配电设备中，最易遭受雷击的设备是（**C**）。

（A）变压器；（B）断路器；（C）输电线路；（D）隔离开关。

Jd3A3207　所谓内部过电压的倍数就是内部过电压的（**A**）与电网工频相电压有效值的比值。

（A）幅值；（B）有效值；（C）平均值；（D）最大值。

Jd3A3208　电压互感器的变比与其匝数比相比较，则变比（**A**）匝数比。

（A）大于；（B）小于；（C）等于；（D）不变。

Jd3A3209　电流互感器过载运行时，其铁芯中的损耗（**A**）。

（A）增大；（B）减小；（C）无变化；（D）有变化。

Jd3A4210　铅蓄电池放电过程中，正、负极板上的活性物质不断转化为硫酸铅，此时电解液中的硫酸浓度（**B**）。

（A）增大；（B）减小；（C）没变化；（D）有变化。

Jd3A4211　加速绝缘老化的主要原因是（**C**）。

（A）电压过高；（B）电流过大；（C）温度过高；（D）温度不变。

Jd3A4212 **为把电能输送到远方，减少线路上的功率损耗和电压损失，主要采用（A）。**

（A）变压器升压；（B）增加线路截面减少电阻；（C）提高功率因数减少无功；（D）增加有功。

Jd3A5213 **感应电动机的转速，永远（B）旋转磁场的转速。**

（A）大于；（B）小于；（C）等于；（D）不变。

Jd3A5214 **感应电动机的额定功率（B）从电源吸收的总功率。**

（A）大于；（B）小于；（C）等于；（D）变化的。

Jd2A1215 **电动机铭牌上的“温升”，指的是（A）的允许温升。**

（A）定子绕组；（B）定子铁芯；（C）转子；（D）转子铁芯。

Jd2A1216 **电动机从电源吸收无功功率产生（C）的。**

（A）机械能；（B）热能；（C）磁场；（D）电能。

Jd2A2217 **电动机定子旋转磁场的转速和转子转速的差数，叫做（A）。**

（A）转差；（B）转差率；（C）滑差；（D）滑差率。

Jd2A2218 **电动机外加电压的变化，对电动机的转速（A）。**

（A）影响小；（B）影响大；（C）无影响；（D）有影响。

Jd2A3219 **电动机外加电压的变化，对电动机的出力（A）。**

（A）影响小；（B）影响大；（C）无影响；（D）有影响。

Jd2A3220 电动机定子电流等于空载电流与负载电流（**C**）。

（A）之和；（B）之差；（C）相量和；（D）之比。

Jd2A3221 当外加电压降低时，电动机的电磁力矩降低，转差（**B**）。

（A）降低；（B）增大；（C）无变化；（D）有变化。

Jd2A4222 直流电动机的换向过程，是一个比较复杂的过程，换向不良的直接后果是（**A**）。

（A）炭刷产生火花；（B）炭刷发热碎裂；（C）炭刷跳动；（D）不变化。

Jd2A4223 交流电流表指示的电流值，表示的是交流电流的（**A**）值。

（A）有效；（B）最大；（C）平均；（D）最小值。

Jd2A4224 当电力系统发生故障时，要求继电保护动作，将靠近故障设备的断路器跳开，用以缩小停电范围，这就是继电保护的（**A**）。

（A）选择性；（B）可靠性；（C）灵敏性；（D）非选择性。

Jd2A5225 变压器呼吸器中的硅胶，正常未吸潮时颜色应为（**A**）。

（A）蓝色；（B）黄色；（C）红色；（D）黑色。

Jd2A5226 目前广泛采用瓷或钢化玻璃制造绝缘子，是因为它们具有（**B**），能抵抗气温和晴雨等气候的变化。

（A）热稳定性差；（B）伸胀性小；（C）击穿电压低于闪络电压；（D）不变。

Jd2A5227 在电力系统中，由于操作或故障的过渡过程引起的过电压，其持续时间（**A**）。

（A）较短；（B）较长；（C）时长时短；（D）不变。

Jd1A1228 在电力网中，当电感元件与电容元件发生串联且感抗等于容抗时，就会发生（**B**）谐振现象。

（A）电流；（B）电压；（C）铁磁；（D）磁场。

Jd1A1229 电压互感器的变压比与其匝数比（**A**）。

（A）成正比；（B）成反比；（C）没有关系；（D）有关系。

Jd1A1230 发电机三相电流不对称时，则没有（**C**）分量。

（A）正序；（B）负序；（C）零序；（D）高次谐波。

Jd1A2231 三个相同阻值的阻抗元件，先以星形接入三相对称交流电源，所消耗的功率与再以三角形接入同一电源所消耗的功率之比等于（**C**）。

（A）1:1；（B）1:2；（C）1:3；（D）1:4。

Jd1A2232 高压开关动稳定电流是指各部件所能承受的电动力效应，所对应的最大短路第 **1** 周波峰值，一般为额定断流值的（**B**）。

（A）2 倍；（B）2.55 倍；（C）3 倍；（D）5 倍。

Jd1A2233 输电线路在输送容量相同的情况下，线路电压大小与输送距离长短（**A**）。

（A）成正比；（B）成反比；（C）无关；（D）有关。

Jd1A3234 在电力系统中，由于操作失误或故障发生之后，在系统某些部分形成自振回路，当自振频率与电网频率满

足一定关系而发生谐振时，引起的过电压持续时间（C）。

（A）较短；（B）较长；（C）有很长周期性；（D）不变。

Jd1A3235　电压互感器的误差与二次负载的大小有关，当负载增加时，相应误差（A）。

（A）将增大；（B）将减小；（C）可视为不变；（D）有变化。

Jd1A3236　在中性点不接地的电力系统中，当发生一点接地后，其三相间线电压（B）。

（A）均升高3倍；（B）均不变；（C）一个不变两个升高；（D）两个低一个高。

Jd1A4237　在可控硅整流装置中，自动稳流调整回路常采用直流互感器作为（C）。

（A）保护用元件；（B）测量用元件；（C）反馈元件；（D）正反馈元件。

Jd1A4238　在进行高压电力系统短路电流计算时，常采用（A）表示电气量，计算简单、方便。

（A）标幺值；（B）百分值；（C）有名值；（D）瞬时值。

Jd1A4239　在中性点不接地的三相对称系统中，当发生金属性单相接地时，其非故障相的相对地电压（C）。

（A）不变；（B）升高不明显；（C）升高$\sqrt{3}$倍；（D）有变。

Jd1A5240　在中性点直接接地的系统中，当发生单相接地时，其非故障相的相对地电压（A）。

（A）不变；（B）升高不明显；（C）升高$\sqrt{3}$倍；（D）有变。

Jd1A5241　零序电压的特性是（A）。

（A）接地故障点零序电压最高；（B）变压器中性点接地处零序电压最高；（C）接地电阻大的地方零序电压最高；（D）不变。

Jd1A5242　发生接地故障时人体距离接地体越近，跨步电压越高，越远越低，一般情况下距离接地体（B）m 跨步电压视为零。

（A）10 以内；（B）20 以外；（C）30；（D）40。

Je5A1243　确定电流通过导体时所产生的热量与电流的平方、导体的电阻及通过的时间成正比的定律是（C）。

（A）欧姆定律；（B）基尔霍夫定律；（C）焦耳-楞次定律；（D）戴维南定律。

Je5A1244　求解直流复杂电路中某一支路的电压、电流或功率时，采用（D）计算较为方便。

（A）支路电流法；（B）节点电压法；（C）回路电流法；（D）戴维南定律。

Je5A1245　断路器在送电前，运行人员对断路器进行拉、合闸和重合闸试验一次，以检查断路器（C）。

（A）动作时间是否符合标准；（B）三相动作是否同期；（C）合、跳闸回路是否完好；（D）合闸是否完好。

Je5A2246　在正常运行时，应监视隔离开关的电流不超过额定值，其温度不超过（B）℃运行。

（A）60；（B）70；（C）80；（D）90。

Je5A2247　采用分裂电抗器，运行中如果负荷变化，由于两分段负荷电流不等，引起两分段的（C）偏差增大，影响用户电动机工作不稳定。

（A）铁芯损耗；（B）阻抗值；（C）电压；（D）电流值。

Je5A2248　消弧线圈在运行时，如果消弧的抽头满足 $X_L=X_C$ 的条件时，这种运行方式称（C）。

（A）过补偿；（B）欠补偿；（C）全补偿；（D）不补偿。

Je5A3249　三相星形接线中性点不接地的电源系统，当发生一相接地时，三个线电压（A）。

（A）不变；（B）均降低；（C）一个低两个高；（D）无规律变化。

Je5A3250　一台发电机，发出有功功率为 80MW、无功功率为 60Mvar，它发出的视在功率为（C）MVA。

（A）120；（B）117.5；（C）100；（D）90。

Je5A3251　发电机通过旋转而产生电动势，它是一种能连续提供电流的装置，所以称它为（A）。

（A）电源；（B）电动势；（C）电压源；（D）电压。

Je5A4252　发电机的同步转速 n 与发电机的磁极对数为（B）。

（A）正比例关系；（B）反比例关系；（C）不成比例；（D）不变。

Je5A4253　发电机定子里安放着互差 120° 的三相绕组，流过对称的三相交流电流时，在定子里将产生（C）。

（A）恒定磁场；（B）脉动磁场；（C）旋转磁场；（D）永动磁场。

Je5A4254　发电机三相定子绕组，一般都为星形连接，这主要是为了消除（B）。

（A）偶次谐波；（B）三次谐波；（C）五次谐波；（D）高

次谐波。

Je5A5255 发电机的定子绕组其中一相在靠近引出部位发生金属性接地时，其他两相的对地相电压将升高（**A**）倍。

（A）$\sqrt{3}$；（B）$\sqrt{2}$；（C）1；（D）3。

Je5A5256 发电机在带负荷运行时，发电机与负载之间只存在着能量（**C**）。

（A）消耗过程；（B）交换过程；（C）消耗过程和交换过程；（D）不一定。

Je5A5257 发电机带纯电阻性负荷运行时，电压与电流的相位差等于（**C**）。

（A）180°；（B）90°；（C）0°；（D）5°。

Je4A1258 发电机正常运行时既发有功，也发无功，我们称为功率迟相（又称滞后）。此时发电机送出的是（**A**）无功功率。

（A）感性的；（B）容性的；（C）感性和容性的；（D）都不是。

Je4A1259 发电机绕组中流过电流之后，就在绕组的导体内产生损耗而发热，这种损耗称为（**B**）。

（A）铁损耗；（B）铜损耗；（C）涡流损耗；（D）其他损耗。

Je4A1260 发电机定子绕组的测温元件，通常都埋设在（**C**）。

（A）上层线棒槽口处；（B）下层线棒与铁芯之间；（C）上、下层线棒之间；（D）下层线棒槽口处。

Je4A2261 发电机并列过程中，当发电机电压与系统电压相位不一致时，将产生冲击电流，此冲击电流最大值发生在两个电压相差（C）时。

（A）0°；（B）90°；（C）180°；（D）100°。

Je4A2262 发电机在运行时，当定子磁场和转子磁场以相同的方向、相同的（A）旋转时，称为同步。

（A）速度；（B）频率；（C）幅值；（D）有效值。

Je4A2263 发电机带部分有功负荷运行，转子磁极轴线与定子磁极轴线的相互位置是（C）。

（A）限制负载电流；（B）限制激磁电流；（C）限制调压环流；（D）不限电流。

Je4A3264 为把电流输送到远方，减少线路上的电能损耗，主要采用（A）。

（A）变压器升压；（B）增大线路导线截面减小电阻；（C）提高功率因数减少无功；（D）变压器降压。

Je4A3265 双绕组变压器作为发电厂的主变压器，一般采用（B）接线。

（A）YNy0；（B）YNd11；（C）YNd1；（D）YNy6。

Je4A3266 变压器二次电压相量的标志方法和电动势相量的标志方法（C）。

（A）相似；（B）相同；（C）相反；（D）无关系。

Je4A4267 自耦变压器公共线圈中的电流，等于一次电流和二次电流的（C）。

（A）代数和；（B）相量和；（C）相量差；（D）无关。

Je4A4268 **自耦变压器的经济性与其变比有关，变比增加其经济效益变（A）。**

（A）差；（B）好；（C）不明显；（D）无关。

Je4A4269 **自耦变压器的绕组接线方式以（A）接线最为经济。**

（A）星形；（B）三角形；（C）V 形；（D）Z 形。

Je4A5270 **电力系统在运行中，受到大的干扰时，同步发电机仍能维持稳定运行，称为（A）。**

（A）动态稳定；（B）静态稳定；（C）系统抗干扰能力；（D）暂稳态。

Je4A5271 **自耦变压器一次侧电压与一次电流的乘积，称为自耦变压器的（C）容量。**

（A）额定；（B）标准；（C）通过；（D）有效。

Je4A5272 **变压器二次电流增加时，一次侧电流（C）。**

（A）减少；（B）不变；（C）随之增加；（D）不一定变。

Je4A5273 **一台降压变压器，如果一、二次绕组使用同一种材料和相同截面积的导线制成，在投入运行时，将产生（B）的现象。**

（A）两个绕组发热量一样；（B）二次绕组发热量较大；（C）一次绕组发热量较大；（D）无规律变化。

Je3A1274 **变压器绕组和铁芯在运行中会发热，其发热的主要因素是（C）。**

（A）电流；（B）电压；（C）铁损和铜损；（D）电感。

Je3A1275 变压器一次侧为额定电压时，其二次侧电压（B）。

（A）必然是额定值；（B）随着负载电流的大小和功率因数的高低而变化；（C）随着所带负载的性质而变化；（D）无变化规律。

Je3A1276 规定为星形接线的电动机，而错接成三角形，投入运行后（A）急剧增大。

（A）空载电流；（B）负荷电流；（C）三相不平衡电流；（D）零序电流。

Je3A2277 规定为三角形接线的电动机，而误接成星形，投入运行后（B）急剧增加。

（A）空载电流；（B）负荷电流；（C）三相不平衡电流；（D）负序电流。

Je3A2278 大容量的发电机采用分相封闭母线，其目的主要是防止发生（B）。

（A）单相接地；（B）相间短路；（C）人身触电；（D）三相短路。

Je3A2279 对于经常性反复启动而且启动载荷量大的机械，通常采用（C）。

（A）深槽式电动机；（B）双鼠笼电动机；（C）绕线式电动机；（D）鼠笼电动机。

Je3A3280 发电机励磁电流通过转子绕组和电刷时，产生的励磁损耗，属于（A）损耗。

（A）电阻；（B）电抗；（C）机械；（D）电感。

Je3A3281 变压器所带的负荷是电阻、电感性的，其外特

性曲线呈现（**B**）。

（A）上升形曲线；（B）下降形曲线；（C）近于一条直线；（D）无规律变化。

Je3A3282　**发电机过电流保护，一般均采用复合低电压启动，其目的是提高过流保护的（C）。**

（A）可靠性；（B）快速性；（C）灵敏性；（D）安全性。

Je3A4283　**为防止汽轮发电机组超速损坏，汽轮机装有保护装置，使发电机的转速限制在不大于额定转速的（B）以内。**

（A）5%；（B）10%；（C）15%；（D）20%。

Je3A4284　**异步电动机的三相绕组加上三相对称电压后，在转子尚未转动的瞬间，转子上的电磁转矩（B）。**

（A）最大；（B）不大；（C）近于零；（D）等于1。

Je3A4285　**为确保厂用母线电压降低后又恢复时，保证重要电动机的自启动，规定电压值不得低于额定电压的（B）。**

（A）50%；（B）60%～70%；（C）80%；（D）90%。

Je3A5286　**发电机自动电压调整器用的电压互感器的二次侧（A）。**

（A）不装熔断器；（B）应装熔断器；（C）应装过负荷小开关；（D）不装过负荷小开关。

Je3A5287　**一般电动机的最大转矩与额定转矩的比值叫过载系数，一般此值应（C）。**

（A）等于1；（B）小于1；（C）大于1；（D）等于0。

Je3A5288　**汽轮发电机承受负序电流的能力，主要决定**

于（B）。

（A）定子过载倍数；（B）转子发热条件；（C）机组振动；（D）定子发热条件。

Je2A1289　电动机在运行中，从系统吸收无功功率，其作用是（C）。

（A）建立磁场；（B）进行电磁能量转换；（C）既建立磁场，又进行能量转换；（D）不建立磁场。

Je2A1290　在 Yd 接线的变压器两侧装设差动保护时，其高、低压侧的电流互感器二次绕组接线必须与变压器一次绕组接线相反，这种措施一般叫做（A）。

（A）相位补偿；（B）电流补偿；（C）电压补偿；（D）过补偿。

Je2A1291　发电厂中的主变压器空载时，其二次侧额定电压应比电力网的额定电压（C）。

（A）相等；（B）高 5%；（C）高 10%；（D）低 5%。

Je2A2292　运行中汽轮机突然关闭主汽门，发电机将变成（A）运行。

（A）同步电动机；（B）异步电动机；（C）异步发电机；（D）同步发电机。

Je2A2293　发电机变为同步电动机运行时，最主要的是对（C）造成危害。

（A）发电机本身；（B）电力系统；（C）汽轮机尾部的叶片；（D）汽机大轴。

Je2A3294　发电机横差保护的动作电流取自两个中性点

连线上的电流互感器，中性点连线上电流为 I_0，根据（**C**）的大小决定其动作。

（A）I_0；（B）$\sqrt{3}I_0$；（C）$3I_0$；（D）$\sqrt{2}I_0$。

Je2A3295 发电机横差保护的不平衡电流主要是（**B**）引起的。

（A）基波；（B）三次谐波；（C）五次谐波；（D）高次谐波。

Je2A3296 对于中性点设有六个引出端子的发电机，往往采用负序功率方向作为发电机匝间短路的保护。因为负序功率方向继电器能正确区分发电机（**A**）。

（A）内部短路和外部短路；（B）接地短路和相间短路；（C）对称短路和非对称短路；（D）不对称短路。

Je2A3297 变压器空载合闸时，励磁涌流的大小与（**B**）有关。

（A）断路器合闸快；（B）合闸初相角；（C）绕组的型式；（D）合闸慢。

Je2A4298 负序电流在发电机绕组中产生负序磁场，在转子表面槽楔、绕组等金属结构中感应出（**B**）**Hz** 的电流。

（A）50；（B）100；（C）150；（D）60。

Je2A4299 负序电流在发电机的转子表面引起损耗，该损耗的大小与负序电流（**C**）成正比。

（A）大小；（B）$\sqrt{3}$倍；（C）平方；（D）$\sqrt{2}$倍。

Je2A4300 如果在发电机出口处发生短路故障，在短路初期，两相短路电流值（**B**）三相短路电流值。

（A）大于；（B）小于；（C）等于；（D）近似于。

Je2A5301 **发电机匝间短路，其短路线匝中的电流（B）机端三相短路电流。**

（A）大于；（B）小于；（C）近似于；（D）等于。

Je2A5302 **强行励磁装置在发生事故的情况下，可靠动作可以提高（A）保护动作的可靠性。**

（A）带延时的过流；（B）差动；（C）匝间短路；（D）电流速断。

Je2A5303 **电动机转子过电压是由于运行中（B）而引起的。**

（A）灭磁开关突然合入；（B）灭磁开关突然断开；（C）励磁回路突然发生一点接地；（D）励磁回路发生两点接地。

Je1A1304 **发电机在运行中直流励磁机电刷冒火，其电磁方面的原因主要是（C）。**

（A）电刷上弹簧压力不均；（B）整流子表面不清洁；（C）换向不良；（D）电刷受压力太大。

Je1A1305 **如果两台直流发电机要长期稳定并列运行，需要满足的一个条件是（B）。**

（A）转速相同；（B）向下倾斜的外特性；（C）励磁方式相同；（D）向上倾斜外特性。

Je1A1306 **发电机的测温元件（热电偶式）是利用两种不同金属丝的接触点，在不同温度时所产生的（A）不同来测定温度的。**

（A）电动势；（B）电阻；（C）位移；（D）不变。

Je1A1307 **正常运行的发电机，在调整有功负荷时，对发电机无功负荷（B）。**

（A）没有影响；（B）有一定影响；（C）影响很大；（D）不一定有影响。

Je1A2308　发电机励磁回路发生一点接地后，如不能及时安排检修，允许带病短时运行，但必须投入转子两点接地保护装置，此时应把横差保护（A）。

（A）投入延时；（B）投入瞬时；（C）退出；（D）投入定时。

Je1A2309　发电机振荡成失步时，一般采取增加发电机励磁，其目的是（C）。

（A）提高发电机电压；（B）多向系统输出无功；（C）增加定子与转子磁极间的拉力；（D）增加输出电流。

Je1A3310　为了保证氢冷发电机的氢气不从两侧端盖与轴之间溢出，运行中要保持密封瓦的油压（A）氢压。

（A）大于；（B）等于；（C）小于；（D）近似于。

Je1A3311　氢冷发电机充氢合格后，应保持氢纯度在（B）。

（A）95%以上；（B）96%以上；（C）96%以下；（D）95%以下。

Je1A3312　风吹自冷式电力变压器，最高允许温度不得超过（B）℃。

（A）80；（B）95；（C）100；（D）85。

Jd1A3313　变压器呼吸器中的硅胶在吸潮后，其颜色应为（A）。

（A）粉红色；（B）橘黄色；（C）淡蓝色；（D）深红色。

Je1A4314　为了保证装在小间内的变压器运行安全，变压

器小间内必须设有良好的（B）。

（A）卫生设施；（B）通风条件；（C）照明条件；（D）调温设施。

Je1A4315　发电厂厂用变压器控制盘上，通常装设的电气仪表有（B）。

（A）电流、电压表；（B）电流、有功表；（C）电压、有功表；（D）电流、无功表。

Je1A4316　允许发电机连续最高运行电压不得超过额定电压的（A）倍。

（A）1.1；（B）1.2；（C）1.3；（D）1.4。

Je1A5317　如果发电机在运行中定子电压过低，会使定子铁芯处在不饱和状态，此时将引起（B）。

（A）电压继续降低；（B）电压不稳定；（C）电压波形畸变；（D）不变。

Je1A5318　如果发电机在运行中频率过高，发电机的转速增加，转子的（A）明显增大。

（A）离心力；（B）损耗；（C）温升；（D）电流。

Je1A5319　发电机如果在运行中功率因数过高（cosφ=1）会使发电机（C）。

（A）功角减小；（B）动态稳定性降低；（C）静态稳定性降低；（D）功角增大。

Je1A5320　发电机在带负荷不平衡的条件下运行时，转子（C）温度最高。

（A）本体；（B）转子绕组；（C）两端的槽楔和套箍在本

体上嵌装处；（D）定子绕组。

Je1A5321　对隐极式汽轮发电机承受不平衡负荷的限制，主要是由转子（A）决定的。

（A）发热条件；（B）振动条件；（C）磁场均匀性；（D）电流性。

Je1A5322　对凸极式的水轮发电机承受不平衡负荷的限制，主要是由转子（B）决定的。

（A）发热条件；（B）振动条件；（C）磁场均匀性；（D）电流。

Je1A5323　不论分接开关在任何位置，变压器电源电压不超过其相应的（A），则变压器的二次侧绕组可带额定电流运行。

（A）105%；（B）110%；（C）115%；（D）120%。

Je1A5324　变压器容量与短路电压的关系是，变压器容量越大（B）。

（A）短路电压越小；（B）短路电压越大；（C）短路电压不固定；（D）短路电压与其无关。

Je1A5325　异步电动机在启动过程中，使电动机转子转动并能达到额定转速的条件是（A）。

（A）电磁力矩大于阻力矩；（B）阻力矩大于电磁力矩；（C）电磁力矩等于阻力矩；（D）不确定。

Je1A5326　异步电动机在运行中发生一相断线，此时电动机的（B）。

（A）转速不变；（B）转速下降；（C）停止转动；（D）转速上升。

Jf4A1327 用兆欧表摇测设备绝缘时，如果兆欧表的转速不均匀（由快变慢），测得结果与实际值比较（**B**）。

（A）偏低；（B）偏高；（C）相等；（D）无关。

Jf4A1328 蓄电池充电结束后，连续通风（**A**）**h** 以上，室内方可进行明火工作。

（A）2；（B）1；（C）半；（D）1.5。

Jf4A1329 劳动保护就是保护劳动者在生产劳动过程中的（**B**）而进行的管理。

（A）安全和经济；（B）安全和健康；（C）安全和培训；（D）安全和防护。

Jf4A2330 通过人体电流的大小主要决定于施加于人体的电压和人体电阻。一般情况下成年人体的电阻是（**B**）。

（A）100～200Ω；（B）1000～2000Ω；（C）10000～20000Ω；（D）20000Ω以上。

Jf4A2331 六氟化硫介质，具有优越的（**C**）性能。

（A）绝缘；（B）灭弧；（C）绝缘和灭弧；（D）冷却。

Jf4A2332 发电厂的一项重要技术经济指标是发电设备“年利用小时”。它是由（**A**）计算得来的。

（A）发电设备全年发电量除以发电设备额定容量；（B）发电设备额定容量除以发电设备全年发电量；（C）发电设备全年发电量除以年供电量；（D）全年电量除以设备有效值。

Jf4A3333 在没有专用验电器的特殊情况下，允许使用绝缘棒（绝缘拉杆），对（**B**）的电气设备进行验电。

（A）10kV 以下；（B）35kV 及以上；（C）35kV 及以下；

（D）66kV。

Jf4A3334　热继电器是利用双金属受热（B）来保护电气设备的。

（A）膨胀特性；（B）弯曲特性；（C）电阻增大特性；（D）电阻减小特性。

Jf4A4335　用一直流电压表和一直流电流表测量一分流器的电阻时，常用两种接线方式：甲分流器与电流表串联后再与电压表并联；乙分流器与电压表并联后再与电流表串联，比较两种接线的测量误差，（B）。

（A）甲比乙小；（B）乙比甲小；（C）甲乙一样；（D）无规律性。

Jf4A4336　一般交流电压表和电流表的表盘刻度都是前密后疏，这是由于使指针偏转的力矩与所测量的电压或电流的（C）成比例的缘故。

（A）平均值；（B）有效值；（C）平方值；（D）瞬时值。

Jf4A4337　电气设备检修工作人员，在10kV配电装置上工作时，其正常活动范围与带电设备的安全距离是（B）m。

（A）0.35；（B）0.4；（C）0.7；（D）0.8。

Jf4A4338　黄色试温蜡片，在（C）℃时开始熔化。

（A）40；（B）50；（C）60；（D）70。

Jf4A5339　绿色试温蜡片，在（B）℃时开始熔化。

（A）60；（B）70；（C）80；（D）90。

Jf4A5340　红色试温蜡片，在（A）℃时开始熔化。

（A）80；（B）90；（C）100；（D）105。

Jf3A1341　蓄电池除了浮充电方式外，还有（C）运行方式。

（A）充电；（B）放电；（C）充电—放电；（D）随意。

Jf3A1342　在运行中的电流互感器二次回路上工作，按安全工作规程的规定（A）。

（A）要办理工作票；（B）不要工作票；（C）用口头联系；（D）用手势联系。

Jf3A2343　直流互感器的一次侧接在整流电路的直流侧，二次侧接上电流表，该表指示的是（C）值。

（A）直流电流；（B）交流分量电流；（C）零序分量电流；（D）负序电流。

Jf3A2344　周围温度为25℃时，母线接头允许运行温度为（B）℃。

（A）65；（B）70；（C）80；（D）90。

Jf3A3345　两块电流表测量电流，甲表读数为400A，绝对误差4A，乙表读数为100A时绝对误差2A，比较两表测量准确度是（A）。

（A）甲表高于乙表；（B）乙表高于甲表；（C）甲乙表一样；（D）不可比。

Jf3A3346　如果把电压表直接串在被测负载电路中，则电压表（A）。

（A）指示不正常；（B）指示被测负线端电压；（C）线圈被短路；（D）烧坏。

Jf3A3347　如果把电流表直接并联在被测负载电路中，则电流表（C）。

（A）指示不正常；（B）指示被测负载电流；（C）线圈将负载短路；（D）烧坏。

Jf3A5348　用钳形电流表测量三相平衡负载电流时，钳口中放入三相导线，该表的指示值为（A）。

（A）零；（B）一相电流值；（C）三相电流的代数和；（D）无穷大。

Jf3A5349　低压验电笔一般适用于交、直流电压为（C）V以下。

（A）220；（B）380；（C）500；（D）1000。

Jf3A5350　装设接地线的顺序是（B）。

（A）先装中相后装两边相；（B）先装接地端；（C）先装导体端；（D）随意装。

Jf2A1351　戴绝缘手套进行高压设备操作时，应将外衣袖口（A）。

（A）装入绝缘手套中；（B）卷上去；（C）套在手套外面；（D）随意。

Jf2A1352　绝缘手套的试验周期是（C）。

（A）每年一次；（B）每月一次；（C）六个月一次；（D）三个月。

Jf2A1353　绝缘靴（鞋）的试验周期是（B）。

（A）每年一次；（B）每半年一次；（C）每季度一次；（D）一个月一次。

Jf2A2354 二氧化碳是不良导电体，所以二氧化碳适用于扑灭（**A**）带电设备的火灾。

（A）10kV 以下；（B）1000V 以下；（C）500V；（D）380V。

Jf2A3355 比较蓄电池电解液的浓度，均以（**B**）℃时的情况为标准。

（A）10；（B）15；（C）25；（D）5。

Jf2A3356 由直接雷击或雷电感应而引起的过电压叫做（**A**）过电压。

（A）大气；（B）操作；（C）谐振；（D）雷电。

Jf2A4357 兆欧表的接线端子有 **L**、**E** 和 **G** 三个，当测量电气设备绝缘电阻时（**B**）接地。

（A）L 端子；（B）E 端子；（C）G 端子；（D）不需。

Jf2A4358 用万用表测量某回路的电压时，应先了解被测电压的大致范围，如果不清楚其范围，则应选用电压挡（**A**）测量挡次。

（A）大的；（B）小的；（C）中间的；（D）随意。

Jf2A5359 钢芯铝线运行时的允许温度为（**A**）℃。

（A）70；（B）75；（C）80；（D）90。

Jf2A5360 人站立或行走在有电流流过的地面时，两脚间所承受的电压称（**B**）电压。

（A）接触；（B）跨步；（C）接地；（D）相同。

Jf2A5361 蓄电池浮充电运行，如果直流母线电压下降，超过许可范围时则应（**C**）恢复电压。

（A）切断部分直流负载；（B）增加蓄电池投入的个数；（C）增加浮充电流；（D）减小浮充电流。

Jf2A5362　测量蓄电池电解液的密度，为了测试准确，蓄电池必须处于（C）状态。

（A）充电；（B）放电；（C）静止；（D）浮充。

Jf1A3363　在星形接线的三相对称电路中，线电压 $\dot{U}_{AB}$ 与相电压 $\dot{U}_A$ 的相位关系是（A）。

（A）$\dot{U}_{AB}$ 超前 $\dot{U}_A$ 30°；（B）$\dot{U}_{AB}$ 滞后 $\dot{U}_A$ 30°；（C）$\dot{U}_{AB}$ 超前 $\dot{U}_A$ 120°；（D）$\dot{U}_{AB}$ 滞后 $\dot{U}_A$ 120°。

Jf1A2364　变压器绕组之间及绕组与接地部分之间的绝缘称为（C）。

（A）分级绝缘；（B）全绝缘；（C）主绝缘；（D）纵绝缘。

Jf1A2365　发电机长期进相运行，会使发电机（A）过热。

（A）定子端部；（B）定子铁芯；（C）转子绕组；（D）转子铁芯。

Jf1A4366　三相异步电动机的负载减小时，其功率因数（B）。

（A）增大；（B）减小；（C）不变；（D）可能增大或减小。

Jf1A4367　线圈中感应电动势的大小与（C）。

（A）线圈中磁通的大小成正比；（B）线圈中的磁通变化量成正比；（C）线圈中磁通的变化率成正比，还与线圈的匝数成正比；（D）线圈中磁通的大小成反比。

Jf1A4368　过渡电阻对距离保护的影响是（B）。

（A）实际的保护范围增大；（B）实际的保护范围缩小；（C）实际的保护范围不变；（D）保护失去选择性。

Jf1A4369　汽轮发电机承受负序电流的能力，主要决定于（B）。

（A）定子过载倍数；（B）转子发热条件；（C）机组振动；（D）定子发热条件。

Jf1A4370　当系统运行方式变小时，电流和电压的保护范围是（A）。

（A）电流保护范围变小，电压保护范围变大；（B）电流保护范围变小，电压保护范围变小；（C）电流保护范围变大，电压保护范围变小；（D）电流保护范围变大，电压保护范围变大。

Jf1A4371　系统发生振荡时，振荡电流中包含（A）分量。

（A）正序；（B）正序和负序；（C）负序和零序；（D）正序、负序及零序。

Jf1A4372　自动励磁调节器的投入使发电机的极限功率增大，其极限功率出现在功角（C）。

（A）小于90°附近；（B）等于90°；（C）大于90°附近；（D）小于180°。

Jf1A4373　三绕组降压变压器一般都在高、中压侧装有分接开关，若改变中压侧分接开关的位置（D）。

（A）能改变高、低压侧电压；（B）能改变中、低压侧电压；（C）只改变低压侧电压；（D）只改变中压侧电压。

Jf1A4374　发电机逆功率保护的主要作用是（C）。

（A）防止发电机失步；（B）防止发电机进相运行；（C）防止

汽轮机叶片过热损坏；（D）防止汽轮机带厂用电运行。

Jf1A4375　微机保护的定值存储芯片是（A）。

（A）EEPROM；（B）EPROM；（C）RAM；（D）CPU。

Jf1A4376　维持电弧稳定燃烧主要依靠（B）。

（A）碰撞游离；（B）热游离；（C）去游离；（D）强电场发射。

Jf1A4377　若 $X_{1\Sigma}=X_{2\Sigma}$，则同一故障点的 $i_{(2)ch}$ 与 $i_{(3)ch}$ 之比为（A）。

（A）$\frac{\sqrt{3}}{2}$；（B）1；（C）$\sqrt{3}$；（D）2.55。

Jf1A4378　两个电容量为 10μF 的电容器，并联在电压为 10V 的电路中，现将电容器电压升至 20V，则此电容器的电量将（C）。

（A）增大一倍；（B）减小一倍；（C）不变；（D）不一定。

Jf1A4379　在远动系统中，主站与 RTU 的常用通信方式是（C）。

（A）半工通信；（B）半双工通信；（C）全双工通信；（D）微波通信。

Jf1A4380　线路发生金属性三相短路时，保护安装处母线上的残余电压（B）。

（A）最高；（B）为故障点至保护安装处之间的线路压降；（C）与短路点相同；（D）不能判定。

Jf1A4381　电流互感器的一次电流取决于（A）。

（A）一次回路中的工作电流；（B）一次及二次回路中的工作电流；（C）二次回路中的工作电流；（D）与一次及二次回路中的工作电流无关。

Jf1A4382　阻抗继电器中接入第三相电压，是为了（B）。

（A）防止保护安装处正向两相金属性短路时方向阻抗继电器不动作；（B）防止保护安装处反向两相金属性短路时方向阻抗继电器误动作；（C）防止保护安装处正向三相短路时方向阻抗继电器不动作；（D）提高灵敏度。

Jf1A4383　一电磁线圈分别接到电压值相同的直流电路或交流电路中，这时（A）。

（A）接入直流电路的磁场强；（B）接入交流电路的磁场强；（C）两种电路的磁场强；（D）两种电路的磁场无法比较。

Jf1A4384　高起始励磁系统即快速励磁是指在 0.1s 内 AVR 装置可将发电机机端电压升至（C）的顶值电压，且下降时间小于 0.15s。

（A）85%；（B）90%；（C）95%；（D）100%。

Jf1A4385　在小电流接地系统中，某处发生单相接地时，母线电压互感器开口三角的电压（C）。

（A）故障点距母线越近，电压越高；（B）故障点距母线越近，电压越低；（C）不管距离远近，基本上电压一样高；（D）不确定。

Jf1A4386　中性点不接地电网，发生单相接地时，故障线路始端的零序电流 $\dot{I}_0$ 与零序电压 $\dot{U}_0$ 的相位关系是（B）。

（A）$3\dot{I}_0$ 超前 $3\dot{U}_0$ 90°；（B）$3\dot{I}_0$ 滞后 $3\dot{U}_0$ 90°；（C）$3\dot{I}_0$ 超前 $3\dot{U}_0$ 110°；（D）$3\dot{I}_0$ 滞后 $3\dot{U}_0$ 110°。

Jf1A4387 **电压互感器连接成不完全三角形接线时，它的一次绕组（A）。**

（A）不接地；（B）直接接地；（C）经电阻接地；（D）经电感接地。

Jf1A4388 **在发电机正常运行时中性点的三次谐波电压（A）机端三次谐波电压，故定子接地保护中的三次谐波元件不会误动。**

（A）大于；（B）小于；（C）等于；（D）决定于。

Jf1A4389 **在中性点不接地系统中，正常情况下每相对地电容电流为 I_{0C}，当发生单相金属性接地后，流过接地点的电流为（C）。**

（A）$\sqrt{3}I_{0C}$；（B）$\frac{1}{3}I_{0C}$；（C）$3I_{0C}$；（D）I_{0C}。

Jf1A4390 **在大接地电流系统中，故障电流中含有零序分量的故障类型是（C）。**

（A）两相短路；（B）三相短路；（C）两相短路接地；（D）三相短路接地。

Jf1A4391 **断路器的最大热稳定电流是指在（C）s 时间内，各部件所能承受热效应所对应的最大短路电流的有效值。**

（A）0.5；（B）1；（C）5；（D）10。

Jf1A4392 **距离保护装置一般由（D）组成。**

（A）测量部分、启动部分；（B）测量部分、启动部分、振荡闭锁部分；（C）测量部分、启动部分、振荡闭锁部分、二次电压回路断线失压闭锁部分；（D）测量部分、启动部分、振荡闭锁部分、二次电压回路断线失压闭锁部分、逻辑部分。

Jf1A4393 大型变压器无载调压，每两相邻分接头的电压差一般为额定电压的（**D**）。

（A）10%；（B）7.5%；（C）5%；（D）2.5%。

Jf1A4394 不论分接开关在任何位置，变压器电源电压不超过其相应电压的（**A**），则变压器的二次侧可带额定电流运行。

（A）105%；（B）110%；（C）115%；（D）120%。

Jf1A4395 负序电流在发电机转子表面引起损耗，该损耗的大小与负序电流（**D**）成正比。

（A）大小；（B）$\sqrt{2}$倍；（C）$\sqrt{3}$倍；（D）平方。

Jf1A4396 发电机的非同期振荡与（**B**）有关。

（A）过负荷；（B）失磁；（C）甩负荷；（D）转子一点接地。

Jf1A4397 若测得发电机绝缘的吸收比低于（**C**），则说明发电机绝缘受潮了。

（A）1.1；（B）1.2；（C）1.3；（D）1.5。

Jf1A4398 直流电机主极与转子空气隙最小值或最大值与平均值之间误差规定不大于（**B**）。

（A）5%；（B）10%；（C）15%；（D）20%。

Jf1A4399 并联运行变压器，所谓经济还是不经济，是以变压器（**B**）来衡量的。

（A）运行时间的长短；（B）损耗的大小；（C）效率的高低；（D）投资的多少。

Jf1A4400 电网发生短路时（**B**）。

（A）网络阻抗增大；（B）网络阻抗减小；（C）网络阻抗

既可增大也可减小；（D）网络阻抗不变。

Jf1A4401　异步电动机的启动力矩与电源频率（B）。

（A）成正比；（B）成反比；（C）平方成正比；（D）立方成反比。

Jf1A4402　相差高频保护应接于综合重合闸装置的（A）端子。

（A）N；（B）M；（C）P；（D）Q。

Jf1A4403　在中性点不接地系统中发生单相接地故障时，流过故障线路始端的零序电流（B）。

（A）零序电压 90°；（B）滞后零序电压 90°；（C）和零序电压同相位；（D）滞后零序电压 45°。

Jf1A4404　输电线路 BC 两相金属性短路时，短路电流 $I_k^{(2)}$（A）。

（A）滞后于 BC 相同电压一个线路阻抗角；（B）滞后于 B 相电压一个线路阻抗角；（C）滞后于 C 相电压一个线路阻抗角；（D）超前 BC 相间电压一个线路阻抗角。

Jf1A4405　若已知一个电阻两端加上 400V 的电压时，所消耗的功率为 80W，那么当外加电压减少一半时，则消耗的功率为（C）W。

（A）60；（B）40；（C）20；（D）10。

Jf1A4406　发电机的端电压、转速和功率因数不变的情况下，励磁电流与发电机负荷电流的关系曲线称为发电机的（A）。

（A）调整特性；（B）负载特性曲线；（C）外特性曲线；（D）励磁特性曲线。

Jf1A4407 空载高压长线路的末端电压（**B**）始端电压。

（A）低于；（B）高于；（C）等于；（D）不一定。

Jf1A4408 自耦变压器中性点必须接地，这是为了避免当高压侧电网内发生单相接地故障时，（**A**）。

（A）中压侧出现过电压；（B）高压侧出现过电压；（C）高压侧、中压侧都出现过电压；（D）以上三种情况以外的。

Jf1A4409 系统中发生不对称故障时，短路电流中的各序分量，其中受两侧电动势相角差影响的是（**A**）。

（A）正序分量；（B）负序分量；（C）正序分量和负序分量；（D）零序分量。

Jf1A4410 同电源的交流电动机，极对数多的电动机，其转速（**A**）。

（A）低；（B）高；（C）不变；（D）不一定。

Jf1A4411 差动保护差动继电器内的平衡线圈消除（**C**）。

（A）励磁涌流产生的不平衡电流；（B）两侧相位不同产生的不平衡电流；（C）二次回路额定电流不同产生的不平衡电流；（D）两侧电流互感器的型号不同产生的不平衡电流。

Jf1A4412 电流系统发生接地故障时，零序电流大小取决于（**B**）。

（A）短路点距电源的远近；（B）中性点接地的数目；（C）系统电压等级的高低；（D）短路类型。

Jf1A4413 同样转速的发电机，磁极对数多的电源频率（**B**）。

（A）低；（B）高；（C）不变；（D）不一定。

Jf1A4414　电力系统发生 A 相金属性接地短路时，故障点的零序电压（B）。

（A）与 A 相电压同相位；（B）与 A 相电压相位相差 180°；（C）超前于 A 相电压 90°；（D）滞后于 A 相电压 90°。

Jf1A4415　电力系统出现两相短路时，短路点距母线的远近与母线上负序电压值的关系是（B）。

（A）距故障点越远负序电压越高；（B）距故障点越近负序电压越高；（C）与故障点位置无关；（D）距故障点越近负序电压越低。

Jf1A4416　所谓内部过电压的倍数就是内部过电压的（A）与电网工频相电压有效值的比值。

（A）幅值；（B）有效值；（C）平均值；（D）暂态值。

Jf1A4417　发电机的测量元件（热电偶式）是利用两种不同的金属丝接触点在不同温度时所产生（A）的不同来测定温度的。

（A）电动势；（B）电阻；（C）位移；（D）磁性。

Jf1A4418　断路器失灵保护，只能在（A）时起后备保护。

（A）断路器拒动；（B）断路器误动；（C）保护误动；（D）保护拒动。

Jf1A4419　变压器的过电流保护，加装低电压保护元件是（A）。

（A）提高保护的灵敏度；（B）提高保护的选择性；（C）提高保护的可靠性；（D）提高保护的速动性。

Jf1A4420　在“四统一”综合重合闸中，判别接地故障的

元件为（A）。

（A）阻抗元件；（B）负序电流元件；（C）零序电流元件；（D）普通电流元件。

Jf1A4421　自耦变压器一次侧电压与一次电流的乘积，称为自耦变压器的（C）容量。

（A）额定；（B）标准；（C）通过；（D）有效。

Jf1A4422　强励装置在发生事故的情况下，可靠动作可以提高（A）保护动作的可靠性。

（A）带延时的过流；（B）差动；（C）匝间短路；（D）电流速断。

4.1.2 判断题

判断下列描述是否正确，对的在括号内打“√”，错的在括号内打“×”。

La5B1001 导体的长度与导体电阻成反比。（×）

La5B2002 导体的电阻与导体截面成反比。（√）

La5B3003 一个支路的电流与其回路的电阻的乘积等于电功。（×）

La5B4004 一个支路电流除该支路的电压等于电阻。（√）

La5B4005 流入电路中一个节点的电流和等于流出节点的电流和。（√）

La5B4006 电阻串联电路的总电阻为各电阻之倒数和。（×）

La5B5007 通过某一垂直面积的磁力线也叫做磁链。（×）

La4B1008 一个线圈的电感与外加电压无关。（√）

La4B2009 金属导体的电阻与外加电压无关。（√）

La4B3010 电容器充电时的电流，由小逐渐增大。（×）

La4B3011 串联电容器等效电容的倒数，等于各电容倒数的总和。（√）

La4B4012 复杂电路与简单电路的根本区别，在于电路中元件数量的多少。（×）

La4B5013 叠加原理也适用于电路功率计算。（×）

La4B5014 叠加原理，可用于所有电路。（×）

La3B1015 磁场对载流导体的电磁力方向，用右手定则确定。（×）

La3B2016 在直导体中，感应电动势的方向由左手定则确定。（×）

La3B3017 在回路中，感应电动势的大小与回路中磁通的大小成正比。（×）

La3B3018 在线圈中，自感电动势的大小与线圈中流动电流的大小成正比。（×）

La3B3019 线圈中电流增加时，自感电动势的方向与电流的方向一致。（×）

La3B4020 线圈中电流减小时，自感电动势的方向与电流的方向相反。（×）

La3B5021 构成正弦交流电的三要素是最大值、角频率和初相角。（√）

La2B1022 两个频率相同的正弦量的相位差为 180°，叫做同相。（×）

La2B1023 周期性交流量，循环一次所需的时间叫做频率。（×）

La2B2024 交流电路中，电阻元件上的电压与电流的相位差为零。（√）

La2B3025 交流电路中，电容元件两端的电压相位超前电流相位 90°。（×）

La2B3026 电路的功率因数是视在功率与有功功率的比值。（×）

La2B4027 感性电路的无功功率是负值。（×）

La2B5028 容性电路的无功功率是正值。（×）

La1B1029 在半导体中，靠空穴导电的半导体称 N 型半导体。（×）

La1B2030 在半导体中，靠电子导电的半导体称 P 型半导体。（×）

La1B3031 二极管两端的电压与电流的关系称为二极管的伏安特性。（√）

La1B4032 晶体三极管的发射极电流控制集电极电流，而集电极电流的大小又受基极电流的控制。（√）

La1B5033 晶体三极管的开关特性是指控制基极电流，使晶体管处于放大状态和截止关闭状态。（×）

Lb5B1034 直流发电机的功率等于电压与电流之和。(×)

Lb5B1035 三相交流发电机的有功功率等于电压、电流和功率因数的乘积。(×)

Lb5B2036 三相交流发电机的视在功率等于电压和电流的乘积。(×)

Lb5B2037 交流电的电压单位是伏特，用字母 V 表示。(√)

Lb5B3038 直流电的电流单位是安培，用字母 A 表示。(√)

Lb5B3039 直流电阻的单位是赫兹，用字母R表示。(×)

Lb5B4040 物体按导电的能力可分为固体、液体和气体三大类。(×)

Lb5B5041 一切物质都是由分子组成的，物体内存在着大量电荷。(√)

Lb4B1042 一切物体的负电荷的总量，永远多于正电荷的总量，否则就不会有多余的电子流动以形成电流。(×)

Lb4B2043 导线越长，电阻越大，它的电导也就越大。(×)

Lb4B3044 在电阻并联的电路中，总电流、总电压都分别等于各分电阻上电流、分电压之和。(×)

Lb4B3045 在一个串联电阻的电路中，它的总电流也就是流过某一个电阻的电流。(√)

Lb4B4046 在串联电路中，总电阻等于各电阻的倒数之和。(×)

Lb4B5047 流过电阻的电流与电阻成正比，与电压成反比。(×)

Lb3B1048 在串联电阻电路中，总电压等于各电阻上的电压之和。(√)

Lb3B1049 并联电路中的总电阻等于电阻值的倒数之和。(×)

Lb3B2050 在并联电路中，由于流过各电阻的电流不一

样，因此，每个电阻的电压降也不一样。（×）

Lb3B2051 在并联电路中，电阻的阻值越大它的压降也就越大，阻值越小它的压降也越小。（×）

Lb3B3052 对于任一分支的电阻电路，只要知道电路中的电压、电流和电阻三个量中任意一个量，就可以求出另外一个量。（×）

Lb3B3053 在直流电路中应用欧姆定律，对交流电路也可以应用。（√）

Lb3B4054 基尔霍夫定律是直流电路的定律，对于交流电路是不能应用的。（×）

Lb3B4055 导体的电阻与导体的截面成正比，与导体的长度成反比。（×）

Lb3B5056 电功率是长时间内电场力所作的功。（×）

Lb3B5057 电流强度是在电场作用下，单位时间通过导体截面的电量。（√）

Lb2B1058 楞次定律反映了电磁感应的普遍规律。（√）

Lb2B1059 电流与磁力线方向的关系是用左手握住导体，大拇指指电流方向，四指所指的方向即为磁力线方向。（×）

Lb2B1060 1s内正弦量交变的次数叫频率，用字母f表示。（√）

Lb2B1061 频率的单位是乏尔，用字母Hz表示。（×）

Lb2B2062 正弦交流电的最大值是有效值的$\sqrt{5}$倍。（×）

Lb2B2063 电场强度是衡量电场强弱的一个物理量。（√）

Lb2B3064 在电场或电路中，某一点的电位就是该点和零电位的电位差。（√）

Lb2B3065 零电位的改变，必然改变各点的电位大小，当然也改变了各点间的电位差。（×）

Lb2B3066 电势和电压的方向一样，都是由高电位指向低电位。（×）

Lb2B3067 直流电路中，导体两端电压和通过导体的电流的比值等于导体的电阻。（√）

Lb2B3068 一导体的电阻与所加的电压成正比，与通过的电流成反比。（×）

Lb2B4069 一导体中，在外加电压的作用下，所通过的电流与所加电压成正比，与导体电阻成反比。（√）

Lb2B4070 电流通过一个电阻在此电阻上电能转化为热能，计算公式为 $Q=I^2Rt$。（√）

Lb2B4071 在电阻串联的电路中，其电路和总电阻、总电压、总电流都等于各分支电路中电阻、电压、电流的总和。（×）

Lb2B5072 在电阻并联的电路中，其总电阻的倒数等于各分电阻的倒数之和。（√）

Lb1B1073 在几个电阻串联的电路中，电流分配与各电阻大小无关。（√）

Lb1B1074 在几个电阻串联电路中，电压分配与各电阻成正比。（√）

Lb1B1075 在并联电路中，各支路电压的分配与支路电阻的倒数成正比。（×）

Lb1B2076 在并联电路中，各支路电流的分配与各支路电阻成反比。（√）

Lb1B2077 磁感应强度 $B=\dfrac{\Phi}{S}$ 又叫磁通密度。（√）

Lb1B2078 载流导线在电场中，要受到力的作用，作用力的方向用左手定则判定。（×）

Lb1B2079 两个平行的载流导线之间存在电磁力的作用，两导线中电流方向相同时，作用力相斥，电流方向相反时，作用力相吸。（×）

Lb1B2080 在电容器两端的电压，不能发生突变。（√）

Lb1B3081 通过电感线圈的电流，不能发生突变。（√）

Lb1B3082 当一个导线（线圈）与磁场发生相对运动时，

导线（线圈）中产生感应电动势。（√）

Lb1B3083 在一个三相电路中，三相分别带着一个电阻、一个电感、一个电容，各项阻抗都等于 10Ω，此时三相负载是对称的。（×）

Lb1B3084 当两个并联支路接通时，电阻小的支路电流大。（√）

Lb1B3085 电场中任意一点的电场强度，在数值上等于放在该点的电荷所受电场力的大小，电场强度的方向就是电荷受力的方向。（×）

Lb1B4086 电场中两点之间没有电位差，就不会出现电流。（√）

Lb1B4087 在电容器的特性中，最重要的参数是电容量及介质损耗。（×）

Lb1B4088 两条各自通过反向电流的平行导线之间是互相吸引的。（×）

Lb1B5089 电容器接到直流回路上，只有充电和放电时，才有电流流过。充电、放电过程一旦结束，电路中就不会再有电流流过。（√）

Lc5B1090 运行中，蓄电池室内温度，应保持 10～25℃为宜。（√）

Lc5B2091 蓄电池室内禁止点火、吸烟，但允许安装普通用的开关、插销等。（×）

Lc5B3092 雷电流由零值上升到最大值所用的时间叫波头。（√）

Lc5B4093 内部过电压的产生是由于系统的电磁能量发生瞬间突变引起的。（√）

Lc5B4094 蓄电池在充电过程中，内阻增大，端电压降低。（×）

Lc5B5095 蓄电池电解液的密度随温度的变化而变化，温度升高则密度下降。（√）

Lc5B5096 蓄电池的工作过程是可逆的化学反应过程。（√）

Lc4B1097 蓄电池的自放电是一种现象，而不会引起损耗。（×）

Lc4B1098 电磁式测量仪表，既能测量交流量，又能测量直流量。（√）

Lc4B2099 蓄电池在充电过程中，每个电瓶电压上升到2.3V时，正负极板均有气体逸出。（√）

Lc4B2100 距离保护是反应故障点到保护安装处的电气距离，并根据此距离的大小确定动作时间的一种保护。（√）

Lc4B2101 距离保护在多电源的复杂网络中，有很高的工作可靠性。（×）

Lc4B3102 在由零序电压滤过器组成的距离保护的电压断线闭锁装置中，有一个零序电流继电器是起反闭锁作用的。（√）

Lc4B4103 整流型距离保护的负序电流元件，是测量元件的闭锁元件。（√）

Lc3B4104 三相负载的连接方式常采用Y形或△形。（√）

Lc3B5105 反应相间短路的阻抗继电器，一般采用零度接线。（√）

Lc3B5106 采用方向阻抗继电器后，为了可靠还要单独安装方向元件。（×）

Lc2B1107 距离保护可显著提高保护的灵敏度和速动性。（√）

Lc2B1108 高频保护既可作全线路快速切除保护，又可作相邻母线和相邻线路的后备保护。（×）

Lc2B2109 阻抗保护既可作全线路快速切除保护，又可作相邻线路及母线的后备保护。（×）

Lc2B2110 高频闭锁方向保护的基本原理是比较被保护线路两侧的电流相位。（×）

Lc2B3111 相差动高频保护的基本原理是比较被保护线路两侧的短路功率方向。（×）

Lc2B3112 距离保护安装处至故障点的距离越远，距离保护的动作时限越短。（×）

Lc2B4113 双回线中任一回线断开后，横差方向保护即变为方向过流保护。（√）

Lc2B4114 二次回路中采用位置继电器的目的是增加保护出口继电器触点用。（×）

Lc2B5115 如果两条平行线路长度相等，则可以装设横差保护。（×）

Lc2B5116 在中性点直接接地的电网中，大约85%的故障是接地短路。（√）

Lc1B1117 在中性点直接接地的电网中，当过流保护采用三相星形接线方式时，也能保护接地短路。（√）

Lc1B2118 距离保护的测量阻抗值不随运行方式而变。（√）

Lc1B2119 距离保护的时限特性与保护安装处至故障点的距离无关。（×）

Lc1B2120 距离保护的时限元件是用来保证装置有选择性的切除故障。（√）

Lc1B2121 220kV母联充电保护在正常情况下投入。（×）

Lc1B3122 避雷器既可用来防护大气过电压，也可用来防护操作过电压。（√）

Lc1B3123 低频、低压减负荷装置出口动作后，应当启动重合闸回路，使线路重合。（×）

Lc1B4124 把电容器串联在线路上以补偿电路电抗，可以改善电压质量，提高系统稳定性和增加电力输出能力。（√）

Lc1B4125 常见的操作过电压有切合空载长线、切除空载变压器、切合电容器引起的过电压及弧光接地过电压等。（√）

Lc1B4126 保护连接片投入前，应使用高内阻电压表测量连接片两端无电压后，方可投入。（√）

Lc1B5127 电气非破坏性试验主要指测量绝缘电阻、泄漏电流和介质损耗的试验。（√）

Lc1B5128 当系统振荡或发生两相短路时，会有零序电压和零序电流出现。（×）

Jd5B1129 因为电压有方向，所以是向量。（×）

Jd5B1130 电压又称电位差、电压降。（√）

Jd5B1131 电场力使正电荷沿电位降低的路径移动。（√）

Jd5B2132 电源力使正电荷沿电位升高的路径移动。（√）

Jd5B2133 电流是物体中带电粒子的定向运动。（√）

Jd5B2134 电流强度的方向是负电荷移动的方向。（×）

Jd5B3135 有源元件开路时的端电压与电动势的大小、方向相同。（×）

Jd5B3136 电路的组成只有电源和负载。（×）

Jd5B3137 电流是恒定电流的电路，称为直流电路。（√）

Jd5B4138 电流是交变电流的电路，称为交流电路。（√）

Jd5B4139 两个电阻元件在相同电压作用下，电阻大的电流大，电阻小的电流小。（×）

Jd5B5140 串联电阻可以用来分流。（×）

Jd5B5141 并联电阻可以用来分压。（×）

Jd5B5142 金属材料的电阻，随温度的升高而减小。（×）

Jd4B1143 电路中两个或两个以上元件的连接点叫做节点。（×）

Jd4B1144 两个相邻节点的部分电路，叫做支路。（√）

Jd4B1145 电路中的任一闭合路径，叫做回路。（√）

Jd4B2146 基尔霍夫第一定律的根据是电流的连续性原理。（√）

Jd4B2147 基尔霍夫第二定律的根据是电位的单值性原理。（√）

Jd4B2148 基尔霍夫第一定律的数学表达式为 $\Sigma U=0$。（×）

Jd4B3149 基尔霍夫第二定律的数学表达式为，$\Sigma I=0$。（×）

Jd4B3150 根据基尔霍夫第一定律可知：电流只能在闭合的电路中流通。（√）

Jd4B3151 一段电路的电流和电压方向一致时，是发出电能的。（×）

Jd4B4152 一段电路的电流和电压方向相反时，是接受电能的。（×）

Jd4B4153 在相同工作电压下的电阻元件，电阻值越大的功率越大。（×）

Jd4B4154 几个阻值不同的串联电阻，通过电流相同，且承受同一个电压。（×）

Jd4B5155 电容量的大小，反映了电容器储存电荷的能力。（√）

Jd4B5156 电势和电压的方向一样，都是由高电位指向低电位。（×）

Jd4B5157 按正弦规律变化的交流电的三个要素是有效值、频率和电位差。（×）

Jd3B1158 对称的三相电源星形连接时，相电压是线电压的 $\sqrt{3}$ 倍，线电流与相电流相等。（√）

Jd3B1159 对称的三相电源三角形连接时，线电压与相电压相等，线电流是相电流的 $\sqrt{3}$ 倍。（√）

Jd3B1160 所谓对称的三相负载是三相的电流有效值相等，三相的相电压的相位差相等（互差 120°）。（×）

Jd3B2161 所谓对称的三相负载就是指三相的阻抗值相等。（×）

Jd3B2162 将三相绕组的首末端依次相连，构成一个闭合回路，再从三个连接点处引出三根线的连接方式为△形连接。

（√）

Jd3B2163 两个金属板之间电容量的大小与外加的电压无关。（√）

Jd3B3164 焦耳定律反映了电磁感应的普遍规律。（×）

Jd3B3165 要将电流表扩大量程，应该串联电阻。（×）

Jd3B3166 要将电压表扩大量程，应该串联电阻。（√）

Jd3B4167 在电场中两电荷所受力大小与它们距离成反比。（×）

Jd3B4168 电流互感器二次绕组严禁开路运行。（√）

Jd3B4169 电压互感器二次绕组严禁短路运行。（√）

Jd3B5170 直流发电机的容量越大，发生的电压越高。（×）

Jd3B5171 交流发电机的容量越大，频率越高；容量越小，频率越低。（×）

Jd3B5172 同样转速的三相交流发电机，静子绕组极数越多，发出的频率越高。（√）

Jd3B5173 交流发电机的频率决定于发电机的转子转速和磁极对数。（√）

Jd2B1174 同一电源接两台交流电动机，电动机的极对数多的一台转速低，电动机的极对数少的一台转速高。（√）

Jd2B1175 电动机绕组电感一定时，频率越高，阻抗越小。（×）

Jd2B1176 直流发电机电枢是原动机拖动旋转，在电枢绕组中产生感应电动势将机械能转换成电能。（√）

Jd2B2177 直流电动机的电枢反应，不仅使主磁场发生严重畸变，而且还产生去磁作用。（√）

Jd2B2178 直流电动机的电枢电流越小，使主磁场发生畸变严重，它的去磁作用也越大。（×）

Jd2B2179 直流发电机励磁电流方向，必须是使它所建立的磁场与剩磁方向相反。（×）

Jd2B3180 直流电动机静子磁极宽的为主极，窄的为换向极。（√）

Jd2B3181 直流电动机换向极线圈是装在主极铁芯上的小线圈，又称附加磁极线圈。（×）

Jd2B4182 直流电动机换向极线圈装在换向极铁芯上，换向极又称附加磁极。（√）

Jd2B4183 他励式直流发电机，励磁绕组除用另外一台小型直流发电机供电外，还可以用整流器供电。（√）

Jd2B4184 发电机是将电能变为机械能的设备。（×）

Jd2B5185 同步发电机是利用电磁感应原理产生电动势的。（√）

Jd2B5186 汽轮发电机转子铁芯是用矽钢片叠加而成的。（×）

Jd2B5187 电动机绕组末端 x、y、z 连成一点，由始端 A、B、C 引出，这种连接称星形连接。（√）

Jd1B1188 直流电动机电枢反应使主磁场去磁。（√）

Jd1B1189 在星形连接的电路中，线电压和相电压相等。（×）

Jd1B1190 电动机绕组依次首尾相连，构成闭合回路，这种连接方式是三角形连接。（√）

Jd1B1191 在三角形连接的电路中，线电流等于相电流。（×）

Jd1B2192 反时限过流保护的动作时间与短路电流的大小成正比。（×）

Jd1B2193 三相异步电动机磁极对数越多，其转速越高。（×）

Jd1B2194 交流电气设备铭牌所标的电压和电流值，都是最大值。（×）

Jd1B3195 电力系统是由发电厂，变、配电装置，电力线路和用户组成。（√）

Jd1B3196 电力网是由输、配电线路和变、配电装置组成的。（√）

Jd1B3197 电力系统的中性点接地方式，有大接地电流系统和小接地电流系统两种方式。（√）

Jd1B4198 电力系统的中性点，经消弧线圈接地的系统，称为大电流接地系统。（×）

Jd1B4299 在中性点不接地的系统中，发生单相接地故障时，其线电压不变。（√）

Jd1B4200 在中性点直接接地的系统中，发生单相接地故障，非故障相对地电压将升高。（×）

Jd1B5201 断路器是利用交流电流自然过零时熄灭电弧的。（√）

Jd1B5202 电弧是一种气体游离放电现象。（√）

Jd1B5203 在小电流、低电压的电路中，隔离开关具有一定的自然灭弧能力。（√）

Je5B1204 断路器动、静触头分开瞬间，触头间产生电弧，此时电路处于断路状态。（×）

Je5B1205 在直流电路中，不能使用以油灭弧的断路器。（√）

Je5B1206 高压断路器的额定电压指的是相电压。（×）

Je5B2207 断路器的操动机构一般包括合闸机构和分闸机构。（√）

Je5B2208 断路器固有分闸时间，称为断路时间。（×）

Je5B2209 母线的作用是汇集、分配和传输电能。（√）

Je5B2210 避雷针是由针的尖端放电作用，中和雷云中的电荷而不致遭雷击。（×）

Je5B3211 避雷针是引雷击中针尖而起到保护作用的。（√）

Je5B3212 二次回路的电路图，包括原理展开图和安装接线图两种。（√）

Je5B3213 发电机的极对数和转子转速，决定了交流电动势的频率。（√）

Je5B3214 异步电动机的转差率，即转子转速与同步转速的差值对转子转速的比值。（×）

Je5B3215 直流电动机运行是可逆的。（√）

Je5B3216 直流电动机在运行时，电刷下产生火花，是属于换向不良的表现。（√）

Je5B2217 继电器线圈带电时，触点是断开的称为常开触点。（×）

Je5B2218 继电器线圈带电时，触点是闭合的称为常闭触点。（×）

Je5B2219 中间继电器的主要作用是用以增加触点的数量和容量。（√）

Je5B2220 对继电保护装置的基本要求是可靠性、选择性、快速性和灵敏性。（√）

Je5B2221 继电保护装置切除故障的时间，等于继电保护装置的动作时间。（×）

Je5B2222 过电流保护是根据电路故障时，电流增大的原理构成的。（√）

Je5B2223 定时限过电流保护的动作时限，与短路电流的大小有关。（×）

Je5B3224 在三角形连接的对称电源或负载中，线电压等于相电压。（√）

Je5B3225 三角形连接的对称电源或负载中，线电流是相电流的 $\sqrt{2}$ 倍。（×）

Je5B3226 在三角形连接的对称电源或负载中，线电流滞后相电流 30°。（√）

Je5B3227 不论电源或负载是星形连接还是三角形连接，不论线电压是否对称，三个线电压的瞬时值的代数和恒等于零。（×）

Je5B3228 三相电源发出的总有功功率，等于每相电源发出的有功功率之和。（√）

Je5B3229 三相负载接收的总有功功率，等于每相负载接收的有功功率之和。（√）

Je5B3230 对于直流电路，电感元件相当于开路。（×）

Je5B3231 对于直流电路，电容元件相当于短路。（×）

Je5B3232 在直流电路中，电容器通过电流瞬时值的大小和电容器两端电压的大小成正比。（×）

Je5B4233 能使电流继电器触点返回到原来位置的最小电流，叫作该继电器的返回电流。（×）

Je5B4234 能使低压继电器触点从断开到闭合的最高电压，叫作该继电器的动作电压。（√）

Je5B4235 电能表的铝盘旋转的速度，与通入该表的电流线圈中的电流大小成反比。（×）

Je5B4236 电力系统中的事故备用容量一般为系统容量的10%左右。（√）

Je5B4237 发电厂中的蓄电池，一般都采用串联使用方法，串入回路中的蓄电池数，其总电压即为直流母线电压。（√）

Je5B4238 差动保护的优点是能够迅速地、有选择地切除保护范围内的故障。（√）

Je5B5239 在整流电路中，把两只或几只整流二极管串联使用时，为了避免反向电压使二极管相继击穿，通常在每只二极管上串联一只阻值相等的均压电阻。（×）

Je5B5240 在整流电路中，把两只或几只整流二极管并联使用时，为了避免各支路电流不能平均分配而烧毁二极管，应在每只二极管上并联一个均流电阻。（×）

Je5B5241 无稳态电路实际上是一种振荡电路，它输出的是前后沿都很陡的矩形波。（√）

Je5B5242 利用单结晶体管的特性，配合适当的电阻和电

容元件就可构成可控硅的触发电路。（√）

Je4B1243 同步发电机失磁时，无功功率表指示在零位。（×）

Je4B1244 电网电压过低会使并列运行中的发电机定子绕组温度升高。（√）

Je4B1245 电力系统电压过高会使并列运行的发电机定子铁芯温度升高。（√）

Je4B2246 为防止厂用工作母线失去电源，备用电源应在工作电源的断路器事故跳闸前自动投入。（×）

Je4B2247 发电机转子回路发生一点接地故障时，其励磁绕组的电压降低。（×）

Je4B2248 发电机转子回路两点接地保护投入后，应将横差保护退出运行。（×）

Je4B2249 变压器的三相连接方式，最常用的就是星形和三角形连接。（√）

Je4B2250 在同样的绝缘水平下，变压器采用星形接线比三角形接线可获取较高的电压。（√）

Je4B3251 异步电动机相间突然短路，当发生在定子绕组端部附近时，故障最严重。（√）

Je4B3252 改善异步电动机的启动特性，主要指降低启动时的功率因数，增加启动转矩。（×）

Je4B3253 变压器正常过负荷的必要条件是，不损害变压器的正常使用期限。（√）

Je4B3254 变压器的寿命是由线圈绝缘材料的老化程度决定的。（√）

Je4B3255 在一般情况下，110kV 以下的配电装置不会出现电晕现象。（√）

Je4B3256 超高压系统产生的电晕是一种无功功率损耗。（×）

Je4B3257 把电容器串联在供电线路上，叫串联补偿。

（√）

Je4B3258 把电容器与负载或用电设备并联，叫并联补偿。（√）

Je4B4259 汽轮发电机投入运行后，如果温升不高，又无异常现象，则允许超过铭牌数值运行。（×）

Je4B4260 变压器空载合闸时，由于励磁涌流存在的时间很短，所以一般对变压器无危害。（√）

Je4B4261 变压器输出无功功率，也会引起有功损耗。（√）

Je4B4262 变压器不对称运行，对变压器本身危害极大。（√）

Je4B4263 异步电动机的三相绕组，其中有一相绕组反接时，从电路来看，三相负载仍是对称的。（×）

Je4B4264 异步电动机定子电流为空载电流与负载电流的相量和。（√）

Je4B4265 发生接地故障时，特有的电气量是零序电压和零序电流。（√）

Je4B4266 当系统振荡或发生两相短路时，会有零序电压和零序电流出现。（×）

Je4B4267 当发生单相接地故障时，零序功率的方向可以看作以变压器中性点为电源向短路点扩散。（×）

Je4B4268 输电线路本身的零序阻抗大于正序阻抗。（√）

Je4B4269 在复杂的电网中，方向电流保护往往不能有选择地切除故障。（√）

Je4B5270 采用Vv接线的电压互感器，只能测量相电压。（×）

Je4B5271 可以用三相三柱式电压互感器测量相对地电压。（×）

Je4B5272 晶体三极管最基本的作用是“放大”。（×）

Je4B5273 稳压管的作用是在电源电压上，可起到稳压和

均压作用。（√）

Je3B1274 高压断路器铭牌上标明的额定电压，即为允许的最高工作电压。（×）

Je3B1275 电晕是高压带电体表面向周围空气游离放电现象。（√）

Je3B1276 串联谐振电路的阻抗最大，电流最小。（×）

Je3B2277 频率和有效值相同的三相正弦量，即为对称的三相正弦量。（×）

Je3B2278 对称的三相正弦量在任一瞬间的代数和等于零。（√）

Je3B2279 对称的三相正弦量达到正的最大值的顺序，称为相序。（√）

Je3B2280 在星形连接的对称电源或负荷中，线电压是相电压的$\sqrt{2}$倍。（×）

Je3B2281 在星形连接的三相对称电源或负荷中，线电压$\dot{U}_{AB}$的相位超前相电压$\dot{U}_A$相位30°。（√）

Je3B2282 在星形连接的三相对称电源或负荷中，线电流等于相电流。（√）

Je3B2283 为便于识别母线的相别，所以将母线涂上任意的颜色。（×）

Je3B2284 熔断器可分为限流和不限流两大类。（√）

Je3B3285 为防止电流互感器二次侧短路，应在其二次侧装设低压熔断器。（×）

Je3B3286 在有灯光监察的控制回路中，红灯亮时，指示断路器整个合闸回路完好。（×）

Je3B3287 电流表与被测负荷并联测量电流。（×）

Je3B3288 电压表与被测负荷串联测量电压。（×）

Je3B3289 三相异步电动机定子绕组断一相时仍可启动起来。（×）

Je3B3290 三相异步电动机运行中定子回路断一相，仍可

继续转动。（√）

Je3B3291 高压断路器投入运行，允许在带有工作电压的情况下，手动机构合闸或就地操作按钮合闸。（×）

Je3B3292 高压断路器停止运行，允许手动机构或就地手动操作按钮分闸。（×）

Je3B3293 电气运行值班人员在紧急情况下，有权将拒绝跳闸或严重缺油、漏油的断路器暂时投入运行。（×）

Je3B4294 在电路中，若发生串联谐振，在各储能元件上有可能出现很高的过电压。（√）

Je3B4295 在电路中，若发生并联谐振，在各储能元件上有可能流过很大的电流。（√）

Je3B4296 电阻、电感和电容串联的电路，画相量图时，最简单的方法是以电流为参考相量。（√）

Je3B4297 电阻、电感和电容并联的电路，画相量图时，最简单的方法是以电压为参考相量。（√）

Je3B4298 电压源和电流源的等值变换，只能对外电路等值，对内电路则不等值。（√）

Je2B1299 用万用表电阻挡测量一只二极管的电阻，先测量读数大，反过来测量读数小，则大的为正向电阻，小的为反向电阻。（×）

Je2B1300 配电盘和控制盘、台的框架，投入运行后，必须接地。（√）

Je2B1301 稳压管的用途与普通晶体二极管的用途相同。（×）

Je2B1302 电流互感器运行时，常把两个二次绕组串联使用，此时电流变比将减小。（×）

Je2B1303 当把电流互感器两个二次绕组串联起来使用时，其每个二次绕组只承受原来电压的一半，负荷减少一半。（√）

Je2B1304 变压器内的油有灭弧及冷却作用。（×）

Je2B1305 变压器油枕的作用是扩大散热面积，改善冷却条件。（×）

Je2B1306 变压器油枕的容积一般为变压器容积的 10%左右。（√）

Je2B2307 当功角$\delta>90^\circ$时，发电机运行处于静态稳定状态。（×）

Je2B2308 调节发电机励磁电流，可以改变发电机的有功功率。（×）

Je2B2309 调节发电机的有功功率时，会引起无功功率的变化。（√）

Je2B3310 氢冷发电机内部一旦充满氢气，密封油系统应正常投入运行。（√）

Je2B3311 在大量漏油而使变压器油位迅速下降时，禁止将重瓦斯保护改投信号位置。（√）

Je2B4312 转子匝间短路严重，转子电流达到额定值，无功仍然很小，应申请停机。（×）

Je2B4313 短路电流越大，反时限过电流保护的动作时间越长。（×）

Je2B4314 发电厂的厂用电，包括厂内有关发电的机械用电、照明用电和交、直流配电装置的电源用电等。（√）

Je2B4315 在极短时间内停止供电，可能影响人身和设备安全、发电机出力大幅度下降，甚至停机的厂用机械，称为第一类厂用机械。（√）

Je2B4316 较长时间停止供电，也不致于直接影响电能生产的机械，称为第二类厂用机械。（×）

Je2B4317 高压厂用电压采用多少伏，取决于选用的电动机额定电压。（×）

Je2B4318 瓦斯保护是防御变压器各种故障的唯一保护。（×）

Je2B4319 厂用电工作的可靠性，在很大程度上决定于电

源的连接方式。（√）

Je2B4320 厂用电在正常情况下，工作变压器投入，备用电源断开，这种方式叫明备用。（√）

Je2B4321 高压厂用母线一般采用单母线，而低压母线则采用单母线分段。（√）

Je2B4322 发电厂中的厂用电是重要负荷，必须按电力系统中第一类用户对待。（√）

Je2B4323 发电机的定子绕组发生相间短路时，横差保护也可能动作。（√）

Je2B5324 在处理变压器的呼吸器透气孔堵塞过程中，不准将重瓦斯保护退出运行。（×）

Je2B5325 变压器差动保护的保护范围是变压器本身。（×）

Je2B5326 发电机—变压器接线，当变压器重瓦斯保护动作时，变压器各侧断路器将跳闸。（×）

Je2B5327 发电机正常运行时，调整无功出力，有功不变；调整有功出力时，无功不变。（×）

Je1B1328 电路中由于电压、电流突变引起铁磁谐振时，电压互感器的高压侧熔断器不应熔断。（×）

Je1B1329 接地线必须用专用线夹，当导体上不易挂上时，可采用缠绕的方法接地。（×）

Je1B1330 电流互感器二次回路只允许有一个接地点。（√）

Je1B1331 电流互感器二次回路采用多点接地，易造成保护拒绝动作。（√）

Je1B1332 继电保护和自动装置屏的前后，必须有明显的同一名称标志及标称符号，目的是防止工作时走错间隔或误拆、动设备，造成保护在运行中误动作。（√）

Je1B1333 在雷雨时，电气运行值班人员可以允许在露天配电设备附近工作。（×）

Je1B2334 电桥是把已知标准量与被测量进行比较而测出被测量的值，故称为比较式测量仪器。（√）

Je1B2335 电力系统属于电感、电容系统，当发生单相接地（中性点不接地）时，有可能形成并联谐振，而产生过电压。（×）

Je1B2336 发电厂主接线采用双母线接线，可提高供电可靠性，增加灵活性。（√）

Je1B2337 发电厂的厂用电率是用发电量与厂用电量的比值的百分数表示的。（×）

Je1B2338 电动机的发热主要是由电流和磁滞损失引起的。（√）

Je1B2339 高压少油断路器，一般是采用变压器油作为灭弧介质的。（√）

Je1B3340 变压器投入运行后，它的励磁电流几乎不变。（√）

Je1B3341 为了装设发电机纵差保护，要求发电机中心点侧和引出线侧的电流互感器的特性和变比完全相同。（√）

Je1B3342 发电机定子绕组发生接地故障时，故障点的零序电压值与故障点距中性点的距离成反比。（×）

Je1B3343 目前，转子两点接地保护多是利用四臂电桥原理构成的。（√）

Je1B4344 如变压器的一次侧是高压，二次侧是低压，则称为升压变压器；反之，称为降压变压器。（×）

Je1B4345 在变压器中，输出电能的绕组叫作一次绕组，吸取电能的绕组叫作二次绕组。（×）

Je1B4346 变比不相等的两台变压器并联运行只会使负载分配不合理。（×）

Je1B4347 无论在变压器投入运行的过程中，还是在停用的过程中，均应先接通各侧中性点接地隔离开关。（√）

Je1B4348 发电机有功功率过剩时会使频率和电压升高。

（√）

Je1B4349 同步发电机失磁时，有功功率表指示在零位。（×）

Je1B4350 同步发电机失磁时，功率因数表指示进相。（√）

Je1B4351 同步发电机失磁时，吸收有功功率，送出无功功率。（×）

Je1B4352 同步发电机的静子三相电流不对称运行时，会引起转子内部过热。（×）

Je1B5353 同步发电机发生振荡时，应设法增加发电机励磁电流。（√）

Je1B5354 发电机定子单相接地故障的主要危害是电弧烧伤定子铁芯。（√）

Je1B5355 变压器油枕油位计的+40℃油位线是表示环境温度在+40℃时的油标准位置线。（√）

Je1B5356 变压器温度计所反映的温度是变压器上部油层的温度。（√）

Je1B5357 发电机的三相电流之差不得超过额定电流的10%。（√）

Je1B5358 发电机作调相机运行时，励磁电流不得超过额定值。（√）

Je1B5359 水轮发电机转子回路发生一点接地时，允许继续运行 2h。（×）

Je1B5360 变压器是一种传递电能的设备。（√）

Je1B5361 绕线式异步电动机在运行中，转子回路电阻增大，转速降低；电阻减少，转速升高。（√）

Je1B5362 电动机启动时间的长短与频率的高低有直接关系。（×）

Je1B5363 双鼠笼电动机的外鼠笼电阻大，感抗小，启动时产生较大力矩。（√）

Je1B5364 双鼠笼电动机的内鼠笼电阻小，感抗大，启动时产生的力矩较小。（√）

Je1B5365 深槽式电动机是利用交变电流的集肤作用来增加转子绕组启动时的电阻，改善启动特性的。（√）

4.1.3 简答题

Lb5C1001 简答发电机的工作原理。

答：发电机是根据电磁感应原理，将机械能转换为电能的旋转电机。

Lb5C1002 发电机铭牌上主要技术参数代表什么意义？

答：（1）额定电压：长期安全工作的允许电压。

（2）额定电流：正常连续工作的允许电流。

（3）额定容量：长期安全运行的最大允许输出功率。

（4）允许温升：发电机绕组最高温度与环境温度之差。

Lb5C3003 什么叫发电机的滞相运行？什么叫发电机的进相运行？

答：同步发电机既发有功功率又发无功功率的运行状态叫同步发电机的滞相运行；同步发电机发出有功功率吸收无功功率的运行状态叫同步发电机的进相运行。

Lb5C4004 同步电机的“同步”是指什么？

答：“同步”是指定子磁场和转子磁场以相同的方向、相同的速度旋转。

Lb5C5005 同步发电机定子的旋转磁场有什么特点？

答：（1）磁场旋转的方向与三相电流的相序一致。

（2）哪一相绕组的电流达到最大值，旋转磁场的轴线正好转到该相绕组的轴线上。

（3）磁场的旋转速度 n（同步转速）与频率 f 和极对数 p 有关，即

$$n=\frac{60f}{p}\text{（r/min，转/分）}$$

Lb4C1006　什么叫有功功率和无功功率？

答：有功功率是保持用电设备正常运行所需的电功率，也就是将电能转换为其他形式能量（机械能、光能、热能）的电功率。

无功功率是用于电路内电场与磁场的交换，并用来在电气设备中建立和维持磁场的电功率。

Lb4C1007　感应电动机主要由哪几部分组成？

答：主要有定子部分，转子部分，其他部件（端盖、轴承、风扇、接线盒等）三大部分组成。

Lb4C2008　感应电动机运行时，有几种损耗？

答：有定子和转子绕组中的铜损；定子和转子绕组中的铁损；摩擦和通风阻力损耗。

Lb4C3009　发电机运行时，内部有哪些损耗？

答：有铜损，铁损，机械损耗，附加损耗等。

Lb4C4010　短路对设备及系统的危害是什么？

答：短路对设备的危害，概括起来，一是电流的热效应使设备烧坏、损坏绝缘，二是电动力使设备变形、毁坏，对系统的危害是使供电受阻，甚至造成系统稳定的破坏，使之出现非故障部分的大面积停电。

Lb4C5011　变压器在电力系统中的作用是什么？

答：变压器是电力系统中的重要电气设备之一，起到传递电能的作用。在从发电厂到用户传输电能的过程中，变压器起着升高和降低电压的作用。

Lb3C1012　变压器油枕的作用是什么？

答：油枕也叫辅助油箱，它的容积一般为变压器新装油量的8%～10%。油枕的作用是使变压器内部充满油，而由于油枕内油位在一定限度，当油在不同温度下的膨胀和收缩有回旋余地并且由于油枕内空余空间小，使油和空气接触少，减少了油受潮和氧化的可能性；同时还在油枕和油箱的连接管上加装气体继电器，来反应变压器的内部故障。

Lb3C2013　氢冷发电机密封油系统的任务是什么？

答：防止外界气体进入发电机以及机内氢气漏出，实现转轴与端盖之间密封。

Lb3C2014　发电机电压达不到额定值有什么原因？

答：（1）磁极绕组有短路或断路；

（2）磁极绕组接线错误，以致极性不符；

（3）磁极绕组的励磁电流过低；

（4）换向磁极的极性错误；

（5）励磁机整流子铜片与绕组的连接处焊锡熔化；

（6）电刷位置不正或压力不足；

（7）原动机转速不够或容量过小，外电路过载。

Lb3C3015　励磁机炭刷冒火的原因是什么？

答：① 换向不良引起火花；② 机械的原因；③ 化学原因。

Lb3C4016　运行中励磁机整流子发黑的原因是什么？

答：① 流经炭刷的电流密度过高；② 整流子灼伤；③ 整流子片间绝缘云母片突出；④ 整流子表面脏污。

Lb3C5017　发电机过热的原因是什么？

答：① 外电路过载及三相不平衡；② 电枢绕组有短路或绝缘损坏；③ 轴承发热；④ 冷却系统故障。

Lb2C1018　交流发电机准同期并列有哪几个条件？

答：发电机和系统进行准同期并列时必须满足以下四个条件：

（1）电压相等（电压差小于5%）；

（2）电压相位一致；

（3）频率相等（频率差小于0.1Hz）；

（4）相序相同。

Lb2C1019　简要说明感应电动机启动方式。

答：有全压启动和降压启动两种。

全压启动也即直接启动。降压启动包括采用星角启动器，采用自耦减压启动器，在定子绕组中串联电阻或电抗器启动等方法。

Lb2C2020　如果电动机六极引出线接错一相，会产生什么现象？

答：（1）转速低，噪声大；

（2）启动电流大而且三相电流不平衡；

（3）因电动机过热启动保护动作切断电源。

Lb2C3021　目前大型汽轮发电机组采用什么冷却方式？

答：目前大型汽轮发电机多采用水、水、空冷却系统（双水内冷）和水、氢、氢冷却系统。其中水、氢、氢冷却的发电机冷却系统包括三个支系统，即氢气控制系统、密封供油系统和发电机定子冷却水系统；水、水、空冷却系统需闭式循环冷却水系统。

Lb2C4022　发电机采用氢气冷却应注意什么问题？

答：（1）发电机外壳应有良好的密封装置。

（2）氢冷发电机周围禁止明火，因为氢气和空气的混合气体是爆炸性气体，一旦泄漏遇火将可能引起爆炸，造成事故。

（3）保持发电机内氢气纯度和含氧量，以防止发电机绕组击穿引起明火。

（4）严格遵守排氢、充氢制度和操作规程。

Lb2C5023　什么是发电机的轴电压及轴电流？

答：（1）在汽轮发电机中，由于定子磁场的不平衡或大轴本身带磁，转子在高速旋转时将会出现交变的磁通。交变磁场在大轴上感应出的电压称为发电机的轴电压。

（2）轴电压由轴颈、油膜、轴承、机座及基础低层构成通路，当油膜破坏时，就在此回路中产生一个很大的电流，这个电流就称为轴电流。

Lb1C1024　为何要在发电机滑环表面铣出沟槽？

答：运行中，当滑环与电刷滑动接触时，会由于摩擦而发热。为此，在滑环表面车出螺旋状的沟槽，这一方面可以增加散热面积，加强冷却，另一方面可以改善同电刷的接触。而且也容易让电刷的粉末沿螺旋状沟槽排出。滑环上还可以钻一些斜孔，或让边缘呈齿状，这也可加强冷却效果，因为转子转动时，这些斜孔和齿可起风扇的作用。

Lb1C2025　变压器气体保护动作跳闸的原因有哪些？

答：（1）变压器内部有严重故障；

（2）变压器保护装置二次回路有故障；

（3）变压器检修后油中气体分离过快，也可能使气体继电器动作跳闸。

Lb1C3026　电动机接通电源后，电动机不转动是何原因？

答：（1）电源缺相；

（2）开关接触不良；

（3）绕线式转子开路；

（4）机械部件卡涩。

Lb1C4027　分裂变压器有何优点？

答：（1）限制短路电流。

（2）当分裂变压器有一个支路发生故障时，另一支路的电压降低很小。

（3）采用一台分裂变压器与达到同样要求而采用两台普通变压器相比，节省用地面积。

Lb1C5028　电动机接通电源后电动机不转，并发出“嗡嗡”声，是什么原因？

答：（1）两相运行；

（2）定子绕组一相反接或将星形接线错接为三角形接线；

（3）转子的铝（铜）条脱焊或断裂，滑环电刷接触不良；

（4）轴承严重损坏，轴被卡住。

Lc5C1029　什么叫高压、低压、安全电压？

答：对地电压在 250V 以上的为高压；对地电压在 250V 及以下的为低压；对人体不会引起生命危险的电压叫安全电压。

Lc5C2030　什么是安全电流？

答：是指对人体不发生生命危险的电流叫安全电流（交流电 50mA 以下，直流电是 10mA 以下）。

Lc5C3031　安全生产中“四不放过”的原则是什么？

答：（1）事故原因未查清不放过；

（2）责任人员未处理不放过；

（3）整改措施未落实不放过；

（4）有关人员未受到教育不放过。

Lc5C4032　从事电力行业的人员必须具备哪些基本条件？

答：（1）精神正常，身体健康，没有妨碍工作的疾病；

（2）具备必要的电力专业知识，熟悉《电业安全工作规程》的有关规定，并经考试合格；

（3）应会进行触电急救。

Lc5C5033　什么是人身触电？触电形式有几种？

答：电流通过人体叫人身触电。

触电有单相触电、两相触电和跨步电压触电、接触触电四种形式。

Lc4C1034　什么是电击伤？

答：电击伤是指电流通过人体，引起人体内部组织损伤、破坏的一种伤害。

Lc4C2035　什么是电灼伤？

答：电灼伤是指电流不通过人体，引起人体外部组织受到局部损害的一种伤害，如弧光烧伤等。

Lc4C3036　决定触电伤害程度的因素有哪些？

答：① 电流的种类，如频率；② 电流大小；③ 电压高低；④ 电流通过人体的路径；⑤ 通电时间长短；⑥ 人体电阻的大小；⑦ 人的精神状态。

Lc4C4037　触电时电流通过人体的路径有哪几种？

答：有从手到手、从左手到脚、从右手到脚，从脚到脚构成路径。

Lc4C5038　从事电业工作中造成触电的原因主要有哪些？

答：（1）缺乏电力安全作业知识，作业时，不认真执行《电业安全工作规程》和有关安全操作的规章制度。

（2）对电气接线及电气设备的构造不熟悉。

（3）对电气设备安装不符合规程要求。

（4）电气设备的保养维修质量差或不及时造成绝缘不良而漏电。

Lc3C1039　发现有人触电，首先应该怎样急救？

答：首先应迅速使触电者脱离电源。

Lc3C2040　进行人工救护操作前应注意什么？

答：应注意在没有急救断电前不可赤手直接接触触电者的身体；急救断电的同时，要做好防止触电者再次摔倒跌伤的措施；如因急救断电影响肇事地点照明时，应解决临时照明措施。

Lc3C3041　人工呼吸有哪几种？

答：有口对口吹气法、俯卧压背法、仰卧压胸法及摇臂压胸法四种。

Lc3C4042　触电者失去知觉（假死）时，人工抢救的要点是什么？

答：（1）迅速解除妨碍触电者呼吸的一切障碍；

（2）立即进行人工呼吸，尽快通知医务人员前来抢救；

（3）抢救人员动作要有节奏，压力要适当，并保持不变；

（4）始终采取一种方法抢救，不可中途变换；

（5）坚持连续不断，直至恢复自然呼吸为止；

（6）要设法把触电者，抬放到温暖和空气流通的地方。

Jd5C1043　常用低压开关有几种？

答：① 闸刀开关；② 负荷开关；③ 自动空气开关；④ 接触器。

Jd5C1044　什么是三相电度表的倍率及实际电量？

答：电压互感器电压比与电流互感器电流比的乘积就是三相电度表的倍率。电度表倍率与读数的乘积就是实际电量。

Jd5C2045　电动机启动或运行时，定子与转子间发生冒出火花或烟气的现象是什么原因？

答：有可能因电动机中心不准，使转子扫膛，或轴承磨损使转子扫膛。

Jd5C3046　绕线型电动机电刷冒火或滑环发热是什么原因？

答：① 因电刷研磨不好而与滑环的接触不良；② 电刷碎裂；③ 刷架压簧的压力不均匀；④ 滑环不光滑或不圆；⑤ 滑环与电刷污秽；⑥ 电刷压力过大或过小；⑦ 电刷与刷架挤得过紧。

Jd5C4047　电动机在运行中产生异常声是什么原因？

答：① 三相电线中断一相；② 三相电压不平衡；③ 轴承磨损严重或缺油；④ 定子与转子发生摩擦；⑤ 风扇与风罩或机盖摩擦；⑥ 机座松动。

Jd5C5048　电动机温度过高是什么原因？

答：① 电动机连续启动使定子、转子发热；② 超负荷运行；③ 通风不良，风扇损坏，风路堵塞；④ 电压不正常。

Jd5C5049　电动机启动困难或达不到正常转速是什么原因？

答：有可能是下列原因：① 负荷过大；② 启动电压或方法不适当；③ 电动机的六极引线的始端、末端接错；④ 电压电源过低；⑤ 转子铝（铜）条脱焊或断裂。

Jd4C2050　启动电动机时应注意什么？

答：应注意下列各项：

（1）如果接通电源后，电动机转子不动，应立即拉闸，查明原因并消除故障后，才允许重新启动。

（2）接通电源开关后，电动机发出异常响声，应立即拉闸，检查电动机的传动装置及熔断器等。

（3）接通电源开关后，应监视电动机的启动时间和电流表的变化。如启动时间过长或电流表迟迟不返回，应立即拉闸，进行检查。

（4）启动时发现电动机冒火或启动后振动过大，应立即拉闸，停机检查。

（5）在正常情况下，厂用电动机允许在冷状态下启动两次，每次间隔时间不得少于 5min；在热状态下启动一次。只有在处理事故时，以及启动时间不超过 2～3s 的电动机，可以多启动一次。

（6）如果启动后发现运转方向反了，应立即拉闸，停电，调换三相电源任意两相接线后再重新启动。

Jd4C2051　并联电容器的补偿方式有几种？

答：有个别补偿、合组补偿和集中补偿三种方式。

Jd4C3052　电力电容器的型号都代表什么？

答：型号由字母和数字两部分组成。

（1）字母部分：

第一个字母表示用途，如 Y 为移相用；C 为串联用。

第二个字母表示浸渍物，如 Y 为油浸；L 为氯化联苯浸渍。

第三个字母表示介质材料或使用场所，如 W 为户外。

最后字母为使用环境，如 TH 为温热带用。

（2）数字部分：

第一位数字为额定电压；

第二位数字为额定容量；

第三位数字为相数。

Jd4C4053　高压断路器铭牌的参数有哪些？

答：有① 额定电压；② 额定电流；③ 热稳定电流；④ 动稳定电流；⑤ 额定断开电流；⑥ 额定断开容量。

Jd4C5054　电容器的放电电阻应符合哪些要求？

答：（1）应保证电容器组在放电 1min 后，电容器电压 U_C＜65V。

（2）在正常运行时的电力损失每千乏电容量的有功损耗不超过 1W。

（3）应装在电容器开关的负荷侧，并和电容器永久接在一起。

Jd3C1055　电容器放电回路为什么不许装熔断器和开关？

答：因为熔断器和开关一旦断开，电容器就无法放电，这是不允许的。

电容器储存电荷未放尽，两端电压高，很危险，而且一旦重合闸时，会产生强大冲击电流，影响安全运行。

Jd3C2056　运行中的电容器应注意什么？

答：（1）运行时电压应不超过电容器额定电压的 10%，不平衡电流应不超过电容器额定电流的 5%。

（2）发现电容器外壳膨胀、严重漏油，内部有噪声或外部有火花时，应立即停止运行。

（3）电容器室内的温度不应超过40℃。

（4）当保护装置动作，不准强送。

（5）电容器在合闸投入前必须放电完毕。

（6）电容器外壳接地要良好，每月要检查放电回路及放电电阻完好。

Jd3C3057　常用低压熔断器有哪几种？

答：① 管式熔断器（包括闭管式和填料管式）；② 插式熔断器；③ 螺旋熔断器；④ 盒式熔断器。

Jd3C4058　高压断路器在电力系统中的作用是什么？

答：高压断路器能切断、接通电力电路的空载电流、负荷电流、短路电流，保证整个电网的安全运行。

Jd3C5059　高压断路器由哪几部分组成？

答：由导电、灭弧、绝缘和操动机构四部分组成。

Jd2C1060　什么是高压断路器，高压断路器是如何分类的？

答：高压断路器就是指额定电压为3kV及以上的用于切断或接通有载或空载电路，以及发生故障电路的高压电器。断路器按不同方式可分为以下种类：

（1）按灭弧介质分为油断路器、空气断路器、SF_6断路器、真空断路器和磁吹断路器等。油断路器又分多油、少油两种。

（2）按断路器操动机构分，有电动、手动、气动、液压、弹簧储能机构等。

Jd2C2061　电容器为什么要同时配装放电电阻？

答：（1）因为当电容器与电网断开时，电容器两端的电压等于断开时电源两端的电压，会造成对工作人的生命威胁。

（2）在重合闸时，假设电容器残存电压与电源电压极性相反，会因合闸而引起很大的冲击电流。

根据上述两种情况，所以电容器要配装放电电阻。

Jd2C3062　少油断路器的导电部分应符合哪些要求？

答：（1）动、静触头中心对准，无卡阻现象；

（2）触头弹簧压力均匀一致，合闸时接触严密；

（3）软铜丝或（铜片）不应断裂、无锈蚀，固定螺栓齐全；

（4）三相不同期要求不大于1～2min；

（5）保证最大负荷时动、静触头不发热，接触深度＞15mm。

Jd2C3063　如何提高用电设备的自然功率因数？

答：（1）合理选择电动机的容量，使其接近满负荷运行。

（2）对于平均负荷小于40%的感应电动机，换用小容量电动机或改定子绕组三角形接线为星形接线。

（3）改善电气设备的运行方式，限制空载运行。

（4）正确选择变压器的容量，提高变压器的负荷率。

（5）提高感应电动机的检修质量。

Jd2C3064　油断路器起火或爆炸原因是什么？

答：① 断路器断开容量不足；② 导体与箱壁距离不够造成短路；③ 油量不适当（油面过高或过低）；④ 油有杂质或因受潮绝缘强度降低；⑤ 外部套管破裂；⑥ 断路器动作迟缓或部件损坏。

Jd2C4065　怎样防止油断路器着火？

答：① 油断路器容量符合规定；② 保持各种机构完整；③ 断路器的导电部分与油箱距离符合规定，绝缘良好；④ 定期换油、检查油面位置判断油的温度符合规定。

Jd2C4066　如何防止因高次谐波引起电容器过负荷？

答：（1）增加整流相数；

（2）装高次谐波滤过器；

（3）合理选择电容器安装地点和容量；

（4）选择电容器的额定电压高于系统额定电压10%。

Jd2C4067　运行中的油断路器应注意什么？

答：① 有无异常；② 绝缘套管有无闪络；③ 外壳温度是否正常；④ 油面是否在标线上，是否渗漏油；⑤ 信号装置是否正常；⑥ 当跳闸重合不良，电压、电流变化很大、开关喷油或有瓦斯气味时，均应禁止手动强送。

Jd2C4068　油断路器合闸失灵有哪些方面的原因？

答：有电路方面、机械方面和操作机构方面的原因。

Jd2C4069　油断路器跳闸失灵有哪些原因？

答：（1）电路方面的原因有操作电压过低；操作熔丝及跳闸电路内各件接触不良；断线。

（2）机械方面的原因有操动机构有异常、滑动杆及缓冲杆卡涩。

Jd2C5070　手动操作隔离开关的要点有哪些？

答：（1）合闸时：核对操作项目；操作迅速果断，但不要用力过猛；操作完毕，要检查合闸良好。

（2）拉闸时：开始动作要慢而谨慎，闸刀离开端触头时应迅速拉开；拉闸完毕，要检查断开良好。

Jd2C5071　手动操作隔离开关时，发生带负荷误操作时怎么办？

答：（1）如错拉隔离开关：当隔离开关未完全开断便发生

电弧，应立即合上；若隔离开关已全部开断，则不许再合上。

（2）如错合隔离开关时：即使错合，甚至在合闸时发生电弧，也不准再把刀闸拉开；应尽快操作油断路器切断负荷。

Jd2C5072　油断路器两侧隔离开关在停电、送电时怎样操作？

答：（1）停电时：① 先断开断路器；② 拉开线路侧隔离开关；③ 拉开母线侧隔离开关。

（2）送电时：① 合上母线侧隔离开关；② 合上线路侧隔离开关；③ 检查关合良好；④ 最后合上断路器。

Jd2C5073　为什么真空断路器的体积小而寿命长？

答：真空断路器的结构非常简单，在一只抽真空的玻璃泡中放一对触头，因为真空的绝缘性其灭弧性能特别好，可使动、静触头的开距非常小，所以真空断路器的体积和质量都很小。由于真空断路器的触头不会氧化，并且熄弧快，触头不易烧损，因此适用于频繁操作的场合，使用寿命比油断路器约高10倍。

Jd1C1074　油断路器油面过高或过低有何影响？

答：① 油面过高：箱内缓冲空间减小。当开断切断短路故障时，电流使周围的油气化，将产生强大压力可能发生喷油，油箱变形甚至爆炸。② 油面过低：当切断短路电流时，电弧可能冲击油面，游离气体混入空气中，引起燃烧爆炸。同时绝缘外露在空气中容易受潮，造成内部闪络。

Jd1C1075　什么叫单稳态和双稳态电路？

答：单稳态电路只有一个稳定状态，在没有外加信号触发时，它就处在稳定状态下，当加入触发信号后，电路翻转到一个新状态，但不能持久，经过一段时间，电路又恢复到原来的稳定状态。

双稳态电路是由两个反相器交叉耦合组成的，第一级反相器的输出端接至第二级反相器的输入端，而第二级反相器的输出端又反接到第一级反相器的输入端。在电路中，一管的截止保证另一管饱和导通，而另一管的饱和导通又保证了这一管的截止。在外加触发信号时，由一种稳态翻转到另一种稳态，触发信号消失后，能保持稳定状态不变。

Jd1C1076　为什么要从变压器的高压侧引出分接头？

答：通常无载调压变压器都是从高压侧引出分接头的，这是因为高压绕组套在低压绕组外面，焊接分接头比较方便；又因高压侧流过的电流小，可以使出线和分接开关载流部分的截面小一些，从而使接触不良问题比较容易解决。

Jd1C2077　引起电压互感器的高压熔断器熔丝熔断的原因是什么？

答：可能有四方面的原因：

（1）系统发生单相间歇电弧接地；

（2）系统发生铁磁谐振；

（3）电压互感器内部发生单相接地或层间、相间短路故障；

（4）电压互感器二次回路发生短路而二次侧熔丝选择太粗而未熔断时，可能造成高压侧熔丝熔断。

Jd1C2078　电流互感器与电压互感器二次侧为什么不能并联？

答：电压互感器是电压回路（是高阻抗），电流互感器电流回路（是低阻抗），若两者二次侧并联，会使二次侧发生短路烧坏电压互感器，或保护误动，会使电流互感器开路，对工作人员造成生命危险。

Jd1C2079　对电流互感器的巡视检查项目有哪些？

答：要检查接点是否良好；有无过热；运行声音是否正常；

有无异味；瓷套部位应清洁完整无破损和放电现象。

Jd1C3080 运行中的电流互感器可能出现哪些异常现象？

答：可能出现二次侧开路、过热、螺丝松动、运行声音异常。

Jd1C3081 电流互感器为什么不允许长时间过负荷？

答：电流互感器是利用电磁感应原理工作的，因此过负荷会使铁芯磁通密度达到饱和或过饱和，则电流比误差增大，使表针指示不正确；由于磁通密度增大，使铁芯和二次绕组过热，加快绝缘老化。

Jd1C4082 简述发电机励磁系统应具备的基本功能。

答：（1）运行中能维持发电机的出口电压在额定值附近。

（2）能实现并列运行机组之间合理的无功分配。

（3）当发电机内部故障（发电机主开关以内）时，能够实现对发电机的快速灭磁。

（4）当发电机外部故障（发电机主开关以外电网）时，能够实行可靠的强行励磁。

Jd1C4083 为什么要规定变压器的允许温升？

答：变压器运行时，当周围环境温度下降很多时，变压器的外壳散热能力将大大增加，而变压器内部的散热能力却提高很少，尽管有时变压器上层油温尚未超过额定值，但温升却很高，绕组也会有过热现象。因此，变压器运行时要规定允许温升。

Jd1C5084 为什么大型发电机要装设100%的接地保护？

答：因为大型发电机特别是水内冷发电机，由于机械损伤或发生漏水等原因，导致中性点附近的定子绕组发生接地故障是完全可能的。如果这种故障不能及时发现并处理，将造成匝间短路、相间短路或两点接地短路，甚至造成发电机严重损坏。

因此，对这种发电机和大容量的发电机必须装设定子 100%接地保护。

Jd1C5085　晶体管有哪些极限参数？

答：一般极限参数有：

（1）三种反向击穿电压：

1）集电极—基极反向击穿电压，即当发射极开路时，集电结的反向击穿电压（BU_{cbo}）。

2）发射极—基极反向击穿电压，即当集电极开路时，发射结的反向击穿电压（BU_{ebo}）。

3）集电极—发射极击穿电压是指基极开路时，集电极和发射极之间的击穿电压（BU_{ceo}）。

（2）集电极最大允许电流是指集电极允许通过的最大电流（I_{cm}）。

（3）集电极最大允许耗散功率（P_{cm}）。由于集电结处于反向连接，电阻很大，当电流通过集电结时，在结上产生热量，结温升高，为使结温不超过规定值，集电极耗散功率要受到限制。

Jd1C5086　对变压器检查项目的正常要求有哪些？

答：检查项目的正常要求有：

（1）油枕及充油套管内油位高度应正常、油色透明。

（2）上层油温不超过允许温度。

（3）变压器声音正常。

（4）变压器套管清洁无裂纹和无放电现象，引线接头接触良好，无过热现象。

（5）冷却装置运行正常。

（6）呼吸器畅通，硅胶受潮不能至饱和状态。

（7）防爆管隔膜完整无破损。

（8）变压器的主、附设备不漏油，不渗油及外壳接地良好。

（9）气体继电器内充满油、无气体。

Jd1C5087　发电机转子绕组发生两点接地有哪些危害？

答：（1）当发电机转子绕组发生两点接地后，使相当一部分绕组短路。由于电阻减小，所以另一部分绕组电流增大，破坏了发电机气隙磁场的对称性，引起发电机剧烈振动，同时无功出力降低。

（2）转子电流通过转子本体，如果电流较大，可能烧坏转子和磁化汽机部件，以及引起局部发热，使转子缓慢变形而偏心，进一步加剧振动。

Jd1C5088　查找直流电源接地应注意什么？

答：（1）查找和处理必须两人进行。

（2）查找接地点禁止使用灯泡查找的方法。

（3）查找时不得造成直流短路或另一点接地。

（4）断路前应采取措施防止直流失电压引起保护自动装置误动。

Je5C1089　对运行中的二次回路进行清扫时，应注意些什么？

答：（1）使用的清扫工具应干燥；

（2）金属部分，用绝缘带包好；

（3）工作人员应摘下手上的金属物品；

（4）穿工作服，带绝缘手套；

（5）小心谨慎，不要用力抽打。

Je5C1090　二次回路绝缘电阻标准是多少？

答：绝缘电阻＞1MΩ；直流小母线或控制盘的电压，小母线与其相连接回路的绝缘电阻＞10MΩ。

Je5C1091　备用电源自动投入在什么情况下动作？

答：（1）工作电源失去电压；

（2）工作电源故障，工作电源保护动作；

（3）由于电压互感器熔丝熔断，误跳工作电源开关引起备用电源自动投入。

Je5C1092 “掉牌未复归”信号的作用是什么？

答：（1）记录保护动作情况不至于发生遗漏而造成错误判断。

（2）通过“掉牌未复归”光字牌和预告铃来反映被保护设备的故障。

（3）提示运行人员迅速查找故障。

Je5C2093 三相全波整流器电源回路有时发生直流母线电压显著下降的情况是什么原因？

答：（1）交流电源电压过低；

（2）硅整流器交流侧一根相线断路，直流电压比正常降低33%；

（3）硅整流器的元件在不同相不同侧有两只整流元件断路，直流电压降低33%；

（4）硅整流器有一只元件开路时，直流母线电压降低17%；

（5）硅整流器在不同相同一侧有两只整流元件开路时，直流母线电压降低50%。

Je5C2094 电气二次回路怎样分类？

答：（1）按二次回路电源性质分：① 交流电流回路；② 交流电压回路；③ 直流回路。

（2）按二次回路的用途分：① 仪表测量回路；② 继电保护及自动装置回路；③ 开关控制和信号回路；④ 断路器和隔离开关电气闭锁回路；⑤ 操作电源回路。

Je5C2095 什么是变压器的铜损、铁损？

答：铜损是电流通过绕组时，变压器一次、二次绕组的电阻所消耗的电能之和。

铁损：交变磁通在铁芯中产生的涡流损失和磁滞损失之和。

Je5C2096　变压器主要由哪些部分组成？

答：由铁芯、绕组、油箱、油枕、分接开关等部分组成。

Je5C3097　变压器着火如何处理？

答：（1）发现变压器着火时，首先检查变压器的断路器是否已跳闸。如未跳闸，应立即断开各侧电源的断路器，然后进行灭火。

（2）将变压器冷却装置停运。

（3）变压器故障起火时，不能打开事故放油门放油，以防变压器发生爆炸。

（4）扑灭变压器火灾时，应使用二氧化碳、干粉或泡沫灭火器等灭火器材，并通知消防队。

Je5C3098　什么是变压器的额定电流、空载电流、额定电压、短路电压？

答：（1）额定电流：是变压器绕组允许长期连续通过的电流。

（2）空载电流：是变压器二次开路时，变压器一次加额定电压所通过的电流。

（3）额定电压：变压器允许长期运行的工作电压。

（4）短路电压：将变压器二次短路，一次侧施加电压，使电流达到额定值，此时一次侧电压和额定电压之比的百分数。

Je5C3099　变压器的轻瓦斯保护动作时如何处理？

答：轻瓦斯信号出现后，应立即对变压器进行全面外部检查，分析原因，及时处理。检查：① 油枕中的油位、油色是否正常；② 气体继电器内是否有气体；③ 变压器本体及强油系统有无漏油现象；④ 变压器负荷电流、温度是否在允许范围内；⑤ 变压器声音是否正常等。

分析变压器是否经检修换油后投入运行，运行中补油、更换再生器硅胶的情况等；应取出气体继电器中的气体，确定是否是可燃气体，必要时做色谱分析或抽取油样化验分析。

在处理过程中，如轻瓦斯保护动作时间间隔越来越短时，应立即倒换备用变压器，将该变压器退出运行。

Je4C1100　什么是变压器的极性？

答：极性就是变压器一次、二次绕组的感应电动势相量的相对方向。

一般习惯用电流方向表示变压器的极性。一次侧电流 $\dot{I}_1$ 流入的线端和二次电流 $\dot{I}_2$ 流出线端是同极性，用*表示，如图 C-1 所示。

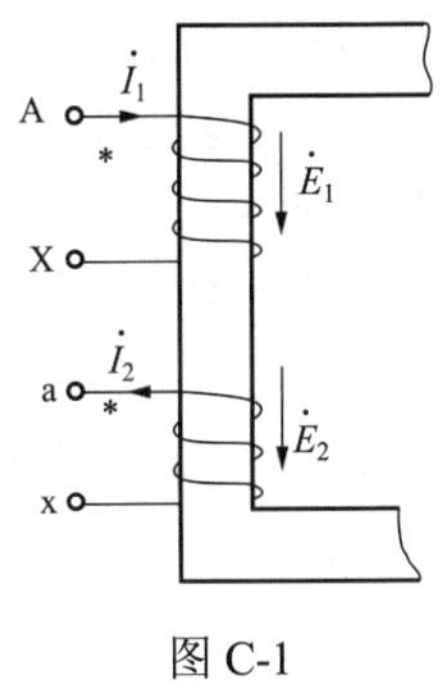

图 C-1

Je4C1101　变压器温度计所指温度是哪一部位的温度？

答：变压器温度计所指的温度是变压器上层油温。

Je4C1102　变压器的温度与温升有什么区别？

答：变压器的温度是指变压器本体各部位的温度，温升是指变压器本体温度与周围环境温度的差值。

Je4C1103　两台变压器并联的条件是什么？

答：（1）变比基本相等；

（2）短路电压基本相等；

（3）接线组别相同；

（4）容量比不超过 3:1。

Je4C2104　变压器投入运行前应做哪些检查？

答：（1）变压器台或基础是否稳定坚实。

（2）分接头位置是否符合要求。

（3）测试绝缘电阻和各相是否通路，防止内部断线。

（4）油位是否达到标准。

（5）温度计应完好，指示正确。

（6）变压器各部位是否渗油。

（7）各接线端子紧固良好。

（8）套管有无破损，是否清洁。

（9）接地装置应完好，接地电阻值合格。

（10）油枕门应打开，油枕与油箱间阀门应开启。

（11）油箱顶盖上不应有杂物。

Je4C2105　变压器运行中应做哪些检查？

答：（1）变压器声音是否正常；

（2）瓷套管是否清洁，有无破损、裂纹及放电痕迹；

（3）油位、油色是否正常，有无渗油现象；

（4）变压器温度是否正常；

（5）变压器接地应完好；

（6）电压值、电流值是否正常；

（7）各部位螺丝有无松动；

（8）一次、二次引线接头有无松动和过热现象。

Je4C2106　变压器在什么情况下要进行特殊检查？

答：在过负荷时；雷雨后；大风后；大雾后；雪后；地震后；事故后。

Je4C2107　电压互感器的作用是什么？

答：（1）变压：将按一定比例把高电压变成适合二次设备应用的低电压（一般为100V），便于二次设备标准化；

（2）隔离：将高电压系统与低电压系统实行电气隔离，以保证工作人员和二次设备的安全；

（3）用于特殊用途。

Je4C3108　直流电源的作用是什么？

答：直流电源将其他形式的能量转为电能，电源内部的电源力，能够不断地将正电荷从负极移到正极，从而保持了两极之间的电位差，使电流在电路中持续不断地流通。

Je4C3109　隔离开关的主要作用和特点是什么？

答：主要作用是隔离电源和切换电路。其特点是：① 没有专门的灭弧装置；② 有明显开断点，有足够的绝缘能力，用以保证人身和设备的安全。

Je4C4110　为什么变压器铁芯及其他所有金属构件要可靠接地？

答：变压器在试验或运行中，由于静电感应，铁芯和不接地金属件会产生悬浮电位。由于在电场中所处的位置不同，产生的电位也不同。当金属件之间或金属件对其他部件的电位差超过其绝缘强度时就会放电，因此金属构件及铁芯要可靠接地。

Je4C4111　简述少油断路器的工作原理。

答：少油断路器合闸后，导电杆与静触头接触，整个油箱带电。绝缘油仅作为灭弧介质用，分闸后，导电杆与静触头分断，导电杆借助瓷套管与油箱绝缘。

Je4C4112　什么叫电气二次设备？

答：电气二次设备是与一次设备有关的保护、测量、信号、控制和操作回路中所使用的设备。

Je3C1113　什么叫电气二次接线图？

答：二次接线图是表示电气二次设备之间相互连接的电气图。

Je3C1114　电气二次设备包括哪些设备？

答：主要包括：① 仪表；② 控制和信号元件；③ 继电保护装置；④ 操作、信号电源回路；⑤ 控制电缆及连接导线；⑥ 发出音响的信号元件；⑦ 接线端子板及熔断器等。

Je3C2115　对电力系统运行有哪些基本要求？

答：基本要求是：① 保证可靠的持续供电；② 保证良好的电能质量；③ 保证系统的运行经济性。

Je3C2116　为什么电力系统要规定标准电压等级？

答：从技术和经济的角度考虑，对应一定的输送功率和输送距离有一最合理的线路电压。但是，为保证制造电力设备的系列性，又不能任意确定线路电压，所以电力系统要规定标准电压等级。

Je3C2117　目前我国电压标准规定的输电与配电电压等级有哪些？

答：目前我国规定的输电与配电标准电压等级有：0.22、0.38、3、6、10、35、110、220、330、500、750、1000kV。

Je3C3118　什么叫电力系统的静态稳定？

答：电力系统运行的静态稳定性也称微变稳定性，它是指当正常运行的电力系统受到很小的扰动，将自动恢复到原来运行状态的能力。

Je3C3119　什么叫电力系统的动态稳定？

答：电力系统运行的动态稳定性是指当正常运行的电力系统受到较大的扰动，它的功率平衡受到相当大的波动时，将过渡到一种新的运行状态或回到原来的运行状态，继续保持同步运行的能力。

Je3C3120　提高电力系统动态稳定的措施有哪些？

答：提高动态稳定的常用措施有：

① 快速切除短路故障；② 采用自动重合闸装置；③ 采用电气制动和机械制动；④ 变压器中性点经小电阻接地；⑤ 设置开关站和采用强行串联电容补偿；⑥ 采用连锁切机；⑦ 快速控制调速汽门等。

Je3C4121　什么是分裂导线？

答：分裂导线就是每相导线由两根或两根以上同型号的导线组成。它是发展超高压输电中，出现的一种新布线方式。

Je3C5122　选择高压断路器应从哪些方面考虑？

答：应考虑：① 装设地点；② 额定电压；③ 额定电流；④ 额定断流容量；⑤ 操作方式；⑥ 动稳定和热稳定；⑦ 切断时间。

Je3C5123　为什么新投入或大修后的变压器在正常投入运行前，要进行全电压充电？

答：这是为了检查变压器内部绝缘的薄弱点和考核变压器的机械强度，以及继电保护装置能否躲过励磁涌流而不发生误动作。

Je3C5124　在中性点非直接接地的系统中，如何防止谐振过电压？

答：选用励磁特性较好的电磁式电压互感器或电容式电压互感器；在电磁式电压互感器的开口三角线圈内（35kV 以下系统）装设 10～100Ω的阻尼电阻；在 10kV 及以下电压的母线上，装设中性点接地的星形接线电容器组等。

Je3C5125　电动机的低电压保护起什么作用？

答：当电动机的供电母线电压短时降低或短时中断又恢复时，为防止电动机自起动时使电源电压严重降低。通常在次要电动机上装设低电压保护，当供电母线电压低到一定值时，低电压保护动作将次要电动机切除，使供电母线电压迅速恢复到足够的电压，以保证重要电动机的自起动。

Je3C5126　什么是运算放大器？

答：运算放大器是一种增益很高的放大器，能同时放大直流电压和一定频率的交流电压，能完成积分、微分、加法等数学运算，即为运算放大器。

Je2C1127　常用低压电动机的保护元件有哪些？

答：（1）熔断器。

（2）热继电器。

（3）带有失压脱扣、过流脱扣功能的控制设备。

（4）继电保护装置。

Je2C1128　什么叫线性电阻和非线性电阻？

答：电阻值不随电压、电流的变化而变化的电阻称为线性电阻，线性电阻的阻值是一个常量，其伏安特性为一条直线，线性电阻上的电压与电流的关系是为欧姆定律。

电阻值随着电压、电流的变化而改变的电阻，称为非线性电阻，其伏安特性是一条曲线，所以不能用欧姆定律来直接运算，而要根据伏安特性用作图法来求解。

Je2C1129　什么叫母线完全差动电流保护？

答：母线完全差动电流保护，按差动保护原理工作。在母线连接的所有元件上，都装设变比和特性均相同的电流互感器。电流互感器的二次绕组在母线侧的端子相互连接。差动继电器绕组与电流互感器二次绕组并联。各电流互感器之间的一次电气设备，就是母线差动保护的保护区。

Je2C1130　25项反措中，关于水内冷发电机的线圈温度是如何规定的？

答：应加强监视发电机定子线棒层间测温元件的温差和出水支路的同层各定子线棒引水管出水温差。温差控制值应按制造厂规定，制造厂未明确规定的，应按照以下限额执行：定子线棒层间最高与最低温度间的温差达 8℃或定子线棒引水管出水温差达 8℃应报警，应及时查明原因，此时可降低负荷。定子线棒温差达 14℃或定子引水管出水温差达 12℃，或任一定子槽内层间测温元件温度超过 90℃或出水温度超过 85℃时，在确认测温元件无误后，应立即停机处理。

Je2C1131　高压断路器采用多断口结构的主要原因是什么？

答：（1）有多个断口可使加在每个断口上的电压降低，从而使每段的弧隙恢复电压降低；

（2）多个断口把电弧分割成多个小电弧段串联，在相等的触头行程下多断口比单断口的电弧拉深更长，从而增大了弧隙电阻；

（3）多断口相当于总的分闸速度加快了，介质恢复速度增大。

Je2C2132　电力系统过电压有哪几种类型？

答： 过电压按产生机理分为外部过电压（又叫大气过电压或雷电过电压）和内部过电压。外部过电压又分为直接雷过电压和感应雷过电压两类；内部过电压又分为操作过电压、工频过电压和谐振过电压三类。

Je2C2133　什么叫控制电机？它有什么用途？

答： 在自动控制系统中，作为测量和检测放大元件、执行元件及计算元件的旋转电机，统称为控制电机。

控制电机主要用于发电厂中自动控制、自动调节系统、遥控遥测系统、自动监视系统、自动仪表和自动记录装置等。

Je2C2134　什么叫直接雷过电压？

答： 雷电放电时，不是击中地面，而是击中输配电线路、杆塔或其建筑物。大量雷电流通过被击物体，经被击物体的阻抗接地，在阻抗上产生电压降，使被击点出现很高的电位被击点对地的电压叫直接雷过电压。

Je2C2135　在何种情况下容易发生操作过电压？

答： 在下列情况下易产生操作过电压：① 切、合电容器组或空载长线路；② 断开空载变压器、电抗器、消弧线圈及同步电动机等；③ 在中性点不接地系统中，一相接地后，产生间歇性电弧等。

Je2C2136　电力系统内部过电压的高低与哪些因素有关？

答： 系统内部过电压的高低，不仅取决于系统参数及其配合，而且与电网结构、系统容量、中性点接地方式、断路器性能、母线出线回路数量以及电网的运行方式、操作方式等因素有关。

Je2C2137　零序电流互感器是如何工作的？

答： 由于零序电流互感器的一次绕组就是三相星形接线的中性线。在正常情况下，三相电流之和等于零，中性线（一次绕组）无电流，互感器的铁芯中不产生磁通，二次绕组中没有感应电流。当被保护设备或系统上发生单相接地故障时，三相电流之和不再等于零，一次绕组将流过电流，此电流等于每相零序电流的三倍，此时铁芯中产生磁通，二次绕组将感应出电流。

Je2C3138　漏油严重的少油断路器将产生哪些后果？

答： 少油断路器漏油严重造成油量不足，使断弧时间延长或难于灭弧，其结果会引起触头和灭弧室遭到损坏。由于电弧不易熄灭，甚至冲出油面进入箱体的缓冲空间，这个空间的气体与被电弧高温分解出来的游离气体（氢、氮、甲烷、乙炔等）混合后，再与电弧相遇即可引起燃烧、爆炸。

Je2C3139　少油断路器漏油严重时怎样处理？

答： 对漏油严重的油断路器，不允许切断负荷，而应将负荷经备用断路器或旁路断路器移出。如没有备用断路器或旁路断路器，则采取措施使断路器不跳闸，如取下操作保险或切断跳闸回路等。

Je2C3140　少油断路器喷油是什么原因？

答： 当少油断路器油位过高、缓冲空间减少、箱体承受压力过大时，就会发生喷油。切断电动机的启动电流或短路电流时，电弧不易熄灭，也会发生喷油。

Je2C4141　变压器套管脏污有什么害处？

答： 变压器套管脏污容易引起套管闪络。当供电回路有一定幅值的过电压波侵入或遇有雨雪潮湿天气，可能导致闪络而使断路器跳闸，降低了供电的可靠性。另外由于脏物吸收水分后，导电性提高，不仅容易引起表面放电，还可能使泄漏电流增加，引起绝缘套管发热，最后导致击穿。

Je2C4142　什么是变压器分级绝缘？

答：分级绝缘是指变压器绕组整个绝缘的水平等级不一样，靠近中性点部位的主绝缘水平比绕组端部的绝缘水平低。

Je2C5143　分级绝缘的变压器在运行中要注意什么？

答：一般对分级绝缘的变压器规定：只许在中性点直接接地的情况下投入运行；如果几台变压器并联运行，投入运行后，若需将中性点断开时，必须投入零序过压保护，且投入跳闸位置。

Je2C5144　变压器的运行电压超过或低于额定电压值时，对变压器有什么影响？

答：当运行电压超过额定电压值时，变压器铁芯饱和程度增加，空载电流增大，电压波形中高次谐波成分增大，超过额定电压过多会引起电压和磁通的波形发生严重畸变。当运行电压低于额定电压值时，对变压器本身没有影响，但低于额定电压值过多时，将影响供电质量。

Je2C5145　什么是变压器的正常过负荷？正常过负荷值与哪些因素有关？

答：在不损坏变压器绕组绝缘和不减少变压器使用寿命的前提下，变压器可以在负荷高峰及冬季过负荷运行。变压器允许的正常过负荷数值及允许的持续时间与昼夜负荷率有关，可以根据变压器的负荷曲线、冷却介质温度以及过负荷前变压器已带负荷的情况按运行规程确定。

Je2C5146　直流电动机是否允许低速运行？

答：直流电动机低速运行将使温升增高，对电动机产生许多不良影响。但若采取有效措施，提高电动机的散热能力（如增设风扇或附设风机等改善通风条件），则在不超过额定温升的前提下，可以长期低速运行。

Je1C1147　什么叫变压器的并联运行？

答：变压器的并联运行，就是将两台或两台以上变压器的一次绕组并联在同一电压的母线上，二次绕组并联在另一电压的母线上运行。

Je1C1148　强油风冷变压器冷却系统发生故障如何处理？

答：（1）变压器运行时，如果发出“冷却系统故障”光字牌，应立即检查原因，并在允许的时间内尽快恢复。

（2）出现冷却器的冷却电源中断时，应检查原因，迅速恢复供电。

在出现上述两种情况后，应注意变压器的上层油温和油位的变化。若在规定时间内且上层油温已达到允许值而无法恢复冷却装置运行时，应立即停止变压器运行。

Je1C1149　备用电源自投入装置一般有哪几种基本方式？

答：一般有以下两种方式：

（1）两个电源一个作为工作电源，另一个作为备用电源，备用电源投入装置（BZT）装在备用电源的进线断路器上。正常运行时，断路器断开。当工作电源因故障断开时，BZT 动作，备用断路器闭合，备用电源继续供电。

（2）两条独立电源分别供电，BZT 装在母线分段断路器上，正常时，分断路器断开，当其中任一条发生故障切除后，分段断路器自动投入，由另一电源供给全部负荷。

Je1C1150　变压器油枕和防爆管之间的小连通管起什么

作用？

答：此小管使防爆管的上部空间与油枕的上部空间连通，让两个空间内压力相等，油面高度保持相同。

Je1C1151　如何改变三相异步电动机的转子转向？

答：将异步电动机的三相电源线任意两相对调，就改变了绕组中三相电流的相序，旋转磁场的方向就随之改变，也就改变了转子的旋转方向。

Je1C2152　电动机的铭牌上有哪些主要数据？

答：主要有额定功率、额定电压、额定电流、额定转数、相数、型号、绝缘等级、工作方式、允许温升、功率因数、重量、出厂日期等。

Je1C2153　对备用电源自投入装置（BZT）有哪些基本要求？

答：（1）只有在备用电源正常时，BZT装置才能使用。

（2）工作电源不论因何种原因断电，备用电源应能自动投入。

（3）为防止将备用电源合闸到故障上，BZT只允许动作一次。

（4）备用电源必须在工作电源切除后才能投入。

（5）BZT的动作时间应尽可能短。

（6）当电压互感器的熔断器之一熔断时，不应误动作。

Je1C2154　电动机启动电流大有无危险？

答：在正常情况下因启动过程不长，短时间内流过大电流，虽然对电动机有一定影响，但发热一般不会很厉害，电动机是能够承受的。但如果重复超载启动以及连续带负荷多次启动等，将有可能使电动机绕组因过热而烧毁。

Je1C2155　异步电动机的气隙过大或过小对电动机运行有什么影响？

答：气隙过大使磁阻增大，因此励磁电流增大，功率因数降低，电动机性能变坏。气隙过小，铁芯损耗增加，运行时定、转子铁芯易发生碰触，引起扫膛。

Je1C3156　发电厂的厂用负荷如何分类？

答：根据发电厂用机械对发电厂运行所起的作用及供电中断对人身和设备产生的影响，一般分三类：

第一类，在极短的时间内停止供电，都可能影响人身和设备的安全，引起生产停止或大量降低出力或被迫停机者。

第二类，在较长时间内停止供电，会造成设备损坏或影响生产，但在允许的停电时间内，经运行人员操作即恢复送电，不至于造成生产混乱者。

第三类，在较长时间内停止供电，也不至于直接影响生产者。

Je1C3157　变压器上层油温显著升高时如何处理？

答：在正常负荷和正常冷却条件下，如果变压器上层油温较平时高出10℃以上，或负荷不变，油温不断上升，不是测温计出问题，就是变压器内部发生故障，此时应立即将变压器停止运行。

Je1C3158　变压器油色不正常时，应如何处理？

答：在运行中，如果发现变压器油位计内油的颜色发生变化，应取油样进行分析化验。若油位骤然变化，油中出现炭质，并有其他不正常现象时，则应立即将变压器停止运行。

Je1C4159　异步电动机在运行中，电流不稳，电流表指针摆动如何处理？

答：如果发现异步电动机电流不稳，电流表指针摆动时，应对电动机进行检查，有无异常声响和其他不正常现象，并启动备用设备，通知检修人员到场，共同分析原因进行处理。

Je1C4160　发电机运行特性曲线（*P-Q* 曲线）四个限制条件是什么？

答：根据发电机运行特性曲线（*P-Q* 曲线），在稳态条件下，发电机的稳态运行范围受下列四个条件限制：

（1）原动机输出功率的极限的限制，即原动机的额定功率一般要稍大于或等于发电机的额定功率；

（2）发电机的额定视在功率的限制，即由定子发热决定容许范围；

（3）发电机的磁场和励磁机的最大励磁电流的限制，通常由转子发热决定；

（4）进相运行时的稳定度，即发电机的有功功率输出受到静态稳定条件的限制。

Je1C5161　水内冷发电机的冷却水质量应符合哪些要求？

答：应符合以下要求：

（1）水质透明纯净，无机械混合物。

（2）20℃时水的电导率：0.5～1.5μS/cm。

（3）pH 值 7.0～8.0。

（4）P_N＜200MW 时，硬度＜10 微克当量/L；P_N＞200MW 时，硬度＜2 微克当量/L。

为保证进入发电机内的水质合格，水系统安装或大修结束后应进行冲洗、连续排污，直至水路系统的污物和杂物除尽为止。水质合格后，方允许发电机内部通水。

Je1C5162　调整发电机有功负荷时应注意什么？

答：为了保持发电机的稳定运行，调整有功负荷时应注意：

（1）使功率因数保持在规定的范围内，一般不大于滞后0.95。因为功率因数高说明此时有功功率相对应的励磁电流小，即发电机定、转子磁极间用以拉住的磁力线少，易失去稳定。从功角特性来看，送出去的有功功率增大，功角就会接近 90°

角，这样易引起失步。

（2）调整有功负荷时要缓慢，与机、炉运行人员配合好。

Jf5C1163　什么叫P型半导体？

答：P型半导体也称空穴半导体。在半导体中掺入微量的杂质，能提高半导体的导电能力。根据这一特性，在半导体中掺入铟、铝、硼、镓等元素后，半导体中就会产生许多缺少电子的空穴，靠空穴导电的半导体叫空穴半导体，简称P型半导体。

Jf5C2164　什么叫N型半导体？

答：N型半导体也称电子型半导体。在半导体中掺入微量的杂质，能提高半导体的导电能力。根据这一特性，在半导体中掺入锑、磷、砷等元素后，半导体中就会产生许多带负电的电子，靠电子导电的半导体叫电子型半导体，简称N型半导体。

Jf5C3165　什么叫主保护？

答：是指发生短路故障时，能满足系统稳定及设备安全的基本要求，首先动作于跳闸，有选择地切除被保护设备和全线路故障的保护。

Jf5C4166　什么叫后备保护？

答：是指主保护或断路器拒动时，用以切除故障的保护。

Jf5C5167　什么叫辅助保护？

答：是为补充主保护和后备保护的不足而增设的简单保护。

Jf5C5168　为什么高压断路器与隔离开关之间要加装闭锁装置？

答：因为隔离开关没有灭弧装置，只能接通和断开空载电路。所以在断路器断开的情况下，才能拉、合隔离开关，否则将发生带负荷拉、合隔离开关的错误。

Jf4C1169　什么是晶体三极管？

答： 晶体三极管通常称为晶体管，它由三块半导体材料按一定形式组合而成。它有两个 PN 结（发射结和集电结），三个电极（基极、发射极和集电极），一般用字母 b、e 和 c 表示。基极 b 接在中间的半导体上，发射极 e 和集电极 c 分别接在基极两边的半导体上。

Jf4C2170　自动电源自投入装置（BZT）是由哪几部分组成的？各部分的作用是什么？

答： 自动电源自投入装置由低电压起动部分和自动重合闸部分组成。

低压起动部分的作用是：当电压降到低压保护动作值时跳闸，备用电源投入；自动重合闸部分的作用是：在工作电源断路器断开之后，BZT 装置自动投入备用电源的断路器。

Jf4C3171　晶体管有哪些主要参数？

答： 主要参数有：

（1）放大倍数（β）；

（2）反向饱和电流（I_{cbo}）；

（3）穿透电流（I_{ceo}）。

Jf4C4172　什么是蓄电池浮充电运行方式？

答： 主要由充电设备供给正常的直流负载，同时还以不大的电流来补充蓄电池的自放电，这种运行方式称为浮充电方式。

Jf4C5173　什么是电力系统稳定器？

答： 所谓电力系统稳定器（Power System Stabilizer，简称 PSS）是指为了解决大电网因缺乏足够的正阻尼转矩而容易发生低频振荡的问题，所引入的一种相位补偿附加励磁控制环节，即向励磁控制系统引入一种按某一振荡频率设计的新的附加控制信号，以增加正阻尼转矩，克服快速励磁调节器对系统稳定产生的有害作用，改善系统的暂态特性。

Jf3C1174　什么叫推挽功率放大器？

答：利用两只特性相同的晶体管，使它们都工作在乙类状态，其中一只管在正半周工作，另一只管在负半周工作，然后设法将两只管的输出波形在负载上组合到一起，得到一个完整的输出波形，这种放大器就叫推挽功率放大器。

Jf3C2175　什么是晶体管的反馈？反馈分哪几种？

答：在晶体管放大器中，将输出端的一部分电压或电流用某种方法反回到输入端，这种方法叫反馈。

反馈有两种：引入反馈后，使放大器的放大倍数增加的叫正反馈，使放大倍数减小的叫负反馈。

Jf3C3176　什么是晶体管中的复合管？

答：复合管是由两个或两个以上的晶体管组合而成的等效新管子，它具有新的电气参数。两只晶体管复合连接后，对外电路仍有三个电极，其放大倍数是组合复合管的所用晶体管放大倍数的乘积。这种组合的新管子就是复合管。

Jf3C4177　什么是微分电路和积分电路？

答：利用电容器两端间的电压不能突变的原理，能将矩形波变成尖脉冲波的电路称微分电路，能将矩形波变成锯齿波的电路称为积分电路。

Jf3C5178　在投入 6kV 电压互感器操作时，发生了铁磁谐振，怎样处理？

答：（1）迅速启动一台热备用中的电动机，改变系统的阻抗参数，消除谐振条件，从而使谐振消失。

（2）铁磁谐振消除后，再将不需用的电动机停运。

Jf2C1179　什么是可控硅？

答：可控硅是一种大功率整流元件，它的整流电压可以控制，当供给整流电路的交流电压一定时，输出电压能够均匀调节，它是一个四层三端的硅半导体器件。

Jf2C1180　如何用可控硅实现可控整流？

答：在整流电路中，可控硅在承受正向电压的时间内，改变触发脉冲的输入时刻，即改变控制角的大小，在负载上可得到不同数值的直流电压，因而控制了输出电压的大小。

Jf2C1181　滤波电路有什么作用？

答：整流装置把交流电转化为直流电，但整流后的波形中还包含相当大的交流成分，为了提高整流电压质量，改善整流电路的电压波形，常常加装滤波电路，将交流成分滤掉。

Jf2C3182　什么叫电缆终端？

答：电缆与其他电气设备相连接时，需要有一个能满足一定绝缘与密封要求的连接装置，该装置叫做电缆终端。

Jf2C4183　什么叫电缆接头？

答：由于制造、运输和敷设施工等原因，对每盘电缆的长度有一定的限制。但在实际工作中，有时需要将若干条电缆在现场把它们连接起来，构成一条连接的输配电线路，这种电缆的中间连接附件，叫电缆接头。

Jf2C4184　继电保护装置的基本任务是什么？

答：当电力系统发生故障时，利用一些电气自动装置将故障部分从电力系统中迅速切除，当发生异常时，及时发出信号，以达到缩小故障范围，减少故障损失，保证系统安全运行的目的。

Jf2C5185　自动励磁调节器应具有的保护和限制功能有哪些？

答：（1）电压互感器断线保护；

（2）过励磁（V/Hz）限制和保护；

（3）低励限制和保护；

（4）过励限制和保护；

（5）误强励保护；

（6）误失磁保护。

Jf2C5186　电力系统对继电保护装置的基本要求是什么？

答：基本要求是：

（1）快速性：要求继电保护装置的动作时间尽量快，以提高系统并列运行的稳定性，减轻故障设备的损坏，加速非故障设备恢复正常运行。

（2）可靠性：要求继电保护装置随时保持完整、灵活状态。不应发生误动或拒动。

（3）选择性：要求继电保护装置动作时，跳开距故障点最近的断路器，使停电范围尽可能缩小。

（4）灵敏性：要求继电保护装置在其保护范围内发生故障时，应灵敏地动作。灵敏性用灵敏系数表示。

Jf1C1187　为什么母线要涂有色漆？

答：配电装置中的母线涂漆有利于母线散热，可使容许负荷提高 12%～15%；便于值班人员，检修人员识别直流的极性和交流的相别，铜母线涂漆还可以起到防锈作用。

Jf1C1188　铅蓄电池的电动势与哪些因素有关？

答：蓄电池电动势的大小与极板上的活性物质的电化性质和电解液的浓度有关。但是当极板活性物质已经固定，则蓄电池的电动势主要由电解液浓度来决定。

Jf1C2189　蓄电池的内阻与哪些因素有关？

答：蓄电池的内电路主要由电解液构成。电解液有电阻，而极栅、活性物质、连接物、隔离物等，都有一定电阻，这些电阻之和就是蓄电池的内阻。影响内阻大小的因素很多，主要有各部分的构成材料、组装工艺、电解液的密度和温度等。因此，蓄电池内阻不是固定值，在充、放电过程中，随电解液的密度、温度和活性物质的变化而变化。

Jf1C2190　铅蓄电池产生自放电的主要原因是什么？

答：产生自放电的原因很多，主要有：

（1）电解液中或极板本身含有有害物质，这些杂质沉附在极板上，使杂质与极板之间、极板上各杂质之间产生电位差。

（2）极板本身各部分之间存在电位差和极板处于不同浓度的电解液层，而使极板各部分之间存在电位差。这些电位差相当于小的局部电池，通过电解液形成电流，使极板上的活性物质溶解或电化作用，转变为硫酸铅，导致蓄电池容量损失。

Jf1C3191　大型发电机采用离相封闭母线有什么优点？

答：主要优点是：

（1）可靠性高。由于每相母线均封闭于互相隔离的外壳内，可以防止发生相间短路故障。

（2）减小母线之间的电动力。由于封闭母线在结构上有良好的磁屏蔽性能，壳外几乎无磁场，故短路时母线相间的电动力可大为减少（一般认为只有敞开式母线的1%左右）。

（3）放至邻近母线处的钢构件严重发热。由于壳外磁场的减少，邻近母线处的钢构件内感应的涡流也会减小，涡流引起的发热损耗也减少。

（4）安装方便，维护工作量少，整齐美观。

Jf1C3192　为什么发电机转子一点接地后容易发生第二点接地？

答：发电机转子一点接地后励磁回路对地电压将有所升高，在正常情况下，励磁回路对地电压约为励磁电压的一半。当励磁回路的一端发生金属性接地故障时，另一端对地电压将升高为全部励磁电压值，即比正常电压值高出一倍。在这种情况下运行，当切断励磁回路中的开关或一次回路的主断路器时，将在励磁回路中产生暂态过电压，在此电压作用下，可能将励磁回路中其他绝缘薄弱的地方击穿，从而导致第二点接地。

Jf1C4193　厂用电接线应满足哪些要求？

答：（1）正常运行时的安全性、可靠性、灵活性及经济性；

（2）发生事故时，能尽量缩小对厂用电系统的影响，避免引起全厂停电事故，即各机厂用电系统具有较高的独立性；

（3）保证启动电源有足够的容量和合格的电压质量；

（4）有可靠的备用电源，并且在工作电源发生故障时能自动地投入，保证供电的连续性；

（5）厂用电系统发生事故时，处理方便。

Jf1C5194　发电机振荡和失步的原因是什么？

答：发电机正常运行时发出的功率和用户的负荷功率是平衡的，发电机和系统都处在稳定状态下运行。当系统中发生某些重大干扰时，发电机与用户之间的功率平衡将遭到破坏，此时必须立即改变发电机的输出功率以求得重新达到平衡。但由于发电机的转子转动具有惯性，汽轮机调速器的动作需要一定的延时，故改变发电机的功率就要有一个过程。在这个过程当中，发电机的功率和用户的负荷功率不能平衡，就会破坏发电机的稳定运行，使发电机产生振荡或失步。

Jf1C5195　发电机发生非同期并列有什么危害？

答： 发电机的非同期并列，将会产生很大的冲击电流，它对发电机及与其三相串联的主变压器、断路器等电气设备破坏极大，严重时将烧毁发电机绕组，使端部变形。如果一台大型发电机发生此类事故，则该机与系统间将产生功率振荡，影响系统的稳定运行。

Jf1C5196　在何种情况下，蓄电池室内易引起爆炸？如何防止？

答： 蓄电池在充电过程中，水被分解产生大量的氢气和氧气。如果这些混合的气体，不能及时排出室外，一遇火花，就会引起爆炸。

预防的方法是：

（1）密封式蓄电池的加液孔上盖的通气孔，经常保持畅通，便于气体逸出；

（2）蓄电池内部连接和电极连接要牢固，防止松动打火；

（3）室内保持良好的通风；

（4）蓄电池室内严禁烟火；

（5）室内应装设防爆照明灯具，且控制开关应装在室外。

Jf1C5197　怎样维护、保管安全用具？

答：（1）绝缘棒（拉杆）应垂直存放，架在支架上或吊挂在室内，不要靠墙壁。

（2）绝缘手套、绝缘鞋应定位存放在柜内，与其他工具分开。

（3）安全用具的橡胶制品不能与石油类的油脂接触。存放的环境温度不能过热或过冷。

（4）高压验电器用后存放于匣内，置于干燥处，防止积灰和受潮。

（5）存放安全用具的地点，应有明显标志，做到“对号入座”，存取方便。

（6）安全用具不准移作他用。

（7）应定期进行检查、试验，使用前检查有无破损和是否在有效期内。

Jf1C5198　简述电力工业在国民经济中的作用和地位?

答：电力工业是将一次能源转化为二次能源的能源工业。它为各行各业提供着动力，而电力能源又是其他能源不可代替的，所以电能应用的广泛性，决定了电力工业是一种社会公益型的行业。同时，电力工业生产的安全可靠性关系着整个国民经济、“四化”建设和人民生活。因此，当前电力工业已经成为国民经济建设中具有重要地位的基础行业，是实现国家现代化和国民经济发展的战略重点。

Jf1C5199　根据日负荷曲线，电力生产主要考虑和安排哪方面工作?

答：主要有以下几方面：

（1）煤场、油罐储存燃料的多少，当日供应燃料的预报，燃煤供应能否满足负荷曲线的要求；

（2）制粉系统的工作情况，总储存粉的多少，能否满足负荷曲线的要求；

（3）备用机炉、检修机炉的预定启停时间安排和增减负荷速度，能否满足负荷曲线的要求；

（4）循环水、化学供水量能否满足汽轮机、发电机、锅炉启动的需要，是否影响负荷曲线的需要；

（5）锅炉燃烧情况，汽轮机、发电机设备状态及主要辅助设备状况，能否满足负荷曲线中高峰、低谷点的要求；

（6）批准设备停用检修的时间，是否影响负荷曲线的执行；

（7）系统倒闸操作（并环路、解环路），是否会影响负荷曲线的执行等。

总之，一切生产工作的安排，均不得影响负荷曲线的执行。如果由于某种原因，将影响负荷曲线的执行，要及时或提前与调度员联系，由调度员协助考虑负荷曲线的执行或修改负荷曲线。

Jf1C5200　AVC 的功能是什么，运行中有哪些限制条件？

答：AVC 装置的功能是：AVC 装置作为电网电压无功优化系统中分级控制的电压控制实现手段，是针对负荷波动和偶然事故造成的电压变化迅速动作，来控制调节发电机励磁实现电厂侧的电压控制，保证向电网输送合格的电压和满足系统需求的无功。同时接受来自省调度通信中心的上级电压控制命令和电压整定值，通过电压无功优化算法计算，并输出以控制发电机励磁调节器的整定点来实现远方调度控制。运行中的限制条件为：

（1）发电机端电压最高、最低限制；

（2）系统电压的限制；

（3）发电机功率因数的限制等。

Jf1C5201　氢冷发电机漏氢有几种表现形式？哪种最危险？

答：按漏氢部位有两种表现形式：

（1）外漏氢：氢气泄漏到发电机周围空气中，一般距离漏点 0.25m 以外，已基本扩散，所以外漏氢引起氢气爆炸的危险性较小。

（2）内漏氢：氢气从定子套管法兰结合面泄漏到发电机封闭母线中；从密封瓦间隙进入密封油系统中；氢气通过定子绕组空芯导线、引水管等又进入冷却水中；氢气通过冷却器铜管进入循环冷却水中。内漏氢引起氢气爆炸的危险性最大，因为空气和氢气是在密闭空间内混合的，若氢含量达 4%～76%时，遇火即发生氢爆。

Jf1C5202　氢冷发电机在运行中氢压降低是什么原因引起的？

答：氢压降低的原因有：

（1）轴封中的油压过低或供油中断；

（2）供氢母管氢压低；

（3）发电机突然甩负荷，引起过冷却而造成氢压降低；

（4）氢管破裂或闸门泄漏；

（5）密封瓦塑料垫破裂，氢气大量进入油系统、定子引出线套管，或转子密封破坏造成漏氢，空芯导线或冷却器铜管有砂眼或在运行中发生裂纹，氢气进入冷却水系统中等；

（6）运行误操作，如错开排氢门等而造成氢压降低等。

4.1.4 计算题

La5D1001 有一根导线，每小时通过其横截面的电量 Q 为 900C，计算通过导线的电流是多少？

解：已知 Q=900C　t=1h=3600s

据公式 $I=\dfrac{Q}{t}$ 可以求出

$$I=\frac{Q}{t}=\frac{900}{3600}=0.25\text{（A）}=250\text{（mA）}$$

答：通过导线的电流是 250mA。

La5D1002 一条粗细均匀的导线，电阻 R 为 48Ω，计算把它切成等长的几段再把这几段并联起来，总电阻 R_Σ 才是 3Ω。

解：R=48Ω　R_Σ=3Ω　$\dfrac{R}{R_\Sigma}=\dfrac{48}{3}=16$

设把原导线长 L 切成 n 段后再并联，则

$$L'=\frac{L}{n}\qquad S'=nS$$

式中　L'——原导线切成 n 段后的长度；

S'——切成 n 段后的总截面。

根据　$R=\rho\dfrac{L}{S}$

$$\frac{R}{R_\Sigma}=\frac{\rho\dfrac{L}{S}}{\rho\dfrac{L'}{S'}}=\frac{L}{L'}\times\frac{S'}{S}=n^2$$

则 $n=\sqrt{16}$=4。

答：切成 4 段。

La5D2003 分析下列各电路［如图 D-1 中（a）、（b）、（c）、

（d）所示]，画出等效电路图，并求各电路的 R_{ab}。

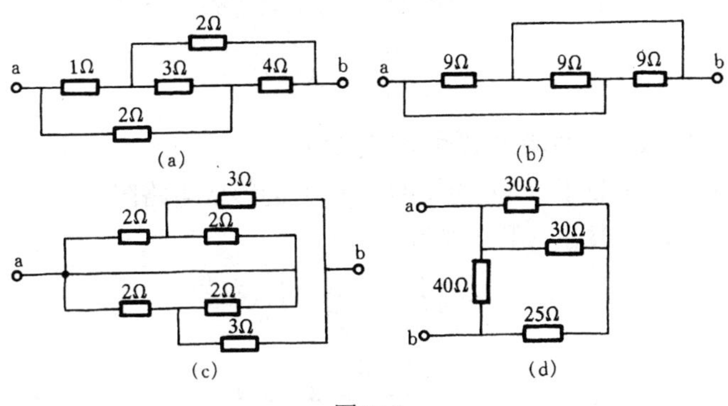

图 D-1

解：

（1）图 D-1′（a）为图 D-1（a）的等效电路图。

$$R_{ab}=\frac{(1+2)\times(2+4)}{(1+2)+(2+4)}$$

$$=\frac{3\times6}{3+6}$$

$$=2\ (\Omega)$$

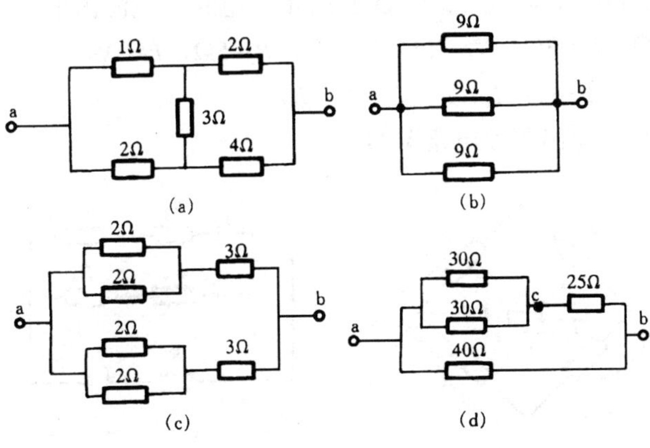

图 D-1′

答：a、b 两端电阻 R_{ab} 为 2Ω。

（2）图 D-1′（b）为图 D-1（b）的等效电路图。

$$R_{ab}=\frac{9}{3}=3\ (\Omega)$$

答：a、b 两端的电阻 R_{ab} 为 2Ω。

（3）图 D-1′（c）为图 D-1（c）的等效电路图。

上、下部分电阻分别为 R'

$$R'=\frac{2}{2}+3=4\ (\Omega)$$

$$R_{ab}=\frac{R'}{2}=\frac{4}{2}=2\ (\Omega)$$

答：a、b 两端的电阻 R_{ab} 为 2Ω。

（4）图 D-1′（d）为图 D-1（d）的等效电路图。

$$R_{acb}=\frac{30}{2}+25=40\ (\Omega)$$

$$R_{ab}=\frac{40}{2}=20\ (\Omega)$$

答：a、b 两端的电阻 R_{ab} 为 20Ω。

La5D2004 已知图 D-2 所示的电路，电源内电阻 r=0，R_1=2Ω，R_2=3Ω，R_3=3Ω，R_4=1Ω，R_5=5Ω，E=2V。

求支路电流 I_1、I_2、I_3、I_4、I_5。

解：画出等效电路图 D-2′，

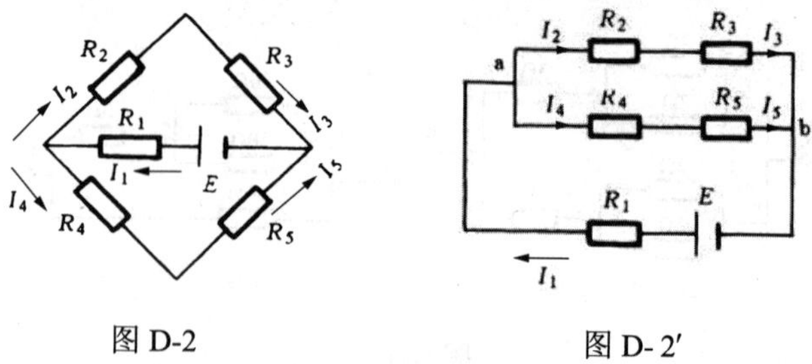

图 D-2　　图 D-2′

$$R_{23}=R_2+R_3=3+3=6\ (\Omega)$$

$$R_{45}=R_5+R_4=5+1=6\ (\Omega)$$

$$R=R_1+R_{ab}=2+\frac{6}{2}=5\ (\Omega)$$

$$I_1=\frac{E}{R}=\frac{2}{5}=0.4\ (\text{A})$$

$$I_2=I_3=I_4=I_5=\frac{1}{2}I_1=\frac{0.4}{2}=0.2\ (\text{A})$$

答：支路电流 I_1 为 0.4A，支路电流 I_2、I_3、I_4、I_5 相等均为 0.2A。

La5D3005 如图 D-3 所示，已知 $R_1=10\Omega$，$R_2=4\Omega$，$R_3=6\Omega$，$I_3=0.1$A。

求支路电流 I_1、I_2 各是多少？U_{AB} 是多少？

解：画等效电路图如图 D-3′，由等效电路图可知电阻 R_2 及 R_3 上的电压为

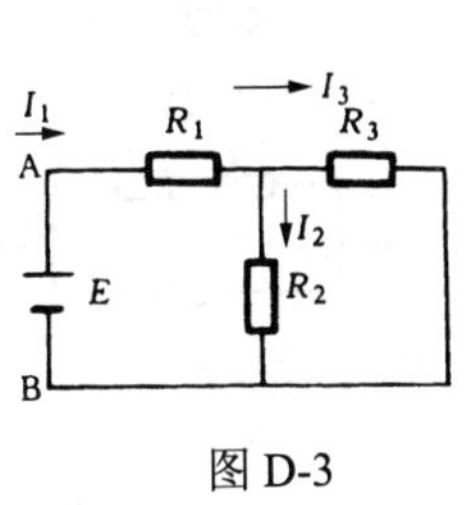

图 D-3

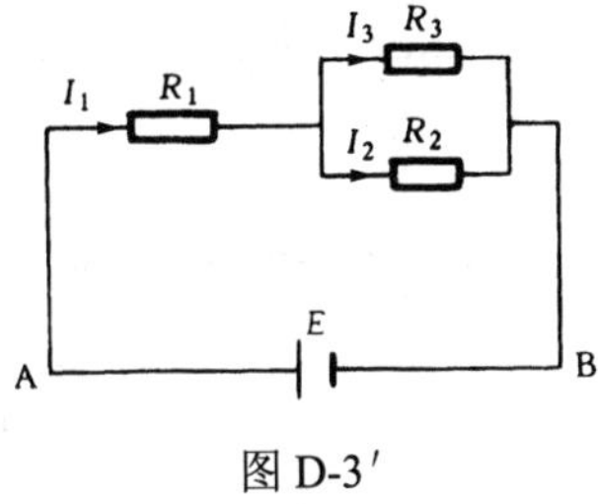

图 D-3′

$$U_2=U_3=I_3\times R_3=0.1\times6=0.6\ (\text{V})$$

$$I_2=\frac{U_2}{R_2}=\frac{0.6}{4}=0.15\ (\text{A})$$

$$I_1=I_2+I_3=0.15+0.1=0.25\ (\text{A})$$

$$U_1=I_1R_1=0.25\times10=2.5\ (\text{V})$$

则 $U_{AB}=U_1+U_2=2.5+0.6=3.1$（V）

答：支路电流 I_1 为 0.25A，I_2 为 0.15A，U_{AB} 为 3.1V。

La5D3006 如图 D-4 所示，已知 R_1=2Ω，R_2=4Ω，R_3=3Ω，R_4=6Ω，R_5=8Ω，I_4=0.3A。求 R_{AB}、U_{AB}、流经各电阻的电流 I_1、I_2、I_3、I_5 各是多少？

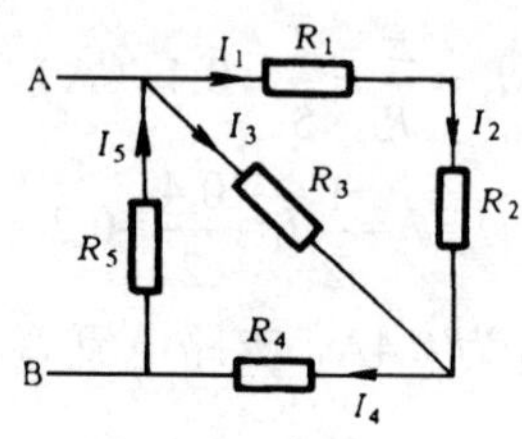

图 D-4

解：等效电路图如图 D-4′所示，用电路图化简方法解。

$$R_{12}=R_1+R_2=6\text{（Ω）}$$

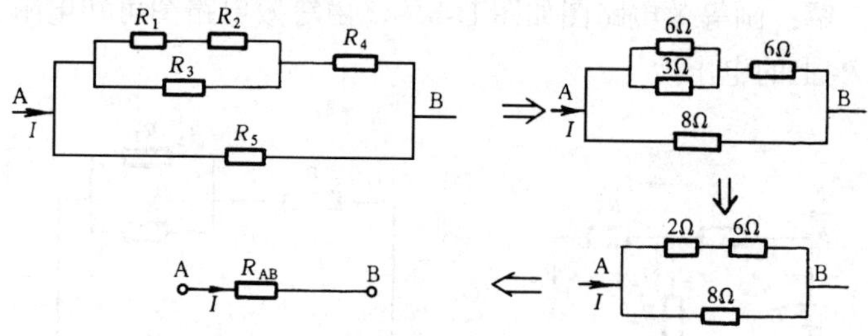

图 D-4′

$$R_{1\sim3}=R_{12}/\!/R_3=\frac{6\times3}{6+3}=2\text{（Ω）}$$

$$R_{1\sim4}=2+6=8\text{（Ω）}$$

因为 $$R_5=R_{1\sim4}=8\text{（Ω）}$$

$$R_{AB}=\frac{1}{2}R_5=\frac{8}{2}=4\text{（Ω）}$$

因为 $$R_5=R_{1\sim4}$$

则 $$I_4=I_5=0.3\text{（A）}$$

$$I=2I_4=2\times0.3=0.6\text{（A）}$$

$$U_{AB}=I\times R_{AB}=0.6\times4=2.4\text{（V）}$$

$$U_3=U_{AB}-U_4=U_{AB}-I_4R_4=2.4-0.3\times6=0.6\text{（V）}$$

$$I_3=\frac{U_3}{R_3}=\frac{0.6}{3}=0.2\text{（A）}$$

$$I_1=I_2=I_4-I_3=0.3-0.2=0.1\text{（A）}$$

答：R_{AB} 为 4Ω，U_{AB} 为 2.4V，I_1、I_2 为 0.1A，I_3 是 0.2A，I_5 为 0.3A。

La5D4007 如图 D-5 所示电路，求 R_1 电阻两端的电压 U_1 是多少？

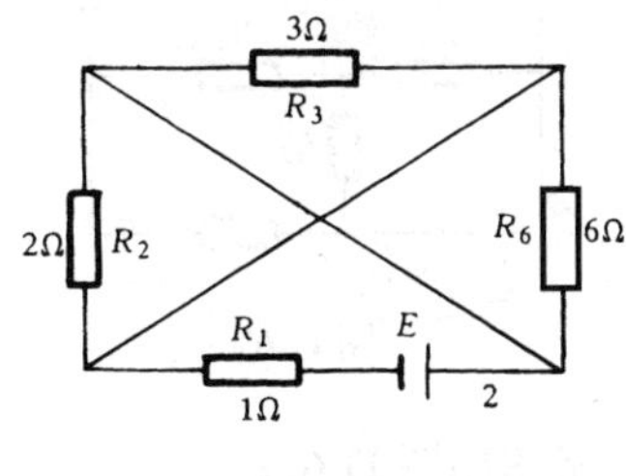

图 D-5

解：画等效电路图如图 D-5′ 所示。

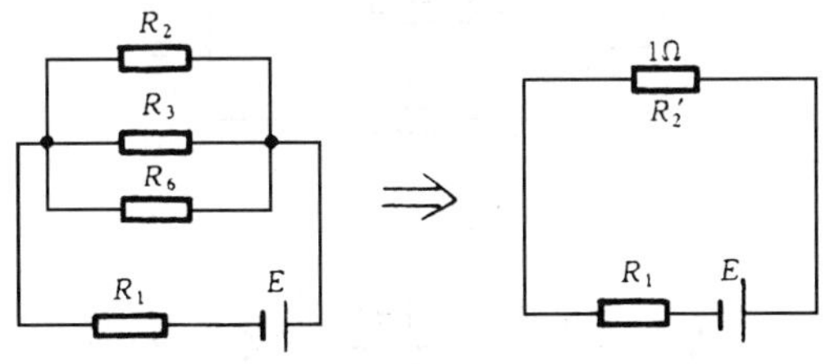

图 D-5′

$$R_{36}=R_3 /\!/ R_6=\frac{3\times6}{3+6}=2\text{（Ω）}$$

$$R_2'=R_{36}/\!/R_2=\frac{2}{2}=1\ (\Omega)$$

$$I=\frac{E}{R_2'+R_1}=\frac{2}{2}=1\ (\Omega)$$

则 $U_1=IR_1=1\times1=1$（V）

答：R_1 电阻两端电压 U_1 是 1V。

La5D4008 如图 D-6 所示电路，U_{AB}=6V，R_1=3.6Ω，R_2=3Ω，R_3=4Ω，R_4=6Ω。求 R_Σ 、各电阻流经的电流 I_1、I_2、I_3、I_4 是多少？各电阻两端电压是多少？

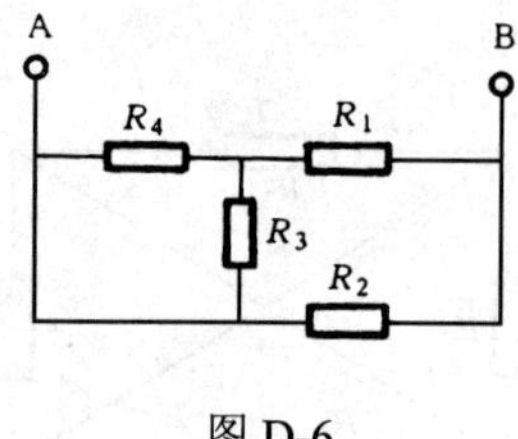

图 D-6

解：画等效电路图如图 D-6′。

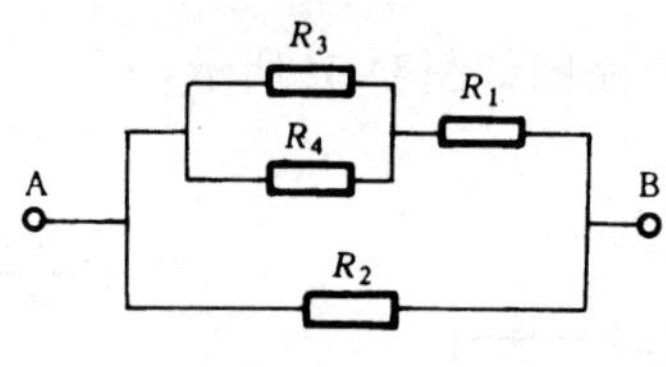

图 D-6′

$$R_{34}=\frac{R_3R_4}{R_3+R_4}=\frac{4\times6}{4+6}=2.4\ (\Omega)$$

$$R_{341}=R_{34}+R_1=2.4+3.6=6\ (\Omega)$$

$$R_\Sigma=\frac{R_{341}R_2}{R_{341}+R_2}=\frac{6\times3}{6+3}=2\ (\Omega)$$

$$I=\frac{U_{AB}}{R_{\Sigma}}=\frac{6}{2}=3\text{（A）}$$

因 $$U_2=U_{AB}=6V$$

故 $$I_2=\frac{6}{3}=2\text{（A）}$$

$$I_1=I-I_2=3-2=1\text{（A）}$$

$$U_1=R_1I_1=1\times3.6=3.6\text{（V）}$$

$$U_3=U_4=U_{AB}-U_1=6-3.6=2.4\text{（V）}$$

$$I_3=\frac{U_3}{R_3}=\frac{2.4}{4}=0.6\text{（A）}$$

$$I_4=I_1-I_3=1-0.6=0.4\text{（A）}$$

答：总电阻 R_{Σ} 为 2Ω，电阻 R_3、R_4 两端电压相等为 2.4V，电阻 R_1 的电压 U_1 是 3.6V，电阻 R_2 两端电压为 6V。I_1 为 1A，I_2 为 2A，I_3 为 0.6A，I_4 为 0.4A。

La5D5009 如图 D-7 所示电源电动势 E=12V，内阻 r_1=1Ω，外电路 6 个电阻都相同，I_1=1A。求：各个电阻 R 值；电源的两端电压 U；各电阻两端的电压 U_1、U_2、U_3、U_4、U_5、U_6。

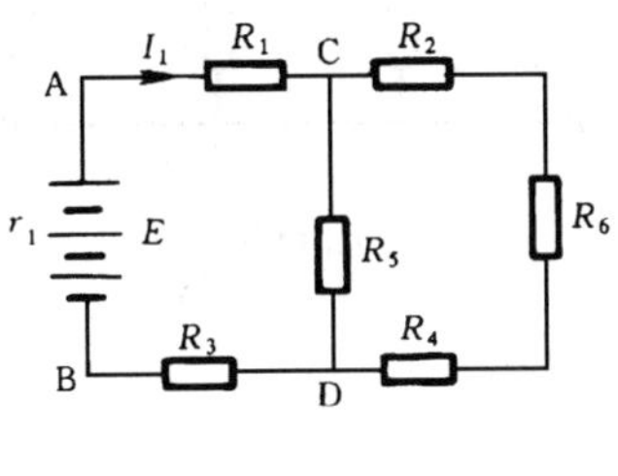

图 D-7

解：

（1）$$R_{CD}=\frac{R\times3R}{R+3R}=\frac{3}{4}R$$

$$R_{AB}=R_1+R_{CD}+R_3=R_{CD}+2R=\frac{11}{4}R$$

$$E=I_1(R_{AB}+r_1)=1\times\left(\frac{11}{4}R+1\right)=\frac{15}{4}R$$

则 $R=3.2$（Ω）

（2）$U=E-Ir_1=12-1\times1=11$（V）

（3）$U_1=U_3=IR=1\times3.2=3.2$（V）

$$U_5=U-(U_1+U_3)=11-(3.2+3.2)=4.6\text{（V）}$$

$$U_2=U_6=U_4=\frac{1}{3}U_5=\frac{1}{3}\times4.6\approx1.56\text{（V）}$$

答： 各个电阻值分别为3.2Ω，电压的路端电压U是11V，$U_1=U_3$是3.2V，U_5是4.6V，$U_2=U_6=U_4$为1.56V。

La5D5010 如图D-8所示电路，已知R_1=16Ω，R_2=4Ω，R_3=5Ω，R_4=4Ω，U_1=10V，U_2=9V。

求A、B两点哪一点电位高？当R_2、R_3、R_4的值保持不变，U_{AB}=0时，R_1为何值。

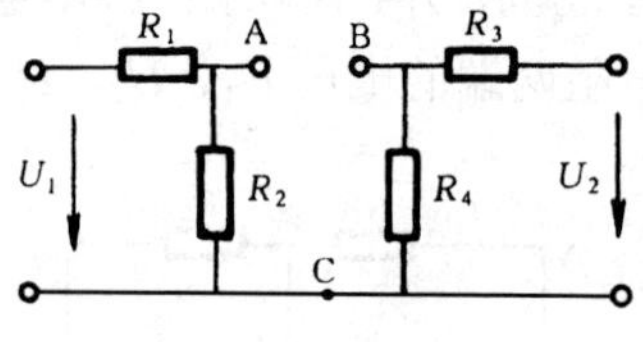

图D-8

解： 根据分压公式

（1）$U_{AC}=\dfrac{R_2}{R_1+R_2}U_1=\dfrac{4}{16+4}\times10=\dfrac{1}{5}\times10=2$（V）

$$U_{BC}=\frac{R_4}{R_3+R_4}U_2=\frac{4}{5+4}\times9=4\text{（V）}$$

因为 $U_{BC}>U_{AB}$

所以$U_B>U_A$，B点电位高。

（2）$U_{AB}=U_A-U_B=U_{AB}-U_{BC}=2-4=-2$（V）

要求 $U_{AB}=0$ 时的 R_1 为 R_1'，

若 $U_{AB}=0$，又因为 R_2、R_3、R_4 不变，则 $U_{BC}=4V$ 不变

则 $$U_{AC}=U_{BC}=4V$$

$$\frac{U_1}{R'+R_2}=\frac{U_{AC}}{R_2}，即 \frac{10}{R_1'+4}=\frac{4}{4}=1$$

所以 $$R_1'=10-4=6（\Omega）$$

答：B 点电位高。电阻 R_1 为 6Ω时，$U_{AB}=0$。

La4D1011 如图 D-9 所示利用节点电压方法求电动势分别为 E_1、E_2 的电源 1、电源 2 各发出功率，以及负载 R 上消耗功率 P_R。

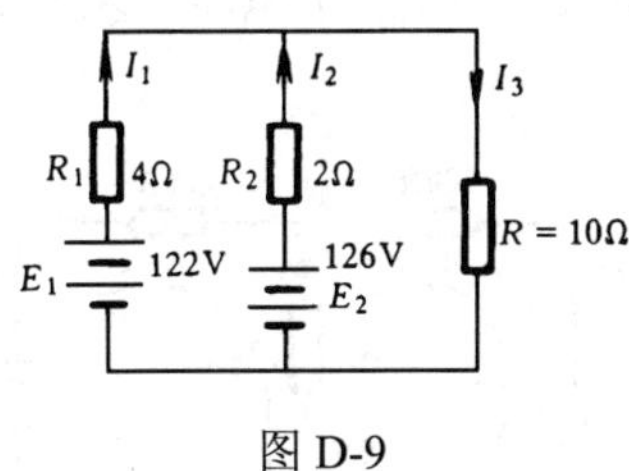

图 D-9

解：将图简化成电流源如图 D-9′。

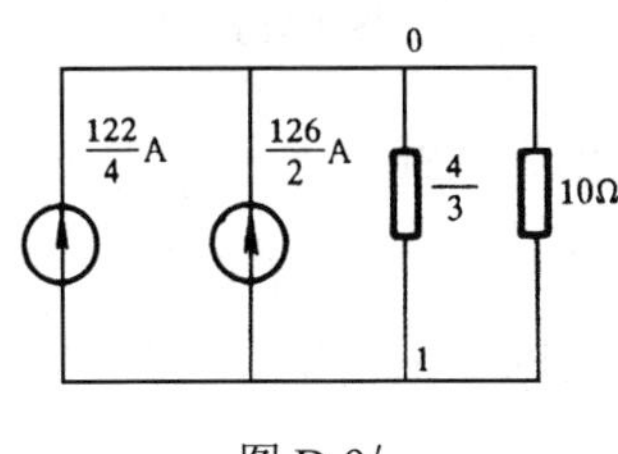

图 D-9′

设 R 两端电压为 U_R 流经 R 的电流为 I_R。

则 $$U_R=\left(\frac{122}{4}+\frac{126}{2}\right)\times\frac{\frac{4}{3}\times 10}{\frac{4}{3}+10}=110（V）$$

则 $$I_3 = I_R = \frac{U_R}{R} = \frac{110}{10} = 11\text{（A）}$$

$$I_2 = \frac{E_2 - U_R}{R_2} = \frac{16}{2} = 8\text{（A）}$$

$$I_1 = I_3 - I_2 = 11 - 8 = 3\text{（A）}$$

故 $$P_1 = U_R I_1 = 110 \times 3 = 330\text{（W）}$$

$$P_2 = U_R I_2 = 110 \times 8 = 880\text{（W）}$$

$$P_R = U_R I_3 = 110 \times 11 = 1210\text{（W）}$$

答：电源 1 发出功率为 330W，电源 2 发出功率为 880W，负载电阻 R 上消耗功率为 1210W。

La4D1012 如图 D-10 所示电路，求各支路电流 I_1、I_2、I_3 是多少？

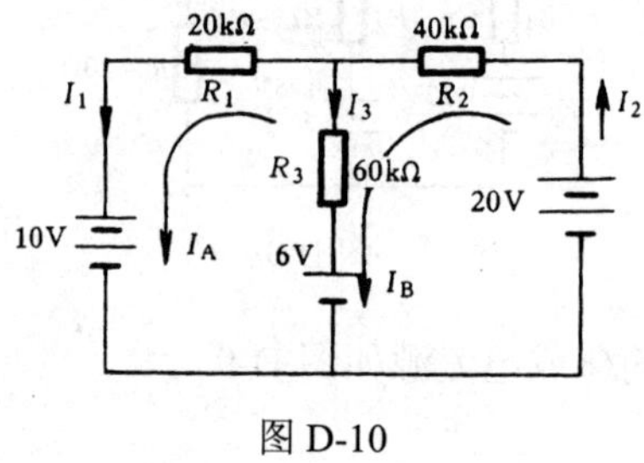

图 D-10

解：利用节点电压法解。

上下两个节点间的电压 $$U_{AB} = \frac{\frac{10}{20} + \frac{6}{60} + \frac{20}{40}}{\frac{1}{20} + \frac{1}{60} + \frac{1}{40}} = 12\text{（V）}$$

故 $$I_1 = \frac{U_{AB} - 10}{R_1} = \frac{12 - 10}{20} = 0.1\text{（mA）}$$

$$I_2 = \frac{-U_{AB} + 20}{R_2} = \frac{-12 + 20}{40} = 0.2\text{（mA）}$$

$$I_3=\frac{U_{AB}-6}{R_3}=\frac{12-16}{60}=0.1\text{(mA)}$$

验证：$\sum I=0-I_1+I_2-I_3=0$ 即 $-0.1+0.2-0.1=0$ 正确

答：支路电流 I_1 为 0.1mA，I_2 为 0.2mA，I_3 为 0.1mA。

La4D2013 如图 D-11 所示的电路，利用戴维南定理求支路电流 I_3。已知 E_1=140V，E_2=90V，R_1=20Ω，R_2=5Ω，R_3=6Ω。

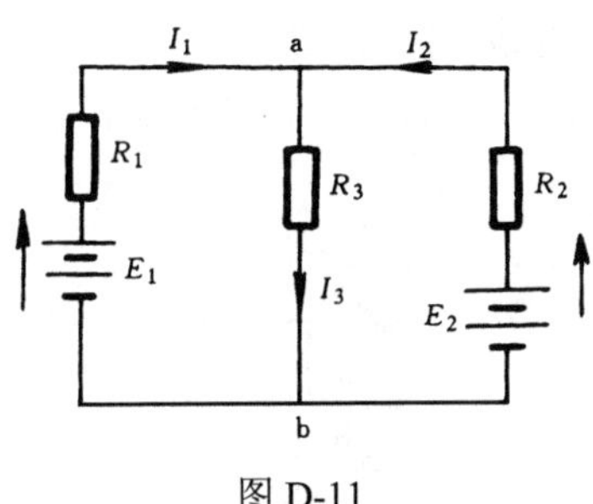

图 D-11

解：（1）利用戴维南定理求图 D-11 的开路电压 U_0，把负载电阻 R_3 看作开路，如图 D-11′（a）所示。

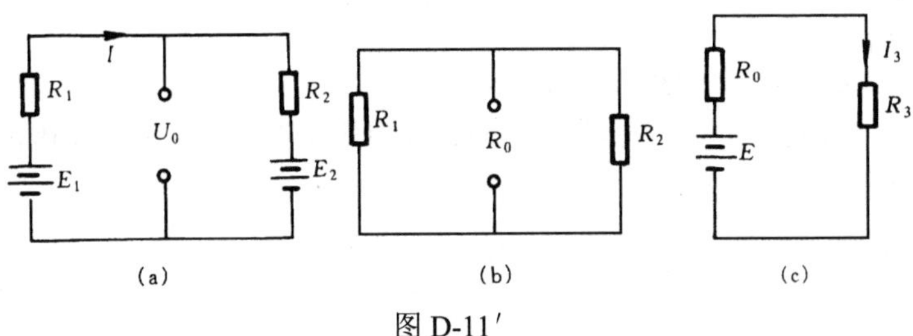

图 D-11′

由图 D-11′（a）可得 $I=\dfrac{E_1-E_2}{R_1+R_2}=\dfrac{140-90}{20+5}=2$（A）

开路电压 $U_0=E=E_1-IR_1=140-2\times20=100$（V）

（2）把图 D-11 电源看作短路如图 D-11′（b）所示。

由图 D-11′（b）可求出等效电阻 R_0

$$R_0=\frac{R_1R_2}{R_1+R_2}=\frac{20\times5}{20+5}=4\text{（}\Omega\text{）}$$

（3）等效电路图如图 D-11′（c）所示。

$$I_3=\frac{E}{R_0+R_3}=\frac{100}{4+6}=10\text{（A）}$$

答：支路电流 I_3 为 10A。

La4D2014 电路如图 D-12 所示，图中 E=12V，R_{ab}=4Ω，R_{ac}=8Ω，R_{bd}=2Ω，R_{bc}=4Ω，求支路电流 I_1 是多少？

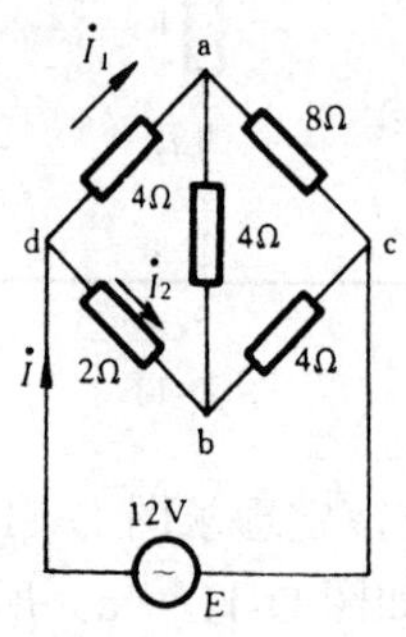

图 D-12

解：因为 $R_{ab}\cdot R_{cb}=R_{ac}\cdot R_{db}$

根据电桥平衡原理，节点 a、b 电压相同，节点之间无电流流过

所以 $$I=\frac{E}{R_\Sigma}=\frac{12}{\frac{4\times2}{4+2}+\frac{8\times4}{8+4}}=\frac{12}{4}=3\text{(A)}$$

则 $$I_1=\frac{2}{4+2}\times3=1\text{(A)}$$

答：支路电流 I_1 是 1A。

La4D3015 已知电路中电压 $u=U_{\mathrm{m}}\sin\left(\omega t+\dfrac{\pi}{2}\right)$V，电流 $i=I_{\mathrm{m}}\sin\omega t$A，电路频率为 50Hz。试求电压与电流的相位差，并说明两者相位是超前还是滞后的关系？两者时间差是多少？

解：已知 $\varphi_{\mathrm{u}}=\dfrac{\pi}{2}$，$\varphi_{\mathrm{i}}=0°$

所以　电压与电流的相位差是

$$\varphi=\varphi_{\mathrm{u}}-\varphi_{\mathrm{i}}=\frac{\pi}{2}-0=\frac{\pi}{2}$$

因为 $\varphi=\dfrac{\pi}{2}>0$，所以电压超前电流 $\dfrac{\pi}{2}$。

u 超前 i 的时间　$t=\dfrac{\varphi}{\omega}=\dfrac{\frac{\pi}{2}}{2\pi f}=0.005$（s）

答：电压超前电流 $\dfrac{\pi}{2}$，电压超前电流 0.005s。

La4D3016 测量某电动机的电压为 380V，电流是 20A。试求电压、电流的最大值。已知电压超前电流 60°，试写出电压电流的瞬时值表达式。

解：因测量值为有效值，则电压的最大值 $U_{\mathrm{m}}=\sqrt{2}U=\sqrt{2}\times380=537$（V）

电流的最大值　$I_{\mathrm{m}}=\sqrt{2}I=\sqrt{2}\times20=28$（A）

以电流为参考相量，则电压瞬时表达式

$$u=U_{\mathrm{m}}\sin(\omega t+\varphi)=537\sin(\omega t+60°)$$

电流瞬时表达式

$$i=I_{\mathrm{m}}\sin\omega t=28\sin\omega t$$

答：$i=28\sin\omega t$，$u=537\sin(\omega t+60°)$

La4D4017 一单相电动机由 220V 的电源供电，电路中的电流为 11A，$\cos\varphi=0.83$。试求电动机的视在功率 S，有功功率

P、无功功率 Q。

解：

$$S=UI=220\times11=2420\text{（VA）}$$

$$P=S\cos\varphi=2420\times0.83=2008.6\text{（W）}$$

$$Q=\sqrt{S^2-P^2}=\sqrt{2420^2-2008.6^2}=1349.8\text{（var）}$$

答：电动机的视在功率为2420VA。

电动机的有功功率为2008.6W。

电动机的无功功率为1349.8var。

La4D4018 一个负载为星形接线，每相电阻 R 为5Ω，感抗 X_L 为4Ω，接到线电压 U_L 为380V的对称三相电源上，求负载电流。

解：据公式

阻抗 $Z=\sqrt{R^2+X_L^2}=\sqrt{5^2+4^2}=6.4$（Ω）

因为负载为星形接线，则

$$U_L=\sqrt{3}\,U_{ph}$$

$$I_L=I_{ph}$$

相电压 $$U_{ph}=\frac{U_L}{\sqrt{3}}=\frac{380}{\sqrt{3}}\approx220\text{（V）}$$

经负载的电流为相电流，则

$$I_{ph}=\frac{U_{ph}}{Z}=\frac{220}{6.4}=34.38\text{（A）}$$

答：负载电流为34.38A。

La4D5019 三相电动机两定子绕组为星形连接，相电压 U_{ph} 为220V，功率因数是0.8，输入功率为3kW，求线路上的电流 I_L 是多少？

解：根据公式

$$P=3U_{ph}I_{ph}\cos\varphi$$

线路电流等于相电流

$$I_{ph}=I_L=\frac{P}{3U_{ph}\cos\varphi}=\frac{3000}{3\times220\times0.8}=5.68\text{（A）}$$

答：线路上的电流 I_L 是 5.68A。

La4D5020 一台三相的变压器的低压侧线电压为 6000V 电流为 10A，功率因数 $\cos\varphi=0.866$，求有功功率 P，视在功率 S，无功功率 Q。

解：

$$P=\sqrt{3}\,U_L I_L\cos\varphi$$
$$=\sqrt{3}\times6000\times10\times0.866$$
$$=90\text{（kW）}$$

视在功率

$$S=\sqrt{3}\,U_L I_L=\sqrt{3}\times6000\times10$$
$$=103.9\text{（kVA）}$$

无功功率

$$Q=\sqrt{3}\,U_L I_L\sin\varphi$$
$$=\sqrt{3}\times6000\times10\times\sqrt{1^2-0.866^2}$$
$$=51.9\text{（kvar）}$$

答：有功功率 P 为 90kW，视在功率 S 为 103.9kVA，无功功率 Q 为 51.9kvar。

La3D1021 把电阻 R=44Ω的负载接在 $u=311\sin\left(314t+\frac{\pi}{6}\right)$V 的交流电源上，试写出通过电阻中的电流瞬时值表达式，并求电流的有效值是多少？

解：电压的有效值 $U=\frac{U_m}{\sqrt{2}}=\frac{311}{\sqrt{2}}=220$（V）

电流的有效值 $I=\frac{U}{R}=\frac{220}{44}=5$（A）

因为电路是纯电阻性，$\dot{U}$ 与 $\dot{I}$ 同相，所以瞬时值表达式为

$i=\sqrt{2}\,I\sin\left(314t+\frac{\pi}{6}\right)$A

答：通过电阻中的电流瞬时值表达式 $i=\sqrt{2}\,I\sin\left(314t+\frac{\pi}{6}\right)$A。电流的有效值 I 为 5A。

La3D1022 已知电容器电容值 C=20μF 接在 f=50Hz，电压 U=220V 的交流电路中，求通过电容器的电流 I_C 是多少？

解：电容器的阻抗为

$$X_C=\frac{1}{\omega C}=\frac{1}{2\pi fC}$$
$$=\frac{1}{2\times3.14\times50\times20\times10^{-6}}$$
$$=159\ (\Omega)$$

则通过电容器的电流为

$$I_C=\frac{U}{X_C}=\frac{220}{159}\approx1.38\ (\text{A})$$

答：通过电容器的电流 I_C 近似为 1.38A。

La3D2023 已知一个 R、L 串联电路，其电阻 R 和感抗 X_L 均为 10Ω，求在线路上加 100V 交流电压时，电流是多少，电流与电压的相位差是多少？

解：阻抗 $Z=\sqrt{R^2+X_L^2}=\sqrt{10^2+10^2}=10\sqrt{2}$
$=14.1\ (\Omega)$

电路中的电流为 $I=\frac{U}{2}=\frac{100}{14.1}=7.1$（A）

电流与电压的相位差

$$\varphi=\tan^{-1}\frac{X_C}{R}=\tan^{-1}\frac{10}{10}=45°$$

答： 电流是 7.1A；

电流与电压相位差是 45°。

La3D2024 已知三相对称星形连接，电源相电压 U_{ph} 为 220V。对称三相负载，每相复阻抗 $Z=5\angle 60°\Omega$，作三角形连接，求各个线电流相量 $\dot{I}_{LA}$、$\dot{I}_{LB}$、$\dot{I}_{LC}$。

解： 设电源相电压相量

$$\dot{U}_{phA}=220\angle 0°\text{V}$$

则线电压相量

$$\dot{U}_{LAB}=380\angle 30°\text{V}$$

负载作三角形连接，负载相电压 $\dot{U}_{ph}$ 等于线电压 $\dot{U}_{L}$，所以负载电流为 $\dot{I}_{LAB}$

$$\dot{I}_{LAB}=\frac{\dot{U}_{LAB}}{Z}=\frac{380\angle 30°}{5\angle 60°}=76\angle -30°\text{（A）}$$

对称电路中，线电流

$$\dot{I}_{LA}=\sqrt{3}\dot{I}_{LAB}\angle -30°=131.5\angle -60°\text{A}$$

$$\dot{I}_{LB}=131.5\angle -180°\text{A}$$

$$\dot{I}_{LC}=131.5\angle -60°\text{A}$$

答： $\dot{I}_{LA}$ 为 $131.5\angle -60°$A，$\dot{I}_{LB}$ 为 $131.5\angle -180°$A，$\dot{I}_{LC}$ 为 $131.5\angle -60°$A。

La3D3025 如图 D-13 所示电路，是对称三相电路，已知电源线电压 U_L 为 380V，$R_L=2\Omega$，$R=40\Omega$求正常情况下线电流 I_L，A′B′两点短路后（如图 D-13′ 所示）各个线电流。

解：（1）正常情况下，将负载△连接变Y连接，每相电阻

$R_{Y}=\frac{1}{3}R_{\triangle}=\frac{40}{3}\Omega$

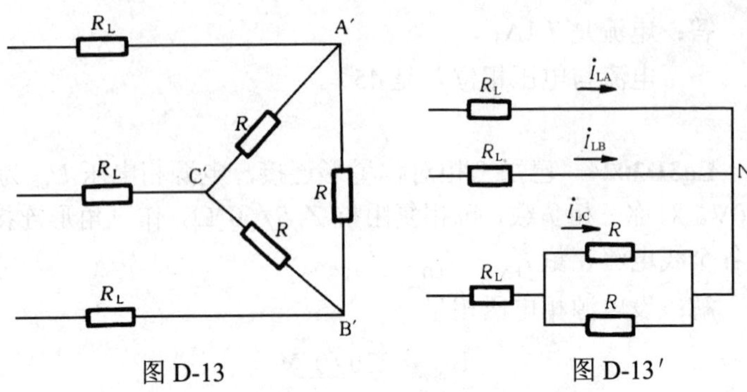

图 D-13　　　　图 D-13′

这时对称三相电路的线电流有效值

$$I_L=\frac{U_{ph}}{R_Y+R_L}=\frac{200}{\frac{40}{3}+2}=14.33\text{（A）}$$

（2）A′、B′两相短路如图 D-13 所示，成为Y/Y不对称电路，如图 D-13′所示，应用中性点电压法进行计算。设电源相电压 $\dot{U}_{phA}=220\underline{/0^\circ}$V 则中性点电压

$$\dot{U}_N=\frac{\frac{\dot{U}_A}{R_L}+\frac{\dot{U}_B}{R_L}+\frac{\dot{U}_C}{R_L+\frac{1}{2}R}}{\frac{1}{R_L}+\frac{1}{R_L}+\frac{1}{R_L+\frac{R}{2}}}$$

$$=\frac{\frac{220\underline{/0^\circ}}{2}+\frac{220\underline{/-120^\circ}}{2}+\frac{220\underline{/120^\circ}}{22}}{\frac{1}{2}+\frac{1}{2}+\frac{1}{22}}$$

$$=95.6\underline{/-60^\circ}\text{（V）}$$

各线电流的相量

$$\dot{I}_{LA}=\frac{\dot{U}_A-\dot{U}_N}{R_L}=\frac{220\underline{/0^\circ}-95.6\underline{/-60^\circ}}{2}$$

$=95.5\angle 25.5°$（A）

$$\dot{I}_{LB}=\frac{\dot{U}_B-\dot{U}_N}{R_L}=\frac{220\angle -120° -95.6\angle -60°}{2}$$

$=95.5\angle 145.7°$（A）

$$\dot{I}_{LC}=\frac{\dot{U}_C-\dot{U}_N}{R_L+\frac{R}{2}}=\frac{220\angle 120° -95.6\angle -60°}{22}$$

$=14.33$（A）

答：正常情况下线电流 I_L 为 14.33A，A′、B′ 两点短路时 $\dot{I}_{LA}=95.5\angle 25.5°$A，$\dot{I}_{LB}=95.5\angle 145.7°$A，$\dot{I}_{LC}$ 为 14.33A。

La3D3026 求下面同频率正弦电压之和。

已知：$U_1=\sqrt{2}\,150\sin(\omega t+30°)$V

$U_2=\sqrt{2}\,84\sin(\omega t-45°)$V

$U_3=\sqrt{2}\,220\sin(\omega t+120°)$V

解：写出电压相量

$$\dot{U}_1=150\angle 30°\text{V}$$

$$\dot{U}_2=84\angle -45°\text{V}$$

$$\dot{U}_3=220\angle 120°\text{V}$$

电压相量之和

$\dot{U}=\dot{U}_1+\dot{U}_2+\dot{U}_3$

$=150\angle 30° +84\angle -45° +220\angle 120°$

以复数形式运算，则

$\dot{U}=129.9+j75+59.4-j59.4-110+j90.53$

$=79.3+j206.13$

$=220.86\angle 68.96°$（V）

答：电压之和为 $220.86\angle 68.96°$ V。

La3D4027 如图 D-14 所示电路，已知 $\dot{E}_1=100\angle 26°$ V，

$\dot{E}_2=60\underline{/0^\circ}$ V，Z_1=j3Ω，Z_2=–j5Ω，Z_3=20Ω，用戴维南定理求复阻抗 Z_3 的电流 $\dot{I}_3$ 是多少？

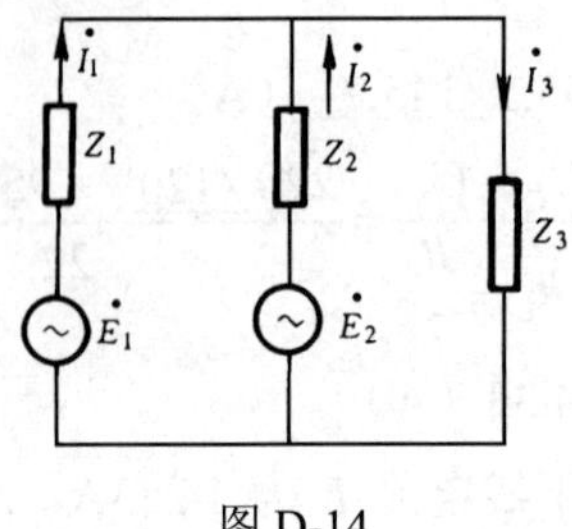

图 D-14

解：用戴维南定理解题，断开 Z_3 所在的支路，将有源二端网络表示为等效电路如图 D-14′（a）所示。首先计算网络的开路电压 U_0'，入端阻抗。

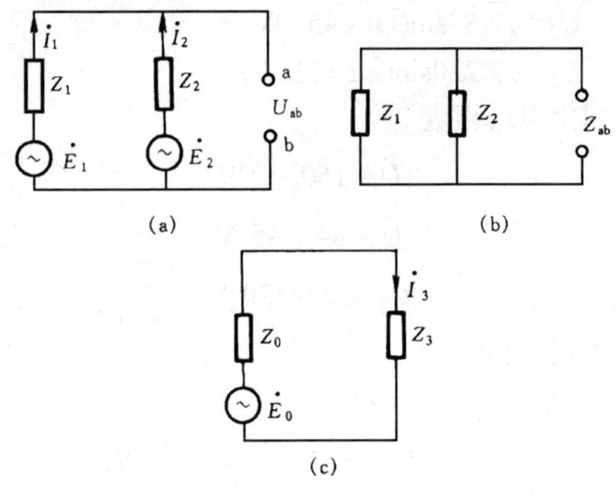

图 D-14′

开路电压

则 $$\dot{U}_0=\dot{U}_{ab}=\dot{E}_1-Z_1\frac{\dot{E}_1-E_2}{Z_1+Z_2}$$

$$=(89.88+j43.84)-3\underline{/90^\circ}\times\frac{89.88+j43.8-460}{j3-j5}$$

$$=89.88+j43.84-3\angle 90^\circ \times \frac{53.05\angle 55.70^\circ}{2\angle -90^\circ}$$
$$=89.88+j43.84-79.54\angle -124.28^\circ$$
$$=(89.88+j43.84)+j(43.84+65.76)$$
$$=134.71+j109.6$$
$$=173.66\angle 39.13^\circ \text{（V）}$$

网络的入端阻抗如图 D-14′（b）所示，把电源短路，求并联阻抗

$$Z_0 = Z_{ab} = \frac{Z_1 Z_2}{Z_1 + Z_2}$$
$$= \frac{3\angle 90^\circ \times 5\angle -90^\circ}{j3 - j5}$$
$$= \frac{15}{-j2}$$
$$= j7.5 \text{（Ω）}$$

等效电源如图 D-14′（c）所示。

因为 $\dot{E}_0 = \dot{U}_0 = 173.66\angle 39.13^\circ$（V）

$Z_0 = Z_{ab} = j7.5$（Ω）

所以
$$\dot{I}_3 = \frac{\dot{E}_0}{Z_0 + Z_3}$$
$$= \frac{173.66\angle 39.13^\circ}{j7.5+20}$$
$$= \frac{173.66\angle 39.13^\circ}{21.36\angle 20.6^\circ}$$
$$= 8.13\angle 18.53^\circ \text{（A）}$$

答：复阻抗 Z_3 的电流 $\dot{I}_3$ 为 $8.13\angle 18.53^\circ$A。

La3D4028 已知对称星形连接的旋转电机负载，各序复阻抗 $Z_1=3+j2\Omega$，$Z_2=0.5+j0.866\Omega$，接到不对称三相电源上，线电压 $\dot{U}_{AB}=200$V，$\dot{U}_{BC}=292\angle -110^\circ$V，$\dot{U}_{CA}=292\angle 110^\circ$V，接成三相三线制电路，求各个支路的线电流是多少？

解：因为是三相三线制、没有中线，所以没有零序分量。计算用的相电压$\dot{U}_A$、$\dot{U}_B$和$\dot{U}_C$如图 D-15 所示。

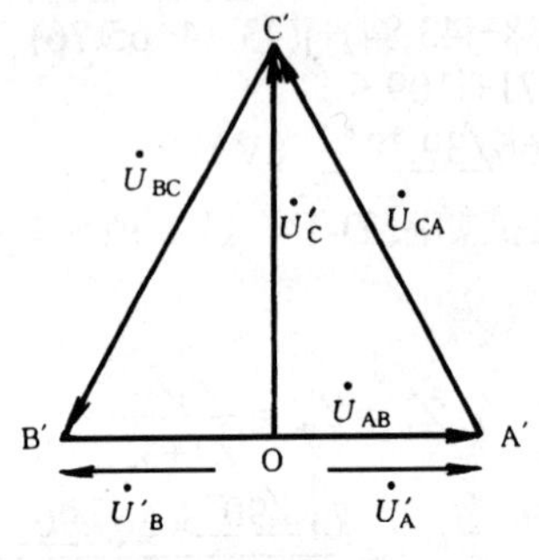

图 D-15

$$\dot{U}'_A = \dot{U}_{OA'} = \frac{1}{2}U'_{AB} = \frac{1}{2}\times 200 = 100 \text{（V）}$$

$$\dot{U}'_B = \dot{U}_{OB'} = -U'_A = -100 = 100\angle 180° \text{（V）}$$

$$\begin{aligned}\dot{U}'_C = \dot{U}_{OC'} &= j\sqrt{\dot{U}^2_{CA} - \dot{U}^2_A} \\ &= j\sqrt{292^2 - 100^2} \\ &= j273 \\ &= 273\angle 90° \text{（V）}\end{aligned}$$

计算满足已知线电压的条件下这组电压的正序和负序对称分量：

$$\begin{aligned}\dot{U}'_{A1} &= \frac{1}{3}(\dot{U}'_A + a\dot{U}'_B + a^2\dot{U}'_C) \\ &= \frac{1}{3}(100 - 100a + j273a^2) \\ &= 148.7\angle -30° \text{（V）}\end{aligned}$$

$$\begin{aligned}\dot{U}'_{A2} &= \frac{1}{3}(\dot{U}'_A + a^2\dot{U}'_B + a\dot{U}'_C) \\ &= \frac{1}{3}(100 - 100a^2 + j273a)\end{aligned}$$

$$= 33.3\angle{-150°}\text{（V）}$$

计算线电流的正序和负序分量

$$\dot{I}_{A1} = \frac{\dot{U}_{A1}}{Z_1} = \frac{148.7\angle{-30°}}{3+j2} = 41.2\angle{-63.7°}$$

$$=18.27-j37\text{（A）}$$

$$\dot{I}_{A2} = \frac{\dot{U}_{A2}}{Z_2} = \frac{33.3\angle{-150°}}{0.5+j0.866} = 33.3\angle{150°}$$

$$= -28.8+j16.67\text{（A）}$$

求线电流

$$\dot{I}_A = \dot{I}_{A1} + \dot{I}_{A2}$$
$$=18.27-j37-28.8+j16.67$$
$$=23.2\angle{117°}\text{（A）}$$

$$\dot{I}_B = a^2\dot{I}_{A1} + a\dot{I}_{A2}$$
$$=41.2\angle{176.3°}+33.3\angle{-90°}$$
$$=51.2\angle{-1443.4°}\text{（A）}$$

$$\dot{I}_C = a\dot{I}_{A1} + a^2\dot{I}_{A2}$$
$$=41.2\angle{56.3°}+33.3\angle{30°}$$
$$=71.6\angle{444.4°}\text{（A）}$$

答：各线的线电流分别是：

$\dot{I}_A$ 为 $23.2\angle{117°}$ A。

$\dot{I}_B$ 为 $51.2\angle{-1443.4°}$ A。

$\dot{I}_C$ 为 $71.6\angle{444.4°}$ A。

La3D5029 一个线圈的电感 L=10mH、电阻略去不计，把它接在 $u=100\sin\omega t$ 电源上，求当频率 f 为 50Hz 和 50kHz 时，线圈的电抗 X_1 和 X_2 及其中通过的电流 I_1 和 I_2。

解：因线圈的电阻略去不计，所以线圈的电抗值即为感抗值 X_L。

当 f_1=50Hz 时

$$X_1=X_{L1}=2\pi f_1L=2\pi\times50\times10\times10^{-3}=3.14\text{（Ω）}$$

当 $f_2=50\times10^3$Hz 时

$$X_2=X_{L2}=2\pi f_2L=2\pi\times50\times10^3\times10\times10^{-3}=3140\text{（Ω）}$$

通过线圈的电流为

$$I_1=\frac{U}{X_{L1}}=\frac{100}{\sqrt{2}\times3.14}=22.5\text{（A）}$$

$$I_2=\frac{U}{X_{12}}=\frac{100}{\sqrt{2}\times3140}=22.5\text{（mA）}$$

答：频率为 50Hz 和 50kHz 时，线圈电抗分别为 3.14Ω和 3140Ω，通过线圈的电流分别为 22.5A 和 22.5mA。

La3D5030 求 f_1=50Hz，f_2=1000Hz 时角频率 ω、周期 T 各是多少？

解：当 f_1=50Hz 时

$$T_1=\frac{1}{f_1}=\frac{1}{50}=0.02\text{（s）}$$

$$\omega_1=2\pi f_1=2\times3.14\times50$$
$$=314\text{（rad/s）}$$

当 f_2=1000Hz

$$T_2=\frac{1}{f_2}=\frac{1}{1000}=0.001\text{（s）}$$

$$\omega_2=2\pi f_2$$
$$=2\times3.14\times1000$$
$$=6.28\times10^3\text{（rad/s）}$$

答：当频率为 50Hz 时，周期是 0.02s，角频率为 314rad/s。当频率为 1000Hz 时，周期是 0.001s，角频率为 6.28×10^3rad/s。

La2D1031 用表计测得交流电压为 220V，交流电流是 10A，求交流电压最大值 U_m、电流最大值 I_m 是多少？

解：因为表计测得的是有效值，所以有效值与最大值关系式可求

$$U_m=\sqrt{2}U=\sqrt{2}\times220=311\text{（V）}$$

$$I_m=\sqrt{2}I=\sqrt{2}\times10\approx14.14\text{（A）}$$

答：交流电压的最大值 U_m 为 311V，交流电流的最大值 I_m 为 14.14A。

La2D1032 已知一个正弦电流，当 t=0 时的瞬时值 i_0=0.5A、初相角为 30°，求其有效值是多少？

解：$i=I_m\sin(\omega t+30°)$

当 $t=0$，i_0=0.5A

$$0.5=I_m\sin30°=I_m\times0.5$$

故 $I_m=\dfrac{0.5}{0.5}=1$（A）

有效值 $I=\dfrac{I_m}{\sqrt{2}}=\dfrac{1}{\sqrt{2}}\approx0.707$（A）

答：电流的有效值 I 为 0.707A。

La2D2033 把 L=0.1H 电阻略去的电感线圈接在 220V，50Hz 的交流电源上，求感抗 X_L 和电流 I 是多少？

解：

$$\begin{aligned}X_L&=2\pi fL\\&=2\times3.14\times50\times0.1\\&=31.4\text{（Ω）}\end{aligned}$$

因为电阻略去，故感抗

$$X_L=\frac{U}{I}$$

则

$$I=\frac{U}{X_L}=\frac{220}{31.4}=7\text{（A）}$$

答：感抗 X_L 是 31.4Ω，电流 I 为 7A。

La2D2034 将纯电容为800μF的电容器，接在220V频率为50Hz的交流电源上，求容抗X_C、电流I_C各是多少？

解： $$X_C=\frac{1}{2\pi fC}=\frac{1}{2\times3.14\times50\times8\times10^{-4}}\approx3.98\ (\Omega)$$

$$I_C=\frac{U}{X_C}=\frac{220}{3.98}\approx57.8\ (\text{A})$$

答： 容抗X_C为3.98Ω，电流I_C是57.8A。

La2D3035 将电阻R=6Ω，电感L=25.5mH，串联到220V、50Hz的交流电源上，求感抗X_L、阻抗Z、电流I及电阻上电压U_R、电感上的电压U_L的值各是多少？

解： $X_L=2\pi fL=2\times3.14\times50\times25.5\times10^{-3}$

$\approx8.007\ (\Omega)$

$$Z=\sqrt{R^2+X_L^2}=\sqrt{6^2+(8.007)^2}\approx10\ (\Omega)$$

$$I=\frac{U}{Z}=\frac{220}{10}=22\ (\text{A})$$

$$U_R=IR=22\times6=132\ (\text{V})$$

$$U_L=I\times X_L=22\times8.007=176\ (\text{V})$$

答： 感抗X_L为8.007Ω，阻抗Z是10Ω，电流I为22A，电阻上的压降U_R为132V，电感上的压降U_L为176V。

La2D3036 100Ω的电阻与10μF电容串联到50Hz的交流电源上，电路电流为0.6A，求容抗X_C是多少？电容及电阻两端的电压U_C及U_R、外加电源电压U各是多少？

解： $$X_C=\frac{1}{2\pi fC}=\frac{1}{2\times3.14\times50\times10\times10^{-6}}=318.1\ (\Omega)$$

$$U_C=IX_C=0.6\times318.1\approx191\ (\text{V})$$

$$U_R=IR=0.6\times100=60\ (\text{V})$$

$$U=\sqrt{U_R^2+U_C^2}=\sqrt{60^2+191^2}\approx200\ (\text{V})$$

答：容抗 X_C 为 318.1Ω，电阻两端电压 U_R 为 60V，电容两端电压 U_C 为 191V，外加电源电压 U 为 200V。

La2D4037 如图 D-16 所示的电路，已知 I=10A，I_1=6A，电阻 R_1=3Ω，R_2=1Ω，R_3=2Ω，求电流表 PA1 和 PA2 的读数是多少。

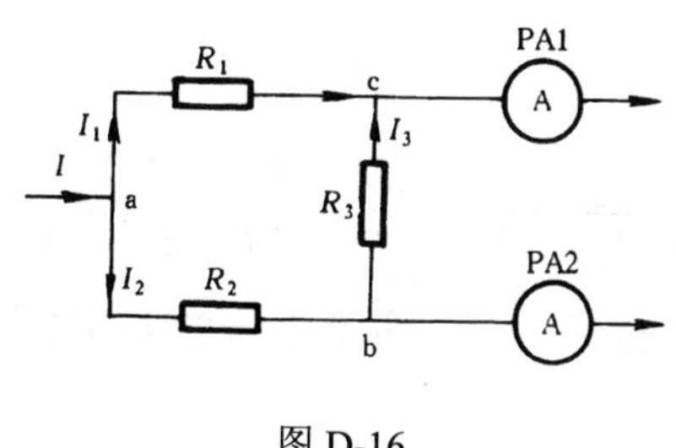

图 D-16

解：据基尔霍夫第一定律得出

$$I_2=I-I_1=10-6=4\text{（A）}$$

R_1 上的压降：$U_{R_1}=I_1R_1=6\times3=18$（V）

设 c 点电位为 0，则 a 点电位 V_a=18V

R_2 上的压降：$U_{R_2}=I_2R_2=4\times1=4$（V）

则 b 点电位 $V_b=V_a-U_{R_2}=18-4=14$（V）

故 R_3 上的压降 $U_{R_3}=V_b-V_c=14-0=14$（V）

$$I_3=\frac{U_{R_3}}{R_3}=\frac{14}{2}=7\text{（A）}$$

则电流表 PA1 的读数是：I_1+I_3=6+7=13（A）

电流表 PA2 的读数是：I_2-I_3=7–4=3（A）

答：电流表 PA1 的读数为 13A，电流表 PA2 的读数为 3A。

La2D4038 有两个相同的电阻 R，把它串联起来接入电路，再把它并联起来接入电路，如果电源的电压不变，求两种接法的总功率之比？

解：串联电路的总功率 $P_{\Sigma 1}$

$$P_{\Sigma 1}=\frac{U^2}{2R}$$

并联电路的总功率 $P_{\Sigma 2}$

$$P_{\Sigma 2}=U^2\div\frac{R}{2}=\frac{2U^2}{R}$$

两种接法的总功率之比是

$$\frac{P_{\Sigma 1}}{P_{\Sigma 2}}=\frac{U^2}{2R}\div\frac{2U^2}{R}=\frac{U^2}{2R}\times\frac{R}{20^2}=\frac{1}{4}$$

答：串联电路总功率与并联电路总功率之比为 1:4。

La2D5039 如图 D-17 所示，两个电流表的读数分别是 I=3A，I_1=2A，R_1=100Ω。

求支路电流 I_2、电阻 R_2 各是多少？

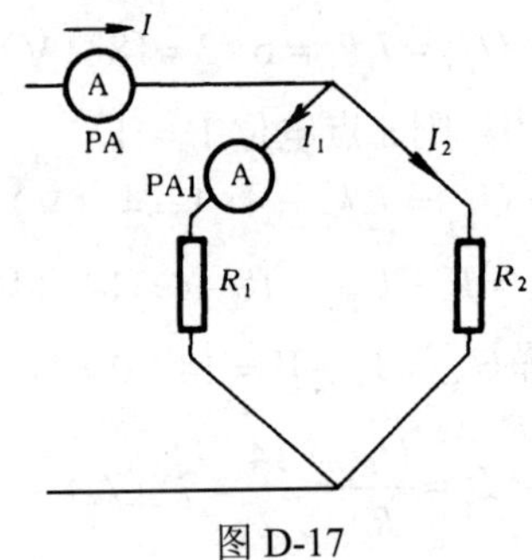

图 D-17

解：据基尔霍夫第一定律：$I_2=I-I_1=3-2=1$（A）

因为 $I_1R_1=I_2R_2$

所以 $R_2=\frac{R_1I_1}{I_2}=\frac{2\times100}{1}=200$（Ω）

答：支路电流 I_2 为 1A，电阻 R_2 为 200Ω。

La2D5040 计算截面 S 为 5mm^2，长 L 为 200m 的铁导线电阻是多少？（铁的电阻率ρ=0.1×10^{-6}Ω·m）

解： $R=\rho\dfrac{L}{S}$

$=0.1\times10^{-6}\times200\div(5\times10^{-6})=4$（Ω）

答： 铁导线的电阻 R 为 4Ω。

La1D1041 一台三相电动机，每相的等效电阻 R=29Ω，等效的感抗 X_L=21.8Ω，功率因数 $\cos\varphi=0.795$，绕组接成Y形，接于 380V 的三相电源上，试求电动机所消耗的功率 P 是多少？

解： 相电压 $U_{ph}=\dfrac{U_L}{\sqrt{3}}=\dfrac{380}{\sqrt{3}}=220$（V）

每相负荷阻抗

$$Z=\sqrt{R^2+X_L^2}=\sqrt{29^2+21.8^2}$$

$$\approx36.2\text{（Ω）}$$

相电流 $I_{ph}=\dfrac{U_{ph}}{Z}=\dfrac{220}{36.2}\approx6.1$（A）

$$P=3I_{ph}U_{ph}\cos\varphi=3\times220\times6.1\times0.795$$

$$\approx3200\text{（W）}=3.2\text{（kW）}$$

答： 电动机所消耗的功率为 3.2kW。

La1D1042 一台三相电动机，电压为 100V，电流是 5A，$\cos\varphi=0.83$，$\varphi=34°$，$\sin\varphi=0.56$，试求有功功率 P，无功功率 Q。

解：

$$P=\sqrt{3}U_LI_L\cos\varphi$$

$$=\sqrt{3}\times100\times5\times0.83$$

$$=718\text{（W）}$$

$$Q=\sqrt{3}U_LI_L\sin\varphi$$

$$=\sqrt{3}\times100\times5\times0.56$$

$=484$（var）

答：有功功率 P 为 718W，无功功率 Q 为 484var。

La1D2043 一台 18kW 的直流并激式电动机，额定电压 U_N 为 220V，电枢电流 I 为 94A，额定转速 n_N 为 1000r/min，电枢电阻 R=0.15Ω。求用额定的电枢电流，电源电压 U' 改为 110V，转速 n' 是多少？

解：根据求转速的公式

$$n=\frac{U-IR}{C_e\varphi}$$

式中，C_e 是常数，φ是磁场的磁力线数，改变电压将使转速改变。

n' 为电压改为 110V 时的转速，额定电枢电流不变，即 $I'=I$，φ_1 与 φ_2 分别为 U 和 U' 时的φ，设 φ_1 为 1，则φ为 0.5，

$$\frac{n'}{n}=\frac{U'-I'R}{U-IR}\times\frac{\varphi_1}{\varphi_2}=\frac{110-94\times0.15}{220-94\times0.15}\times\frac{1}{0.5}$$

故
$$n'=0.930\times n_N$$
$$=0.930\times1000$$
$$=930\text{（r/min）}$$

答：电源改为 110V 的转速 n' 为 930r/min。

La1D2044 在温度 t_1 为 20℃时，测出交流电动机绝缘电阻 R_{20} 为 50MΩ，若换算到 t_2 为 75℃时，绝缘电阻 R_{75} 应是多少？

解：
$$R_{75}=\frac{R_{20}}{2\times\frac{t_2-t_1}{10}}$$
$$=\frac{50}{2\times\frac{75-20}{10}}=\frac{50}{32}$$
$$\approx1.56\text{（MΩ）}$$

答：绝缘电阻应是 1.56MΩ。

La1D3045 从星形接法的交流电动机定子出线处测定子线圈间直流电阻 R_{AB}=0.125Ω，R_{BC}=0.123Ω，R_{CA}=0.122Ω，求 A、B、C 三相直流电阻各是多少？

解：$R_A = \dfrac{R_{AB}+R_{CA}-R_{BC}}{2} = \dfrac{0.125+0.122-0.123}{2} = 0.062(\Omega)$

$$R_B = \frac{R_{AB}+R_{BC}-R_{CA}}{2} = \frac{0.125+0.123-0.122}{2} = 0.06\ (\Omega)$$

$$R_C = \frac{R_{BC}+R_{CA}-R_{AB}}{2} = \frac{0.123+0.122-0.125}{2} = 0.06\ (\Omega)$$

答：A 相直流电阻 R_A 为 0.062Ω，B 相的 R_B 为 0.06Ω，C 相的 R_C 为 0.06Ω。

La1D3046 在正弦交流电路中，已知 $i_1=4\sin(\omega t+120°)$A，$i_2=4\sin(\omega t+30°)$A，试求 i_1 和 i_2 的相量及合成电流 i 是多少？

解：合成相量图如图 D-18 所示。两电流的相位差 $\varphi=\varphi_1-\varphi_2=120°-30°=90°$。

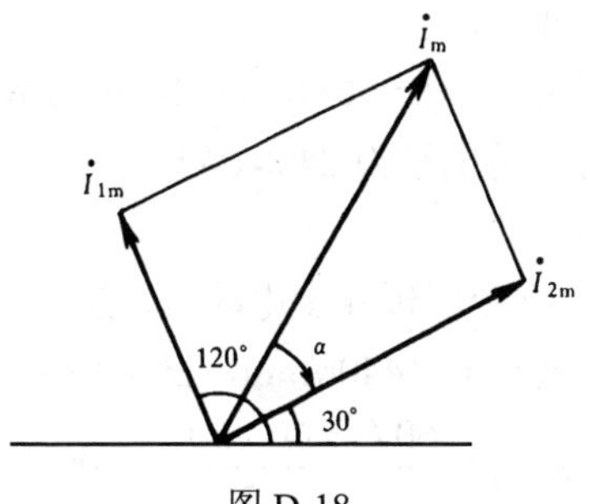

图 D-18

因为 $I_{1m}=I_{2m}=4$（A），则合成电流最大值

$$I_m = \sqrt{I_{1m}^2 + I_{2m}^2}$$
$$= \sqrt{4^2+4^2}$$
$$= 4\sqrt{2}\ \text{(A)}$$

电流的初相角为

$$\varphi=\alpha+\varphi_2=\tan^{-1}\frac{I_{1m}}{I_{2m}}+30°$$

$$=45°+30°=75°$$

所以合成电流

$$i=4\sqrt{2}\sin(\omega t+75°)\text{ A}$$

答：合成电流 i 为 $4\sqrt{2}\sin(\omega t+75°)$A。

La1D3047 某用户室内装有并联的三盏电灯，经测量已知三只灯泡通过的电流分别是 0.27、0.18A 和 0.07A，试求该照明电路中的总电流是多少？

解：$I=I_1+I_2+I_3=0.27+0.18+0.07=0.52$（A）

答：该照明电路中的总电流是 0.52A。

La1D4048 一台电动机容量 10kW，每天工作 8h，求一个月（按 30 天计）耗用多少电量？

解：根据公式 $W=Pt$

电动机耗用电量 $W=10\times8\times30=2400$（kWh）

答：一个月耗用电量为 2400kWh。

La1D5049 一台四极异步电动机，接在工频（f=50Hz）电源上，转子实际转速 n=1440r/min，试求该电动机的转差率？

解：同步转速 $n_1=\frac{60f}{p}=\frac{60\times50}{2}=1500$（r/min）

电动机的转差率 $s=\frac{n_1-n}{n_1}\times100\%=\frac{1500-1440}{1500}\times100\%=4\%$。

答：电动机的转差率为 4%。

La1D5050 一台四对极异步电动机，接在工频（f=50Hz）电源上，已知转差率为 2%，试求该电动机的转速 n？

解：根据公式 $s=\frac{n_1-n}{n_1}\times100\%$

同步转速 $n_1=\frac{60f}{p}=\frac{60\times50}{4}=750$（r/min）

转差率为 2%的电动机的转速为

$$n=n_1-\frac{n_1s}{100\%}=750-\frac{750\times2\%}{100\%}=735\text{（r/min）}$$

答：电动机的转数 n 为 735r/min。

Lb5D1051 有一导线每小时通过其导线横断面的电量为 900C，问通过该导线的电流是多少？

解：根据公式 $I=\frac{Q}{t}$，已知 1h=3600s

通过导线的电流 $I=\frac{Q}{t}=\frac{900}{3600}=0.25$（A）

答：通过该导线电流为 0.25A。

Lb5D1052 某集成电路用一个长方形的喷涂合金薄膜做电阻，其长度为 120μm，宽为 25μm，已知合金材料的电阻率ρ与厚度 d 之比为 150Ω，电流从长方形的一个短边流入，另一个短边流出，试求它的电阻值？

解：导体短边截面积 S=25d，已知：$\frac{\rho}{d}=150\Omega$。故ρ=150d。

根据公式 $R=\rho\frac{l}{S}$

电阻值 $R=\rho\frac{l}{S}=150d\times\frac{120}{25d}=720$（Ω）

答：电阻值为 720Ω。

Lb5D2053 采用锰钢丝密绕在长 30mm，宽 10mm，厚 1mm 的胶布板上制成一个绕线电阻，已知锰钢丝截面 S 为 0.05mm^2，试求它的电阻值（电阻率 ρ=0.43×10^{-6}Ω·m）。

解：因为 $S=\dfrac{\pi d^2}{4}$

所以锰钢丝直径 $d=\sqrt{\dfrac{4S}{\pi}}=\sqrt{\dfrac{4\times0.05}{3.14}}=0.252$（mm）

胶布板绕制的有效长=30–2×5=20（mm）

绕钢丝的匝数 $N=\dfrac{20}{0.252}=79$（匝）

锰钢丝总长 L=(10+1)×2×79=1740（mm）=1.74（m）

因为 $$R=\rho\frac{l}{S}$$

所以 $$R=\rho\frac{L}{S}$$

$$=0.43\times\frac{1.74}{0.05}$$

$$=15\ (\Omega)$$

答：电阻值为 15Ω。

Lb5D1054 一台他励式直流发电机额定功率 P_N＝26kW，额定电压 U_N＝115V，额定励磁电流 I_{1N}＝6.78A，若改为电动机运行时，额定电流是多少？

解：因为 $$P_N=U_NI_N$$

所以 $$I_N=\frac{P_N}{U_N}=\frac{26000}{115}=226\ (A)$$

改为电动机运行时的额定电流

$$I_{DN}=I_N+I_{1N}=226+6.78=232.78\ (A)$$

答：改为电动机运行时，额定电流 I_{DN} 为 233.78A。

Lb5D3055 已知收音机中使用的纸质电容器两极间的距离 L=0.05mm，两极间的电场是均匀电场，当电容两极的电压

U 是 400V，求两极间的电场强度。

解：$E=\dfrac{U}{L}=\dfrac{0.4}{0.05\times10^{-1}}=80$（kV/cm）

答：两极间的电场强度为 80kV/cm。

Lb5D3056 某照明线路长是 100m，截面是 $4mm^2$ 的铝导线，求这条导线的电阻（电阻率 ρ=0.0283Ω·m）。

解：$R=\rho\dfrac{L}{S}\times2=0.0283\times\dfrac{100}{4}\times2=1.415$（Ω）

答：这条导线的电阻 R 为 1.415Ω。

Lb5D4057 一段直径为 0.2mm 的漆包铜线的电阻是 8Ω，求长度和它相同，但直径为 0.8mm，漆包铜线的电阻（铜的电阻率ρ=0.0175Ω·m）。

解：

$$R=\rho\frac{L}{S}=0.0175\times\frac{L}{\pi\times(0.2/2)^2}$$

$$L=\frac{RS}{\rho}=\frac{8\times\pi\times(0.2/2)^2}{0.0175}=\frac{0.08\pi}{0.0175}$$

将 L 代入

$$R=\frac{0.0175\times\dfrac{0.08\pi}{0.0175}}{\pi\times\left(\dfrac{0.8}{2}\right)^2}=\frac{0.08}{0.4^2}=0.5\text{（Ω）}$$

答：电阻为 0.5Ω。

Lb5D4058 如图 D-19 所示为一辉光管稳压电路，已知电压 U=350V，稳压管的电阻 r_0=0.15kΩ，等效电动势 E=150V，I_1=40mA，I_3=20mA。求负载 r 两端的电压 U' 和镇流电阻 r_1。

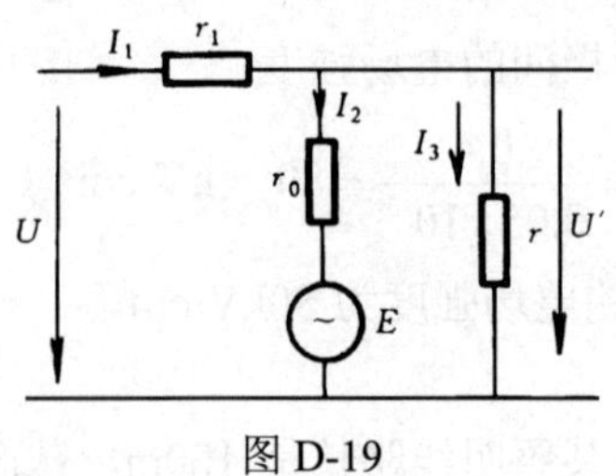

图 D-19

解：流过 r_0 的电流 $I_2=I_1-I_3=20$（mA）

$$U'=I_2r_0+E=20\times10^{-3}\times150+150=153\text{（V）}$$

$$r_1=\frac{U-U'}{I_1}=\frac{253-153}{0.04}=4925\text{（}\Omega\text{）}$$

答：镇流电阻 r_1 为 4925Ω。

Lb5D5059　有一电感线圈，其电感量 L=1H，将其接在频率为 50Hz 的交流电源上，其线圈通过的电流 $i=I_m\sin\omega t$A，其中 I_m=1A，试求线圈两端的电压降是多少？所吸取的无功功率有多大？

解：线圈端电压的最大值

$$U_m=I_mX_L=(1\times2\pi\times50\times1)=314\text{（V）}$$

线圈的端电压 $u=314\sin(\omega t+90°)$ V

所取无功功率 $Q=I^2X_L=\left(\frac{1}{\sqrt{2}}\right)^2\times314=157$（var）

答：线圈的端电压为 314sin（ω t+90°），吸取无功功率为 157var。

Lb4D1060　有一日光灯电路，额定电压为 220V，频率为 50Hz，电路的电阻为 200Ω，电感为 1.66H，试计算这个电路的有功功率、无功功率、视在功率和功率因数？

解：根据公式　　　$X_L=\omega L$

电路的阻抗

$$Z = R + \mathrm{j}\omega L = 200 + \mathrm{j}2\times\pi\times50\times1.66$$
$$= 200 + \mathrm{j}521 = 558\mathrm{e}^{\mathrm{j}69^\circ}$$

电路的电流

$$I = \frac{U}{Z} = \frac{220}{558} \approx 0.394 \text{（A）}$$

电路的视在功率 $S=UI=220\times0.394\approx86.7$（VA）

电路的有功功率 $P=I^2R=(0.394)^2\times200=31$（W）

电路的无功功率 $Q=I^2X_L=(0.394)^2\times521=81$（var）

功率因数 $\cos\varphi=\dfrac{P}{S}=\dfrac{31}{86.7}=0.358$

答：电路的视在功率 S 为 86.7VA，电路的有功功率 P 为 31W，电路的无功功率 Q 为 81var，功率因数为 0.358。

Lb4D1061 有一△形接线的对称负载，接到 380V 对称三相电源上，每相负载电阻 $R=16\Omega$，感抗 $X_L=12\Omega$，试求负载的相电流 I_{ph} 和线电流 I_L 各是多少？

解：对称负载为三角形接线，因此相电压 U_{ph} 与线电压 U_L 相等，即

$$U_{ph}=U_L=380\text{V}$$

阻抗 $Z=\sqrt{R^2+X_L^2}=\sqrt{16^2+12^2}=20$（Ω）

流过每相负载电流

$$I_{ph}=\frac{U_{ph}}{Z}=\frac{380}{20}=19 \text{（A）}$$

则线电流为 $I_L=\sqrt{3}I_{ph}=\sqrt{3}\times19=32.9$（A）

答：负载的相电流为 19A，负载的线电流为 32.9A。

Lb4D1062 图 D-20 所示电路，已知 $\dot{E}_1=100\angle26^\circ$ V，$\dot{E}_2=60\angle0^\circ$ V，$Z_1=\mathrm{j}3\Omega$，$Z_2=-\mathrm{j}5\Omega$，$Z_3=20\Omega$。试用弥尔曼定理求各支路电流 $\dot{I}_1$、$\dot{I}_2$、$\dot{I}_3$ 各是多少？

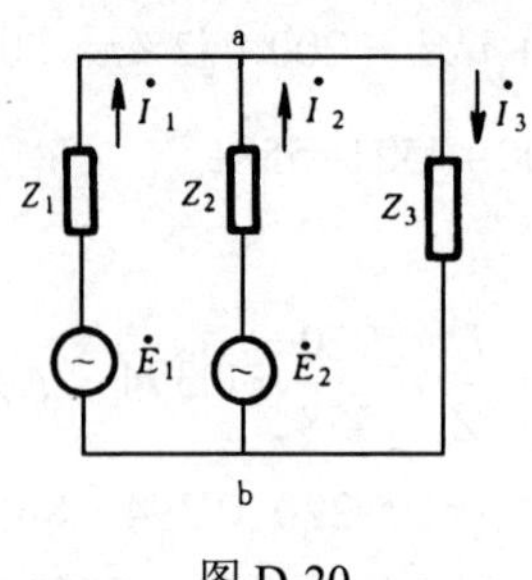

图 D-20

解：用弥尔曼定理计算节点电压

$$\dot{U}_{ab}=\frac{\sum EY}{\sum Y}=\frac{\frac{\dot{E}_1}{Z_1}+\frac{\dot{E}_2}{Z_2}}{\frac{1}{Z_1}+\frac{1}{Z_2}+\frac{1}{Z_3}}$$

$$=\frac{\frac{100\angle 26^\circ}{3\angle 90^\circ}+\frac{60\angle 0^\circ}{5\angle -90^\circ}}{\frac{1}{3\angle 90^\circ}+\frac{1}{5\angle -90^\circ}+\frac{1}{20\angle 0^\circ}}$$

$$=\frac{14.61-\mathrm{j}29.96+\mathrm{j}12}{-\mathrm{j}0.933+\mathrm{j}0.20+0.5}$$

$$=\frac{14.61-\mathrm{j}17.96}{0.5-\mathrm{j}0.133}$$

$$=\frac{23.15\angle -50.87^\circ}{0.142\angle -69.40^\circ}$$

$$=162.57\angle 18.53^\circ$$

$$=154.14+\mathrm{j}51.66\ (\mathrm{V})$$

各支路电流

$$\dot{I}_1=\frac{\dot{E}_1-\dot{U}_{ab}}{Z_1}$$

$$=\frac{89.88+\mathrm{j}43.84-(154.14+\mathrm{j}51.66)}{3\angle 90^\circ}$$

$$=\frac{-64.26-j7.82}{3\angle 90^\circ}=\frac{64.72\angle 187.04^\circ}{3\angle 90^\circ}$$

$$=21.7\angle 97.04^\circ \text{（A）}$$

$$\dot{I}_2=\frac{\dot{E}_2-\dot{U}_{ab}}{Z_2}=\frac{60-(154.14+j51.66)}{5\angle -90^\circ}$$

$$=\frac{-94.14-j51.66}{5\angle -90^\circ}$$

$$=\frac{107.41\angle 208.82^\circ}{5\angle -90^\circ}$$

$$=21.48\angle -61.18^\circ \text{（A）}$$

$$\dot{I}_3=\frac{\dot{U}_{ab}}{Z_3}=\frac{162.57\angle 18.53^\circ}{20}$$

$$=8.13\angle 18.53^\circ \text{（A）}$$

答：支路电流$\dot{I}_1$为 $21.7\angle 97.04^\circ$A，$\dot{I}_2$为 $21.48\angle -61.18^\circ$ A，$\dot{I}_3$为 $8.13\angle 18.53^\circ$A。

Lb4D2063 图 D-21 为三量程电压表的电路图，电流计 G 的动圈电阻为 27Ω，最大允许电流为 2mA，求相对于量程 U_1 为 1.5V，U_2 为 3V，U_3 为 15V 的三挡的电阻 R_1、R_2、R_3 的数值。

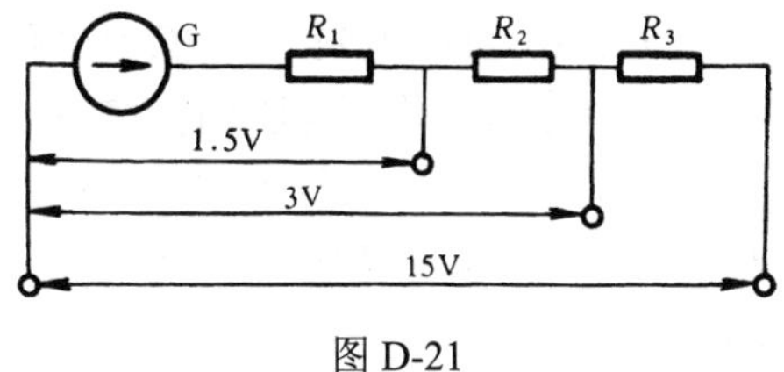

图 D-21

解：（1）第一种解法

用 1.5V 挡量程时，

$$U_1=I_G(R_G+R_1)$$
$$1.5=2\times10^{-3}\times(27+R_1)$$

则 R_1=723（Ω）

用 3V 挡时，$U_2=I_G(R_G+R_1+R_2)$

$3=2\times10^{-3}\times(27+723+R_2)$

则 R_2=750（Ω）

用 15V 挡时，$U_3=I_G\times(R_G+R_2+R_1+R_3)$

$15=2\times10^{-3}\times(27+723+750+R_3)$

则 R_3=6000（Ω）

（2）第二种解法

电流计两端电压 $U_G=I_GR_G$

$=2\times10^{-3}\times27$

$=5.4\times10^{-2}$（V）

$$R_1=\frac{U_1-U_G}{I_G}=\frac{1.5-5.4\times10^{-2}}{2\times10^{-3}}=723\ (\Omega)$$

$$R_2=\frac{U_2-U_1}{I_G}=\frac{3-1.5}{2\times10^{-3}}=750\ (\Omega)$$

$$R_3=\frac{U_3-U_2}{I_G}=\frac{15-3}{2\times10^{-3}}=6000\ (\Omega)$$

答：R_1 为 723Ω，R_2 为 750Ω，R_3 为 6000Ω。

Lb4D2064 如图 D-22 所示发电机的内阻 r 是 0.1Ω，每个输电线的电阻 r_L=0.1Ω，负载电阻 R=22Ω，电路中电流强度 I=10A。求负载两端电压 U_R、发电机的电动势 E、端电压 U、整个外电路上消耗的功率 P_W、负载获得的功率 P_R、输电线损失功率 P_L、发电机内发热损失功率 P_N、发电机发出的有功功率 P 各是多少？

解：（1）$U_R=IR=10\times22=220$（V）

（2）$E=I$（$r+R+2r_L$）

$=10\times(0.1+22+0.1\times2)$

$=223$（V）

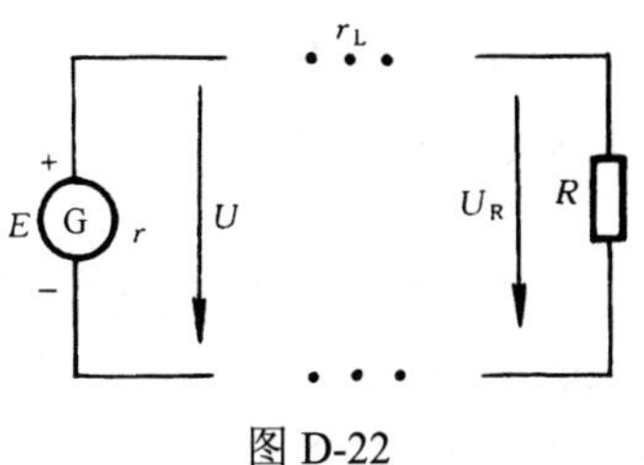

图 D-22

（3）$U=I(R+2r_L)=10\times(22+0.1\times2)=222$（V）

（4）$P_W=IU=10\times222=2220$（W）

（5）$P_R=IU_R=10\times220=2200$（W）

（6）$P_L=2I^2r_L=2\times10^2\times0.1=20$（W）

（7）$P_N=I^2r=10^2\times0.1=10$（W）

（8）$P=IE=10\times223=2230$（W）

答：发电机负载两端电压 U_R 为 220V，发电机的电动势 E 为 223V，端电压 U 为 222V，外电路上消耗的功率 P_W 为 2220W，负载获得的功率 P_R 为 2200W，输电线路损失功率 P_L 为 20W，发电机内部发热损耗功率 P_N 为 10W，发电机发出的有功功率 P 为 2230W。

Lb4D3065 某正弦电流的初相角为 30°，在 $t=\frac{T}{2}$ 时，瞬时电流为–0.4A，求这个正弦电流的有效值。

解：设正弦电流的瞬时值表达式

$$i=I_m\sin(2\pi ft+\varphi)$$

将已知条件代入

$$-0.4=-\sqrt{2}I\sin\left(\frac{2\pi}{T}\times\frac{T}{2}+\frac{\pi}{6}\right)$$

$$=-\sqrt{2}I\sin\left(\frac{\pi}{6}\right)$$

$$=-\frac{\sqrt{2}}{2}I$$

则 $I=0.4\sqrt{2}=0.566$（A）

答：电流的有效值为 0.566A。

Lb4D4066 已知加在 C=100μF 电容器上电压 $u_C=20\sin(10^3t+60°)$V。求电流的有效值、无功功率 Q_C 以及 u_C 达到最大值时，电容所储存的能量 W。

解：容抗 $X_C=1/\omega C=1/(10^3\times100\times10^{-6})=10$（Ω）

电流的有效值 $I=U/X_C=20/(\sqrt{2}\times10)=\sqrt{2}=1.414$（A）

无功功率 $Q_C=I^2X_C=\sqrt{2}^2\times10=20$（var）

电容储存的能量

$$W=1/2CU_m^2=1/2\times100\times10^{-6}\times20^2=2\times10^{-2}\text{（J）}$$

答：电流的有效值 1.414A，无功功率为 20var，电容所储存的能量为 2×10^{-2}J。

Lb4D4067 三相四线制电路如图 D-23 所示，其各相电阻分别为 $R_a=R_b=20\Omega$，$Rc=10\Omega$。已知对称三相电源的线电压 U_L=380V，求相电流、线电流和中性线电流各是多少？

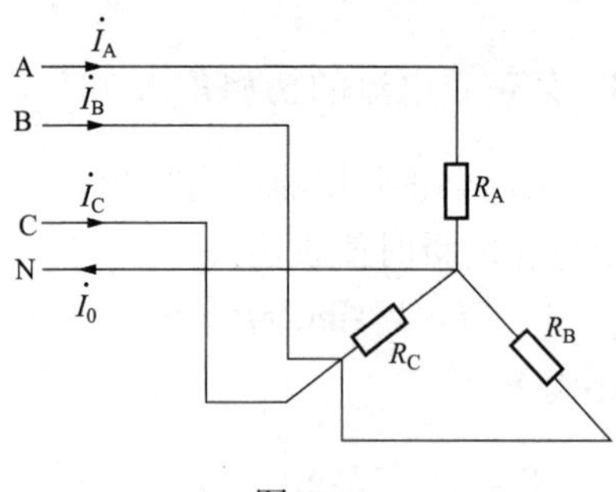

图 D-23

解：因为三相四线制，所以每相负载两端的电压为电源的相电压，即 $U=\dfrac{U_L}{\sqrt{3}}=\dfrac{380}{\sqrt{3}}=220$（V）

设 $\dot{U}_A = 220\angle 0^\circ$ V，则 $\dot{U}_B = 220\angle -120^\circ$ V

$\dot{U}_C = 220\angle 120^\circ$ V

则各相相电流为

$$\dot{I}_A = \frac{\dot{U}_A}{R_A} = \frac{220\angle 0^\circ}{20} = 11\text{（A）}$$

$$\dot{I}_B = \frac{\dot{U}_B}{R_B} = \frac{220\angle -120^\circ}{20} = 11\angle -120^\circ\text{（A）}$$

$$\dot{I}_C = \frac{\dot{U}_C}{R_C} = \frac{220\angle 120^\circ}{10} = 22\angle 120^\circ\text{（A）}$$

因为负载是星形接线，所以线电流等于相电流

I_{La}=11A，I_{Lb}=11A，I_{Lc}=22A

中性线电流 I_N

$$\begin{aligned}\dot{I}_N &= \dot{I}_A + \dot{I}_B + \dot{I}_C \\ &= 11+11\angle -120^\circ + 22\angle 120^\circ \\ &= 11\angle 120^\circ\text{（A）}\end{aligned}$$

故 I_N=11（A）

答： A 相的相电流、线电流为 11A；B 相的相电流、线电流为 11A，C 相的相电流、线电流为 22A，中性线电流为 11A。

Lb4D4068 在图 D-24 所示电路中，已知电阻 $R_1=R_4=30\Omega$，$R_2=15\Omega$，$R_3=10\Omega$，$R_5=60\Omega$，通过电阻 R_4 支路的电流 I_4=0.2A，试根据以上条件求电路中的总电压 U 和总电流 I 的值各是多少？

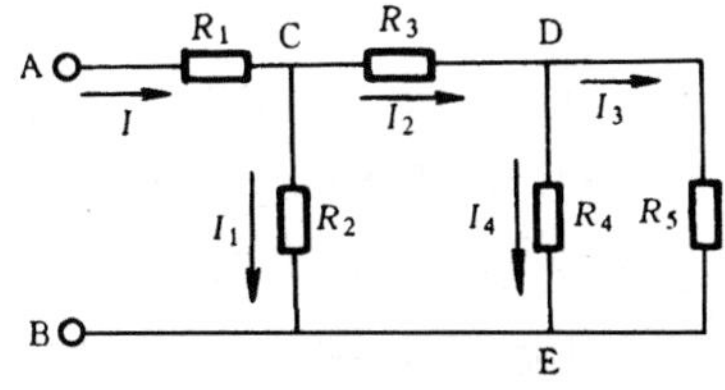

图 D-24

解：$U_{DE}=I_4R_4=0.2\times30=6$（V）

$$I_3=\frac{U_{DE}}{R_5}=\frac{6}{60}=0.1\text{（A）}$$

$$I_2=I_3+I_4=0.1+0.2=0.3\text{（A）}$$

$$U_{CE}=U_{CD}+U_{DE}=I_2R_3+U_{DE}$$
$$=0.3\times10+6=9\text{（V）}$$

$$I_1=\frac{U_{CE}}{R_2}=\frac{9}{15}=0.6\text{（A）}$$

$$I=I_1+I_2=0.6+0.3=0.9\text{（A）}$$

$$U_{AB}=IR_1+U_{CE}=0.9\times30+9=36\text{（V）}$$

答：电路中的总电压U_{AB}为36V，电路中的总电流I为0.9A。

Lb4D5069 有额定值分别为220V、100W和100V、60W的白炽灯各一盏，并联后接到48V电源上，问哪个灯泡亮些？

解：
$$R_1=\frac{U_1^2}{P_1}=\frac{220^2}{100}=484\text{（Ω）}$$

$$R_2=\frac{U_2^2}{P_2}=\frac{110^2}{60}=201\text{（Ω）}$$

各电阻所消耗功率$P=\frac{U^2}{R}$ 因为U相同，则$R_1>R_2$ 所以$P_1<P_2$。

即60W的灯泡亮些。

答：60W的灯泡亮些。

Lb4D5070 如图D-25所示，已知E_1=18V，r_1=1Ω，r_2=1Ω，R_1=4Ω，R_2=2Ω，R_3=6Ω，电压表的读数U_{AC}是28V，试求电源电压E_2是多少？以A为参考点，求B、C、D各点的电位。

解：设环路中的电流为I，则

$$IR_1+E_1+Ir_1=28\text{V}$$
$$5I=10\text{A}$$

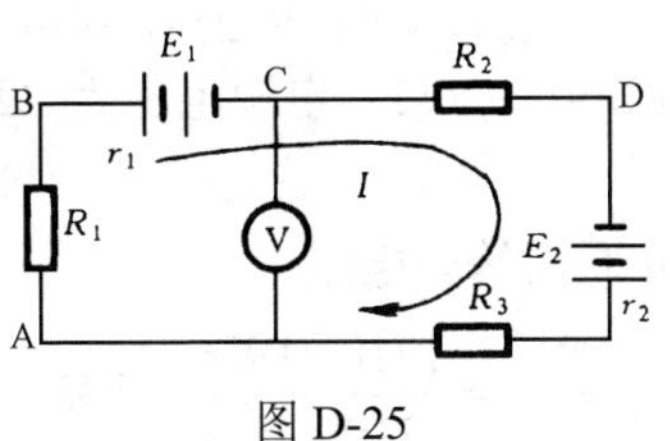

图 D-25

$$I=\frac{10}{5}=2\text{（A）}$$

则　B 点的电位 $V_B=U_{BA}=-U_{R1}=-IR_1=-2\times4=-8$（V）

　　C 点的电位 $V_C=U_{CA}=-E_1-IR_1=-18-2\times4=-26$（V）

　　D 点的电位

$$V_D=U_{DA}=-E_1-IR_1-IR_2=-18-2\times4-2\times2=-30\text{（V）}$$

故
$$\begin{aligned}E_2&=U_{AC}+IR_2+Ir_2+IR_3\\&=28+2\times2+2\times1+2\times6\\&=46\text{（V）}\end{aligned}$$

答：电源 E_2 为 46V；B 点电位为−8V；C 点电位为−26V；D 点电位为−30V。

Lb4D1071　如图 D-26 所示，已知串联电阻 $R_1=10\Omega$，$R_2=5\Omega$，$R_3=20\Omega$，电流 $I=5$A，试求串联电路的总电压 U_Σ 是多少？

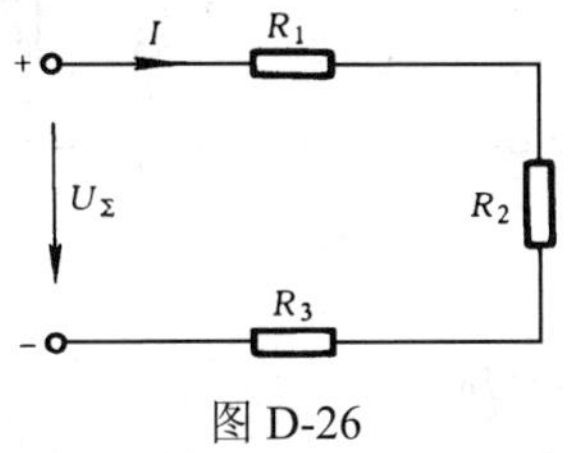

图 D-26

解：串联电路总电阻 $R=R_1+R_2+R_3=10+5+20=35$（Ω）

$$U_\Sigma=IR=5\times35=175\text{（V）}$$

答：总电压为 175V。

Lb4D1072 某户装有 40W 和 25W 的电灯各一盏，它们的电阻分别是 1210Ω和 1936Ω，电源电压为 220V，求两盏灯的总电流 I_{Σ} 是多少？

解：两盏灯并联后等效电阻为

$$R=\frac{R_1R_2}{R_1+R_2}=\frac{1210\times1936}{1210+1936}=745\text{（Ω）}$$

$$I_{\Sigma}=\frac{U}{R}=\frac{220}{745}=0.295\text{（A）}$$

答：两盏灯的总电流为 0.295（A）。

Lb4D2073 已知一个电阻是 44Ω，使用时通过电阻的电流为 5A，试求电阻两端的电压？

解：根据公式 $U=IR$

电阻两端的电压 $U=IR=5\times44=220$（V）

答：电阻两端的电压为 220V。

Lb3D2074 如图 D-27 所示，电路中 $R_1=2\Omega$，$R_2=6\Omega$，$R_3=4\Omega$，通过 R_3 的电流 $I_2=6A$，试求 AB 两端电压 U_{AB}。

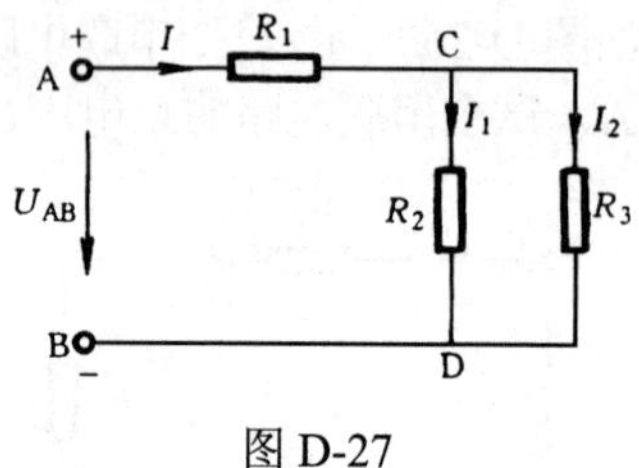

图 D-27

解：根据公式 $U=IR$

$$U_{CD}=I_2R_3=6\times4=24\text{（V）}$$

$$I_1=\frac{U_{CD}}{R_2}=\frac{24}{6}=4\text{（A）}$$

$$I=I_1+I_2=4+6=10\text{（A）}$$

$$U_{R1}=IR_1=10\times2=20\text{（V）}$$
$$U_{AB}=U_{R1}+U_{CD}=20+24=44\text{（V）}$$

答： AB 两端电压 U_{AB} 为 44V。

Lb3D3075 测整流二极管 V 反向电阻的电路如图 D-28 所示，已知二极管最高反向电压为 220V，调节调压器 RP，测得电压 200V，电流 5μA，求二极管的反向电阻？

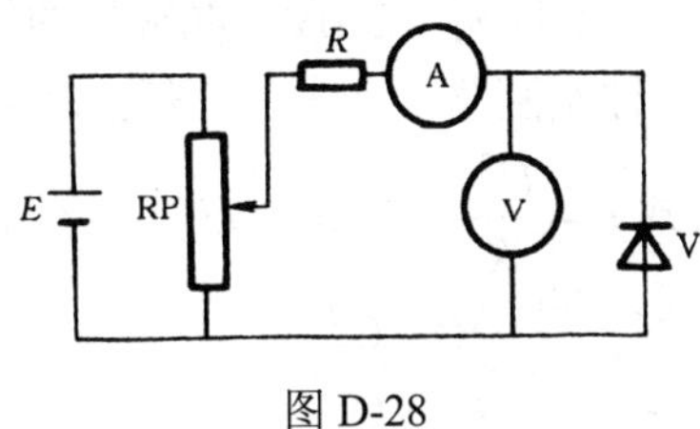

图 D-28

解： 根据欧姆定律，$R=\dfrac{U}{I}$ 二极管的反向电阻为

$$R=\frac{U}{I}=\frac{200}{5\times10^{-6}}=40\times10^{6}=40\text{（m}\Omega\text{）}$$

答： 二极管反向电阻 R 为 40mΩ。

Lb3D3076 如图 D-29 所示是测量一般导线电阻的电路，设导线长为 2m，截面积 S 为 0.5mm^2，如果电流表的读数为 1.16A，电压表的读数为 2V，求该导线的电阻率是多少？

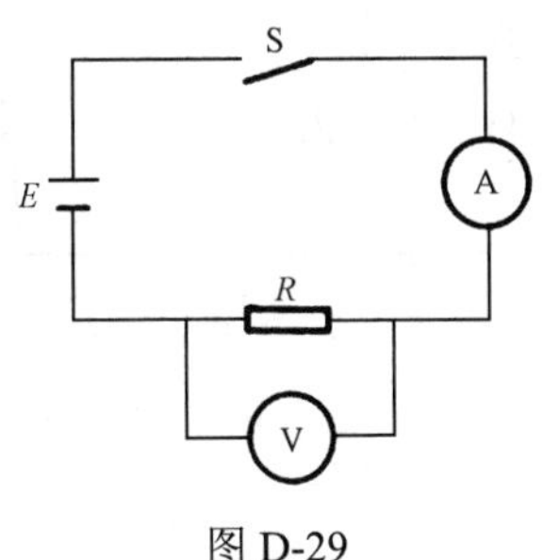

图 D-29

解：根据欧姆定律 $R=\dfrac{U}{I}$，公式 $R=\rho\dfrac{l}{S}$，则该导线的电阻率为

$$\rho=\frac{SU}{Il}=\frac{0.5\times2}{1.16\times2}=0.43\times10^{-6}\ (\Omega\cdot\text{m})$$

答：该导线的电阻率是 $0.43\times10^{-6}\Omega\cdot\text{m}$。

Lb3D4077 一个标明“220V，40W”的钨丝灯泡，如果把它接入 110V 的控制回路中，求其消耗的功率是多少？

解：根据公式 $P=\dfrac{U^2}{R}$，则 R 一定时，P 与 U^2 成正比，

即 $$\frac{P_1}{P_2}=\frac{U_1^2}{U_2^2}$$

220V 灯泡接在 110V 中它所消耗的功率为

$$P_2=\frac{P_1U_2^2}{U_1^2}=\frac{40\times110^2}{220^2}=10\ (\text{W})$$

答：灯泡消耗的功率是 P_2 为 10W。

Lb3D4078 测定蓄电池的内阻 r 的电路接线如图 D-30 所示。合上 S，读出电压 U=48V，再拉开关 S，读出电压是 50.4V，负载的电阻 R=10Ω，求 r 是多少？

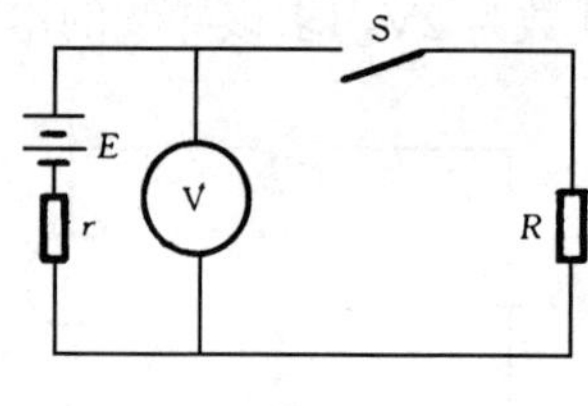

图 D-30

解：根据欧姆定律 $R=\dfrac{U}{I}$

S 合入后，回路电流为 $I=\dfrac{U_R}{R}=\dfrac{48}{10}=4.8$（A）

在内阻 r 上产生的压降 U_r=50.4−48=2.4（V）

蓄电池内阻 $r=\dfrac{U_r}{I}=\dfrac{2.4}{4.8}=0.5$（Ω）

答： 蓄电池的内阻 r 为 0.5Ω。

Lb3D5079 某负载电阻的变化范围是 R_L=1～2.5kΩ，当 R_L 为 2.5kΩ时（设其电流为 I_1），要求电压为 10V，当 R_L 为 1kΩ时（设其电流为 I_2），要求电压不低于 8V，求满足上述要求的电源内阻等于多少？

解： 根据全电路欧姆定律 $U=E-Ir_0$（r_0 电源内阻）

按电阻变化范围列出方程

$$\begin{cases}E-I_1r_0=10 & (1)\\ E-I_2r_0\geqslant 8 & (2)\end{cases}$$

按部分电路欧姆定律 $R=\dfrac{U}{I}$，求出 I_1、I_2 将结果代入式（1）、式（2）

$$I_1=\frac{U_1}{R_1}=\frac{10}{2.5\times10^3}=4\times10^{-3}\text{（A）}$$

$$I_2=\frac{U_2}{R_2}=\frac{8}{1\times10^3}=8\times10^{-3}\text{（A）}$$

则

$$\begin{cases}E-4\times10^{-3}r_0=10 & (3)\\ E-8\times10^{-3}r_0\geqslant 8 & (4)\end{cases}$$

解： 式（3）、式（4）联立方程组，得 $r_0\leqslant$500Ω

答： 电源的内阻 $r_0\leqslant$500Ω。

Je2D5080 有一台三角形接线的三相异步电动机，满载时每相电阻为 9.8Ω，电抗为 5.3Ω，由 380V 的线电压电源供电，求电动机相、线电流各多少？

解： 电动机的相阻抗

$$Z=\sqrt{R^2+X^2}=\sqrt{9.8^2+5.3^2}\approx 11.14\ (\Omega)$$

因三角形接线，线电压 U_L 与相电压 U_{ph} 相等，$U_L=U_{ph}$=380V

电动机的相电流 $I_{ph}=\dfrac{U_{ph}}{Z}=\dfrac{380}{11.14}\approx 34$（A）

$$I_L=\sqrt{3}\,I_{ph}=\sqrt{3}\times 34=58.82\text{（A）}$$

答： 电动机线电流为 58.82A，电动机相电流为 34A。

Lb2D1081 直流电动机启动时，由于内阻很小而反电压尚未建立，启动电流很大，为此常用一个启动变阻器串入启动回路。如果电动机内阻 R_i=1Ω，工作电流为 12.35A，现接在 220V 电源上，限制启动电流不超过正常工作电流的两倍，试求串入启动回路的电阻值是多少？

解： 根据欧姆定律 $I=\dfrac{E}{R+R_i}$

限制启动电流 $I_q=2I=12.35\times 2=24.7$（A）

应串入启动回路的电阻为

$$R=\frac{E-I_qR_i}{I_q}=\frac{220-24.7\times 1}{24.7}=7.9\ (\Omega)$$

答： 串入启动回路的电阻是 7.9Ω。

Lb2D1082 一台长 6mm 电钻，额定电压为 110V，功率为 80W。而现有电源的电压为 220V，为了急于使用电钻，手中只有一些电压 220V，功率为 40、60、100W 的灯泡，试求怎样接入这些灯泡才能使电钻正常工作？

解： 要使电钻在 220V 下正常工作，必须串入灯泡进行降压，应降去的电压 $U_1=U-U_N=220-110=110$（V）

如果用 110V、80W 灯泡，直接串入电钻回路就可以了。但现在只有 220V，40、60、100W 灯泡，那要求多大瓦数的灯泡在 110V 电压下功率为 80W 呢？

根据灯泡功率与电压平方成正比，即灯泡电压降到原来的 $\frac{1}{2}$ 时，它的功率降到原来的 $\frac{1}{4}$。则只有把原功率为 4×80=320W 的灯泡，由 220V 降到 110V 时功率为 80W。

答：用现有灯泡 40、60、100W 凑成 320W 即可。方法很多，我们采用两个 100W，两个 60W 四个灯泡并联后再与电钻串联使用，电钻就可以在 220V 电压下正常工作。

Lb2D2083 设计一分流电路，要把 3mA 的表头量程扩大 8 倍，而且分流电阻与表头并联的等效电阻为 20Ω，求表头电路电阻 R_G 和分流电阻 R_f 各为多少？

解：根据欧姆定律 $R=\frac{U}{I}$

总电流 I_Σ=3×8=24（mA）

回路端电压 $U=IR$=24×20=480（mV）

已知流过表头电流 3mA，则流过分流器的电流 $I_f=I_\Sigma-I_G$=24−3=21（mA）

表头电阻 $R_G=\frac{U}{I_G}=\frac{480}{3}=160$（Ω）

分流电阻 $R_f=\frac{U}{I_f}=\frac{480}{21}=22.86$（Ω）

答：表头电阻 R_G 是 160Ω，分流电阻 R_f 是 22.86Ω。

Lb2D2084 型号为 2CP22 整流二极管 V1 和 V2，最大整流电流为 300mA，最高反向电压为 200V。如果并联使用于最大整流电流为 500mA 的电路中，由于同类产品参数差异，管子 V1 的正向电阻为 0.2Ω，V2 的正向电阻为 0.8Ω，求并联后通过每只管子的电流是多少？这样使用有没有问题？

解：根据分流公式 $I_1=I_\Sigma\frac{R_2}{R_1+R_2}$

通过二极管 V2 的电流为

$$I_1 = I_{\Sigma}\frac{R_2}{R_1+R_2} = 500\times\frac{0.8}{0.2+0.8} = 400\ \text{（mA）}$$

通过二极管 V2 的电流为

$$I_2 = I_{\Sigma} - I_1 = 500-400 = 100\ \text{（mA）}$$

可见二极管 V1 允许最大整流电流为 300mA 小于 400mA，将被烧毁。

答：通过 V1 管电流 400mA，通过 V2 管电流 100mA，这样使用有问题。

Lb2D3085　型号为 2CP22 的二极管 V1 和 V2，最大整流电流为 300mA，最高反向电压为 200V。如果串联使用于反向电压为 300V 的电路中，由于同类产品的差异 V1 的反向电阻为 1MΩ，V2 的反向电阻为 4MΩ，求每只管子上的反向电压各是多少？这样使用有没有问题？

解：根据分压公式 $U_1 = U_{\Sigma}\frac{R_1}{R_1+R_2}$

加在二极管 V1 上的电压为

$$U_1 = U_{\Sigma}\frac{R_1}{R_1+R_2} = 300\times\frac{1}{1+4} = 60\ \text{（V）}$$

加在二极管 V2 上的电压为

$$U_2=U_{\Sigma}-U_1=300-60=240\ \text{（V）}$$

可见二极管 V2 最高反向电压允许 240V，大于 200V 将被击穿。

答：V1 管上反向电压为 60V，V2 管上反向电压为 240V。使用有问题。

Lb2D3086　如图 D-31 所示，电源电压为 15V，R_1=10kΩ，R_2=20kΩ，用灵敏度为 5000Ω/V 的万用表的 10V 量程测量 R_1 两

端的电压，求电压表的指示是多少？测量的相对误差是多少？

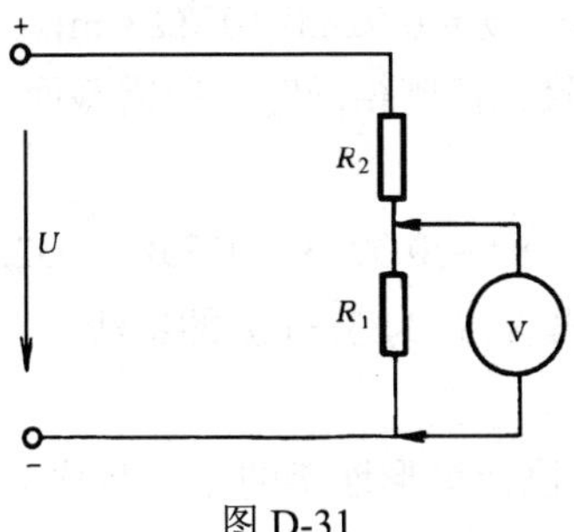

图 D-31

解：相对误差 $\beta=\frac{|测量值-真值|}{真值}$；分压公式 $U_{R1}=U_{\Sigma}\frac{R_1}{R_1+R_2}$，则 R_1 上电压真值

$$U_{R1}=U_{\Sigma}\frac{R_1}{R_1+R_2}=15\times\frac{10}{10+20}=5（V）$$

万用表 10V 量程所具有的内阻

$$R_v=10\times5000=50（k\Omega）$$

用万用表测量 U_{R1} 相当于在 R_1 上并联 R_v，其等效电阻

$$R=\frac{R_1R_v}{R_1+R_v}=\frac{10\times50}{10+50}=8.33（k\Omega）$$

再利用分压公式求出测量值

$$U_{R1}=15\times\frac{8.33}{8.33+20}=4.41（V）$$

则相对误差 $\beta=\frac{|4.41-5|}{5}\times100\%=11.8\%$

答：R_1 两端电压 U_{R1} 为 4.41V，表相对误差 11.8%。

Lb1D5087 一条直流线路，原来用的是截面积 S_C 为 20mm^2 的橡皮绝缘铜线，现因绝缘老化要换新线，并决定改用铝线，要求导线传输能力不改变。试求所需铝线的截面积S_A(ρ_C=0.0175×10^{-3}Ω·m，ρ_A=0.0283×10^{-3}Ω·m)。

解：导线电阻、长度相同时，所需截面积与导线材料的电阻系数成正比

$$S_A=\rho_A/\rho_C \cdot S_C=0.0283/0.0175\times20=32.3\text{（mm}^2\text{）}$$

答：可选用截面S_A为35mm^{2}的铝线。

Lb1D5088 已知星形连接的三相对称电源，接三相四线制平衡负载Z=3+j4Ω。若电源线电压为380V，问A相断路时，中线电流$\dot{I}_N$是多少？若接成三线制（即星形连接不用中线）A相断路时，线电流I_B、I_C是多少？

解：在三相四线制电路中，当A相断开时，非故障相的相电压不变，相电流也不变，这时中线电流为

$$\dot{I}_N=\dot{I}_B+\dot{I}_C=220\angle{-120^\circ}/(3+j4)+220\angle{-120^\circ}/(3+j4)$$
$$=44\angle{126.9^\circ}\text{（A）}$$

若采用三线制，A相断开时

$$I_A=0$$

$$I_B=I_C=U_L/2Z=\sqrt{3^2+4^2}=38\text{（A）}$$

答：在三相四线制电路中，A相断开时，中线电流为44A，若接成三线制，A相断开时，B、C两相线电流均为38A。

Lb1D5089 某台调相机的额定容量Q_N是30000kvar，额定电压U_N为10.5kV，功率因数$\cos\varphi$=0，求额定电流I_N。

解：

$$\cos\varphi=0$$

$$\sin\varphi=1$$

$$Q=\sqrt{3}U_N I_N\sin\varphi$$

$$I_N=Q/(\sqrt{3}U_N\sin\varphi)=30000/(\sqrt{3}\times10.5)=1650\text{（A）}$$

答：额定电流为1650A。

Lb1D5090 已知一台 220kV 强油风冷三相变压器高压侧的额定电流 I_N 是 315A，试求这台变压器的容量 S_N。在运行中，当高压侧流过 350A 电流时，变压器过负荷百分数为多少？

解： $S_N=\sqrt{3}U_N I_N=\sqrt{3}\times 220\times 315=120000$ （kVA）

$$过负荷百分数=[(I_L-I_N)/I_N]\times 100\%$$
$$=[(350-315)/315]\times 100\%=11\%$$

答： 变压器的容量为 120000kVA，变压器过负荷百分数为 11%。

Lb1D5091 试求型号为 NKL-10-400-6 的电抗器的感抗 X_L。

解： 因为 $X_L\%=X_L I_N/(U_N/\sqrt{3})\times 100\%$

所以 $X_L=U_N\bullet X_L\%/(\sqrt{3}I_N\times 100\%)$

$$=10000\times 6/(\sqrt{3}\times 400\times 100\%)=0.866\ (\Omega)$$

答： 电抗器的感抗为 0.866Ω。

Lb1D5092 已知控制电缆型号 KVV29-500 型，同路最大负荷电流 I_{Lmax}=2.5A，额定电压 U_N=220V，电缆长度 L=250m，铜的电阻率 $\rho=0.0184\times 10^{-3}\Omega\cdot m$，导线的允许压降不应超过额定电压的 5%，求控制信号馈线电缆的截面积 S。

解： 电缆最小截面积

$$S\geqslant\frac{2\rho L I_{Lmax}}{\Delta U}=\frac{2\times 0.0184\times 250\times 2.5}{220\times 5\%}=2.09\ (mm^2)$$

答： 应选截面积为 $2.5mm^2$ 的控制电缆。

Lb1D5093 某变压器 35kV 侧中性点装设了一台消弧线圈，在 35kV 系统发生单相接地时补偿电流 I_L=20A，这台消弧线圈的感抗 X_L 是多少？

解： 由已知条件求消弧线圈的相电压

$$U_{ph}=35/\sqrt{3}=20.2\ (kV)$$

$$X_L = U_{Ph} / I_L = 20.2/20 = 1.01 \text{（kΩ）}$$

答：感抗为 1.01kΩ。

Lb1D4094 如图 D-32 所示的并联交流电路，已知电流表 PA1 指示为 3A，电流表 PA2 指示为 4A，求电路总电流和它的瞬时值表达式。

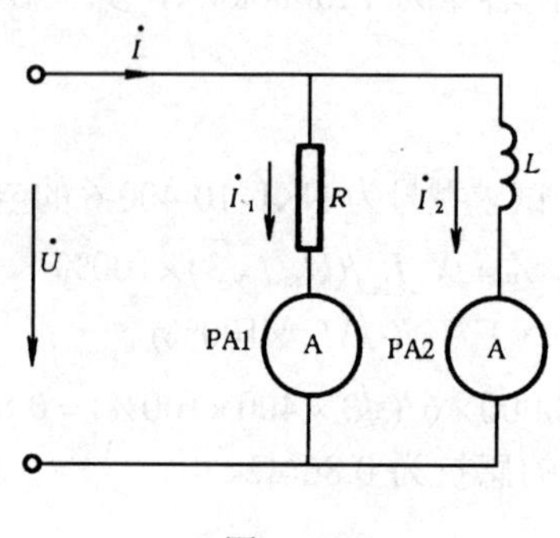

图 D-32

解：根据并联电路中，通常以电压为参考相量，则

$$\dot{I}_1 = 3\text{A}，与电压同相$$

$$\dot{I}_2 = -\text{j}4\text{A}，滞后电压 90°$$

电路总电流 $\dot{I} = \dot{I}_1 + \dot{I}_2 = 3 - \text{j}4 = 5\text{e}^{-\text{j}53.1°}$（A）

总电流瞬时值表达式

$$i = 5\sqrt{2}\sin(\omega t - 53.1°)\text{（A）}$$

答：电路总电流为 $5\text{e}^{-\text{j}53.1°}$ A，表达式为 $i = 5\sqrt{2}\sin(\omega t - 53.1°)$A。

Lb1D5095 一台单相 220V 电容式电动机，其主绕组的阻抗 Z_1=2120+j2120Ω，启动绕组的阻抗 Z_2=Z_1，串入启动绕组中的电容器容抗为 4240Ω，求两个绕组中的电流各为多少？

解：根据交流电路欧姆定律，设单相电动机的电压相量为

$220e^{j0^\circ}$ V，单相电动机主绕组和启动绕组是并联的。

已知：Z_1=2120+j2120= $2998e^{j45^\circ}$（Ω），则

Z_2=2120+j2120−j4240=2120−j2120= $2998e^{-j45^\circ}$（Ω）

主绕组的电流

$$\dot{I}_1=\frac{\dot{U}}{Z_1}=\frac{220e^{j0^\circ}}{2998e^{j45^\circ}}=73.4\times10^{-3}e^{-j45^\circ}\text{（A）}$$

启动绕组的电流

$$\dot{I}_2=\frac{\dot{U}}{Z_2}=\frac{220e^{j0^\circ}}{2998e^{-j45^\circ}}=73.4\times10^{-3}e^{j45^\circ}\text{（A）}$$

答：主绕组的电流 $\dot{I}_1$ 为 $73.4\times10^{-3}e^{-j45}$A，启动绕组的电流 $\dot{I}_2$ 为 $73.4\times10^{-3}e^{j45}$A 。

Jd5D1096 两只电容器，其 C_1=0.02μF，C_2=0.05μF，并联后接入交流电源上，已知电源输出电流 $i=\sqrt{2}\times1.5\sin314t$（A），求并联电容器 C_1 和 C_2 通过的电流 i_1 和 i_2 的有效值各多少？

解：已知电路总电流 $i=\sqrt{2}\times1.5\sin314t$（A），总电流有效值 $I=\frac{I_m}{\sqrt{2}}=\frac{\sqrt{2}\times1.5}{\sqrt{2}}=1.5$（A）

根据两只电容器并联的分流公式，则通过电容器 C_1 的电流有效值为

$$I_1=I\times\frac{C_1}{C_1+C_2}=1.5\times\frac{0.02}{0.02+0.05}\approx0.43\text{（A）}$$

通过电容器 C_2 的电流有效值为

$$I_2=I-I_1=1.5-0.43=1.07\text{（A）}$$

答：通 C_1 的电流有效值 I_1 为 0.43A，通 C_2 的电流有效值 I_2 为 1.07A。

Jd5D1097 电阻 R 为 5Ω，电感 L 为 1.5mH 的线圈，与电容 C 为 25μF 的电容器串联，当电源频率为 600Hz 时电路的阻

抗是多大？

解：根据复阻抗公式 $Z=R+\mathrm{j}\left(\omega L-\dfrac{1}{\omega C}\right)$

电路的阻抗为

$$Z=R+\mathrm{j}\left(2\pi f L-\frac{1}{2\pi f C}\right)$$

$$=5+\mathrm{j}\left(2\times3.14\times600\times1.5\times10^{-3}-\frac{1}{2\times3.14\times600\times25\times10^{-6}}\right)$$

$$=5-\mathrm{j}5=7.07\mathrm{e}^{-45°}（\Omega）$$

答：电路的阻抗为 $7.07\mathrm{e}^{-\mathrm{j}45°}\ \Omega$。

Jd5D2098 在 R、L、C 串联电路中，R=16Ω，X_L=4Ω，X_C=16Ω，电源电压 $u=100\sqrt{2}\sin(314t+30°)$V,求此电路的阻抗是多少？电路电流及消耗的有功功率各为多少？

解：根据复阻抗公式 $Z=R+\mathrm{j}(X_L-X_C)$

电路的阻抗为 $Z=16+\mathrm{j}(4-16)=16-\mathrm{j}12=20\mathrm{e}^{-36.9°}$（Ω）

已知 $u=100\sqrt{2}\sin(314t+30°)$（V）

故 $\dot{U}=100\mathrm{e}^{\mathrm{j}30°}$（V）

根据公式 $\dot{I}=\dfrac{\dot{U}}{Z}$

电路电流 $\dot{I}=\dfrac{100\mathrm{e}^{\mathrm{j}30°}}{20\mathrm{e}^{-\mathrm{j}36.9°}}=5\mathrm{e}^{\mathrm{j}66.9°}$（A）

根据单相功率公式 $P=UI\cos\varphi$

$$\varphi=\varphi_u-\varphi_i=30°-66.9°=-36.9°$$

电路的功率因数 $\cos\varphi=\cos(-36.9°)=0.8$

电路的有功功率 $P=100\times5\times0.8=400$（W）

答：电路的阻抗为 $20\mathrm{e}^{-36.9°}\ \Omega$，电路的电流 $\dot{I}$ 为 $5\mathrm{e}^{166.9}$ A，电

路的有功功率 P 为 400W。

Jd5D3099 如图 D-33 所示电路，交流电源电压 U_{AB}=80V，R_1=3Ω，R_2=1Ω，X_1=5Ω，X_2=X_3=2Ω，X_4=1Ω，试求电路中 AC 两点间的电压。

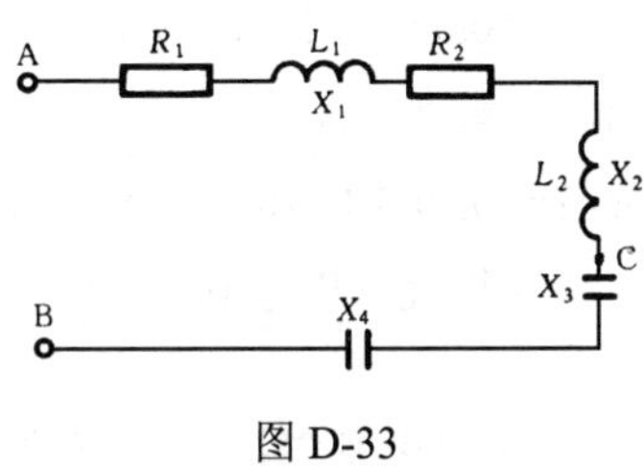

图 D-33

解： 根据串联电路复阻抗为

$$Z=R_1+R_2+j(X_1+X_2-X_3-X_4)$$
$$=4+j(5+2-2-1)$$
$$=4+j4=5.66e^{j45^\circ}\ (\Omega)$$

设电压 $\dot{U}=80e^{j0^\circ}$（V）

电路电流 $\dot{I}=\dfrac{\dot{U}}{Z}=\dfrac{80e^{j0^\circ}}{5.66e^{j45^\circ}}=14.1e^{-j45^\circ}$（A）

根据公式 $\dot{U}=\dot{I}Z$

A、C 两点间电压 $\dot{U}_{AC}=\dot{I}\,[R_1+R_2+j(X_1+X_2)]$

$$=14.1e^{-j45^\circ}\times(4+j7)$$
$$=14.1e^{-j45^\circ}\times 8.1e^{j60^\circ}$$
$$=114e^{j15^\circ}\ (V)$$

答： A、C 两点间的电压 $\dot{U}_{AC}$ 为 $114e^{j15^\circ}$ V。

Ld5D4100 某工厂到发电厂距离为 30km，由三相送电，每千米输电线的电阻为 0.17Ω，如输送功率为 20000kW，假如 $\cos\varphi=1$，输电线的电压为 110kV，输电线的功率损耗各是多少？

解：根据公式 $P=\sqrt{3}\,UI\cos\varphi$和 $\Delta P=3I^2R$ 及欧姆定律；输电线每线电阻　$R=0.17\times30=5.1$（Ω）

线电压为 110kV 时，输电线电流

$$I=\frac{P}{\sqrt{3}\times U\times\cos\varphi}=\frac{20000}{\sqrt{3}\times110\times1}\approx105\text{（A）}$$

三相输电线功率损耗为

$$\Delta P=3I^2R=3\times105^2\times5.1\times10^{-3}=168.7\text{（kW）}$$

答：输电线的功率损耗 ΔP 为 168.7kW。

Jd4D1101　有一台两极发电机，电枢的直径 d=0.2m，长度 l=0.4m，固定在它上面的矩形线圈的匝数 N=20，气隙中的磁场是按正弦分布的，磁感应强度最大值 $B_m=1\text{Wb/m}^2$，若电枢以恒定转速 n=3000r/min 在此磁场中转动，求电动势的最大值及时间 $t=\frac{1}{600}$s 时的瞬时值是多少？

解：根据公式 $v=\frac{\pi dn}{60}$ 则切割磁力线的速度为

$$v=\frac{\pi\times0.2\times3000}{60}=31.4\text{ m/s}$$

电动势的最大值为

$$E_m=2NB_mlv=2\times20\times1\times0.4\times31.4=502.4\text{（V）}$$

电动势的瞬时值表达式

$$e=E_m\sin\omega t=502.4\sin2\pi\frac{pn}{60}t=502.4\sin2\pi\times\frac{1\times3000}{60}t$$
$$=502.4\sin100\pi t$$

当 $t=\frac{1}{600}$s 时

$$e(t)=502.4\sin100\pi\times\frac{1}{600}=251.2\text{（V）}$$

答：电动势最大值 E_m 为 502.4V，当 $t=\frac{1}{600}$s 时的电动势为 251.2V。

Jd4D2102 有一平板电容器，极板的有效面积 S 为 $10cm^2$，用云母作为介质，其厚度 d 为 0.3mm，云母的相对介电系数 ε_1 为 7，求此电容器电容量是多少？（真空介质系数 $\varepsilon_0=\frac{1}{36\pi}\times10^{-9}$F/m）

解：根据公式

$$C=\frac{\varepsilon_1\varepsilon_0 S}{d}=\frac{7\times\frac{1}{36\pi}\times10^{-9}\times10\times10^{-4}}{0.3\times10^{-3}}$$

$$\approx0.206\times10^{-9}=206\times10^{-2}$$

$$=206\text{（pF）}$$

答：此电容器电容量是 206pF。

Jd4D5103 线电压 U_L 为 220V 的三相交流电源与星形连接的三相平衡负载相接，线电流为 10A，负载消耗的有功功率为 3kW，试求负载等效星形电路各相电阻 R_{ph} 和相电抗 X_{ph} 各是多少？

解：根据公式 $Z=\frac{U}{I}$，$U_{ph}=\frac{U_L}{\sqrt{3}}=\frac{220}{\sqrt{3}}\approx127$（V）

则相负载阻抗

$$Z=\frac{U_{ph}}{I_{ph}}=\frac{127}{10}=12.7\text{（}\Omega\text{）}$$

根据公式 $P=\sqrt{3}U_LI_L\cos\varphi$

则负载的功率因数

$$\cos\varphi=\frac{P}{\sqrt{3}U_LI_L}=\frac{3\times10^3}{\sqrt{3}\times220\times10}=0.79$$

$$\varphi=\arccos0.79=38^\circ$$

由于功率因数角等于阻抗角，$Z=12.7e^{j38°}$，则相电阻

$$R_{ph}=12.7\times\cos38°=10\ (\Omega)$$

相电抗为

$$X_{ph}=12.7\times\sin38° \approx 7.8\ (\Omega)$$

答：相的电阻 R_{ph} 为 10Ω，相电抗 X_{ph} 为 7.8Ω。

Jd3D1104 某一感性负载接入电压 U 为 100V，f=50Hz 的电路中，供出电流 I=10A，$\cos\varphi$= 0.85，若采用并联电容的方法，将功率因数提高到 1，求需并联多大容量的电容器？

解：根据公式 $P=UI\cos\varphi$，arccos0.85=31.8°

电路消耗的功率 $P=100\times10\times0.85=850$（W）

根据并联电容公式 $C=\dfrac{P}{\omega U^2}(\tan\varphi_1-\tan\varphi)$

$\cos\varphi$=1(arccos1=0°)需并联的电容

$$C=\frac{850}{2\times3.14\times50\times100^2}\times(\tan31.8°-\tan0°)=1.68\times10^{-4}\text{F}$$

$$=168\ (\mu\text{F})$$

答：并联电容为 168μF。

Jd3D2105 在 50μF 的电容器上加入 f=50Hz，电压为 220V 的电路中，求该电路的无功功率 Q 是多少？

解：根据公式 $X_C=\dfrac{1}{\omega C}=\dfrac{1}{2\pi fC}$

电路的容抗为

$$X_C=\frac{1}{2\times3.14\times50\times50\times10^{-6}}=63.69e^{-j90°}$$

设电路电压为 $220e^{j0°}$

则电路电流 $\dot{I}_C=\dfrac{\dot{U}}{X_C}=\dfrac{220e^{j0°}}{63.69e^{-j90°}}=3.45e^{j90°}$

根据公式 $Q=UI\sin\varphi$

该电路的无功功率　$Q=220\times3.45\sin90°=759$（var）

答：该电路无功功率为759var。

Jd3D3106　有两根平行导线，每根长 L=50m，线间距离 D=30cm，每根导线通入电流 I 为800A，求两根导线间的作用力是多少？（真空导磁系数 $\mu_0=4\pi\times10^{-7}$H/cm）

解：两平行导线间的作用力

$$F=\mu_0\frac{I^2}{2\pi D}\times L=4\pi\times10^{-7}\times\frac{800^2}{2\pi\times30\times10^{-2}}\times50=21.33\text{（N）}$$

答：两根导线间的作用力21.33N。

Jd3D4107　一个空芯螺管线圈其长 l 为15cm，直径 d 为1.2cm，匝数 N 为500，求该线圈的电感是多少？（导磁系数 $\mu_0=4\pi\times10^{-7}$H/cm）

解：

线圈的截面积为

$$S=\frac{\pi d^2}{4}=\frac{\pi}{4}\times(1.2\times10^{-2})^2=1.13\times10^{-4}\text{（m}^2\text{）}$$

线圈的电感

$$L=\mu_0\frac{N^2S}{l}=4\pi\times10^{-7}\times\frac{500^2\times1.13\times10^{-4}}{15\times10^{-2}}=2.4\times10^{-4}\text{（H）}$$

答：线圈的电感为 2.4×10^{-4}H。

Jd2D3108　星形连接的三相电动机，运行时功率因数为0.8，若电动机的相电压 U_{ph} 是220V，线电流 I_L 为10A，求该电动机的有功功率和无功功率各多少？

解：电动机线电压

$$U_L=\sqrt{3}\,U_{ph}=\sqrt{3}\times220\approx380\text{（V）}$$

电动机的有功功率

$P=\sqrt{3}\,U_L I_L\cos\varphi=\sqrt{3}\times380\times10\times0.8\times10^{-3}\approx5.3$（kW）

功率因数角

$$\varphi=\arccos0.8=36.9^\circ$$

电动机的无功功率为：

$Q=\sqrt{3}\,U_L I_L\sin\varphi=\sqrt{3}\times380\times10\times\sin36.9=4000$（var）=4（kvar）

答：电动机的有功功率为 5.3kW，电动机的无功功率为 4kvar。

Jd2D4109 有一个高压电容器，电容为 1000pF，在 1000V 电压下漏电流为 50μA，求当频率为 50Hz 时，该电容器损耗系数是多少？

解：根据欧姆定律，该电容器所具有的绝缘电阻为

$$R=\frac{U}{I}=\frac{1000}{50\times10^{-6}}=20\times10^{6}\ (\Omega)=20\ (\mathrm{M\Omega})$$

根据电容器损耗系数的计算公式

$$\tan\delta=\frac{1}{R\omega C}$$

则该电容器损耗系数为

$$\tan\delta=\frac{1}{20\times10^{6}\times2\pi\times50\times1000\times10^{-6}}=1.59\times10^{-7}$$

答：电容器损耗数为1.59×10^{-7}。

Jd2D5110 已知负载电压 $U=100e^{j36.9^\circ}$，复阻抗 $Z=4+j3\Omega$，求负载中的电流是多少？

解：根据欧姆定律，负载中的电流为

$$\dot{I}_1=\frac{\dot{U}}{Z}=\frac{100e^{j36.9^\circ}}{4+j3}=20e^{j0^\circ}$$

答：负载电流为 $20e^{j0^\circ}$。

Jd2D5111 三相汽轮发电机，输出的线电流 I_L 是 1380A，线电压 U_L 为 6300V，若负载的功率因数从 0.8 降到 0.6，求该发电机输出的有功功率的变化？

解：当 $\cos\varphi_1$=0.8 时

$$P_1=\sqrt{3}\,U_L I_L\cos\varphi=\sqrt{3}\times6300\times1380\times0.8$$
$$=12046406\approx12000\text{（kW）}$$

当 $\cos\varphi_2$=0.6 时

$$P_2=\sqrt{3}\times6300\times1380\times0.6=9034804$$
$$\approx9000\text{（kW）}$$

所以当负荷的功率因数由 0.8 降至 0.6 时，发电机有功功率降低了 P_1-P_2=12000−9000=3000（kW）

答：有功功率降低了 3000kW。

Jd1D3112 电阻 R 为 5Ω，电感 L 为 1.5 mH 的线圈，与 C=25μF 的电容器串联。当电源频率为 600Hz 时，电路的电阻是多大？

解：根据阻抗计算公式 $Z=R+\mathrm{j}\left(\omega L-\dfrac{1}{\omega C}\right)$

电路阻抗为

$$Z=R+\mathrm{j}(2\pi L-1/2\pi fC)$$
$$=5+\mathrm{j}(2\times3.14\times600\times1.5\times10^{-3}-1/(2\times3.14\times600\times25\times10^{-6})$$
$$=5-\mathrm{j}5$$
$$=7.07\mathrm{e}^{-\mathrm{j}45^{\circ}}\ \text{（Ω）}$$

答：电路的电阻为 $7.07\mathrm{e}^{-\mathrm{j}45^{\circ}}$Ω。

Jb1D3113 有一星形接线的电动机，接在 U_N 为 380V 电源上，电动机功率 P 为 2.74kW，功率因数为 0.83，如果误接成三角形，求此时电动机的功率为多少？

解：

电动机额定相电流 $I_{\mathrm{N}}=\dfrac{P}{\sqrt{3}U_{\mathrm{N}}\cos\varphi}=\dfrac{2.74\times10^{3}}{\sqrt{3}\times380\times0.83}\approx5$（A）

电动机相阻抗 $Z=\dfrac{U_{\mathrm{N}}}{I_{\mathrm{N}}}=\dfrac{380}{\sqrt{3}\times5}=44$（Ω）

误接成三角形 $I=\dfrac{U_{\mathrm{N}}}{Z}=\dfrac{380}{44}=8.64$（A）

$$I_{\mathrm{L}}=\sqrt{3}I_{\mathrm{ph}}=\sqrt{3}\times8.64\approx15\text{（A）}$$

电动机功率

$$P=\sqrt{3}U_{\mathrm{N}}I_{\mathrm{L}}\cos\varphi=\sqrt{3}\times380\times15\times0.83\approx8.2\text{（kW）}$$

答：电动机的功率为 8.2kW。

Jb1D3114 如图 D-34 所示为 35kV 系统的等效网络，试计算在 k 点发生两相短路时的电流及 M 点的残压（图中的阻抗以 100MVA 为基准的标么值，35kV 系统取平均电压 37kV）。

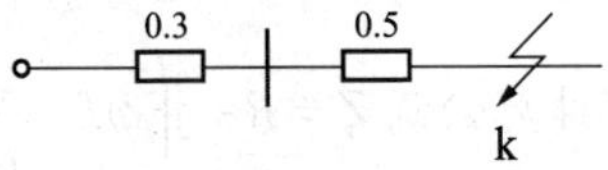

图 D-34

解：短路电流 $I_{\mathrm{k}}=\dfrac{1}{0.3+0.5}\times\dfrac{\sqrt{3}}{2}\times\dfrac{100\times10^{6}}{37\times10^{3}\sqrt{3}}=1689$（A）

M 点的残压 $U_{\mathrm{M}}=\dfrac{1}{0.3+0.5}\times0.5\times37000=23125$（V）

答：k 点的短路电流为 1689A，M 点的残压为 23125V。

Jb1D3115 *R*、*L*、*C* 串联电路，$R=4\Omega$、$L=0.015\mathrm{H}$、$C=0.001\mathrm{F}$，外施电压 $u=\sqrt{2}\,220\sin(377t)$。求：（1）功率因数 $\cos\varphi$；（2）回路电流 *I*；（3）有功功率 *P*、无功功率 *Q*、视在功率 *S*；（4）一个月（30 天）消耗的电量。

解：$X_L=\omega L=377\times0.015=5.655$（Ω）

$X_C=1/\omega C=1/(377\times0.001)=2.652$（Ω）

$$Z=\sqrt{R^2+(X_L-X_C)^2}=5\Omega$$

$$\cos\varphi=R/Z=4/5=0.8$$

$$I=U/Z=220/5=44\text{（A）}$$

$$P=UI\cos\varphi=220\times44\times0.8=7744\text{（W）}$$

$$Q=UI\sin\varphi=220\times44\times0.6=5800\text{（var）}$$

$$S=UI=200\times44=9680\text{（VA）}$$

$$A=Pt=7.744\times24\times30=5575.68\text{（kWh）}$$

答：功率因数 $\cos\varphi$为 0.8；回路电流 I 为 44A；有功功率 P 为 7744W；无功功率 Q 为 5800var；视在功率 S 为 9680VA；一个月消耗的电量为 5575.68kWh。

Jb1D3116　一台 10/0.4kV、180kVA 的三相变压器，实测电压 U_2=0.4kV，I_2=250A，短路电压 $U_k\%$=4.5，空载电流 $I_0\%$=7，空载损耗 ΔP_0=1kW，短路损耗 ΔP_k=3.6kW，求变压器总的有功损耗和无功损耗是多少？

解：（1）变压器空载损耗

$$S=\sqrt{3}UI=\sqrt{3}\times0.4\times250=173\text{（kVA）}$$

$$\Delta S_0=\Delta P_0-\text{j}Q_0=\Delta P_0-\text{j}\frac{I_0\%}{100}S_N=1-\text{j}\frac{7}{100}\times180=1-\text{j}12.6\text{（kVA）}$$

$$\Delta S_0=12.64\text{kVA}$$

（2）变压器负载损耗

$$\Delta P_T=\Delta P_k\left(\frac{S}{S_N}\right)^2=3.6\times\left(\frac{173}{180}\right)^2=3.33\text{（kW）}$$

$$\Delta Q_T=\frac{U_k\%}{100}S_N\times\left(\frac{S}{S_N}\right)^2=\frac{4.5\times180}{100}\times\left(\frac{173}{180}\right)^2=7.48\text{（kvar）}$$

$$\Delta S_T=\Delta P_T+\text{j}Q_T=3.33+\text{j}7.48\text{（kVA）}$$

$$\Delta S_T = 8.18\text{kVA}$$

（3）变压器总损耗

$$\Delta S = \Delta S_0 + \Delta S_T = 12.64 + 8.18 = 20.82 \text{（kVA）}$$

变压器有功损耗

$$\Delta P = \Delta P_0 + \Delta P_T = 1 + 3.33 = 4.33 \text{（kW）}$$

变压器无功损耗

$$\Delta Q = \Delta Q_0 + \Delta Q_T = 12.6 + 7.48 = 20.08 \text{（kvar）}$$

答：变压器总的有功损耗为 4.33kW 和无功损耗为 20.08kvar。

Jb1D3117 2 台 100 kVA 变压器，已知 $u_k\%=5$，$I_N=145A$，接线组别为 Yy0 和 Yy6，如并列运行，求环流 I_1 的大小？

解：变压器并列运行时环流计算公式为

$$I_1 = \frac{2\sin\frac{\alpha}{2}}{2u_k\%/I_N \times 100} = \frac{2\sin\frac{180^\circ}{2}}{2\times 5/145\times 100} = 2900 \text{（A）}$$

答：环流为 2900A。

Jb1D3118 某台双水内冷发电机，其定子线电压 U_L 为 13.8kV，线电流 I_L 为 6150A，若负载的功率因数由 0.85 降到 0.6 时，求该发电机有功功率和无功功率任何变化？

解：根据公式 $P=\sqrt{3}\,UI\cos\varphi$，$Q=\sqrt{3}\,UI\sin\varphi$

当功率因数 $\cos\varphi_1=0.85$ 时，$P_1=\sqrt{3}\times 13.8\times 6.16\times 0.85=125$（MW）

$$\varphi = \arccos\varphi = 31.79^\circ$$

$$Q_1 = \sqrt{3}\times 13.8\times 6.15\times \sin 31.79^\circ = 77.44 \text{（Mvar）}$$

当功率 $\cos\varphi_2 = 0.6$ 时，$P_1=\sqrt{3}\times 13.8\times 6.16\times 0.6=88$（MW）

$$\varphi_2 = \arccos\varphi = 53.1^\circ$$

$$Q_1 = \sqrt{3}\times 13.8\times 6.15\times \sin 53.1^\circ = 117.6 \text{（Mvar）}$$

答：可见负载的功率因数由 0.85 降到 0.6 时，发电机有功功率由 125MW 降至 88MW，发电机的无功功率由 77.44Mvar

上升至 117.6Mvar。

Jb1D4119 如图 D-35 所示电路，已知 R=16kΩ，C = 0.01μF，试求输入电压 U_1 的频率为多少时才能使输出电压 $\dot{U}_2$ 的相位超前输入电压 45°？如果这时输入电压的最大值 U_{1m} 为 1V，则输出电压的最大值 U_{2m} 是多少？并画出相量图。

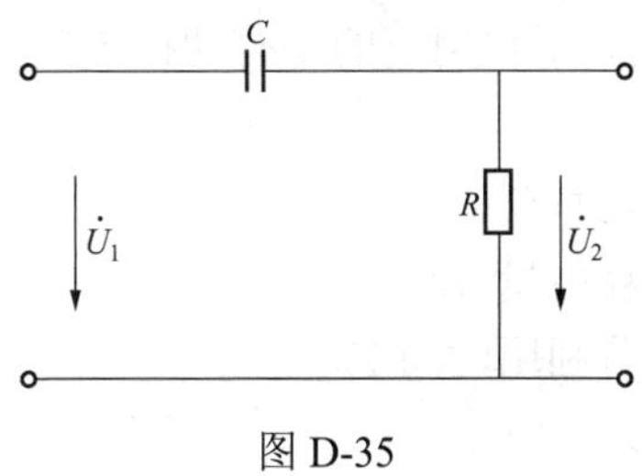

图 D-35

解：（1）以电流为参考相量，画出相量图 D-35′。

（2）由相量图 D-35′ 可知

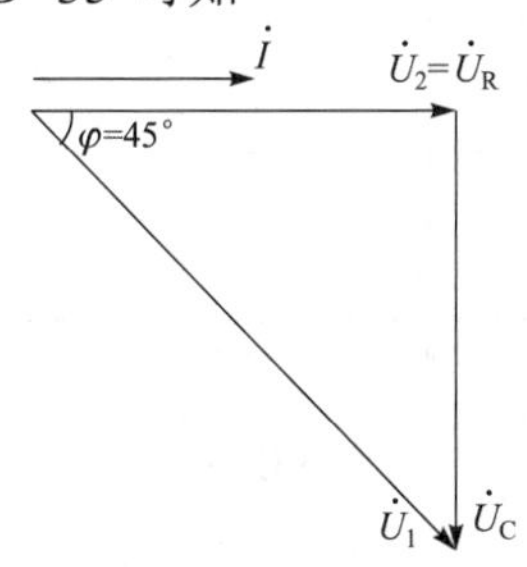

图 D-35′

因为 $U_C=U_R$

所以 $X_C=R$

$$X_C=\frac{1}{2\pi fC}=16\text{k}\Omega$$

则 $f=\dfrac{1}{2\pi CX_C}=\dfrac{1}{2\pi\times0.01\times10^{-6}\times16\times10^{3}}$

≈1000（Hz）

（3）输出电压最大值

$$U_{2m}=U_{1m}\cos\varphi=1\times\cos45^\circ=0.707\text{（V）}$$

答： 输入电压 U_1 的频率为 1000Hz 时输出电压 U_2 的相位超前输入电压 45°，当输入电压的最大值 U_{1m} 为 1V 时输出电压的最大值 U_{2m} 是 0.707V。

Jb1D4120 某用户用电的年有功持续负荷曲线如图 D-36 所示。试求：

（1）全年平均负荷 P_{av}；

（2）全年消耗电量 A；

（3）最大负荷利用时间 T_{max}。

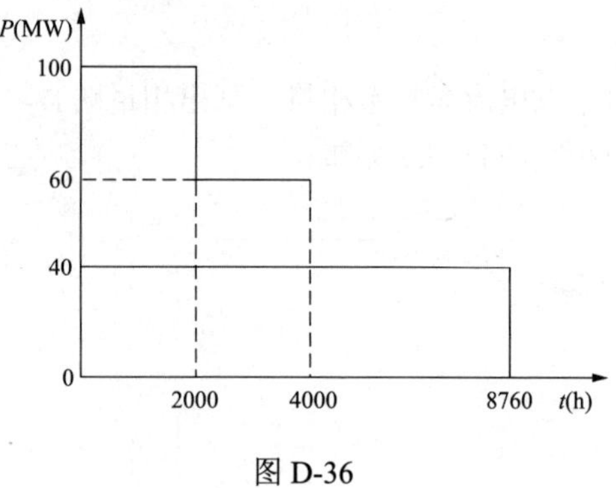

图 D-36

解：（1）全年平均负荷

$$P_{av}=\frac{100\times2000+60\times(4000-2000)+40\times(8760-4000)}{8760}$$

=58.26（MW）

（2）全年消耗电量

$$A=100\times2000+60\times2000+40\times4760=5.10\times10^8\text{（kWh）}$$

（3）最大负荷利用时间

因为 $$A=P_{max}T_{max}$$

所以 $T_{max}=\frac{A}{P_{max}}=\frac{5.10\times10^8}{100\times10^3}=5100$（h）

答：全年平均负荷 58.26MW，全年消耗电量 5.10×10^8kWh，最大负荷利用时间 5100h。

Jb1D4121 一台三相三绕组的变压器，其电压比为 121/38.5/11kV，绕组的容量分别为 10000/5000/10000kVA，绕组连接为 YN yn d11，试计算与高、中及低压侧相应的额定电压和电流各是多少？

解：根据绕组的接线方式和相、线电压及电流的关系

$$S=\sqrt{3}\,U_LI_L$$

高压侧：

相电压 $U_{ph}=\frac{U_L}{\sqrt{3}}=\frac{121}{\sqrt{3}}=69.86$（kV）

线电流等于相电流 $I_L=I_{ph}=\frac{S_G}{\sqrt{3}U_L}=\frac{10000}{\sqrt{3}\times121}=47.72$（A）

中压侧：

相电压 $U_{ph}=\frac{U_L}{\sqrt{3}}=\frac{38.5}{\sqrt{3}}=22.23$（kV）

线电流等于相电流 $I_L=I_{ph}=\frac{S_Z}{\sqrt{3}U_L}=\frac{5000}{\sqrt{3}\times38.5}=74.98$（A）

低压侧：

相电压 $U_{ph}=U_L=11$kV

线电流 $I_L=I_{ph}=\frac{S_D}{\sqrt{3}U_L}=\frac{10000}{\sqrt{3}\times11}=524.88$（A）

相电流 $I_{ph}=\frac{I_L}{\sqrt{3}}=\frac{524.88}{\sqrt{3}}=303$（A）

答：高压侧相电压为 69.86kV，中压侧相电压为 22.23kV，低压侧相电压为 11kV，高压侧线电流、相电流为 47.72A，中

压侧线电流、相电流为74.98A，低压侧线电流为524.88A，相电流为303A。

Jd1D1122 某工厂单相供电线路的额定电压U_N=10kV，平均负荷P=400kW，无功功率Q=260kvar，功率因数较低。现要将该厂的功率因数提高到0.9，需要装多少补偿电容？

解： 补偿电容前的功率因数为

$$\cos\varphi_1 = P/S = P/\sqrt{P^2+Q^2} = 400/\sqrt{400^2+260^2} = 0.84$$

于是可得功率因数角 $\varphi_1 = 33°$

又因补偿后的功率因数 $\cos\varphi$=0.9，所以功率因数角φ=25.8°

需安装的补偿电容为

$$C = P/(\omega U^2)(\tan\varphi_1 - \tan\varphi)$$

$$= (400\times10^3)/[2\times3.14\times50\times(10\times10^3)^2](\tan 33° - \tan 25.8°)$$

$=2.1\times10^{-6}$F=2.1（μF）

答： 需要装补偿电容2.1μF。

Jd1D2123 一台三相电力变压器的一次绕组的电压U_1为6kV，二次绕组电压U_2为230V，求该台变压器的变比K是多少？若一次绕组N_1为1500匝，试求二次绕组N_2多少匝？

解： 根据变压器变比$K = \dfrac{N_1}{N_2} \approx \dfrac{U_1}{U_2}$

该台变压器的变比为

$$K = \frac{U_1}{U_2} = \frac{6\times10^3}{230} = 26$$

变压器二次绕组的匝数为

$$N_2 = \frac{N_1}{K} = \frac{1500}{26} = 58 \text{（匝）}$$

答： 变压器的变比K为26，二次侧的匝数N_2为58匝。

Jd1D2124 单相变压器的一次电压 U_1 为 3000V，变比 K 为 15，求二次电压 U_2 是多少？当二次侧电流为 60A 时，求一次电流 I_1 是多少？

解：根据变压器变比

$$K=\frac{U_1}{U_2}=\frac{I_2}{I_1}$$

二次侧电压为

$$U_2=\frac{U_1}{K}=\frac{3000}{15}=200\ \text{（V）}$$

一次侧电流为

$$I_1=\frac{I_2}{K}=\frac{60}{15}=4\ \text{（A）}$$

答：二次侧电压 U_2 为 200V，一次侧电流 I_1 为 4A。

Jd1D2125 直流电动机启动时，由于内阻很小而反电压尚未建立，启动电流很大，为此常用一个启动变阻器串入启动回路，如果电动机内阻 R_i=1Ω，工作电流为 12.35A，现接在 220V 电源上，限制启动电流不超过正常工作电流的两倍，试求串入启动回路的电阻 R 值是多少？

解：根据欧姆定律 $I=\dfrac{E}{R+R_i}$

限制启动电流要求为 $I_q=2I=12.35\times2=24.7$（A）

应串入启动回路的电阻 R 为

$$R=\frac{E-I_qR_i}{I_q}=\frac{220-24.7\times1}{24.7}=7.9\ \text{（Ω）}$$

答：串入启动回路的电阻是 7.9Ω。

Jd1D3126 有一台型号为 JO4—42—4 三相异步电动机，功率为 5.5kW，接入 380V 的工频电压，测得电流为 11.3A，转

速 n_1 为 1440r/min，采用三角形接线，功率因数为 0.85，求在额定工况下电动机的效率 η 和转差率 s。

解：额定工况下电动机输入的功率为

$$P=\sqrt{3}\,UI\cos\varphi=1.7321\times380\times11.3\times0.85=6.322\text{（kW）}$$

$$\eta=P_N/P\times100\%=(5.5/6.322)\times100\%=86.99\%$$

由于电动机磁极对数 P 为 2，则同步转速

$$n=60f/P=(60\times50)/2=1500\text{（r/min）}$$

转差率　$s=(n-n_1)/n=(1500-1440)/1500=0.04\text{（r/min）}$

答：在额定工况下电动机的效率为 86.99%，转差率为 0.04r/min。

Jd1D3127　已知变压器容量 S_N 为 31500kVA，高压侧电压 U_1 为 115kV，且高压侧为星形接法，为消除不平衡电流，高压侧电流互感器采用三角形接线，试求电流互感器标准变比 n_2 及二次电流 I_1。

解：变压器一次侧高压电流由公式 $S=\sqrt{3}\,UI$ 得

$$I_N=S_N/\sqrt{3}\,U_1=31500/\sqrt{3}\times115=158.15\text{（A）}$$

电流互感器理想变比计算

$$n_2=\sqrt{3}\,I_N/5=1.73\times158.15/5=54.6$$

电流互感器标准变比选择 300/5=60

电流互感器二次电流计算

$$I_2=\sqrt{3}\times158.15/60=4.56\text{（A）}$$

答：电流互感器标准变比 300/5，二次电流为 4.56A。

Jd1D3128　有一台三相电动机绕组，接成三角形后接于线电压 U_L=380V 的电源上，电源供给的有功功率 P_1=8.2kW，功率因数为 0.83。求电动机的相、线电流 I_{ph1}、I_{L1}。若将此电动机绕组改连成星形，求此时电动机的线电流、相电流 I_{ph2}、I_{L2} 及有功功率 P_2。

解：接成三角形接线时

$$P_1=\sqrt{3}I_{L1}U_L\cos\varphi$$

$$I_{L1}=P_1/\sqrt{3}U_L\cos\varphi=8200/(\sqrt{3}\times380\times0.83)=15\ （A）$$

$$I_{ph1}=I_{L1}/\sqrt{3}=15/\sqrt{3}=8.6\ （A）$$

接成星形接线时

$$I_{L2}=I_{ph2}=15/\sqrt{3}=8.6\ （A）$$

$$P_2=\sqrt{3}U_LI_{L2}\cos\varphi$$

$$P_1/P_2=I_{L1}/I_{L2}$$

$$P_2=P_1/\sqrt{3}=8200/\sqrt{3}=4734\ （W）$$

答：绕组接成三角形接线时，电动机的相电流为 8.6A，线电流为 15A；绕组接成星形接线时，电动机的相电流和线电流为 8.6A，有功功率为 4734W。

Jd1D4129 发电机额定电压为 10.5kV，当三相绕组为星形连接时，求各绕组的电压为多少？

解：各绕组的电压即为相电压，额定电压规定为线电压，根据线电压 U_L 和相电压 U_{ph} 的关系式 $U_L=\sqrt{3}\,U_{ph}$

各绕组的电压 $U_{ph}=\dfrac{U_L}{\sqrt{3}}=\dfrac{10.5}{\sqrt{3}}\approx6.06$（kV）

答：各绕组的电压为 6.06kV。

Jd1D4130 有一台 100kVA，变比 k=10/0.4kV 变压器，接在线电压 U_1=10.5kV 电网中，短路损耗ΔP_k=2.25kW，短路电压 $U_k\%$=4.5，变压器二次负载有功功率 P=45kW，$\cos\varphi$=0.8，求该变压器电压损耗ΔU_T，低压侧实际电压 U_2。

解：变压器绕组电阻

$$R_T=\frac{\Delta P_kU_N^2}{S_N^2}\times10^3=\frac{2.25\times10^2}{100^2}\times10^3=22.5\ （\Omega）$$

变压器电抗

$$X_T=\frac{U_k\%U_N^2}{S_N}\times 10=\frac{4.5\times 10^2}{100}\times 10=45\ (\Omega)$$

电压损耗

$$\Delta U_T=\frac{PR_T+QX_T}{U_N^2}=\frac{50\times 22.5\times 37.5\times 45}{10}=281.25\ (V)$$

变压器低压侧电压归算到高压侧的值

$$U_1'=U_1-\Delta U_T=10.5-0.28=10.22\ (kV)$$

变压器低压侧实际电压

$$U_2=\frac{U_1'}{k}=\frac{10.22}{10/0.4}=0.409\ (kV)$$

答：ΔU_T 为 281.25V，U_2 为 0.409kV。

Jd1D5131　有一台容量 S 为 50kVA 的三相变压器，当变压器满载运行时，求负载功率因数为 1、0.8、0.6 及 0.2 时，变压器输出功率各是多少？

解：根据公式 $P=S\cos\varphi$

$\cos\varphi_1=1$ 时，变压器输出功率为

$$P_1=S\cos\varphi_1=50\times 1=50\ (kW)$$

$\cos\varphi_2=0.8$ 时，变压器输出功率为

$$P_2=S\cos\varphi_2=50\times 0.8=40\ (kW)$$

$\cos\varphi_3=0.6$ 时，变压器输出功率为

$$P_3=S\cos\varphi_3=50\times 0.6=30\ (kW)$$

$\cos\varphi_4=0.2$ 时，变压器输出功率为

$$P_4=S\cos\varphi_4=50\times 0.2=10\ (kW)$$

答：$\cos\varphi_1=1$ 时，变压器输出功率 P_1 为 50kW；
$\cos\varphi_2=0.8$ 时，变压器输出功率 P_2 为 40kW；
$\cos\varphi_3=0.6$ 时，变压器输出功率 P_3 为 30kW；
$\cos\varphi_4=0.2$ 时，变压器输出功率 P_4 为 10kW。

4.1.5 绘图题

La5E1001 画出一球体带有负电荷时，其周围分布的电力线。

答：如图 E-1 所示。

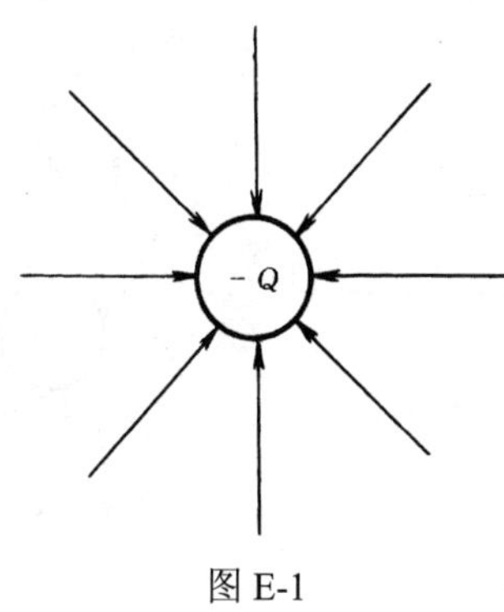

图 E-1

La5E2002 画出两个分别带有正电荷的球体，相互接近时的电力线。

答：如图 E-2 所示。

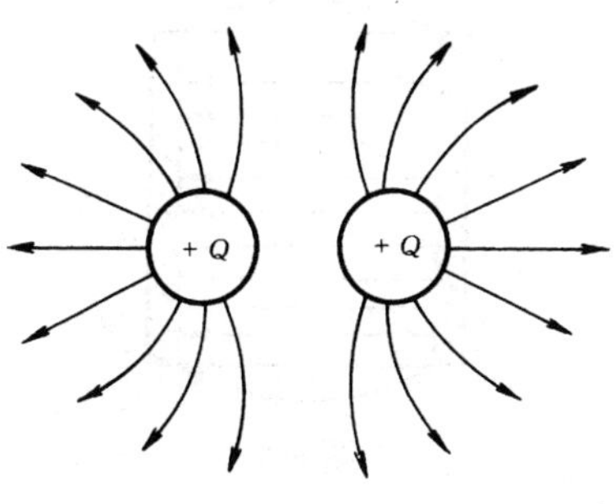

图 E-2

La5E3003 画出一球体带有正电荷时，其周围分布的电力线。

答：如图 E-3 所示。

La5E4004 画出两个分别带有正、负电荷的球体，相互接近时的电力线。

答：如图 E-4 所示。

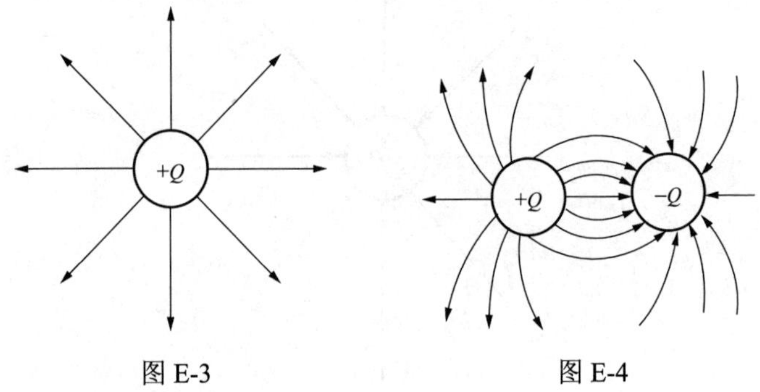

图 E-3　　图 E-4

La5E5005 画出两块分别带有正、负电荷的平板平行放置时，两平板之间的电力线。

答：如图 E-5 所示。

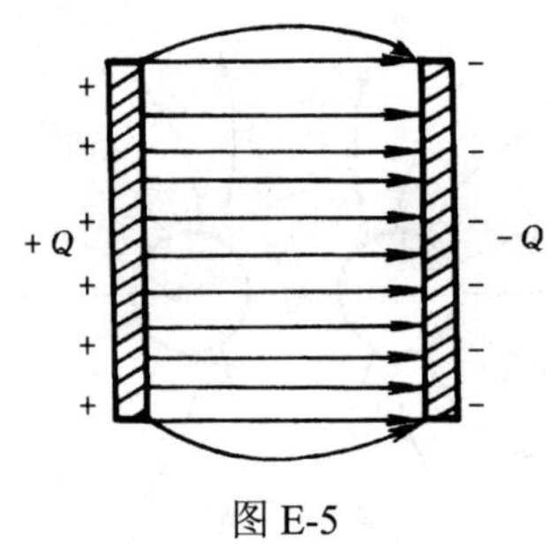

图 E-5

La4E1006 一个载流直导体，按截面电流的方向（流出纸面），画出周围磁力方向。

答：如图 E-6 所示。

La4E2007 一个载流直导体，按截面电流的方向（流进纸面），画出周围磁力线方向。

答：如图 E-7 所示。

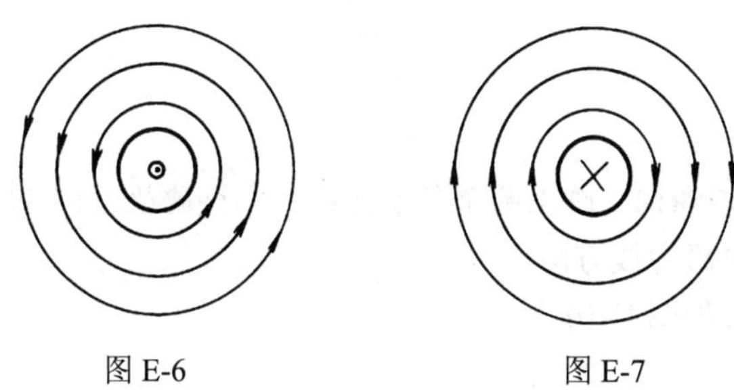

图 E-6　　图 E-7

La4E3008 一个螺管线圈，其电流由左端流进，右端流出。按电流方向画出螺管线圈的磁力线方向。

答：如图 E-8 所示。

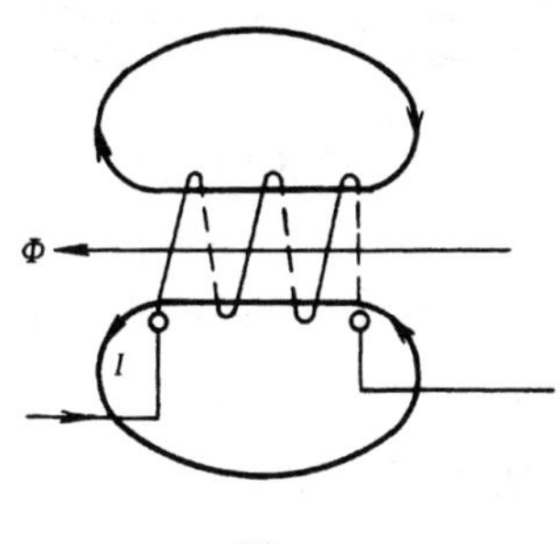

图 E-8

La4E4009 画出一个条形磁铁的磁力线方向。

答：如图 E-9 所示。

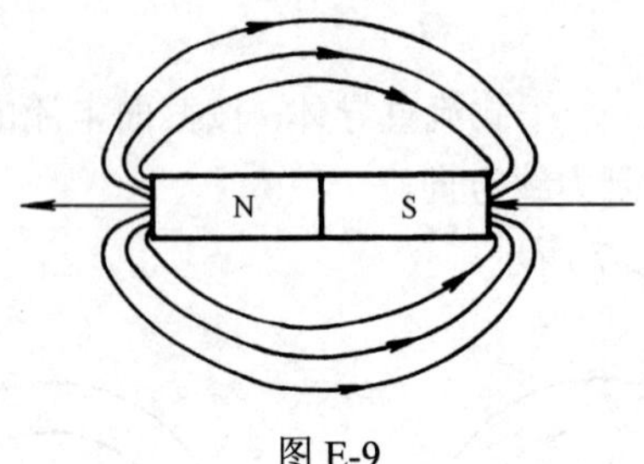

图 E-9

La4E5010 画出两个条形磁铁，同性磁极（同 N 极）相互接近时磁力线方向。

答：如图 E-10 所示。

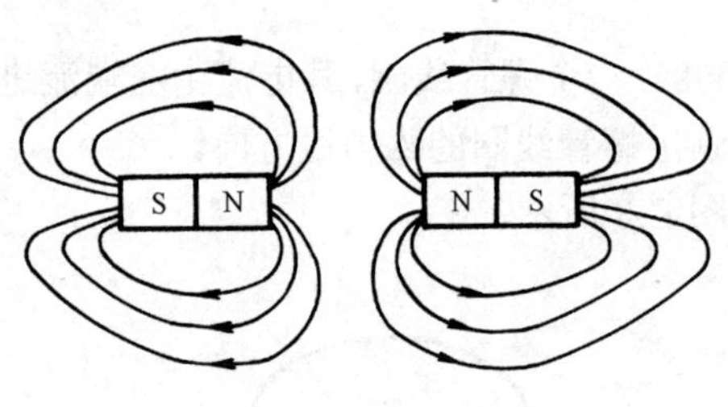

图 E-10

La3E1011 画出两根平行直导线，当同一方向流过电流时，导线受力的方向。

答：如图 E-11 所示。

La3E2012 画出两根平行直导线，当电流沿相反方向流过时，导体受力的方向。

答：如图 E-12 所示。

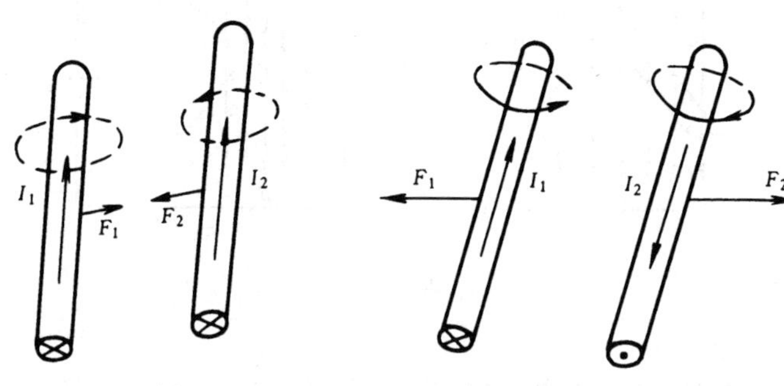

图 E-11　　　　图 E-12

La3E3013　按图 E-13（a）磁感应强度 B 的方向和直导体 l 受力 F 方向，画出电阻流过电流的方向。

答：如图 E-13（b）所示。

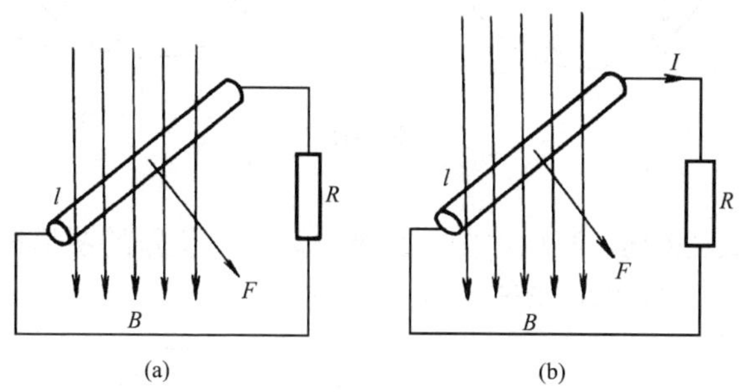

图 E-13

La3E5014　按图 E-14（a）磁感应强度 B 的方向和直导体内流过的电流方向，画出直导体 l 受到电磁力 F 方向。

答：如图 E-14（b）所示。

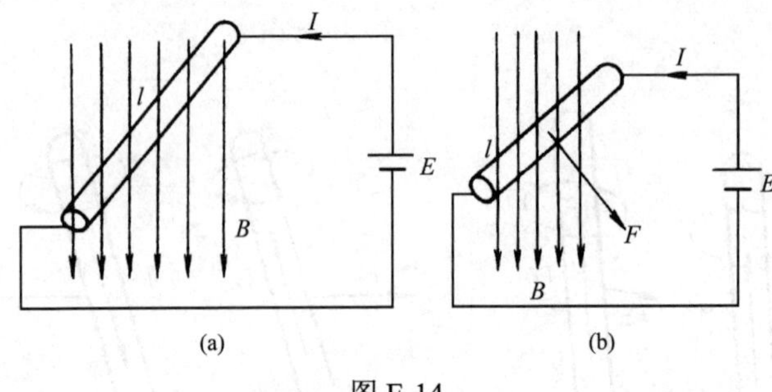

图 E-14

La2E1015 如图 E-15（a）所示的磁铁，当按顺时针方向转动时，画出导体 l 中感应电动势的方向。

答：如图 E-15（b）所示。

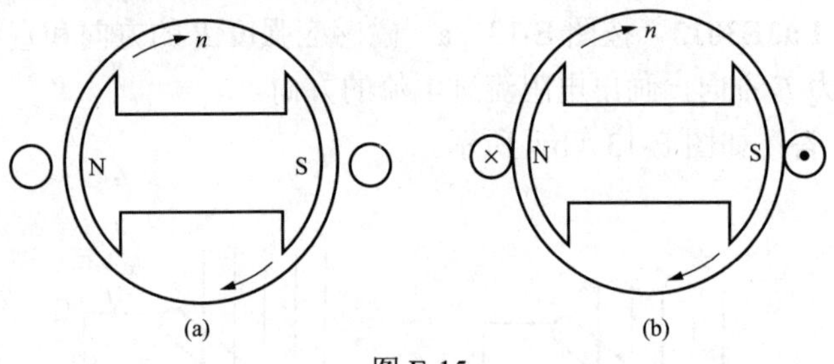

图 E-15

La2E2016 画出电阻、可变电阻、电位器的图形符号。

答：如图 E-16 所示。

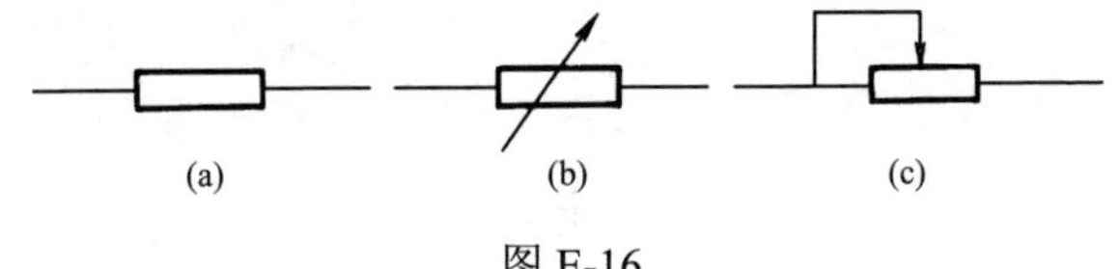

图 E-16

（a）电阻；（b）可变电阻；（c）电位器

La2E3017 画出理想电压源和电流源图形符号。

答：如图 E-17 所示。

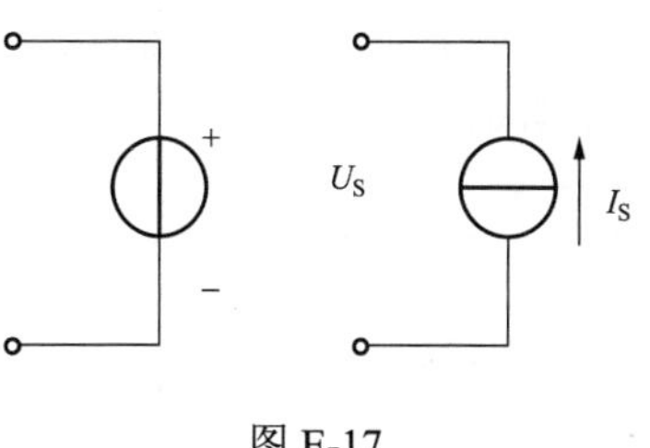

图 E-17

La2E4018 画出电容、电感线圈、有铁芯的电感线圈的图形符号。

答： 如图 E-18 所示。

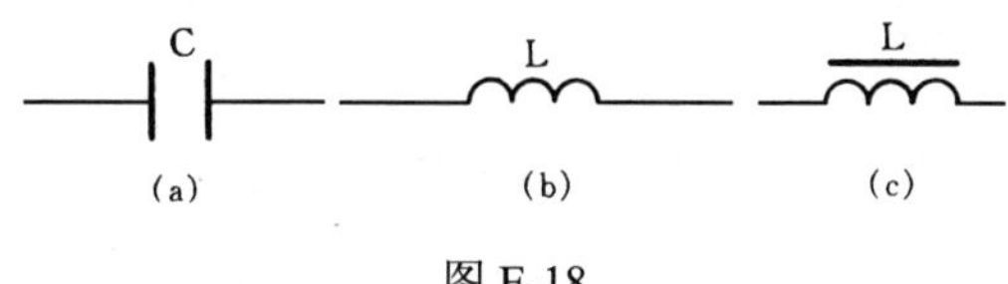

图 E-18

(a) 电容；(b) 电感线圈；(c) 有铁芯电感线圈

La2E5019 画出一个简单直流电路图。

答： 如图 E-19 所示。

La1E1020 画出一个简单直流电桥原理接线图。

答： 如图 E-20 所示。

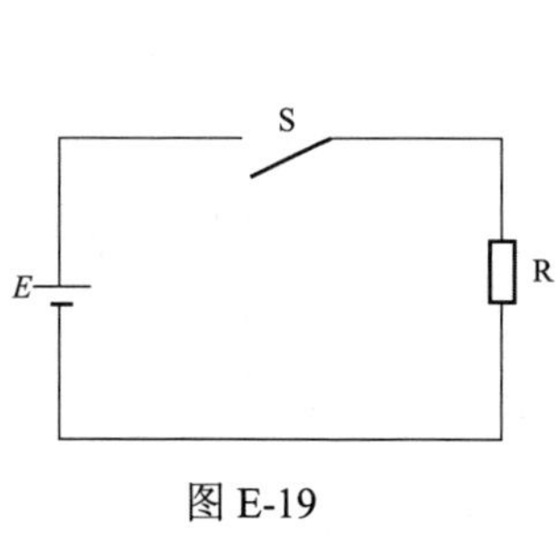

图 E-19

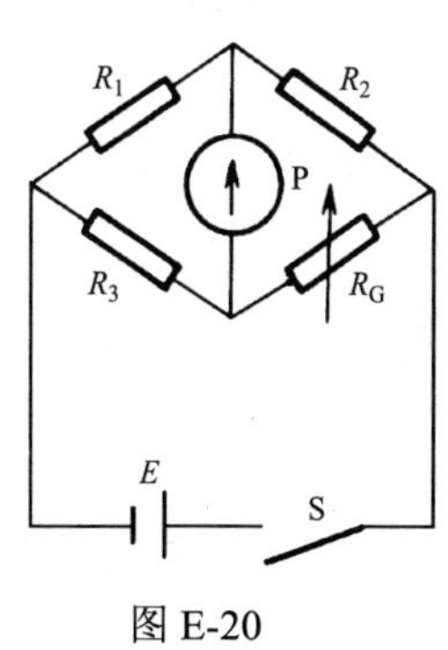

图 E-20

La1E2021 画出一个π形接线电路图。

答：如图 E-21 所示。

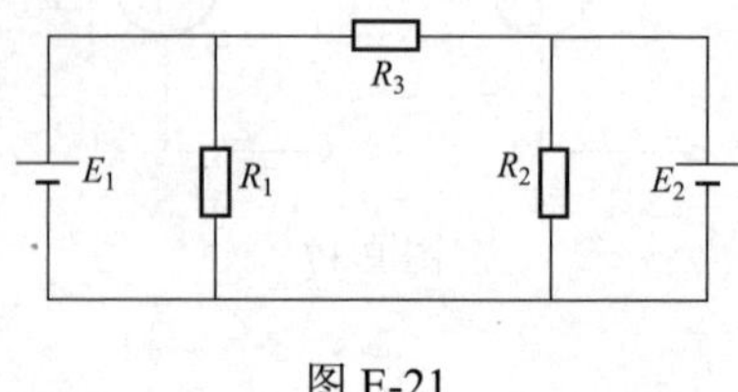

图 E-21

La1E3022 画出一个简单的全电路电流回路图。

答：如图 E-22 所示。

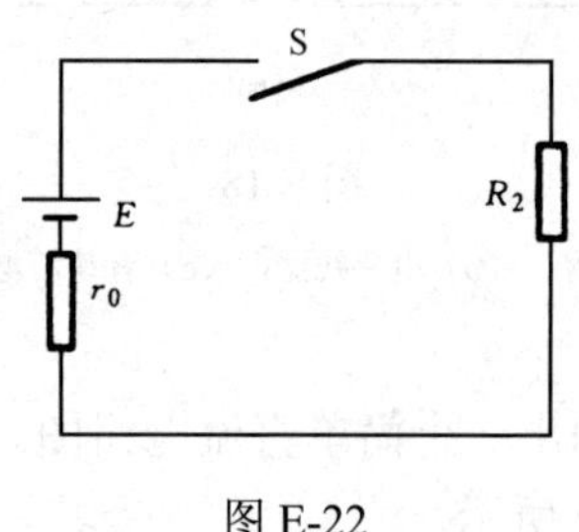

图 E-22

La1E4023 画出ψ=0°时的电枢反应相量图。

答：如图 E-23 所示。

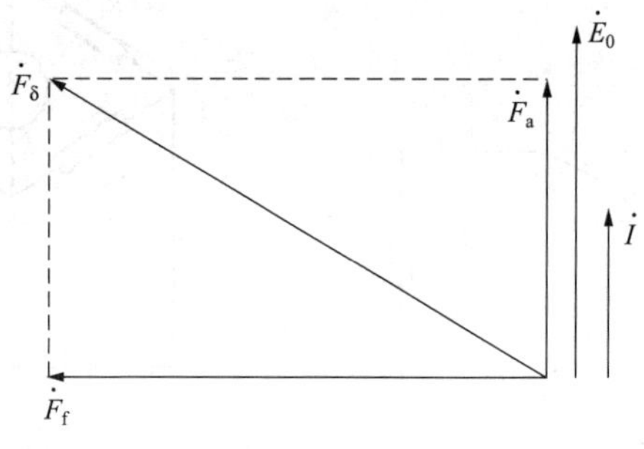

图 E-23

La1E5024 画出由二极管组成的或门电路。

答：如图 E-24 所示。

Lb5E1025 画出三个电阻先并联后串联的混联接线图。

答：如图 E-25 所示。

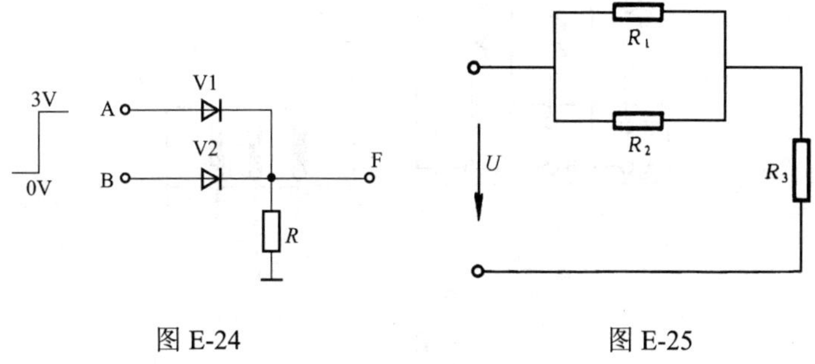

图 E-24　　图 E-25

Lb5E2026 画出三相交流电动机出线盒，连接成星形接线图。

答：如图 E-26 所示。

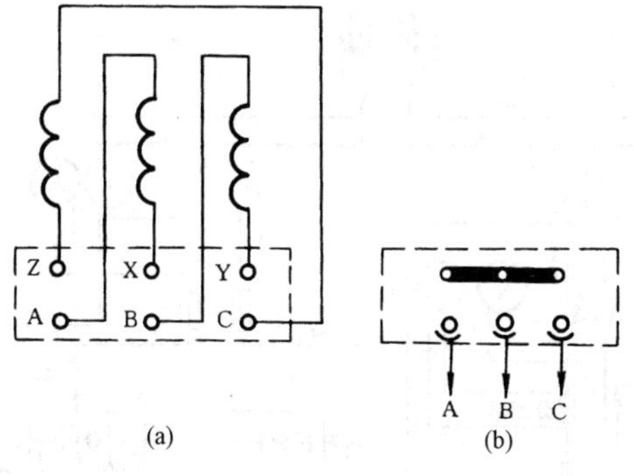

(a)　　(b)

图 E-26

（a）电动机原理接线；（b）出线盒 Y 形接线

Lb5E3027 画出三相交流电动机出线盒，连接成三角形接线图。

答：如图 E-27 所示。

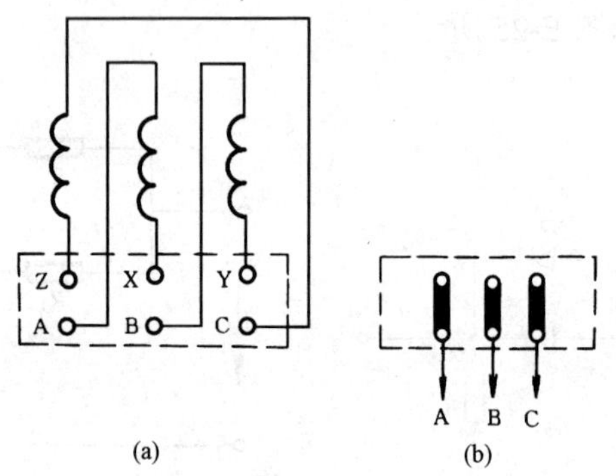

图 E-27

（a）电动机原理接线；（b）出线盒△形接线

Lb5E4028 画出蓄电池的充电方式运行接线图。

答：如图 E-28 所示。

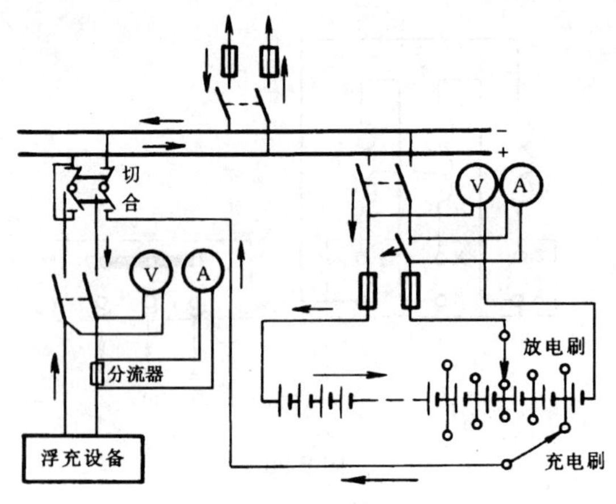

图 E-28

Lb5E5029 画一个纯电容交流电路及$\dot{I}_C$相量图。

答：如图 E-29 所示。

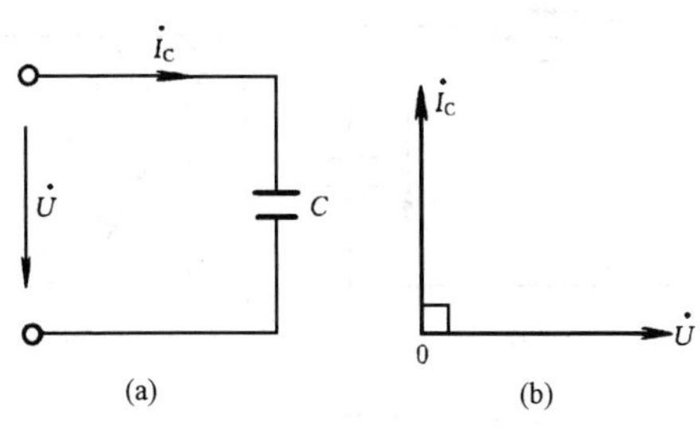

图 E-29

（a）电路图；（b）相量图

Lb4E1030 画出电阻、电感串联单相交流电路图及电压相量图。

答：如图 E-30 所示。

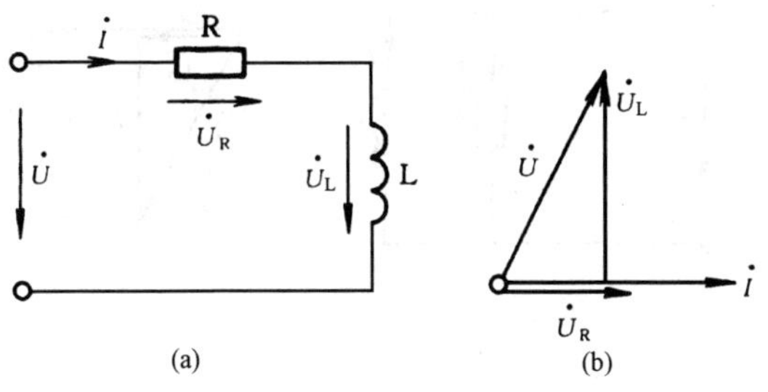

图 E-30

（a）电路图；（b）电压相量图

Lb4E2031 画出电阻、电容串联单相交流电路图及电压相量图。

答：如图 E-31 所示。

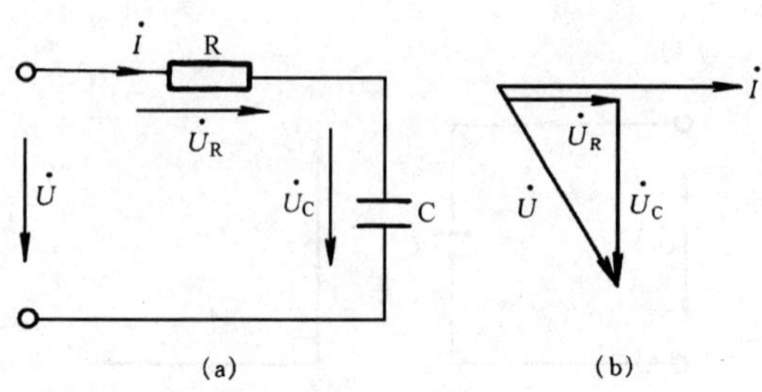

图 E-31

（a）电路图；（b）电压相量图

Lb4E3032 画出电阻、电感并联单相交流电路图及电流相量图。

答：如图 E-32 所示。

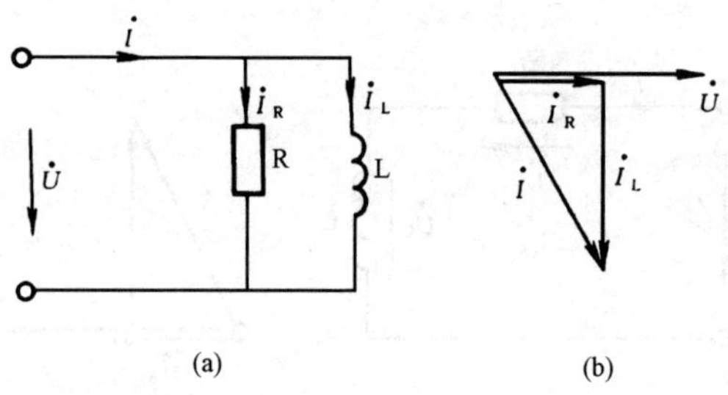

图 E-32

（a）电路图；（b）电流相量图

Lb4E4033 画出电阻、电感、电容并联交流电路图（$X_L>X_C$）及电流相量图。

答：如图 E-33 所示。

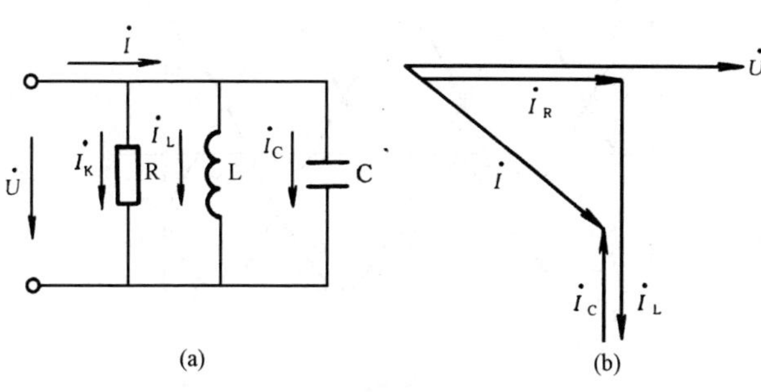

图 E-33

（a）电路图；（b）相量图

Lb4E5034 画出电阻、电感串联后再与电容并联的交流电路及相量图。

答：如图 E-34 所示。

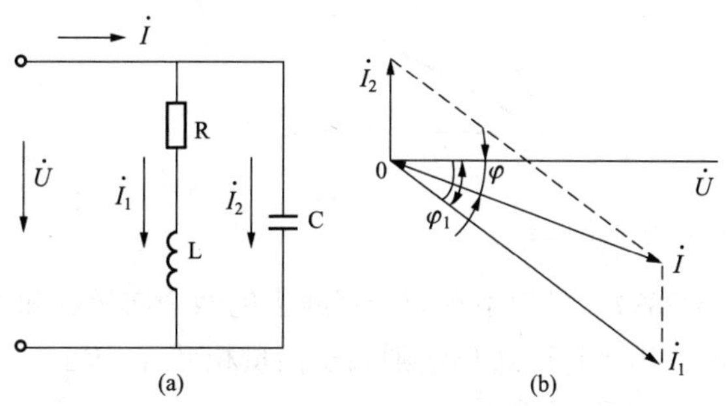

图 E-34

（a）交流电路；（b）相量图

Lb3E1035 画三相对称 $u_A=U_m\sin\omega t$、$u_B=U_m\sin(\omega t-120°)$、$u_C=U_m\sin(\omega t+120°)$ 波形图。

答：如图 E-35 所示。

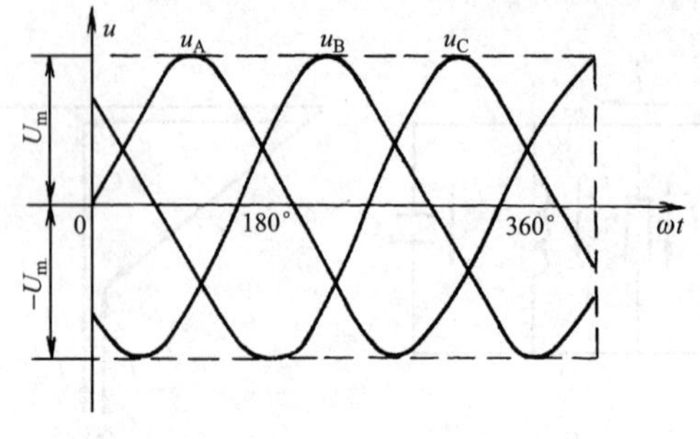

图 E-35

Lb3E2036 已知两个不在同一直线上的向量 $\vec{A}$ 和 $\vec{B}$，始端放在一起，用平行四边形法则画出向量相加 $\vec{A}+\vec{B}$。

答：如图 E-36 所示。

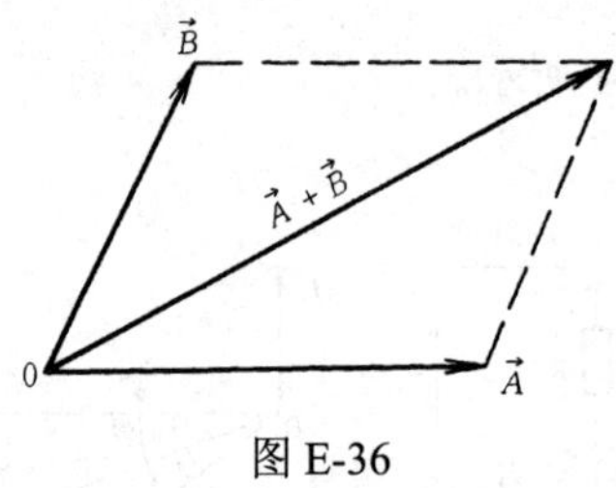

图 E-36

Lb3E3037 已知不在同一直线上的两个向量 $\vec{A}$ 和 $\vec{B}$，始端放在一起，用平行四边形法则画出向量相减 $\vec{A}-\vec{B}$。

答：如图 E-37 所示。

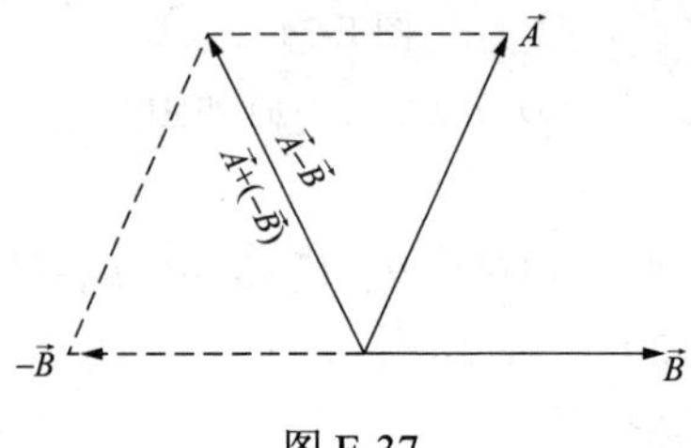

图 E-37

Lb3E4038 画出实用推挽功率放大器电路图。

答：如图 E-38 所示。

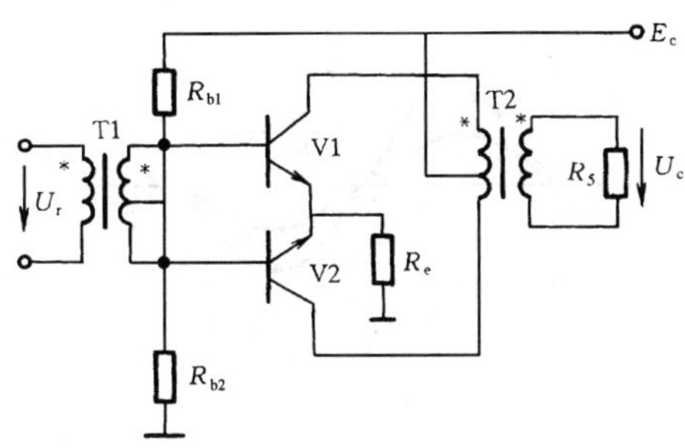

图 E-38

T1、T2—变压器；V1、V2—三极管；E_c—直流电源

Lb3E5039 画出变压器 Yy0 方式接线图。

答：如图 E-39 所示。

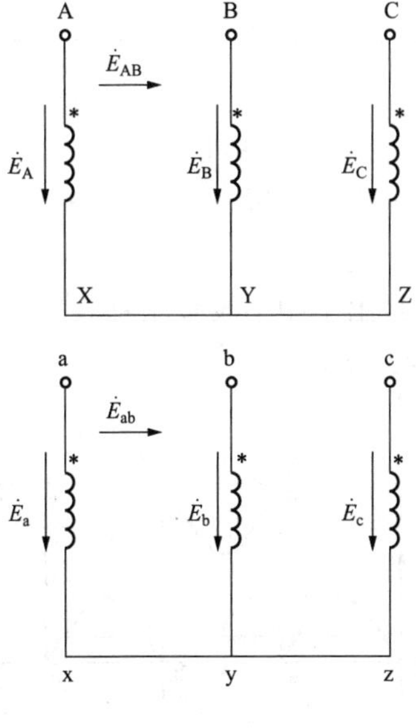

图 E-39

Lb2E1040 画出单相纯电阻正弦交流电路的电压、电流波形图。

答：如图 E-40 所示。

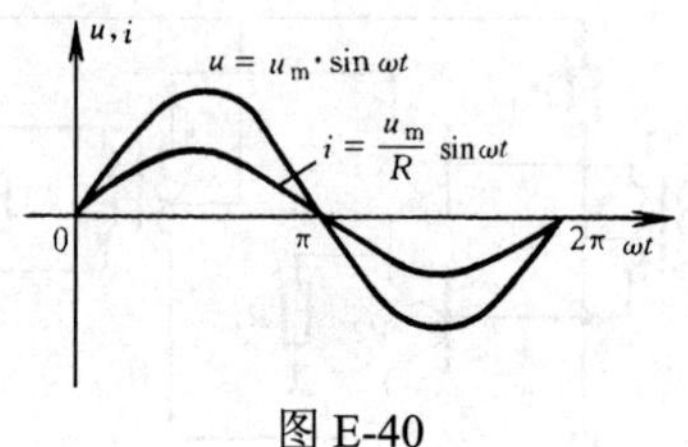

图 E-40

Lb2E2041 画出纯电感交流电路及相量图。

答：如图 E-41 所示。

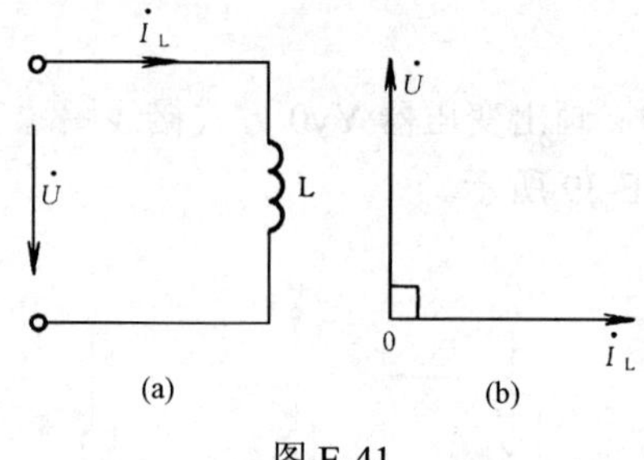

图 E-41

（a）电路图；（b）相量图

Lb2E3042 画出单相半波整流波形图。

答：如图 E-42 所示。

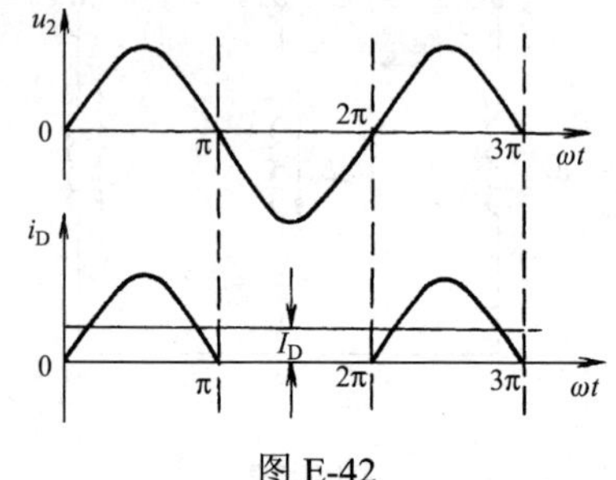

图 E-42

Lb2E4043 画出单相全波整流波形图。

答：如图 E-43 所示。

Lb2E4044 画出三相四线具有三种负载的接线图。

答：如图 E-44 所示。

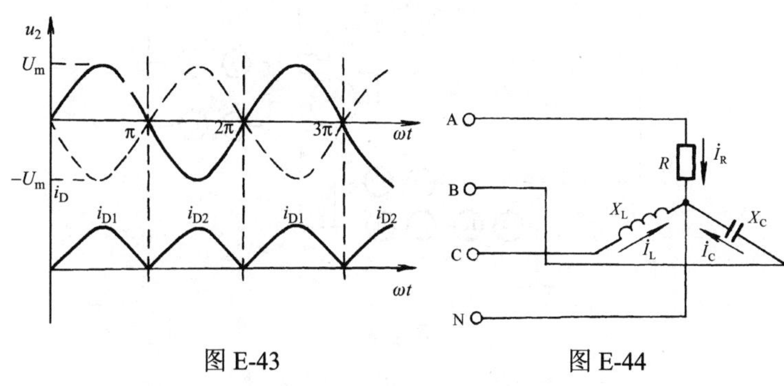

图 E-43　　图 E-44

Lb1E1045 画出水位低、高控制电动机自动启、停接线图。

答：如图 E-45 所示。

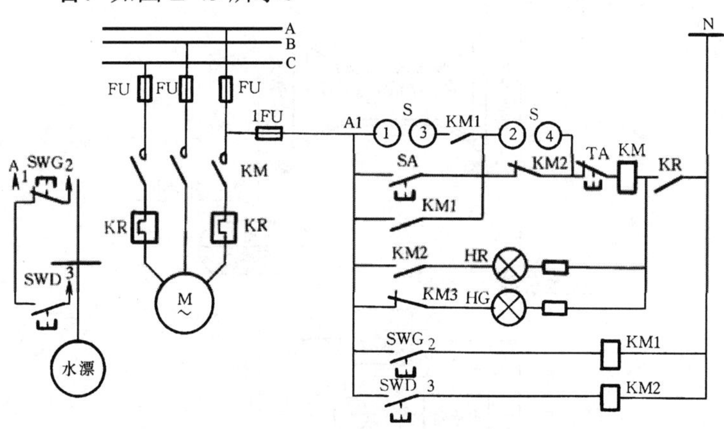

图 E-45

KR—热继电器；KM—中间继电器；S—切换开关；SWG—水位接点；

HR—红灯；HG—绿灯；SA—按钮

Lb1E2046 画出直流电动机正、反转控制回路图。

答：如图 E-46 所示。

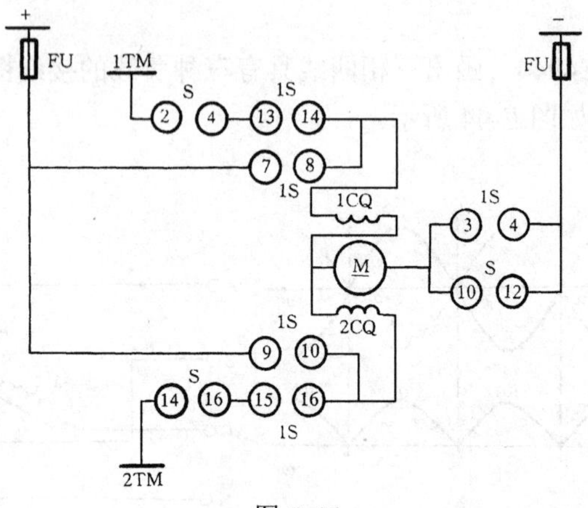

图 E-46

+、−—控制回路电源；S、1S—切换开关；FU—熔断器

Lb1E3047 画出发电机定子冷却水系统简图

答：如图 E-47 所示。

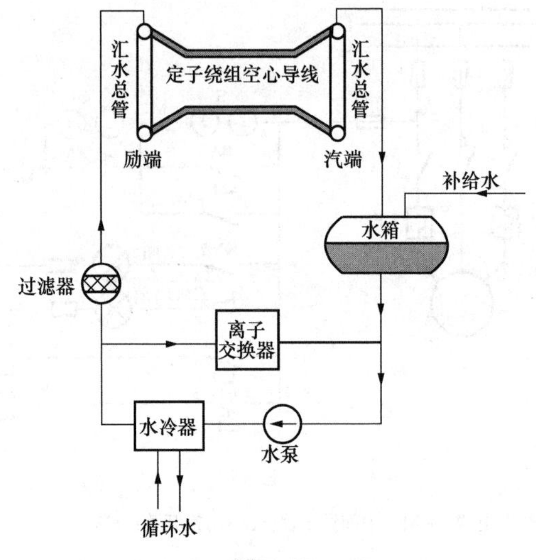

图 E-47

Jd5E1048 请画出断路器跳闸信号恢复回路图。

答：如图 E-48 所示。

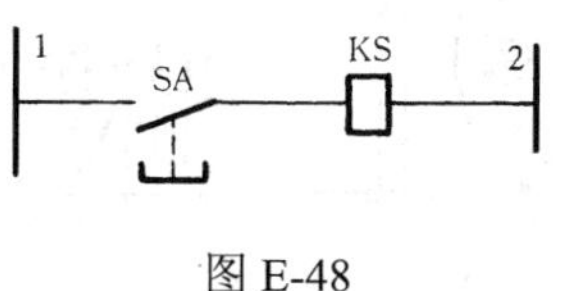

图 E-48

KS—跳闸信号继电器；SA—按钮

Jd5E1049 画出电压互感器 Vv 接线示意图。

答：如图 E-49 所示。

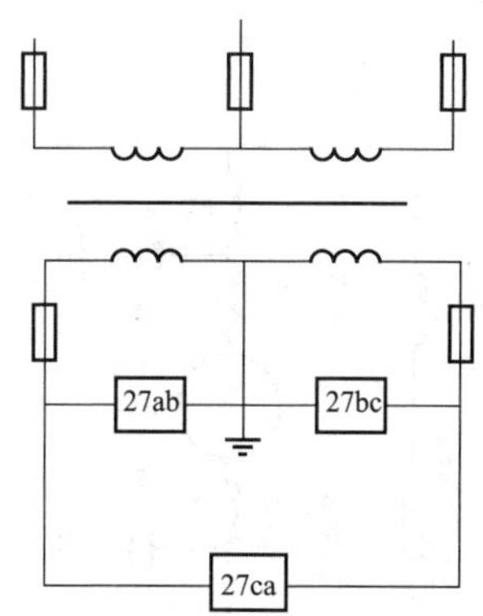

图 E-49

27ab、27bc、27ca—低电压继电器

Jd5E1050 画出改变直流电动机旋转方向（改变励磁电流方向）的接线图。

答：如图 E-50 所示。

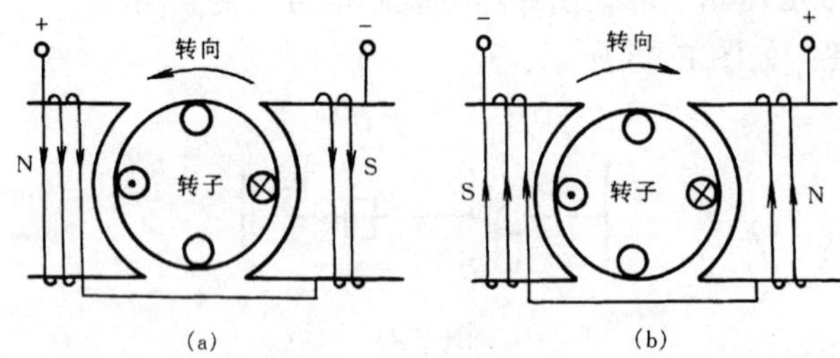

图 E-50

（a）改向前；（b）改向后

Jd5E2051 画出给粉直流电动机抑制干扰电路图。

答：如图 E-51 所示。

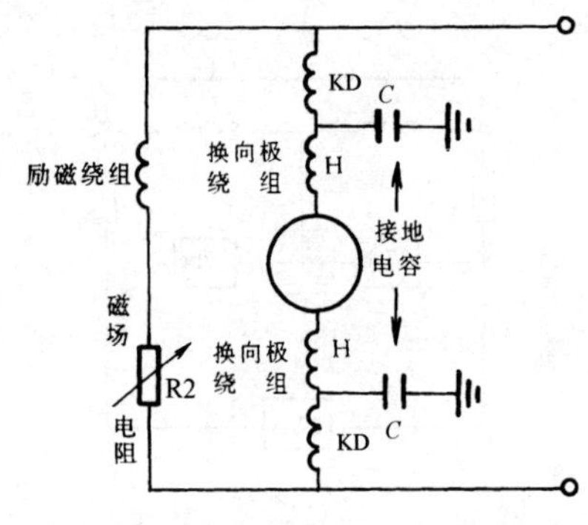

图 E-51

KD—差动继电器；R2—磁场电阻；H—换向极绕组

Jd5E3052 画出电容分相式电动机接线图及相量图。

答：如图 E-52 所示。

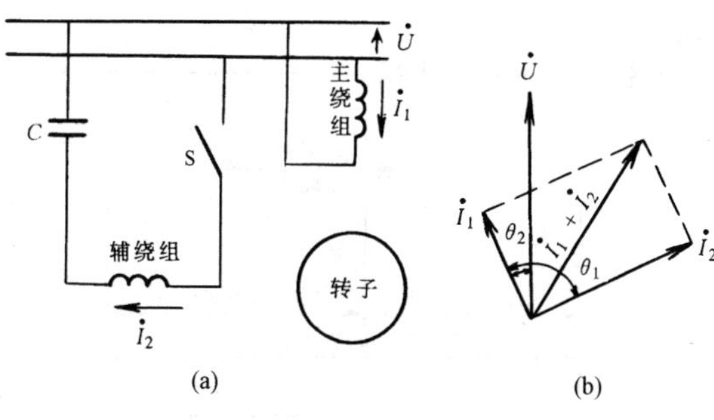

图 E-52

（a）接线图；（b）相量图

Jd5E4053　画出电阻分相式电动机接线图及相量图。

答：如图 E-53 所示。

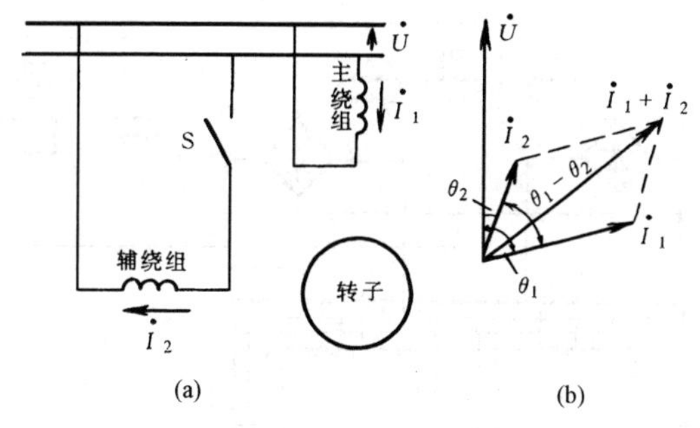

图 E-53

（a）接线图；（b）相量图

Jd5E5054　画出电网阶段式电流保护的主保护和远后备保护的动作范围及动作时间特性图。

答：如图 E-54 所示。

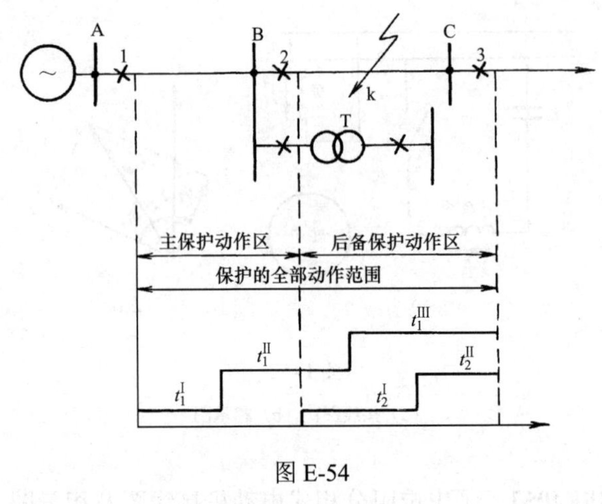

图 E-54

1～3—断路器；T—变压器

Jd4E1055 画出电流相位比较式继电器接线图。

答：如图 E-55 所示。

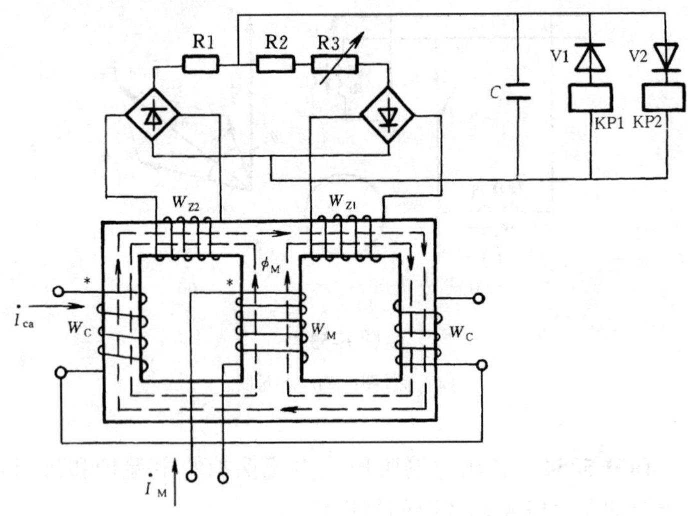

图 E-55

KP—极化继电器；V—二极管

Jd4E2056 画出全阻抗继电器特性图（$Z'=Z''$）。

答：如图 E-56 所示。

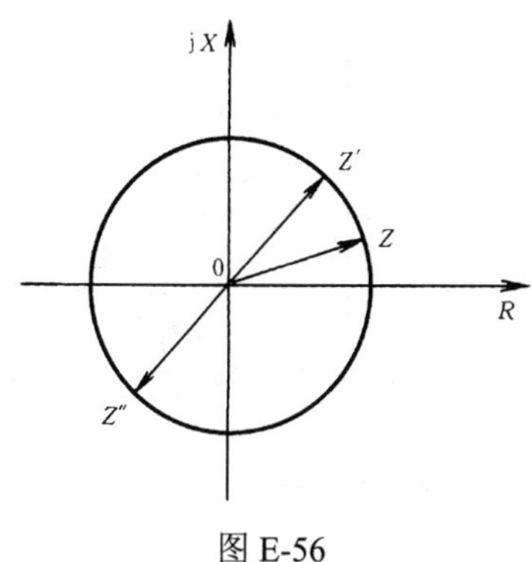

图 E-56

Jd4E3057 请画出油泵电机三相交流回路图。

答：如图 E-57 所示。

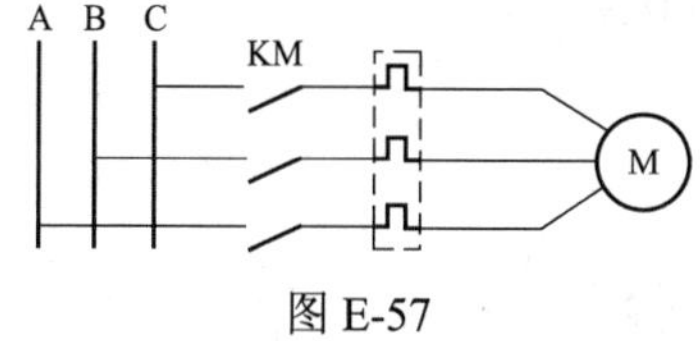

图 E-57

Jd4E4058 画出距离保护三段式时限特性曲线图。

答：如图 E-58 所示。

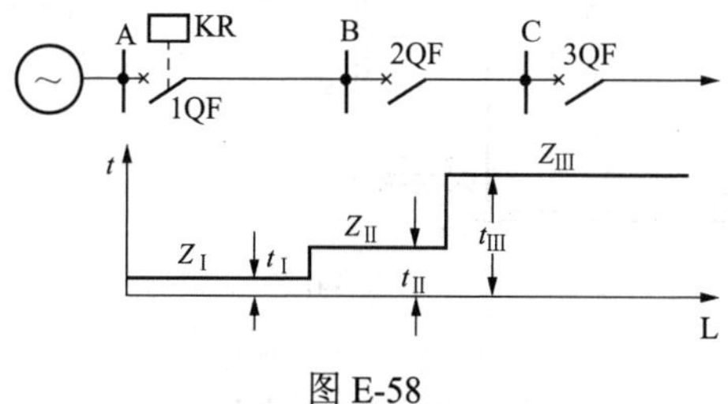

图 E-58

KR—阻抗继电器；QF—断路器

Jd4E5059 画出阻抗继电器偏移特性圆（$Z' > Z''$）。

答：如图 E-59 所示。

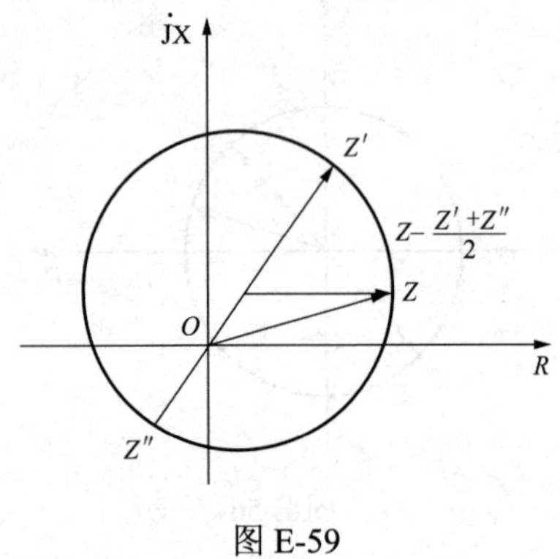

图 E-59

Jd3E1060 画出强迫油循环水冷变压器冷却原理示意图。

答：如图 E-60 所示。

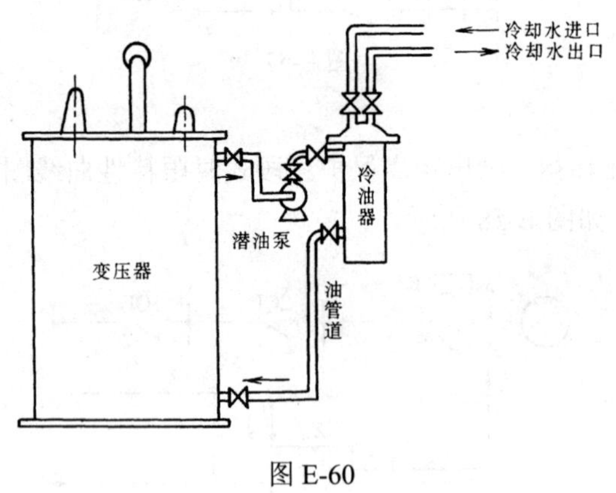

图 E-60

Jd3E2061 画出发电机转子两点接地示意图。

答：如图 E-61 所示。

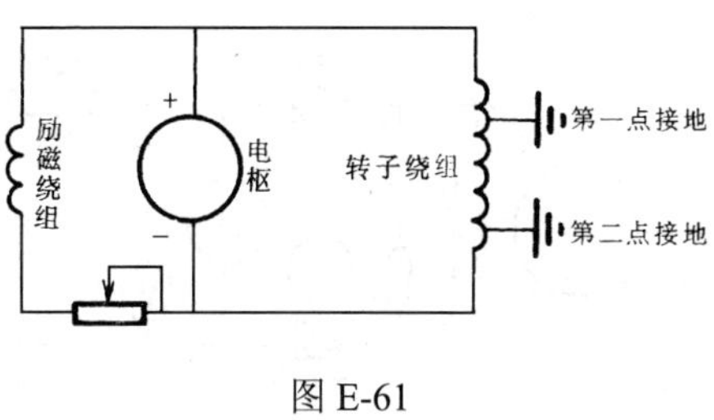

图 E-61

Jd3E3062 画出变压器零序电流保护原理图。

答：如图 E-62 所示。

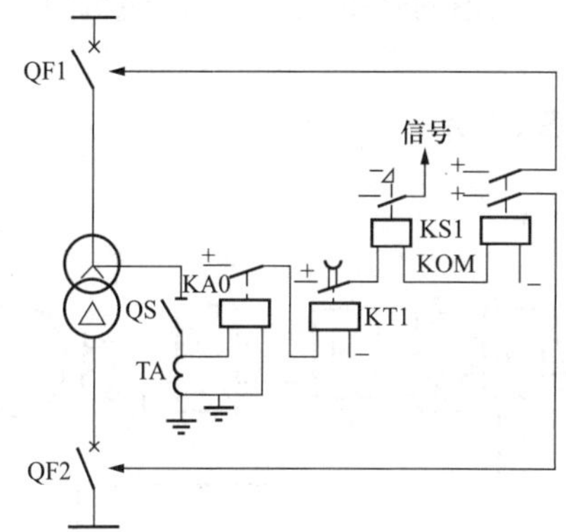

图 E-62

QS—隔离开关；QF1、QF2—断路器；KT1—温度继电器

KS1—信号继电器；KOM—出口继电器

Jd3E4063 画出同轴直流励磁机简单励磁回路接线图。

答：如图 E-63 所示。

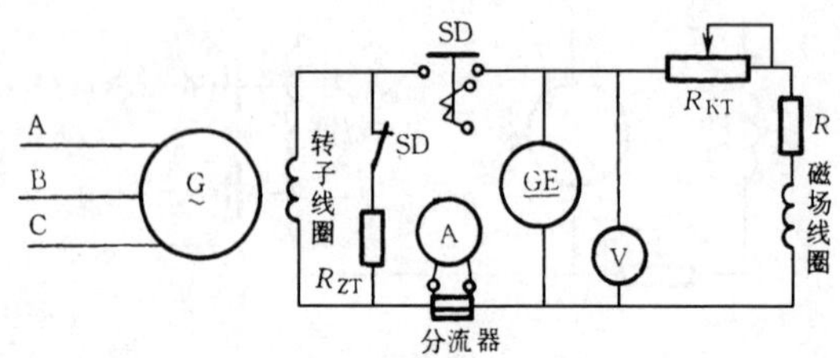

图 E-63

SD—灭磁开关；GE—励磁机；G—发电机

Jd3E5064 画出同轴主、副交流励磁机静止半导体励磁回路示意图。

答：如图 E-64 所示。

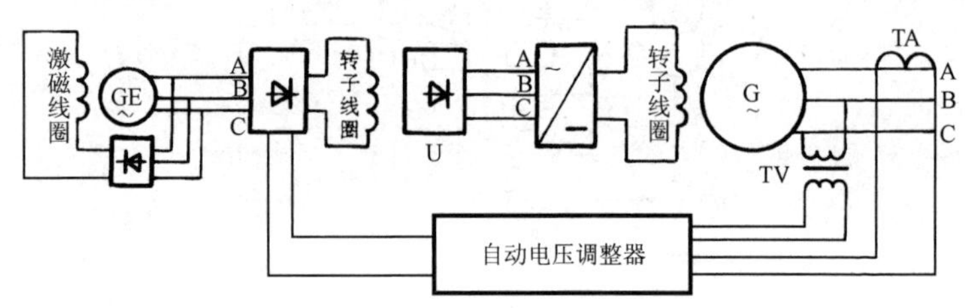

图 E-64

U—整流器；TA—电流互感器；TV—电压互感器；GE—励磁机

Jd3E5065 画出两相式方向过电流保护原理及展开图。

答：如图 E-65 所示。

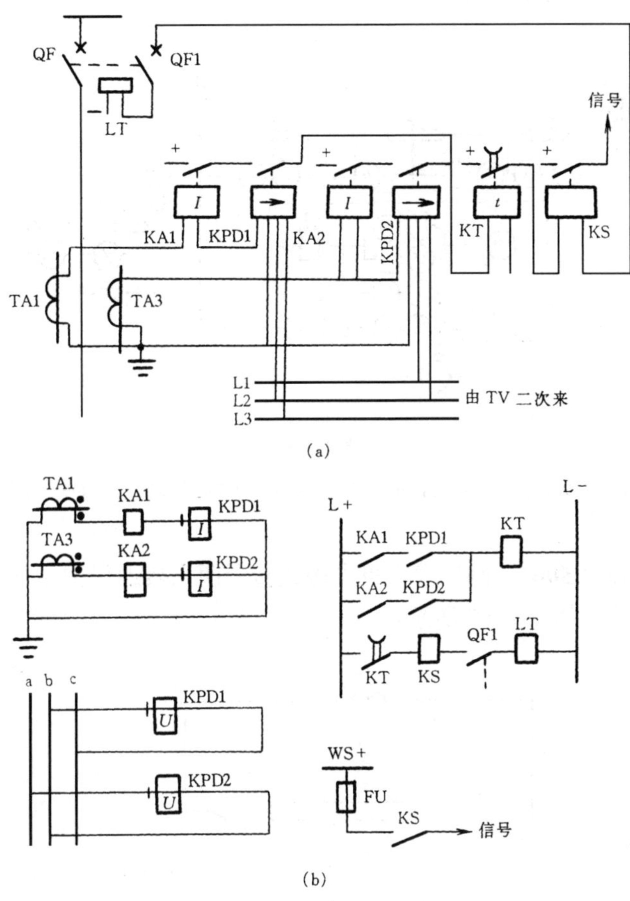

图 E-65

（a）原理图；（b）展开图

QF、QF1—断路器；TA1、TA3—电流互感器；KPD—功率方向继电器；

KA1、KA2—电流继电器；KT—时间继电器；

KS—信号继电器；FU—熔断器；WS+—信号母线

Jd2E4066 画出发电厂直流系统绝缘监察装置典型接线图。

答：如图 E-66 所示。

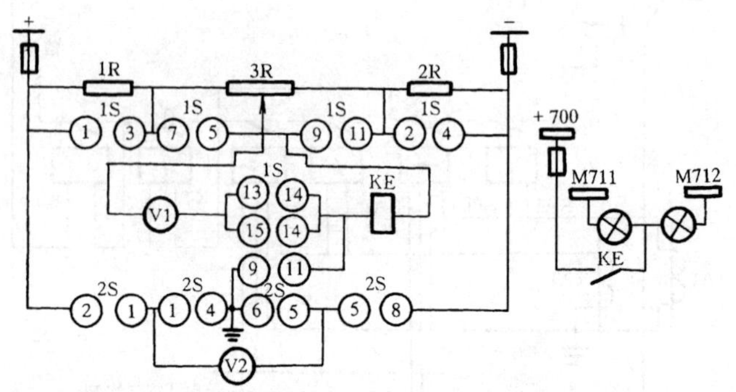

图 E-66

KE—接地继电器；1S、2S—切换开关；M711、M712—预告音响信号小母线

Jd2E5067 画出发电机电磁式转子两点接地保护原理图。

答：如图 E-67 所示。

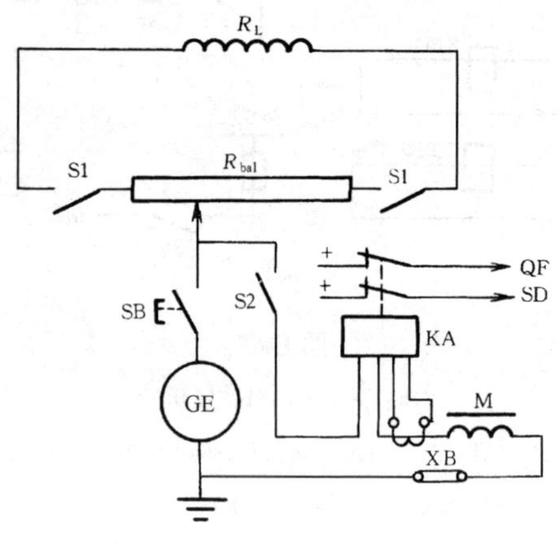

图 E-67

SB—按钮；QF—断路器；XB—连接片；SD—灭磁开关；R_{bal}—平衡电阻；S—开关；GE—励磁机；M—电动机；R_L—励磁绕组；KA—电流继电器

Jd1E1068 画出三相异步电动机Y/△起动原理接线图。

答：如图 E-68 所示。

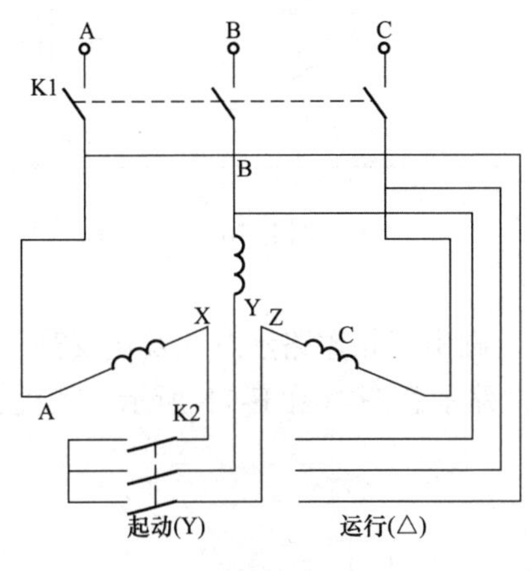

图 E-68

Jd1E2069 画出三相电源与负载采用“三相四线制”连接的电路图。

答：如图 E-69 所示。

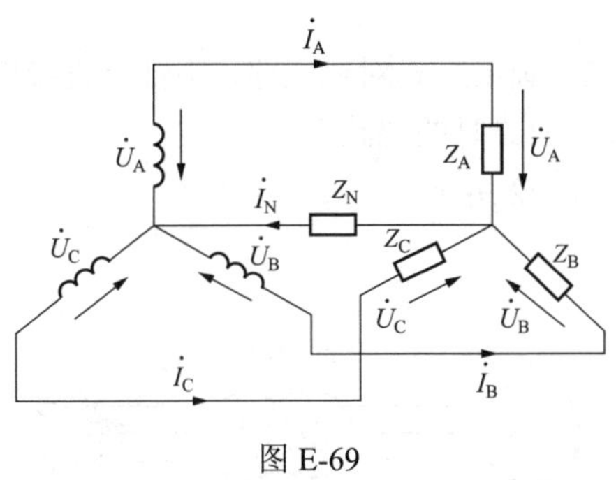

图 E-69

Jd1E3070 画出变压器 T 形等值电路图。

答：如图 E-70 所示。

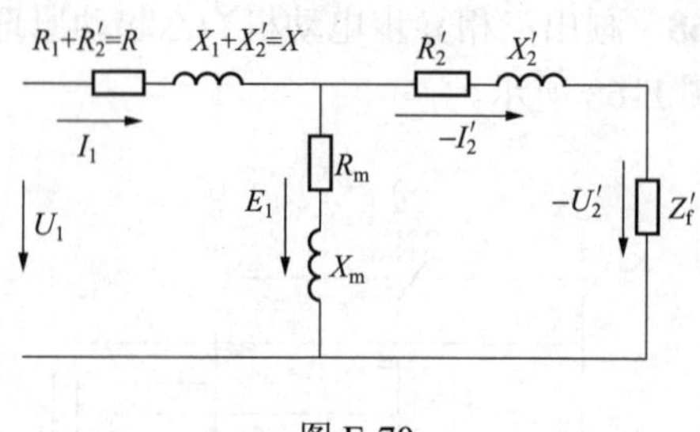

图 E-70

Jd1E4071 画出三相短路示意图及代表符号。

答：三相短路示意图如图 E-71 所示，其代表符号用 $k^{(3)}$ 表示。

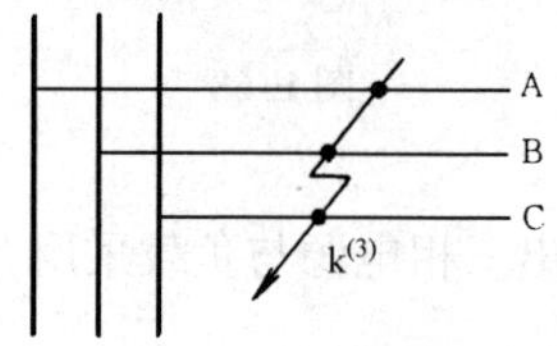

图 E-71

Jd1E5072 画出三相对称电路，中性点直接接地，当发生单相（A）接地短路时的电路图。

答：如图 E-72 所示。

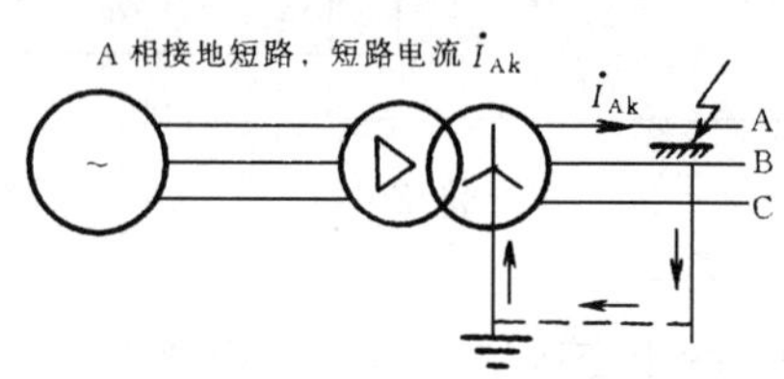

图 E-72

Jd1E5073 画出三相对称电路，中性点直接接地，当发生单相（A）接地短路时相量图。

答：如图 E-73 所示。

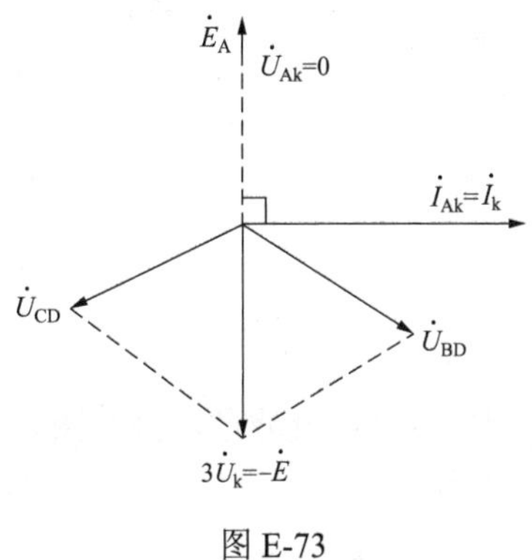

图 E-73

Je5E1074 画出晶体管基本差动式放大器的电路图。

答：如图 E-74 所示。

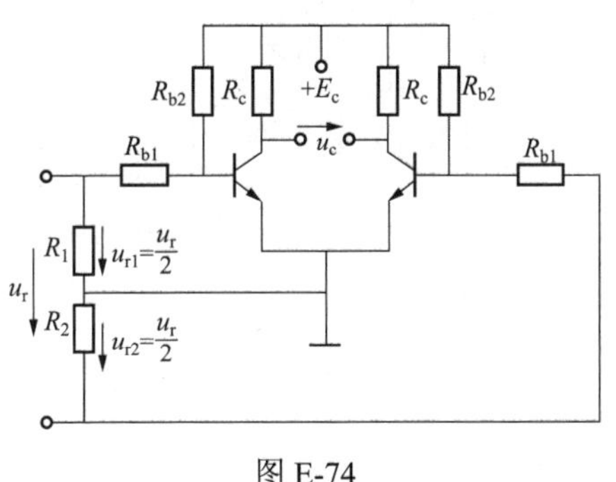

图 E-74

Je5E1075 画出正序、负序和零序三相对称分量相加相量图。

答：如图 E-75 所示。

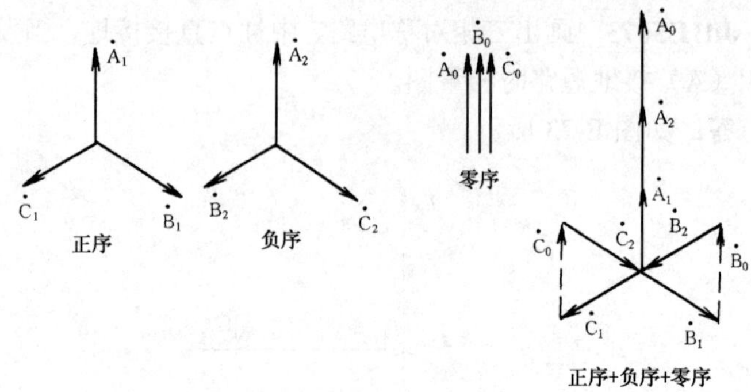

图 E-75

Je5E2076 画出零序电流滤过器接线图。

答：如图 E-76 所示。

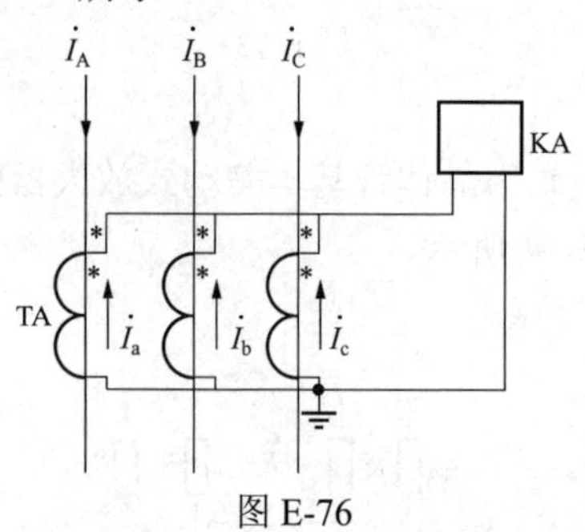

图 E-76

Je5E3077 画出交、直流两用普通电动机接线图。

答：如图 E-77 所示。

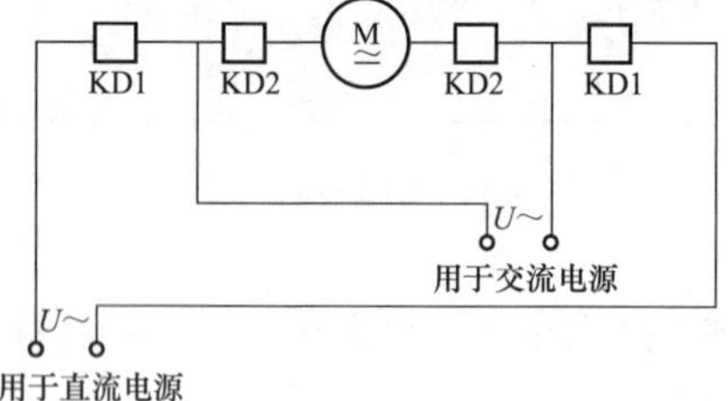

图 E-77

KD—差动继电器

Je5E4078 画出线路方向过流保护原理接线图。

答：如图 E-78 所示。

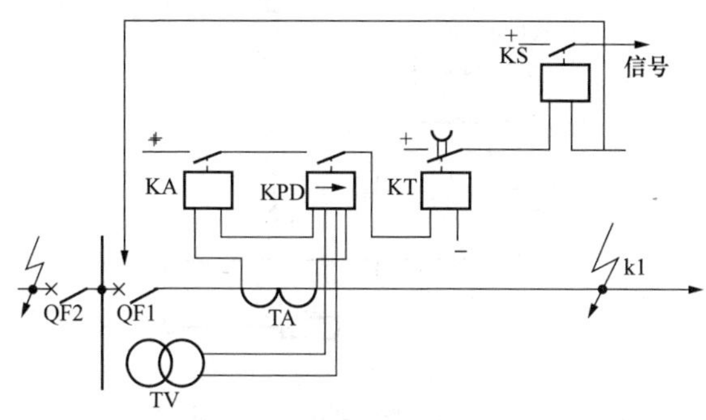

图 E-78 方向过流保护原理接线

QF—断路器；TV—电压互感器；TA—电流互感器；KS—信号继电器；
KT—时间继电器；KPD—功率方向继电器；KA—电流继电器

Je5E4079 画出零序功率方向保护原理接线图。

答：如图 E-79 所示。

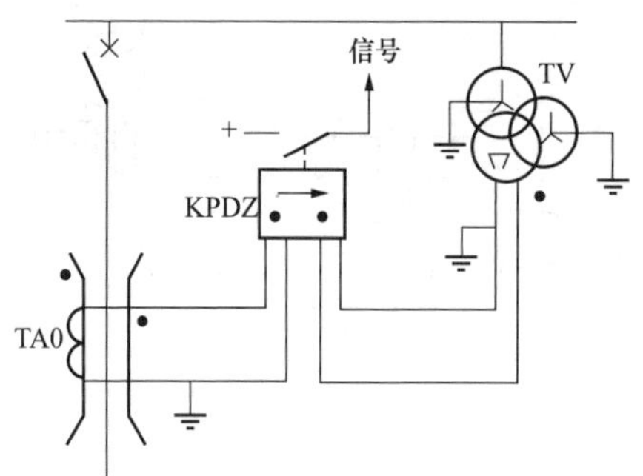

图 E-79 零序功率方向保护原理接线图

KPDZ—零序功率方向继电器；TA0—零序电流互感器

Je5E4080 画出阻抗继电器的记忆回路图。

答：如图 E-80 所示。

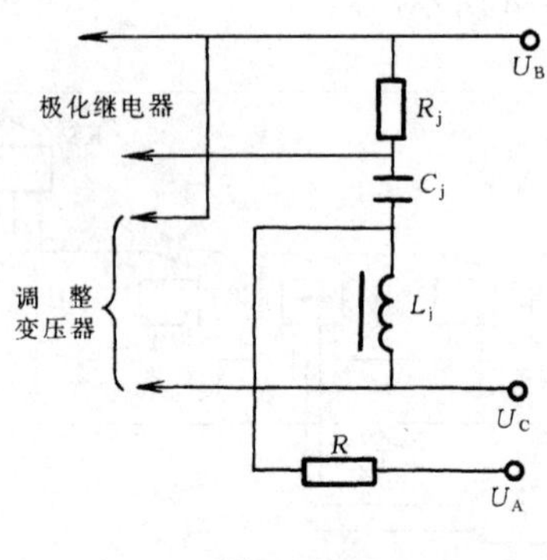

图 E-80

Je5E5081 画出低电压闭锁电流速断保护单相原理接线图。

答：如图 E-81 所示。

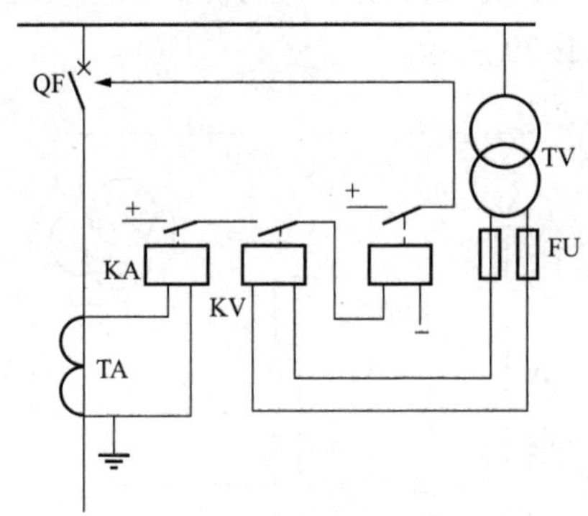

图 E-81

FU—熔断器；KA—电流继电器；KV—电压继电器；QF—断路器；TV—电压互感器；TA—电流互感器

Je5E2082 画出发电机静态稳定曲线。

答：如图 E-82 所示。

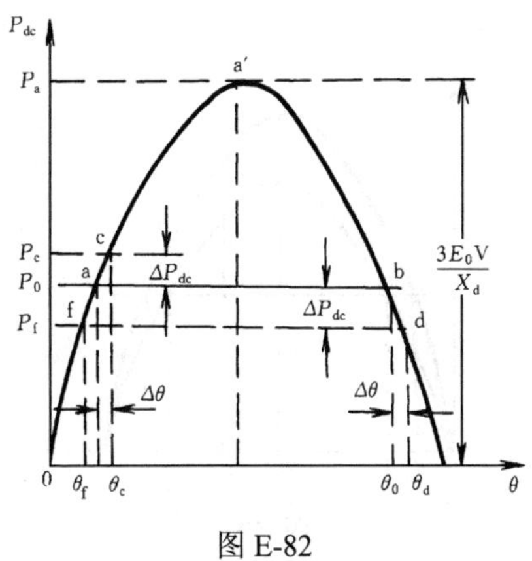

图 E-82

Je4E1083 画出中性点非直接接地电力网绝缘监察装置接线图。

答：如图 E-83 所示。

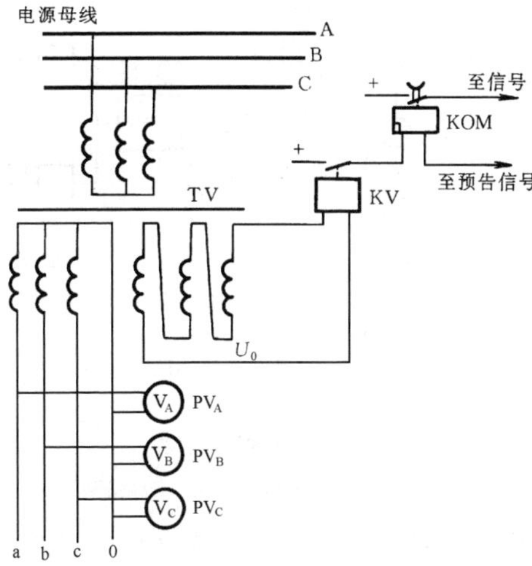

图 E-83

KV—电压继电器；PV_A、PV_B、PV_C—电压表；KOM—出口继电器

Je4E3084 画出发电机动态稳定曲线。

答：如图 E-84 所示。

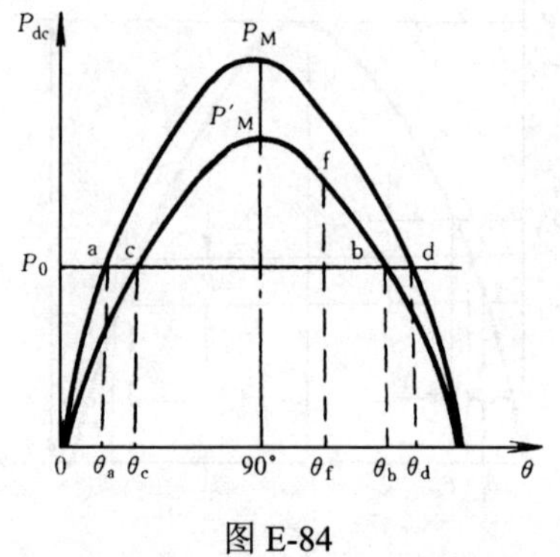

图 E-84

Je4E4085 画出升压变压器低阻抗保护原理图

答：如图 E-85 所示。

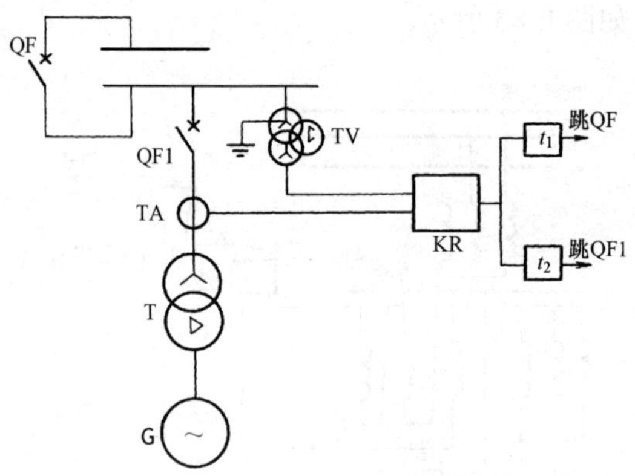

图 E-85

T—变压器；G—发电机；QF—断路器；

KR—阻抗继电器；TV—电压互感器；TA—电流互感器

Je4E5086 画出变压器过电流保护单相原理接线图。

答：如图 E-86 所示。

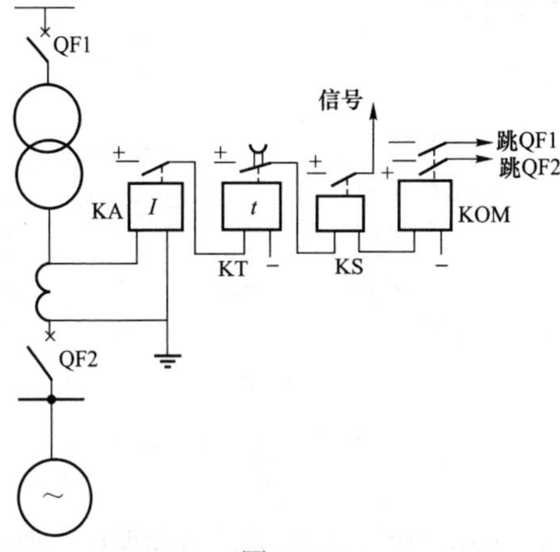

图 E-86

KA—电流继电器；KT—时间继电器；KS—信号继电器；KOM—出口继电器

Je3E1087　画出一个半断路器的接线图。

答：如图 E-87 所示。

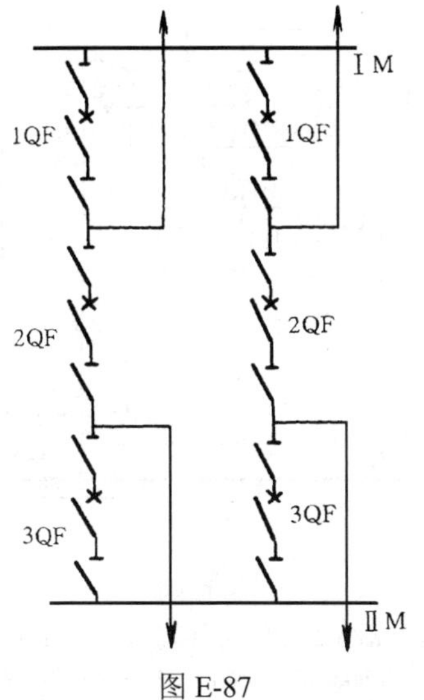

图 E-87

Je3E2088 画出分裂电抗器的代表符号和接线图。

答：如图 E-88 所示。

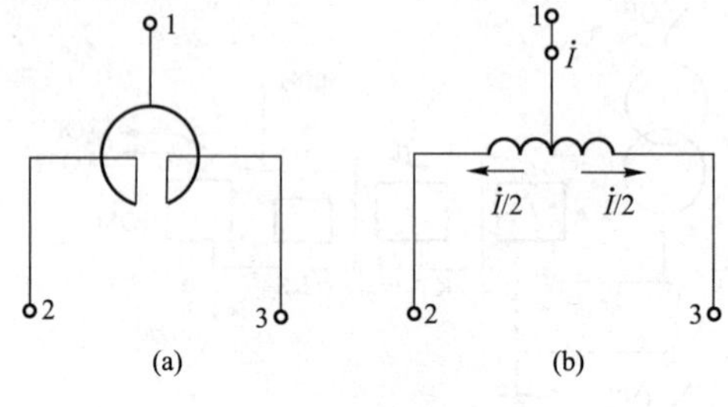

图 E-88

（a）代表符号；（b）一相电路图

Je3E3089 画出双回线横联差动方向保护原理接线示意图。

答：如图 E-89 所示。

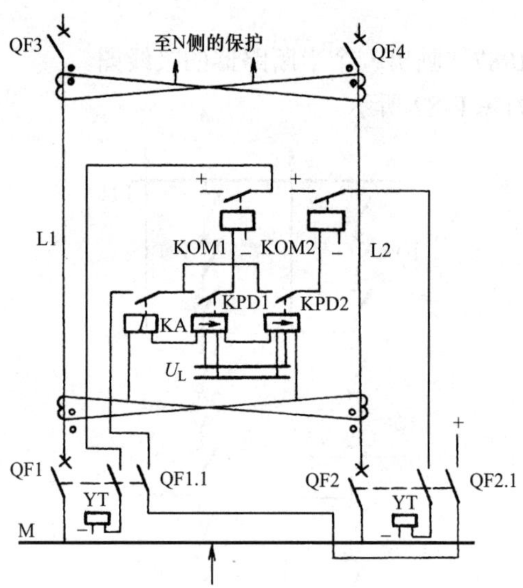

图 E-89

KOM1、KOM2—出口继电器；KA—电流继电器；

KPD1、KPD2—功率方向继电器；QF1～QF4—断路器；YT—断路器跳闸线圈

Je3E4090 画出交流厂用电系统绝缘监视装置原理接线图。

答：如图 E-90 所示。

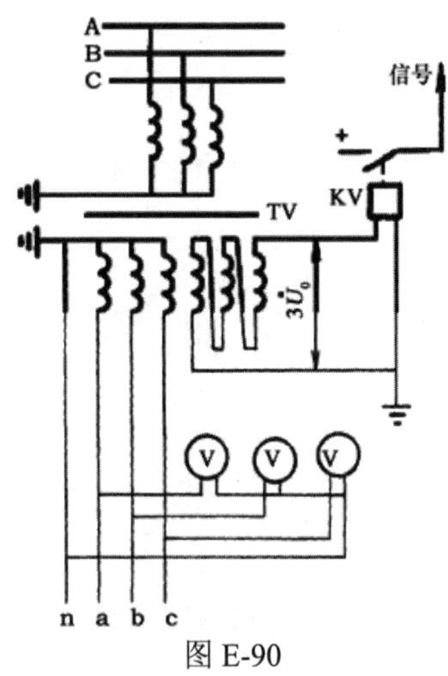

图 E-90

KV—电压继电器；n—中性线

Je3E5091 画出发电机横差保护原理接线图。

答：如图 E-91 所示。

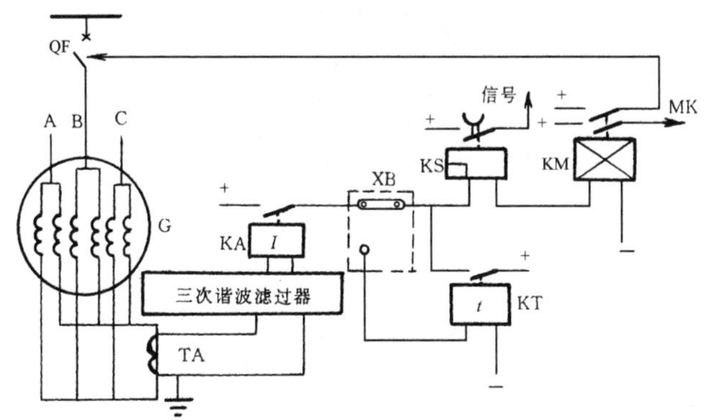

图 E-91

G—发电机；KS—信号继电器；TA—电流互感器；KT—时间继电器；XB—连接片；KA—电流继电器；KM—中间继电器

Je2E1092 画出发电机定子（A 相）一点接地时，电压相量图。

答：如图 E-92 所示。

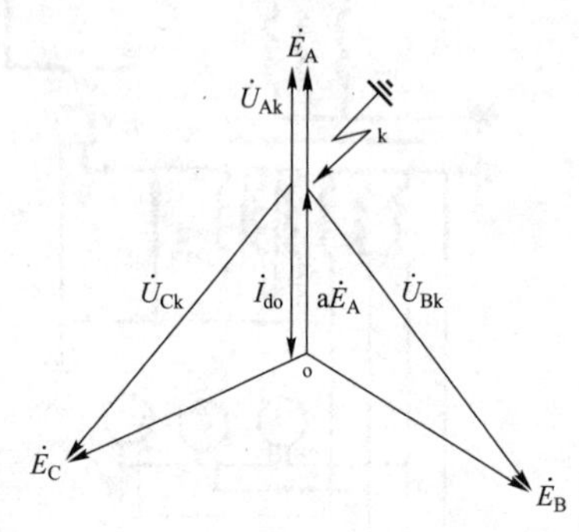

图 E-92

Je2E2093 画出三相异步电动机原理示意图。

答：如图 E-93 所示。

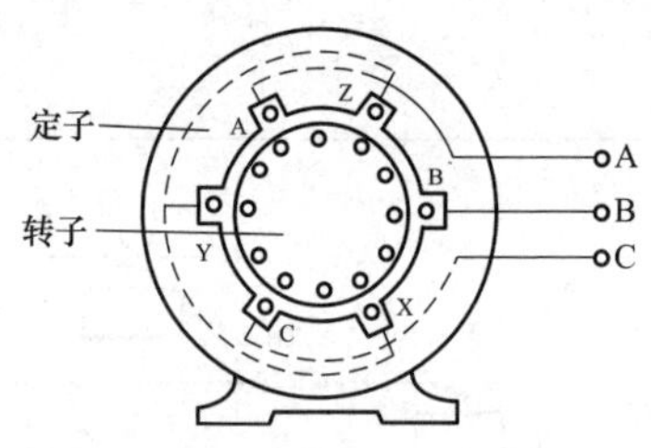

图 E-93

Je2E3094 画出电流平衡保护的原理接线图。

答：如图 E-94 所示。

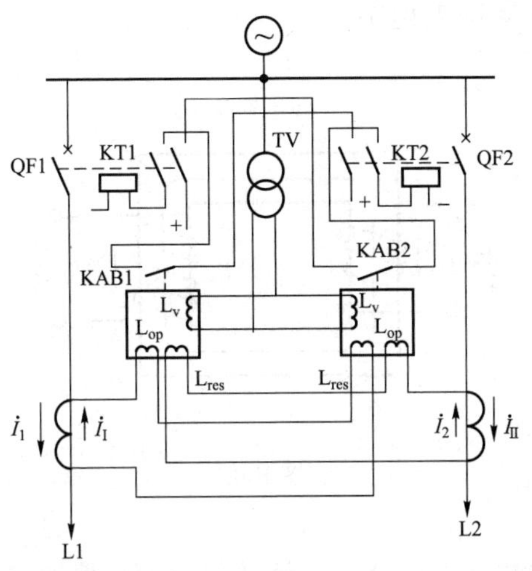

图 E-94

QF1、QF2—断路器；KT1、KT2—时间继电器；KAB—电流平衡继电器；

L_{op}—工作线圈；L_{res}—制动线圈；L_v—电压保持线圈

Je2E4095 画出同步发电机原理示意图。

答：如图 E-95 所示。

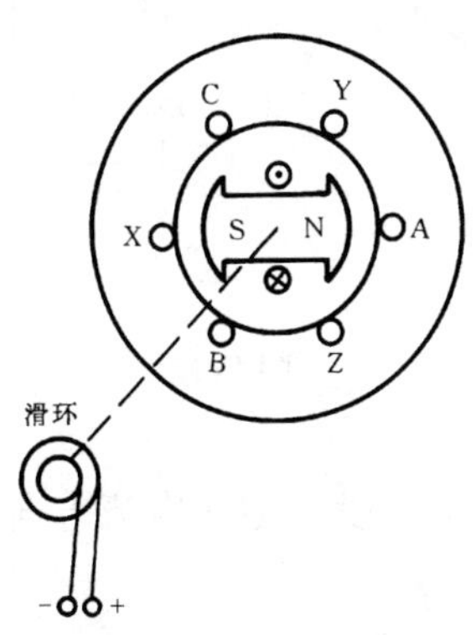

图 E-95

Je2E5096 画出变压器原理示意图。

答：如图 E-96 所示。

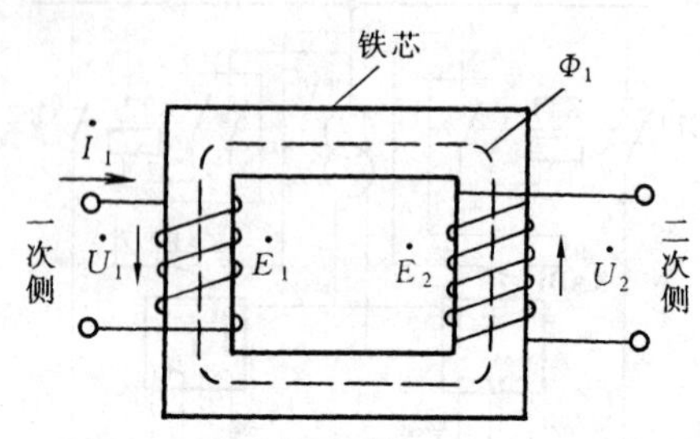

图 E-96

Je1E1097 画出 Yd11 连接组别变压器的电路图与相量图。

答：如图 E-97 所示。

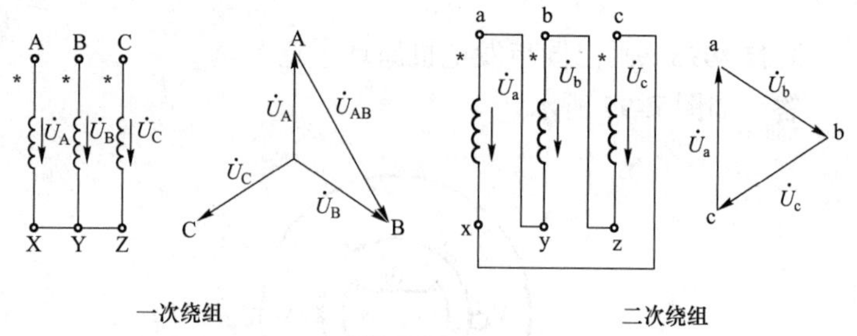

图 E-97

Je1E2098 画出三段式零序电流方向保护装置原理接线图。

答：如图 E-98 所示。

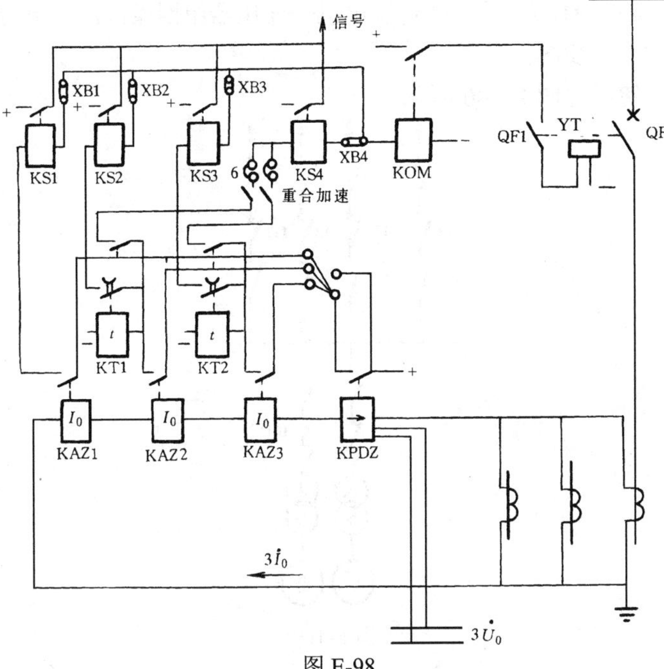

图 E-98

KPDZ—零序功率方向继电器；KS1～KS3—信号继电器；KT1、KT2—时间继电器；KOM—出口中间继电器；YT—跳闸线圈；XB—连接片；KAZ—电流继电器

Je1E3099 画出发电厂日有功负荷曲线。

答：如图 E-99 所示。

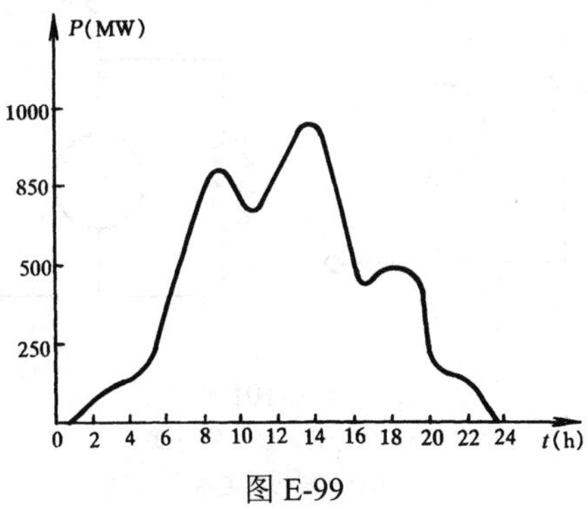

图 E-99

Je1E4100 画出两台发电机—变压器组四条线路，单母线一次主接线图。

答：如图 E-100 所示。

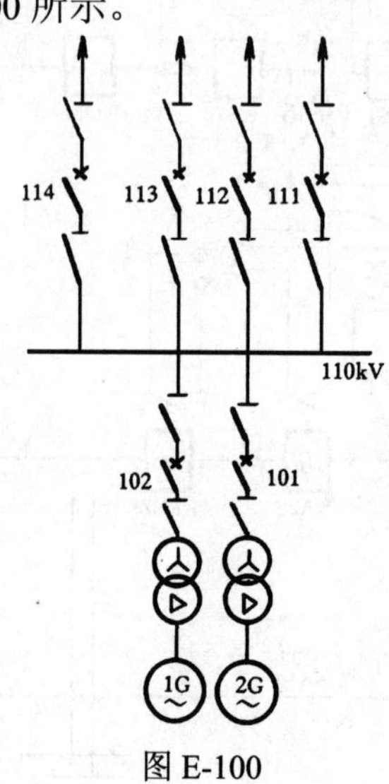

图 E-100

Je1E5101 画出直流电机复激方式接线图。

答：如图 E-101 所示。

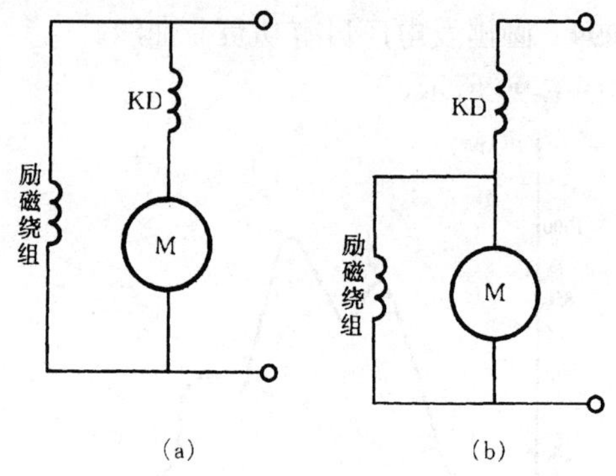

图 E-101

（a）长分式；（b）短分式

KD—差动继电器

Je1E5102 画出发电机的调节特性图。

答：调节特性是指 $n=n_1$，U=常数，$\cos\varphi$=常数的条件下，励磁电流 I_f 随负载电流 I 而变化的关系，即 $I_f=f(I)$ 曲线，图中示出了对应于不同负载功率因数，有不同的调节特性曲线（n 为正常转速、n_1 为额定转速）。

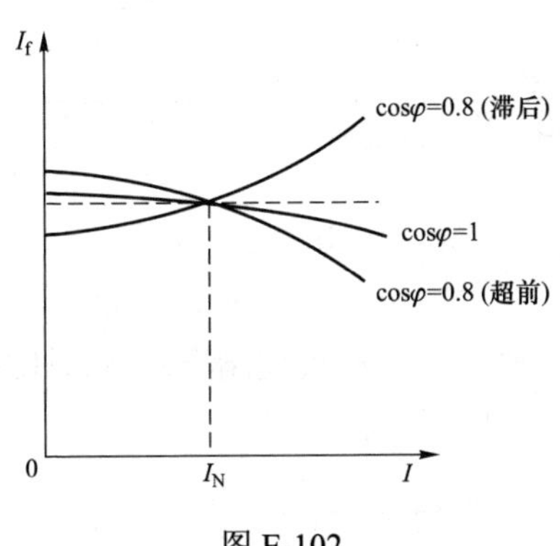

图 E-102

Jf3E1103 画出两台发电机—变压器组，四条线路用断路器分段的单母线一次主接线图。

答：如图 E-103 所示。

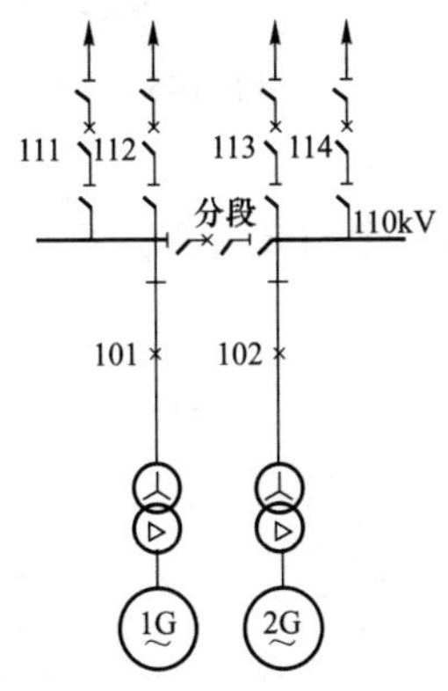

图 E-103

Jf3E2104 画出单支避雷针（高度 $h\leqslant30$m）保护范围示意图。

答：如图 E-104 所示。

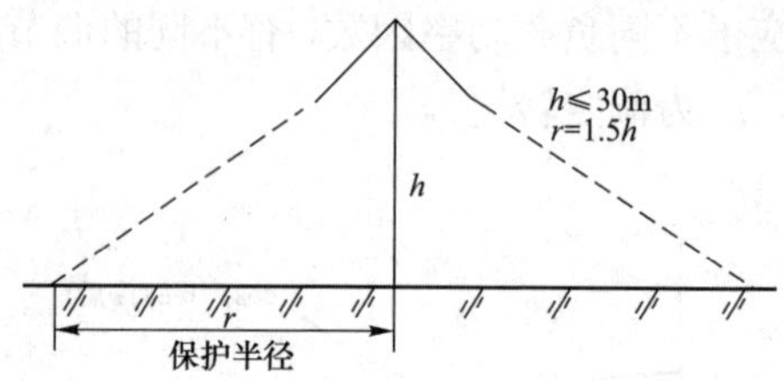

图 E-104

Jf3E5105 画出一个开关控制一盏白炽灯的接线图。

答：如图 E-105 所示。

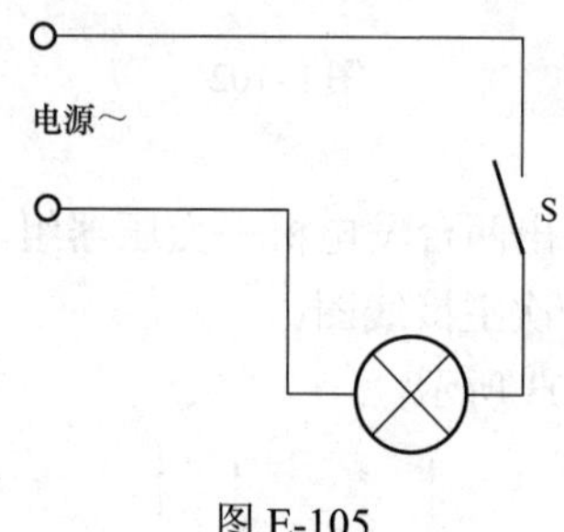

图 E-105

Jf2E1106 画出两个双联开关控制一盏白炽灯的接线图。

答：如图 E-106 所示。

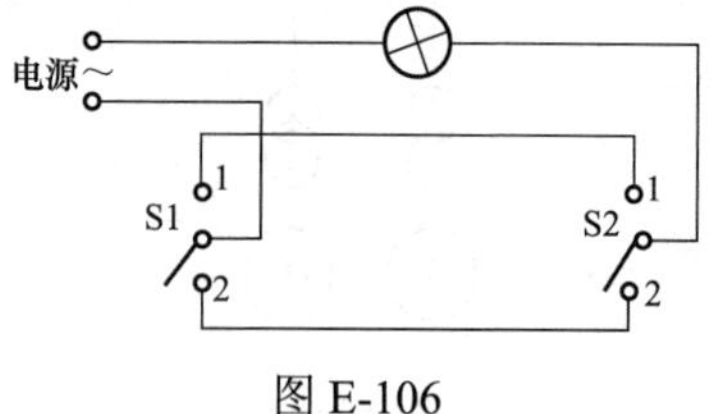

图 E-106

Jf2E2107 画出全绝缘变压器的零序电流保护原理接线图。

答：如图 E-107 所示。

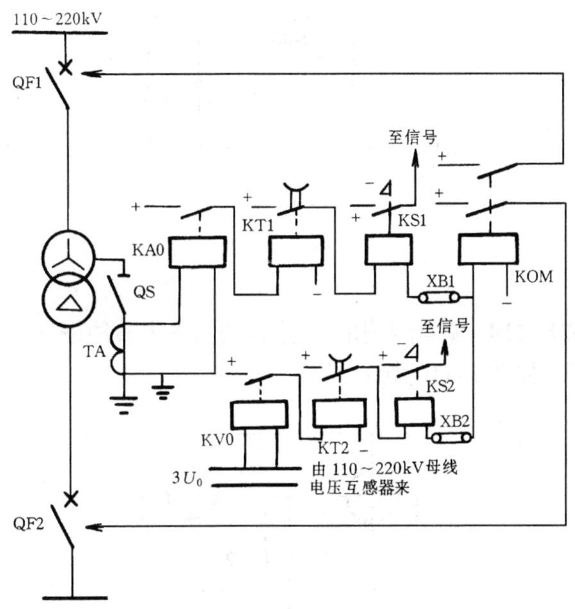

图 E-107

KA0—零序电流继电器；KT1、KT2—温度继电器；KS1、KS2—信号继电器；XB1—连接片；KOM—出口继电器；QS—隔离开关；QF—断路器

Jf2E3108 画出直接接入单相回路中的电压表接线图。

答：如图 E-108 所示。

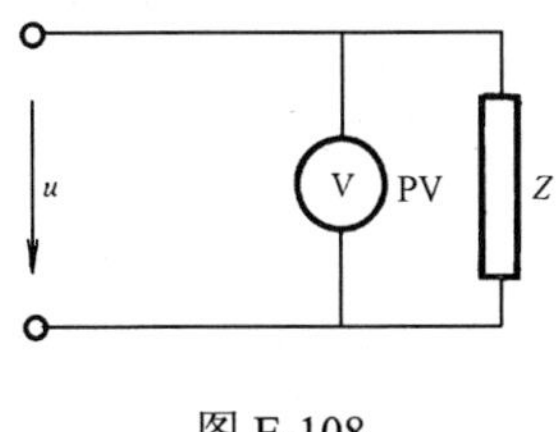

图 E-108

Jf2E4109 画出直接接入单相回路中的功率表接线图。

答：如图 E-109 所示。

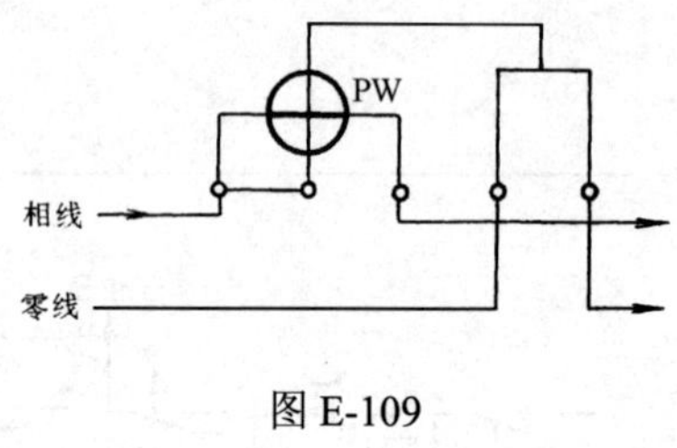

图 E-109

PW—功率表

Jf2E5110 画出三相两元件有功功率表接线图。

答：如图 E-110 所示。

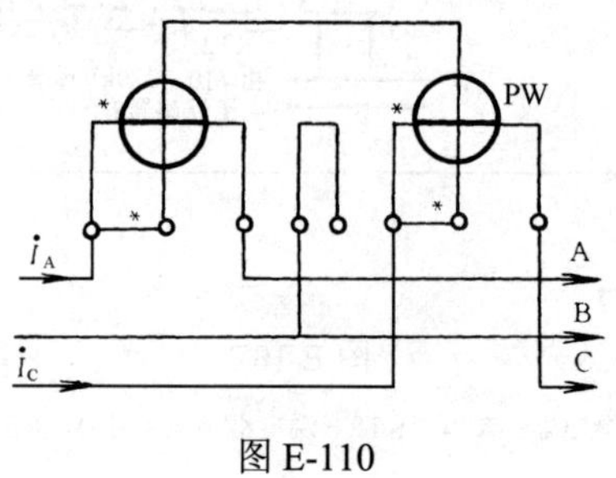

图 E-110

4.1.6 论述题

Jd4F1001 什么是功率因数？提高功率因数的意义是什么？提高功率因数的措施有哪些？

答：功率因数 $\cos\varphi$，也叫力率，是有功功率与视在功率的比值，即

$$\cos\varphi=\frac{P}{S}$$

在一定额定电压和额定电流下，功率因数越高，有功功率所占的比重越大，反之越低。

提高功率因数的意义分两个方面：

在发电机的额定电压、额定电流一定时，发电机的容量即是它的视在功率。如果发电机在额定容量下运行，输出的有功功率的大小取决于负载的功率因数。功率因数越低，发电机输出的功率越低，其容量得不到充分利用。

功率因数低，在输电线路上引起较大的电压降和功率损耗。故当输电线输出功率 P 一定时，线路中电流与功率因数成反比，即

$$I=\frac{P}{U\cos\varphi}$$

当 $\cos\varphi$ 越低时，电流 I 增大，在输电线阻抗上压降增大，使负载端电压过低。严重时，影响设备正常运行，用户无法用电。

此外，阻抗上消耗的功率与电流平方成正比，电流增大要引起线损增大。

提高功率因数的措施有：

合理地选择和使用电气设备，用户的同步电动机可以提高功率因数，甚至可以使功率因数为负值，即进相运行。而感应电动机的功率因数很低，尤其是空载和轻载运行时，所以应该

避免感应电动机空载和轻载运行。

安装并联补偿电容器或静止补偿器等设备，使电路中总的无功功率减少。

Jd4F2002　氢冷发电机为什么可用二氧化碳作为置换的中间介质，而不能在充二氧化碳的情况下长期运行？

答：因为氢气和空气混合易引起爆炸，而二氧化碳与氢气或空气混合时都不会发生爆炸，所以二氧化碳作为置换的中间介质。二氧化碳传热系数是空气的 1.132 倍，在置换过程中，冷却效能并不比空气差。此外，二氧化碳作为中间介质还有利于防火。

不能用二氧化碳作为冷却介质、长期运行的原因是，二氧化碳能与机壳内可能含水蒸气等化合，生成一种绿垢，附着在发电机绝缘物和构件上，这样，使冷却效果剧烈恶化，并使机件脏污。

Jd4F3003　说明发电机进相运行危害及运行注意事项。

答：通常情况下，机组进相运行时，定子端部漏磁较大，并由此引起的损耗比调相运行时还要大，故定子端部附近各金属部件温升会较高，引起端部线圈发热，深度进相对系统电压及稳定也会产生影响。

制造厂允许或经过专门试验确定能进相运行的发电机，如系统需要，在不影响电网稳定运行的前提下，可将功率因数提高到 1 或在允许的进相状态运行，但是，要严密监视发电机的运行工况，防止失步，尽早使发电机恢复正常运行。同时，还应注意高压厂用母线电压的监视，保证其安全。对水轮发电机而言，其纵轴和横轴同步电抗相等，电磁功率中有附加分量，因此相对汽轮机发电机而言，有较大的进相能力。当然，一般的机组最好不要进相运行。进相运行的最大危害就是发热。若运行中该进相是由设备原因引起，在发电机还没有出现振荡或失步的情况下，可适当降低有功，增加励磁，使发电机脱离进相状态，然后查明进相原因。

Jd4F4004　发电机应装设哪些类型的保护装置？有何作用？

答：依据发电机容量大小，类型、重要程度及特点，装设下列发电机保护，以便及时反映发电机的各种故障及不正常工作状态。

（1）纵差动保护。用于反映发电机线圈及其引出线的相间短路。

（2）横差动保护。用于反映发电机定子绕组的一相的一个分支匝间或二个分支间短路。

（3）过电流保护。用于切除发电机外部短路引起的过流，并作为发电机内部故障的后备保护。

（4）单相接地保护。反映定子绕组单相接地故障。在不装设单相接地保护时，应用绝缘监视装置发出接地故障信号。

（5）不对称过负荷保护。反映不对称负荷引起的过电流，一般在 5MW 以上的发电机应装设此保护，动作于信号。

（6）对称过负荷保护。反映对称过负荷引起的过电流，一般应装设于一相过负荷信号保护。

（7）无负荷过压保护。反映大型汽轮发电机突然甩负荷时，引起的定子绕组的过电压。

（8）励磁回路的接地保护，分转子一点接地保护和转子两点接地保护。反映励磁回路绝缘不好。

（9）失磁保护。是反应发电机由于励磁故障造成发电机失磁，根据失磁严重程度，使发电机减负荷或切厂用电或跳发电机。

（10）发电机断水保护。装设在水冷发电机组上，反映发电机冷却水源消失。

以上十种保护是大型发电机必需的保护。

为了快速消除发电机故障，以上介绍的各类保护，除已标明作用于信号的外，其他保护均作用发电机断路器跳闸，并且同时作用于自动灭磁开关跳闸，断开发电机断路器。

Jd4F5005　对变压器线圈绝缘电阻测量时应注意什么？如何判断变压器绝缘的好坏？

答： 新安装或检修后及停运半个月以上的变压器，投入运行前，均应测定变压器线圈的绝缘电阻。

测量变压器线圈的绝缘电阻时，对运行电压在500V以上，应使用1000～2500V兆欧表，500V以下可用500V兆欧表。

测量变压器绝缘电阻时应注意以下问题。

（1）必须在变压器停电时进行，各线圈都应有明显断开点；

（2）变压器周围清洁，无接地物，无作业人员；

（3）测量前用地线对变压器线圈和铁芯应对地放电，测量后也应对地放电；

（4）测量使用的兆欧表应符合电压等级的要求；

（5）中性点接地的变压器，测量前应将中性点刀闸拉开，测量后应恢复原位。

变压器绝缘状况的好坏按以下要求判定。

（1）变压器在使用时，所测得的绝缘电阻值，与变压器安装或大修干燥后投入运行前测得的数值之比，不得低于50%。

（2）吸收比 $R_{60''}/R_{15''}$ 不得小于1.3倍。

符合上述条件，则认为变压器绝缘合格。

Jd3F1006　厂用电系统的倒闸操作一般有哪些规定？

答： 厂用电系统的倒闸操作应遵循下列规定：

（1）厂用电系统的倒闸操作和运行方式的改变，应由值长发令，并通知有关人员。

（2）除紧急操作和事故处理外，一切正常操作应按规定填写操作票，并严格执行操作监护及复诵制度。

（3）厂用电系统倒闸操作，一般应避免在高峰负荷或交接班时进行。操作当中不应进行交接班，只有当操作全部终结或告一段落时，方可进行交接班。

（4）新安装或进行过有可能变换相位作业的厂用电系统，在受电与并列切换前，应检查相序、相位的正确性。

（5）厂用电系统电源切换前，必须了解电源系统的连接方式。若环网运行，应并列切换，若开环运行及事故情况下对系统接线方式不清时，不得并列切换。

（6）倒闸操作应考虑环并回路与变压器有无过载的可能，运行系统是否可靠及事故处理是否方便等。

（7）厂用电系统送电操作时，应先合电源侧隔离开关、后合负荷侧隔离开关。停电操作与此相反。

Jd3F2007　在什么情况下可先启动备用电动机，然后停止故障电动机？

答：遇有下列情况：

（1）电动机内发出不正常的声音或绝缘有烧焦的气味；

（2）电动机内或启动调节装置内出现火花或烟气；

（3）静子电流超过运行的数值；

（4）出现强烈的振动；

（5）轴承温度出现不允许的升高。

Jd3F3008　铁磁谐振过电压现象和消除办法是什么？

答：现象：三相电压不平衡，一或两相电压升高超过线电压。

消除办法：改变系统参数，如：

（1）断开充电断路器，改变运行方式。

（2）投入母线上的线路，改变运行方式。

（3）投入母线上的备用变压器或所用变压器。

（4）将 TV 开口三角侧短接。

（5）投、切电容器或电抗器。

Jd3F4009　什么是继电保护装置，其基本任务是什么？

答：继电保护装置就是能反应电力系统中各电气设备发生故障或不正常工作状态，并作用于断路器跳闸或发出信号的一种自动装置。它的基本任务是：

（1）能自动地、迅速地、有选择性地借助断路器将故障设备从系统中切除，保证无故障设备迅速恢复正常运行，并使故障设备免于继续遭受破坏。

（2）能反应电气设备的不正常工作状态：并根据运行维护的条件作用于信号或将那些继续运行即会造成损坏或发展为故障的设备切除。反应不正常状态的继电保护，通常都不需要立即动作，即可带一定的延时。

Jd3F4010　继电保护的操作电源有几种？各有何优缺点？

答：用来供给继电保护装置工作的电源有直流和交流两种。无论哪种操作电源，都必须保证在系统故障时，保护装置能可靠工作，工作电源的电压要不受系统事故和运行方式变化的影响。

直流电源取自直流发电机和蓄电池供电，其电压为 110V 或 220V，它与被保护的交流系统没有直接联系，是一个独立电源。蓄电池组储存足够的能量，即使在发电厂或变电所内完全停电的情况下，也能保证继电保护、自动装置的可靠工作。直流电源的缺点是：需要专门的蓄电池组和辅助设备，投资大、运行维护麻烦，直流系统复杂，发生接地故障后，难以寻找故障点，降低了操作回路的可靠性。

继电保护采用交流工作电源时有两种供电方式：一种是将交流电源整流成直流后，供给继电保护、自动装置用。另一种是全交流的工作电源，由电流、电压互感器供电。由于继电保护、自动装置采用交流电源，则应采用交流继电器进行工作。

交流电源与直流电源比较，有节省投资、简化运行维护工作量等优点。其缺点是可靠性差，特别在交流系统故障时，操作电源受到影响大，所以应用还不够广泛。

Jd3F4011　什么叫备用电源自动投入装置，其要求是什么？

答：备用电源自动投入装置就是当工作电源因故障跳闸后，能自动地而且迅速地将备用电源投入，使用户不致于停电的一种装置，简称为 BZT 装置。

对 BZT 装置的基本要求有以下几点：

（1）装置的启动部分应能反应工作母线失去电压的状态。

（2）为防止工作电源与备用电源之间发生非同期并列，要求只有当工作电源断开后，备用电源方可投入。

（3）BZT 装置只能动作一次，以免在母线上或引出线上发生持续性故障时，备用电源被多次投入到故障元件上，造成更严重的事故。

（4）BZT 装置应该保证停电时间最短，使电动机容易自启动。

（5）当电压互感器的熔断器熔断时 BZT 装置不应动作。

（6）当备用电源无电压时，BZT 装置不应动作。

Jd3F4012　氢冷发电机漏氢有哪些原因？怎样查找？如何处理？

答：氢冷发电机漏氢的原因主要有以下几点：

（1）氢管路系统的焊缝、阀门及法兰不严密引起漏氢；

（2）机座、端罩及出线罩的结合面，由于密封胶没注满密封槽或密封胶、密封橡胶条等老化引起漏氢；

（3）密封瓦有缺陷或密封油压过低，使油膜产生断续现象，造成大量漏氢；

（4）氢冷器不严密，使氢气漏入氢冷却水中；

（5）定子内冷水系统，尤其是绝缘引水管接头等部位不严密，使氢气漏入内冷水中。

发电机漏氢量较大时，应对内冷水箱、氢冷器放气门、发电机两侧轴瓦、发电机各结合面处、密封油箱及氢系统的管路、阀门等处进行重点查找。

通常采用专门检漏仪、涂刷洗净剂水、洗衣粉水或肥皂水等办法查找。

内冷水系统有微量漏氢时，一定要保持氢压高于水压0.05MPa以上，应尽早安排停机处理。大量漏氢时，应立即停机处理，不可延误。

氢冷器漏氢时，将漏泄的氢冷器进、出口水门关闭，根据温升情况降低发电机负荷，进行堵漏。

密封油压低造成漏氢时，应提高油压。

密封瓦缺陷及发电机各结合面不严造成漏氢，可在大、小修或临检时处理。

在发电机运行时如果漏点不能消除而氢压不能保持时，则可降低氢压运行，同时按低氢压运行的规定降低负荷，此时应采取措施防止空气进入发电机外壳内。发电机大量漏氢时，应做好防止氢爆的安全措施。

Jd3F4013　发电机内大量进油有哪些危害？怎样处理？

答：发电机内所进的油均来自密封瓦。20号透平油含有油烟、水分和空气，大量进油后危害是：

（1）侵蚀电机的绝缘，加快绝缘老化；

（2）使发电机内氢气纯度降低，增大排污补氢量；

（3）如果油中含水量大，将使发电机内部氢气湿度增大，使绝缘受潮，降低气体电击穿强度，严重时可能造成发电机内部相间短路。

处理：

（1）控制发电机氢、油压差在规定范围，不要过大，以防止进油；

（2）运行人员加强监视，发现有油及时排净，不使油大量积存；

（3）保持油质合格；

（4）经常投入氢气干燥器，使氢气湿度降低；

（5）如密封瓦有缺陷，应尽早安排停机处理。

Jd3F4014　常用电刷分几类，各有什么特点？如何选用电刷？

答：常用电刷分三类：

（1）石墨电刷；

（2）电化石墨电刷；

（3）金属石墨电刷。

特点：

石墨电刷电阻系数小，电刷上的接触电压降较小。

电化石墨电刷电阻系数大，电刷上的接触电压降较大。

金属石墨电刷电阻系数小，电刷上的接触电压降小。

不同牌号的电刷具有不同的接触电阻，接触电阻大的，换向性能好，能限制换向元件中的附加电流，故抑制火花能力强。

但过大又会造成电刷接触电压降增大，滑动的接触点上电能损耗增大，引起电刷和换向器发热。另外，还应根据具体情况考虑电流的大小，电刷的压力，周围环境的温度、湿度，电刷与换向器的磨损以及噪声等因素。因此，在选择电刷时，要以具体的电动机来考虑。对一般情况，小型电动机应采用 S-3 型石墨电刷；对于牵引电动机等应采用接触电阻较大的硬质电化石墨电刷，如 DS-8、DS-14 及 DS-74B 型；而对于低电压、大电流的电动机，应采用接触电压较小的含铜石墨电刷，如 F-1、F-5 型；如需要减小换向器的磨损时，应采用软质电化石墨电刷，如 DS-4、DS-72 型。

Jd3F4015 发电机运行中两侧汇流管屏蔽线为什么要接地？测发电机绝缘时为什么屏蔽线要接兆欧表屏蔽端？

答：定子绕组采用水内冷的发电机，两侧汇流管管壁上分别焊接一根导线，通常叫做屏蔽线。并将其接至发电机接线盒内的专用端子，通常叫做屏蔽端子。运行中将两个屏蔽端子通过外部引线连在一起接在接地端子上，即运行中两侧汇流管屏蔽线接地，停机测发电机定子绕组绝缘时，将两个屏蔽端子通过外部引线连在一起接在兆欧表屏蔽端，即停机测发电机定子绕组绝缘时将屏蔽线接兆欧表屏蔽端。

发电机运行中两侧汇流管屏蔽线接地，主要是为了人身和设备的安全，因为汇流管距发电机线圈端部近，且汇流管周围埋很多测温元件，如果不接地，一旦线圈端部绝缘损坏或绝缘引水管绝缘击穿，使汇流管带电，对在测温回路工作的人员和测温设备都是危险的。

用兆欧表测发电机定子绕组对地绝缘电阻，实际上是在定子绕组和地端之间加一直流电压，测量流过的电流及其变化情况，来判断绝缘好坏。电流越大，兆欧表指针偏转角度越小，指示的绝缘电阻值越小。定子绕组采用水内冷的发电机，由于外部水系统管道是接地的，且水中含有导电离子，当兆欧表的直流电压加在绕组和地端之间时，水中要产生漏泄电流，水中的漏泄电流流入兆欧表的测量机构，将使绝缘电阻读数显著下降，引起错误判断。测发电机定子绕组绝缘时，若采用将两侧汇流管屏蔽线接到摇表的屏蔽端的接线方式，可使水中的漏泄电流经摇表的屏蔽端直接流回摇表的电源负极，不流过测量机构，也就不会带来误差，即消除水中漏泄电流的影响。

Jd3F5016 常用变压器油有几种？不同型号的变压器油能否混合使用？

答：常用的变压器油有 3 种，其代号为 DB-10、DB-25、DB-45。

变压器油在变压器中起绝缘和散热作用，变压器油是矿物油，由于它的成分不同，若将不同的变压器油混合在一起，对油的安定度有影响，会加快油质的劣化，所以不同型号的变压器油一般不应混合使用。如果同型号的油不足的情况下不得不混合使用时，则应经过混油试验，即通过化学、物理化验证明可以混合，再混合使用。

Jd3F5017　哪些原因引起电动机启动不良？

答：当启动电动机的开关合闸后，电动机不转动而只发出响声，或者不能达到正常转速，则为电动机启动不良，应立即停止故障电动机，检查原因，主要原因：

（1）机械有损坏或卡住；

（2）转子回路可能有断线或接触不良。鼠笼式电动机铜条和端环间的连接破坏；绕组式转子电动机的变阻器回路断开，电缆的连接点破坏，电刷器有毛病，引线与滑环的连接破坏等；

（3）定子回路有一相断线；

（4）定子回路接线错误。

Jd3F5018　运行电压高或低对变压器有何影响？

答：若加于变压器的电压低于额定值，对变压器寿命不会有任何不良影响，但将影响变压器容量不能充分利用。

若加于变压器的电压高于额定值，对变压器是有不良影响的。当外加电压增大时，铁芯的饱和程度增加，使电压和磁通的波形发生严重的畸变，且使变压器的空载电流大增。

电压波形的畸变也即出现高次谐波，这要影响电能质量，其危害如下：

（1）引起用户电流波形的畸变，增加电机和线路上的附加损耗。

（2）可能在系统中造成谐波共振现象，导致过电压使绝缘损坏。

（3）线路中电流的高次谐波会影响电信线路，干扰电信的正常工作。

（4）某些高次谐波会引起某些继电保护装置不正确动作。

Jd3F5019　变压器中性点的接地方式有几种？中性点套管头上平时是否有电压？

答：现代电力系统中变压器中性点的接地方式分为三种：中性点不接地；中性点经消弧线圈接地；中性点直接接地。

在中性点不接地系统中，当发生单相金属性接地时，三相系统的对称性不被破坏，在某些条件下，系统可以照常运行，但是其他两相对地电压升高到线电压水平。

当系统容量较大，线路较长时，接地电弧不能自行熄灭。为了避免电弧过电压的发生，可采用经消弧线圈接地的方式。在单相接地时，消弧线圈中的感性电流能够补偿单相接地的电容电流。既可保持中性点不接地方式的优点，又可避免产生接地电弧的过电压。

随着电力系统电压等级的增高和系统容量的扩大，设备绝缘费用占的比重越来越大，采用中性点直接接地方式，可以降低绝缘的投资。我国110、220、330kV及500kV系统中性点皆直接接地。380V的低压系统，为方便的抽取相电压，也直接接地。

关于变压器中性点套管上正常运行时有没有电压问题，这要具体情况具体分析。理论上讲，当电力系统正常运行时，如果三相对称，则无论中性点接地采用何种方式，中性点的电压均等于零。但是，实际上三相输电线对地电容不可能完全相等，如果不换位或换位不当，特别是在导线垂直排列的情况下，对于不接地系统和经消弧线圈接地系统，由于三相不对称，变压器的中性点在正常运行时会有对地电压。在消弧线圈接地系统，还和补偿程度有关。对于直接接地系统，中性点电位固定为地电位，对地电压应为零。

Jd3F5020　高压厂用母线电压互感器停、送电操作应注意什么？

答：高压厂用母线电压互感器停电时应注意下列事项：

（1）停用电压互感器时，应首先考虑该电压互感器所带继电保护及自动装置，为防止误动可将有关继电保护及自动装置或所用的直流电源停用。

（2）当电压互感器停用时，应将二次侧熔断器取下。然后将一次熔断器取下。

（3）小车式或抽匣式电压互感器停电时，还应将其小车或抽匣拉出，其二次插件同时拔出。

高压厂用母线电压互感器送电时应注意下列事项：

（1）应首先检查该电压互感器所带的继电保护及自动装置确在停用状态。

（2）将电压互感器的一次侧熔断器投入。

（3）小车式或抽匣式电压互感器推至工作位置。

（4）将电压互感器的二次侧熔断器投入。

（5）小车式或抽匣式电压互感器的二次插件投入。

（6）停用的继电保护及自动装置直流电源投入。

（7）电压互感器本身检修后，在送电前还应按规定测高、低压绕组的绝缘状况。

（8）电压互感器停电期间，可能使该电压互感器所带负荷的电度表转速变慢，但由于厂用电还都装有总负荷电度表，因此，电压互感器停电期间，各分负荷所少用的电量不必追计。

Jd2F1021　为什么有些低压线路中用了自动空气开关后，还要串联交流接触器？

答：这要从自动空气开关和交流接触器的性能说起，自动空气开关有过载、短路和失压保护功能，但在结构上它着重提高了灭弧性能，不适宜于频繁操作。而交流接触器没有过载、短路的保护功能，只适用于频繁操作。因此，有些需要在正常工作电流下进行频繁操作的场所，常采用自动空气开关串联交流接触器的接线方式。这样既能由交流接触器承担工作电流的频繁接通和断开，又能由自动空气开关承担过载、短路和失压保护。

Jd2F2022　简述距离保护的主要组成部分及作用。

答：距离保护的组成按作用可分为下列几部分：

（1）测量元件：用以测量被保护线路相间短路时由保护安装处到故障点的阻抗。每相有两个方向阻抗继电器，一段每相单独用一个方向阻抗继电器；二、三段每相共用一个方向阻抗继电器，正常时阻抗继电器工作在二段上，当故障发生在第三段保护范围内时，由切换继电器切换到第三段。

（2）保护启动元件：一般由负序电流及零序电流增量元件构成。其主要作用是在发生故障的瞬间短时间内（0.3s 内）启动整套保护，并兼起系统振荡闭锁保护的作用。

（3）电压断线闭锁装置：采用交流二次与三次零序平衡原理，当交流电压二次回路发生断线，交流二次出现零序电压而三次无零序电压，断线闭锁装置动作，将保护闭锁，并发出断线闭锁信号。

（4）振荡闭锁装置：其作用是当电力系统发生振荡时，闭锁一、二段保护，使一、二段保护在系统振荡期间退出工作，防止其误动。

（5）直流回路：主要实现距离保护三段式阶梯时限特性，振荡、断线闭锁保护，重合闸各种后加速跳闸方式以及各种信号正确表示等的直流逻辑回路。

Jd2F2023　距离保护中为什么要有断线闭锁装置？

答：当电压互感器二次回路断线造成距离保护失去电压时，由于电流回路仍然有负荷电流，阻抗继电器有可能误动作。为了防止距离保护在电压回路断线时误动作，距离保护中设置了电压回路断线闭锁装置。该装置在距离保护交流电压回路断线时，将整套保护闭锁。对于采用负序、零序电流增量元件作为启动元件的距离保护来说，虽然增量元件能起到断线闭锁的作用，但当电压回路断线时，外部又发生故障。由于增量元件的动作将引起保护误动，所以也必须装设断线闭锁装置。

Jd2F2024　电压互感器常见的都有几种接线方式？各有什么作用？

答：电压互感器常见的接线方式有：Vv，YNynd，Yyn 和 Dyn 等。

Vv 接线。在只需要测线电压的场合，用两只单相电压互感器，接成 Vv 接线。这种接法仅用于中性点不接地或经消弧线圈接地的系统中。380V 厂用母线电压互感器也用这种接线方式。这种接线较经济，但有局限性。

YNynd 接线。这种接线方式可测量线、相电压，又能组成绝缘监察装置和供单相接地保护用，应用比较广泛。可接成这种接线方式的电压互感器必须有第三线圈。三只单相三线圈电压互感器和三相五柱式电压互感器，都可接成这种接线。

Yyn 接线。这种接线方式可满足仪表和继电保护装置接相电压和线电压的要求，但是，不能测量对地电压。这种接线可由三只单相电压互感器组成，也可用三相三柱式互感器，接于中性点不接地或经消弧线圈接地的系统中。

Dyn 接线。这种接线方式只用于发电机的电磁式电压校正器的电压互感器中。因为：

（1）可以充分利用电压互感器容量。

（2）使接线组别与校正器的区分，变压器及电流互感器的接线方式相配合，可以使校正器的特性随发电机负荷变化，得到所需要的调差系数。

（3）二次侧接成星形，便于取得接地点（中性点）。

Jd2F3025　电压互感器投入运行时要注意哪些问题？为什么要进行核相？并说明核相步骤。

答：电压互感器投入运行，要检验其接线与其他二次回路有关电压线关系的正确性。包括：

（1）测量相、线电压应正常。

（2）测量相序应为正相序。

（3）核相，确定相位的正确性。

如果相序、相位不正确将无法用以测量一次系统的相位，无法进行同期并列和电压互感器间的并列。在日常运行和操作中有时需要两母线上的电压互感器短时间进行并列，如两个母线绝缘监察切换开关同时插入，造成的两台电压互感器并列；倒母线时造成的两台电压互感器并列等，因此在电压互感器投入运行前必须进行核相。核相的步骤如下：

（1）校验核相所用的三相电压是否对称。

（2）按接线组别，分别测量两互感器二次侧端子间的各电压。

（3）根据测定结果，检查二次端子的标号及所接端子排是否正确。

Jd2F4026　电压互感器的一、二次测装设熔断器是怎样考虑的？什么情况下可不装设熔断器，其选择原则是什么？

答：为防止高压系统受电压互感器本身或其引出线上故障的影响和对电压互感器自身的保护，所以在一次侧装设熔断器。

110kV 及以上的配电装置中，电压互感器高压侧不装熔断器。

电压互感器二次侧出口是否装熔断器有几个特殊情况：

（1）二次接线为开口三角的出线除供零序过电压保护用以外，一般不装熔断器。

（2）中线上不装熔断器。

（3）接自动电压调整器的电压互感器二次侧不装熔断器。

（4）110kV 及以上的配电装置中的电压互感器二次侧装空气小开关而不用熔断器。

二次侧熔断器选择的原则是：熔件的熔断时间必须保证在二次回路发生短路时小于保护装置动作时间。熔件额定电流应大于最大负荷电流，且取可靠系数为 1.5。

Jd2F4027 电流互感器和普通变压器比较，在原理上有什么特点？

答：变压器因用途不同，有的一次电流随二次电流变化，有的二次电流随一次电流变化，例如普通降压变压器的一次电流就是随二次电流变化，二次电流起主导作用，而电流互感器的一次电流由主电路负荷决定，不由二次电流决定，永远是一次电流起主导作用。

电流互感器二次回路所串接的负荷是电流表和继电器的电流线圈，阻抗很小，因此电流互感器的正常运行情况，相当于二次短路变压器的运行状态。

变压器的一次电压决定了铁芯中的主磁通，主磁通又决定了二次电动势，因此一次电压不变，二次电动势也基本不变。电流互感器则不然，二次回路的阻抗变化时，影响二次电动势。

Jd2F4028 电流互感器等级分几级？各级适用范围是什么？

答：电流互感器的准确等级分 0.2、0.5、1、3、10 共五级。

一般发电机、变压器、厂用电、引出线等回路中的电度表，用 0.5 级电流互感器。

供运行监视、估算电能的电度表、功率表、电流表用的电流互感器为 1 级。

无被测值或估计被测值大小的表计用的电流互感器为 3 级或者 10 级。

用于继电保护的电流互感器为一级。

0.2 级用于精密试验，测量。

Jd2F4029　画出吸引衔铁式电磁型电流继电器原理图，并说明有哪些主要技术参数？

答：原理图如图 F-1 所示。

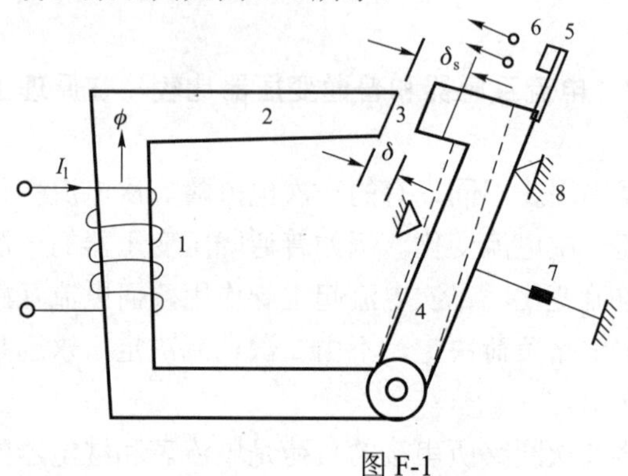

图 F-1

1—线圈；2—电磁铁；3—气隙；4—可动衔铁；5、6—接点；7—弹簧；8—止挡

主要技术参数有：

（1）起动电流。使继电器可动衔铁克服弹簧拉力而触点可靠闭合的最小电流值，称为继电器的起动电流。

（2）返回电流。使继电器在弹簧拉力作用下返回原位的最大电流值，称为继电器的返回电流。

（3）返回系数。返回电流与起动电流的比值，称为继电器的返回系数。在实际应用中返回系数一般为 0.85～0.9。返回系数越大则保护装置的灵敏度越高，但过大的返回系数会使继电器触点闭合不够可靠。

Jd2F4030　发电机转子采用氢气冷却有什么优点？对氢气质量有哪些要求？质量下降会产生什么后果？

发电机转子采用的冷却介质主要有三种：即空气、氢气和水。

空气冷却是最老的冷却方式，它的优点是经济、设备简单、运行维修方便。缺点是冷却效果差、损耗大，只在 25MW 以下机组采用。

水具有其他冷却介质无法比拟的优点，但是由于转子的高速旋转，使转子水的供给装置、冷却水路方式、水路元件结构、制造工艺以及水腐蚀等问题构成了世界各国面临的重大技术课题。因此，大部分国家在 800～1000MW 以上的发电机转子才考虑水冷方式。

作为冷却介质，氢气的冷却效果虽然不及水冷却，但它的冷却作用远远超过空气冷却。首先，氢气比空气轻 10 多倍，可以大大减少通风损耗和风摩擦损耗；其次，氢气的导热系数比空气大 6.7 倍左右，同样体积的空气和氢气，后者可带走较多的热量；此外，氢气不起氧化作用，可以增加发电机绝缘材料的稳定性。氢气不助燃，当发电机内部发生绝缘击穿故障时，不会引起火灾。而且氢冷技术发展成熟，制造工艺良好，所以 800～1000MW 以下的发电机转子广泛采用氢冷方式。但是氢气和空气混合达到一定比例时，遇有明火可能产生氢气爆炸，同时还需配装制氢设备和密封油系统。

对氢气质量有如下要求：纯度在 96%以上、含氧量不超过 2%、湿度不超过 15g/m^3。

纯度降低，会使发电机效率下降，冷却能力降低；含氧量增大，不安全；湿度过大，有损于发电机绝缘，降低气体电击穿强度，严重时可造成发电机内部相间故障。

Jd2F5031　发电机大轴接地电刷有什么用途？

答：发电机大轴接地电刷具有如下三种用途：

（1）消除大轴对地的静电电压；

（2）供转子接地保护装置用；

（3）供测量转子线圈正、负极对地电压用。

Jd2F5032　大修后的发电机为什么要做空载和短路特性试验？

答：大修后的发电机，在整套启动并网前，都要做短路和空载特性试验。这两项试验都属于发电机的特性和参数试验。它与预防性试验的目的不同，这类试验是为了了解发电机的运行性能、基本量之间关系的特性曲线以及被发电机结构确定了的参数。因为这些性能曲线和参数是电厂运行中分析发电机的某些问题、电力系统调度部门研究计算继电保护和系统稳定问题时所需用的。

Jd2F5033　大修后的发电机怎样做假同期试验？以图 F-2 为例介绍发电机假同期试验操作步骤。

答：大修后的发电机，为了验证同期回路的正确性，并网前应做假同期试验。其操作步骤如下：

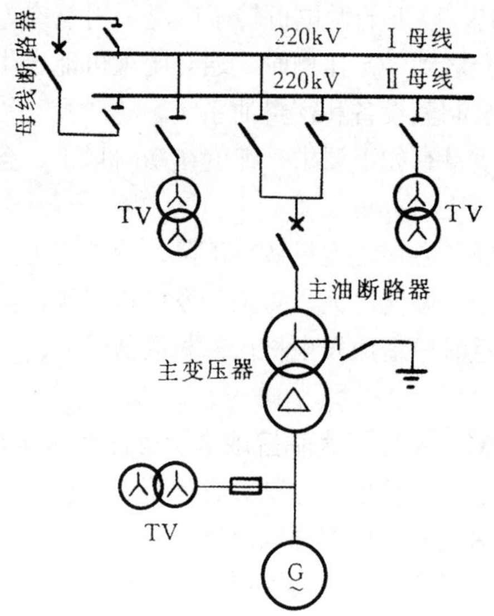

图 F-2　假同期试验系统接线

（1）将 220kV Ⅰ母线上运行的所有元件倒至Ⅱ母线，拉开母联断路器，Ⅰ母线停电。

（2）合上主变中性点接地开关及Ⅰ母隔离开关。

（3）保持发电机转速为额定值。

（4）合上灭磁开关，合上同期开关，将同期方式选择开关切至手动位置，合上主油断路器，升压，检查 220kV Ⅰ母线电压表及发电机出口电压表指示情况，正常，升压至额定值。

（5）检查频率差表针和电压差表针应在零位，同步表针应指同步点，同期检查继电器应返回，其动断触点应闭合。拉开同期开关，将同期方式选择开关切至断开位置（同步表通电时间不能超过 15min）。

（6）220kV Ⅰ母线 TV 二次与发电机出口 TV 二次定相，相位正确后，拉开主油断路器，拉开主变Ⅰ母线隔离开关并将其辅助接点垫上，以使同期电压能够切换。

（7）合上母联断路器，用 220kV Ⅱ母线电源向Ⅰ母线充电。

（8）调整发电机电压和频率与系统一致，合上同期开关，将同期方式选择开关切至手动位置，检查频率差表、电压差表、同步表及同期检查继电器指示无误，动作正确，在同步点合上主油断路器（假同期并列）。

（9）假同期并列正确后，拉开同期开关，将同期方式选择开关切至断开位置，拉开主油断路器，降发电机电压，拉开灭磁开关，将主变压器Ⅰ母线隔离开关辅助接点恢复正常。

Jd2F5034　发电机启动前运行人员应进行哪些试验？

答：启机前运行人员应进行下述试验：

（1）测量机组各部绝缘电阻应合格。

（2）投入直流后，各信号应正确。

（3）自动调节励磁装置电压整定电位器、感应调压器及调速电机加减方向正确、动作灵活。

（4）做发电机出口断路器、励磁系统各开关及厂用工作电源开关拉合闸试验。大、小修或电气回路作业后，启机前还应做下述试验：

1）做保护动作跳主油断路器、灭磁开关及厂用工作电源开关试验。

2）自动调节励磁装置强励限制试验。

3）备励强励动作试验。

4）同期检定试验。

Jd2F5035　发电机启动升压过程中为什么要监视转子电流和定子电流？

答：发电机启动升压过程中，监视转子电流的目的：

（1）监视转子电流和与之对应的定子电压，可以发现励磁回路有无短路。

（2）额定电压下的转子电流较额定空载励磁电流显著增大时，可以粗略判定转子有匝间短路或定子铁芯有局部短路。

（3）电压回路断线或电压表卡涩时，防止发电机电压升高，威胁绝缘。

发电机启动升压过程中，监视定子电流是为了判断发电机出口及主变压器高压侧有无短路线。

Jd2F5036　发电机滑环电刷冒火原因是什么？如何消除？维护时注意哪些问题？

答：发电机滑环电刷冒火的原因和消除的方法如下：

（1）电刷研磨不良，接触面积小。应重磨电刷或使发电机在轻负荷下作长时间运行，直到磨好为止。

（2）电刷和引线、引线和接线端子间的连接松动，接触电阻大，造成负荷分配不均匀。应检查电刷与铜辫的接触及引线回路中各螺丝是否上紧，接触是否良好。

（3）电刷牌号不符合规定，或部分换用了不同牌号的电刷。应检查电刷牌号，更换成制造厂指定的或经试验适用的电刷。

（4）电刷压力不均匀，或不符合要求。调整弹簧压力（电刷的压力应按制造厂规定，制造厂无规定）。

（5）电刷磨短。电刷磨短至规定值时，必须更换。

（6）滑环和电刷表面不洁，随不洁程度，可能在个别电刷上，也可能在全部电刷上发生火花。用白布浸少许酒精擦拭滑环，用干净白布擦电刷表面，在研磨工具上，覆以细玻璃砂纸研磨滑环。

（7）电刷在刷框中摇摆或动作滞涩，火花随负荷而增加。应检查电刷在刷框内的情况，能否上下自由活动，更换摇摆的和滞涩的电刷。电刷在刷框内应有 0.1～0.2mm 的间隙。

（8）滑环磨损不均匀、电刷松弛或机组振动等原因造成电刷振动，火花依振动的大小而不同。应查明振动的原因并消除之。

（9）滑环不圆、表面不平、严重磨损或撞伤。应进行车磨。

滑环电刷维护时注意事项：

在运行中的发电机滑环电刷上工作时，工作人员应穿绝缘鞋或铺胶皮垫，使用绝缘良好的工具并应采取防止短路及接地的措施。当励磁系统有一点接地时，更应注意。禁止同时用两手接触发电机励磁回路和接地部分或两个不同极的带电部分。工作时应穿工作服，禁止穿短袖衣服或把衣袖卷起来。衣袖要小，并在手腕处扣住。女工还应将长发或辫子卷在帽子内。

Jd2F5037　发电机定子绕组采用水冷却有什么优点？对冷却水质量有哪些要求？水质不合格会产生什么后果？

答： 水具有非常高的导热性能，它的冷却能力比空气大 125 倍，比氢气大 40 倍，且水的化学性能稳定，不燃烧、价廉。

定子绕组是静止的，采用水冷却时它的冷却水系统比较简单，这是大容量汽轮发电机定子绕组广泛采用水冷却的另一个原因。

通常对冷却水质量有如下要求：电导率不大于 2μS / cm，

pH 值为 7～8，硬度小于 2 微克当量 / L，允许有微量的 NH_3，水质透明纯净、无机械混合物。

电导率：反映水中金属离子和盐分含量。电导率过高，铜线腐蚀速度加快，以致堵塞水孔。另外，电导率过高将引起泄漏电流增加，使损耗增大，严重时引起绝缘引水管绝缘击穿水闪络。

pH 值：反映水质的酸碱度。pH 值过大或过小均使水的电导率增大，腐蚀加快。

硬度：它标志着水中钙镁离子和盐分含量。硬度大，水的电导率增大，易结垢。

定子内冷水水质不合格，长期运行将使空心导线内壁结垢，定子线棒温升逐年升高，严重时可造成局部堵塞过热，甚至使绝缘引水管绝缘击穿，造成事故。

Jd1F1038　分析发电机失磁运行时主要参数的变化及原因。

答：（1）转子电流指示为零或接近于零。当发电机失去励磁后，转子电流迅速地依指数规律衰减，其减小的程度与失磁原因、剩磁大小有关。当励磁回路开路时，转子电流表指示为零；当励磁回路短路或经小电阻闭合时，转子回路有交流电流通过，直流电流表有指示，但指示值很小。

（2）定子电流增大并波动。失磁后的发电机进入异步运行状态时，既向电网送出有功功率，又从电网吸收无功功率，所以造成电流上升。波动的原因简单地说是由于转子回路中有差频脉动电流所引起的。

（3）有功功率降低并波动。异步运行发电机的有功功率的平均值比失磁前略有降低，这是因为机组失磁后，转子电流很快以指数曲线衰减到零，原来由转子电流所建立的转子磁场也很快消失，这样作为原动机力矩的电磁转矩也消失了，“释载”的转子在原动机的作用下很快升速。这时汽轮机的调速系统自动使汽门关小一些，以调整转速。所以在平衡点建立起来的时候，有功功率要下降一些。有功功率降低的程度和大小，与汽轮机的调整特性以及该发电机在某一些转差下所能产生的异步力矩的大小有关。

（4）机端电压显著下降，且随定子电流波动。由于定子电流增大，线路压降增大，导致机端电压下降，危及厂用负荷安全稳定运行。如在发电机带 50%额定功率时，6.3kV 母线电压平均值约为失磁前的 78%，最低值达 72%。

（5）无功功率指示负值，发电机进相运行。

（6）转子各部件温度升高。异步运行发电机的励磁绕组，阻尼绕组、转子铁芯等处产生滑差电流，从而在转子上引起损耗使温度升高，特别是在转子本体端部，温升更高，它们的大小与异步电磁转矩和滑差成正比，严重时将危及转子的安全运行。

Jd1F1039　什么是 GIS 设备，什么是 C-GIS 设备？有什么具体区别？

答：GIS 为 Gas Insulated Switchgear，即气体绝缘开关设备。C-GIS 为 Cubic Gas Insulated Switchgear，即箱式或罐式气体绝缘开关设备。

GIS 指六氟化硫封闭式组合电器，它是把断路器、隔离开关、母线、接地开关、互感器、出线套管或电缆终端头等分别装在各自密封间中集中组成一个整体，外壳充以六氟化硫气体作为绝缘介质。结构紧凑、体积小、重量轻、不受大气条件影响、检修间隔长、无触电事故和电噪声干扰等优点。

C-GIS 指的是气体绝缘金属封闭开关设备，一般采用真空断路器，隔离开关、电压互感器等设备密封在一个空间内，用 SF_6 气体绝缘，其他部分是传统空气绝缘。SF_6 气室部分气压较低，一般是 GIS 的几分之一。

Jd1F1040 发电机失磁导致异步运行时的处理原则。

答：发电机失磁异步运行时，一般处理原则如下：

（1）对于不允许无励磁运行的发电机应立即从电网解列，以免损坏设备或造成系统事故。

（2）对于允许无励磁运行的发电机应按无励磁运行规定执行以下操作：

1）迅速降低有功功率到允许值（本厂失磁规定的功率值与表计摆动的平均值相符合），此时定子电流将在额定电流左右摆动。

2）手动断开灭磁开关，退出自动电压调节装置和发电机强行励磁装置。

3）注意其他正常运行的发电机定子电流和无功功率值是否超出规定，必要时按发电机允许过负荷规定执行。

4）对励磁系统进行迅速而细致的检查，如属工作励磁机的问题，应迅速启动备用励磁机恢复励磁。

5）注意厂用电母线电压水平，必要时可倒至备用电源供电。

6）在规定无励磁运行的时间内，仍不能使机组恢复励磁，则应将发电机与系统解列。

Jd1F1041 为什么必须采用具有电磁系测量机构的钳形电流表测量绕线式异步电动机的转子电流？

答：采用钳形电流表测量绕线式异步电动机的转子电流时，必须采用具有电磁系测量机构的钳形表。如采用一般常见的整流式磁电系钳形表测量，指示值与被测量的实际值会有很大出入，甚至没有指示。其原因是，整流式磁电系钳形表的表头是与互感器的二次绕组相连的，表头电压是由二次绕组得到的。根据电磁感应原理可知，互感电动势 $E_2=4.44fN\Phi$，由公式不难看出，互感电动势的大小与频率成正比。当采用此种钳形表测量转子电流时，由于转子上的频率很低，表头上得到的电压将比测量同样电流值的工频电流小得多，有时电流很小，甚至不能使表头中的整流元件导通，所以钳形电流表没有指示，或指示值与实际值有很大出入。

如果采用电磁系测量机构的钳形表，由于测量机构没有二次绕组，也没有整流元件，磁回路中磁通直接作用表头，而且与频率没有关系，所以能够正确指示出转子电流的数值。

Jd1F1042　高频保护运行时，为什么运行人员每天要交换信号以检查高频通道？

答： 我国常采用电力系统正常时高频通道无高频电流的工作方式。由于高频通道涉及两个厂站的设备，其中输电线路跨越几千米至几百千米的地区，经受着自然界气候的变化和风、霜、雨、雪、雷电的考验。高频通道上各加工设备和收发信机元件的老化和故障都会引起衰耗；高频通道上任何一个环节出问题，都会影响高额保护的正常运行。系统正常运行时，高频通道无高频电流，高频通道上的设备有问题也不易发现，因此每日由运行人员用启动按钮启动高频发信机向对侧发送高频信号，通过检测相应的电流、电压和收发信机上相应的指示灯来检查高频通道，以确保故障时保护装置的高频部分能可靠工作。

Jd1F2043　电压互感器和电流互感器在作用原理上有什么区别？电压互感器为什么禁止二次侧短路？电流互感器为什么禁止二次侧开路？

答： 主要区别是正常运行时，工作状态很不相同，表现为：

（1）电流互感器二次可以短路，但不得开路；电压互感器二次可以开路，但不得短路。

（2）相对于二次侧的负载来说，电压互感器的一次内阻抗较小以至可以忽略，可以认为电压互感器是一个电压源；而电流互感器的一次却内阻很大，以致可以认为是一个内阻无穷大的电流源。

（3）电压互感器正常工作时的磁通密度接近饱和值，故障时磁通密度下降；电流互感器正常工作时磁通密度很低，而短路时由于一次侧短路电流变得很大，使磁通密度大大增加，有时甚至远远超过饱和值。

电压互感器是一个内阻极小的电压源，正常运行时负载阻抗很大，相当于开路状态，二次侧仅有很小的负载电流，当二次侧短路时，负载阻抗为零，将产生很大的短路电流，会将电压互感器烧坏。因此，禁止电压互感器二次侧短路。

电流互感器在正常运行时，二次电流产生的磁通势对一次电流产生的磁通势起去磁作用，励磁电流甚小，铁芯中的总磁通很小，二次绕组的感应电动势不超过几十伏。如果二次侧开路，二次电流的去磁作用消失，其一次电流完全变为励磁电流，引起铁芯内磁通剧增，铁芯处于高度饱和状态，加之二次绕组的匝数很多，根据电磁感应定律 $E=4.44fN\Phi$，就会在二次绕组两端产生很高（甚至可达数千伏）的电压，不但可能损坏二次绕组的绝缘，而且将严重危及人身安全。再者，由于磁感应强度剧增，使铁芯损耗增大，严重发热，甚至烧坏绝缘。鉴于以上原因，电流互感器的二次回路中不能装设熔断器；二次回路一般不进行切换，若需要切换时，应有防止开路的可靠措施。

Jd1F2044　说出母差保护作用。母差保护动作后应闭锁哪些保护？

答：母差保护作用能快速、有选择性地切除母线故障，将故障控制在最小范围内，从而提高系统运行的稳定性和供电的可靠性。

母差保护动作应闭锁下列保护：

（1）当母线不采用重合闸时，母差保护动作后应解除线路重合闸，以防线路重合闸动作，使线路重合于故障母线上。

（2）双母线接线的母差保护动作后，应闭锁平行双回线路，分别连接在两母线上的横联差动方向保护和电流平衡保护，以防将连接在另一正常母线上的线路误跳闸。

（3）母差保护动作后，应闭锁线路本侧高频保护，使其停止发信。从而在线路断路器和电流互感器之间故障时，加速线路对侧断路器跳闸切除故障。但对那些线路上支接有变压器负荷的除外。

Jd1F2045　说明电流互感器二次发生开路时的主要现象。

答：主要现象

（1）回路仪表指示降低或为零。如用于测量表计的电流回路开路，会使三相电流表指示不一致，功率表指示减小，计量表计不转或转速变慢。

（2）电流互感器本体噪声、振动等增大，这种现象在负荷小时不太明显。

（3）开路时，由于磁饱和的严重，铁芯过热，外壳温度升高，内部绝缘受热有异味，严重时冒烟烧坏。

（4）由于电流互感器二次产生高电压，可能使互感器二次接线柱、二次回路元件接头、接线端子等处放电打火，严重时使绝缘击穿。

（5）部分仪表、电能表、继电器等冒烟烧坏。

Jd1F2046　说明电流互感器二次发生开路时的处理方法。

答：处理方法：

（1）发现电流互感器二次开路，应先分清故障属哪一组电流回路、开路的相别、对保护有无影响，汇报调度，解除可能误动的保护。

（2）尽量减少一次负荷电流，若电流互感器严重损伤，应转移负荷，并停电检查处理（如有旁路，可采用旁路供电，保证供电的可靠性）。

（3）尽量设法在就近的试验端子上，将电流互感器二次短路，再检查处理开路点。若短接时有火花，则说明短接有效，故障点就在短接点以下的回路中，可进一步查找；若短接时无火花，可能是短接无效，故障点可能在短接点以前的回路中，可以逐点向前变换短接点，缩小范围。

（4）在故障范围内，应检查容易发生故障的端子及元件，检查回路有否工作时触动过的部位。对检查出的故障，能自行处理的可立即处理，然后投入所退出的保护，若开路点在互感器本体的接线端子上，应停电处理。若是不能自行处理的故障或不能自行查明的故障，应向上级汇报，派人检查处理，此时应先将电流互感器二次短路，或转移负荷，停电处理。

（5）在短接二次回路时，工作人员一定要坚持操作监护制，一人操作，一人监护，并与带电设备保持适当的安全距离。操作人员一定要穿绝缘靴、戴绝缘手套和带绝缘把手的工具。禁止在电流互感器与短路点之间的回路上进行任何工作。

（6）当电流互感器发生下列故障时，应立即向上级汇报，并切断电源再行处理。

1）内部发出异味、冒烟、着火；

2）内部有放电现象、声音异常或引线与外壳间有火花放电现象；

3）主绝缘发生击穿，造成单相接地故障；

4）充油式电流互感器漏油、漏胶。

Jd1F2047　分析变压器瓦斯保护和纵差动保护的优缺点。

答：变压器瓦斯保护反应变压器油箱内部气体的数量和流动的速度而动作的保护，保护变压器油箱内各种短路故障，特别是对绕组的相间短路和匝间短路。主要优点：动作迅速、灵敏度高、安装接线简单、能反应油箱内部发生的各种故障。瓦斯保护主要缺点：不能反应油箱以外的套管及引出线等部位上发生的故障。变压器纵差动保护是反应被保护变压器各端流入和流出电流的相量差。主要优点是对相间短路动作迅速。缺点是不能反应变压器内部绕组匝间短路，并要解决差动回路的不平衡电流问题。

因此瓦斯保护与纵差动保护相互配合、相互补充，实现快速而灵敏地切除变压器油箱内、外及引出线上发生的各种故障。

Jd1F2048　变压器在什么情况下必须立即停止运行？

答：若发现运行中无法消除且有威胁整体安全的可能性的异常现象时，应立即将变压器停运。

发生下述情况之一时，应立即将变压器停运：

（1）变压器内部音响很大，很不正常，有爆裂声；

（2）在正常负荷和冷却条件下，变压器上层油温异常，并不断上升；

（3）油枕或防爆筒喷油；

（4）严重漏油，致使油面低于油位计的指示限度；

（5）油色变化过甚，油内出现炭质；

（6）套管有严重的破损和放电现象；

（7）变压器范围内发生人身事故，必须停电时；

（8）变压器着火；

（9）套管接头和引线发红、熔化或熔断。

Jd1F3049　变压器瓦斯保护的使用有哪些规定？

答：变压器瓦斯保护的使用规定如下：

（1）变压器投入前重瓦斯保护应作用于跳闸，轻瓦斯保护应作用于信号。

（2）运行和备用中的变压器，重瓦斯保护应投入跳闸位置，轻瓦斯保护应投入信号位置，重瓦斯和差动保护不许同时停用。

（3）变压器运行中进行滤油、加油、更换硅胶及处理呼吸器时，应先将重瓦斯保护改投信号，此时变压器的其他保护（如差动保护、电流速断保护等）仍应投入跳闸位置。工作完毕，变压器空气排尽后，方可将重瓦斯保护重新投入跳闸。

（4）当变压器油位异常升高或油路系统有异常现象时，为查明其原因，需要打开各放气或放油塞子、阀门，检查吸湿器或进行其他工作时，必须先将重瓦斯保护改接信号，然后才能开始工作，工作结束后即可将重瓦斯保护重新投入跳闸。

（5）在地震预报期间，根据变压器的具体情况和气体继电器的类型来确定将重瓦斯保护投入跳闸或信号。地震引起重瓦斯动作停运的变压器，在投运前应对变压器及瓦斯保护进行检查试验，确定无异状后方可投入。

（6）变压器大量漏油致使油位迅速下降，禁止将重瓦斯保护改接信号。

（7）变压器轻瓦斯信号动作，若因油中剩余空气逸出或强油循环系统吸入空气引起，而且信号动作间隔时间逐次缩短，将造成跳闸时，如无备用变压器，则应将瓦斯保护改接信号，同时应立即查明原因加以消除。但如有备用变压器时，则应换用备用变压器，而不准将运行中变压器的重瓦斯保护改接信号。

Jd1F4050　220kV 双母线接线各母线装设单独母线差动保护时，母线固定连接方式破坏后为什么要停用两条母线的差动保护？

答：当220kV双母线各装设单独母线差动保护时，各元件必须固定接在规定的母线上，其各元件的电流互感器二次绕组只接入所在母线的母差保护电流回路中，而与另一条母差保护无联系，即各母线差动保护是独立的，互不影响。当破坏固定连接方式时，由于元件的电流互感器二次未能随一次系统进行相应切换，这将造成两条母差保护电流回路有差流存在。若母差保护未能可靠被闭锁或切换元件负荷较小，未能启动母线差动保护电流回路断线闭锁。当外部发生故障时，可能造成两条母差保护误动作，或一条母线故障造成另一条母差保护误动，从而扩大了停电范围。所以，在母线固定连接方式破坏时，必须同时停用两条母线的差动保护。

Jd1F5051　简述断路器失灵保护装设的连接片及作用。

答：断路器失灵保护装有下列连接片：

（1）线路或变压器保护启动断路器失灵保护连接片：该连接片是用来接通断路器失灵保护启动回路的。当线路或变压器发生故障，且断路器拒绝跳闸，则由线路或变压器的保护出口继电器触点，经断路器的失灵保护连接片启动失灵保护相应出口继电器，经一定时间跳开与故障设备相连所有断路器。该连接片装设在断路器保护屏上，随断路器投入、停用而变动。

（2）启动母联断路器失灵保护连接片：当母联断路器拒绝跳闸时（其中一条母线故障情况下），用此连接片接通母联断路器失灵保护启动回路。该连接片装在母联断路器失灵保护屏上。

（3）失灵保护跳相邻断路器连接片：是断路器失灵保护跳各相邻断路器的连接片。当断路器失灵保护动作后，经该连接片，将相邻断路器跳开。该连接片装在失灵保护屏上。当断路器停电时，应将停电断路器的失灵保护连接片停用。

Jd1F5052　我国电力系统中中性点接地方式有几种？它们对继电保护的原则要求是什么？

答：我国电力系统中性点接地方式有三种：

（1）中性点直接接地方式；

（2）中性点经消弧线圈接地方式；

（3）中性点不接地方式。

110kV 及以上电网的中性点均采用第（1）种接地方式。在这种系统中，发生单相接地故障时接地短路电流很大，故称其为大接地电流系统。在大接地电流系统故障中发生单相接地故障的概率较高，可占总短路故障的 70%左右，因此要求其接地保护能灵敏、可靠、快速地切除接地短路故障，以免危及电气设备的安全。

3～35kV 电网的中性点采用第（2）或第（3）种接地方式。在这种系统中，发生单相接地故障时接地短路电流很小，故称其小接地电流系统。在小接地电流系统中发生单相接地故障时，并不破坏系统线电压的对称性，系统还可继续运行 1～2h。同时，绝缘监察装置发出无选择性信号，可由值班人员采取措施加以消除。只有在特殊情况或电网比较复杂、接地电流比较大时，根据技术保安条件，才装设有选择性的接地保护，动作于信号或跳闸。所以，小接地电流系统的接地保护带有很大的特殊性。

Jd1F5053　变压器油面计指示油位异常升高时怎么办？

答：变压器油位因温度上升而逐渐升高时，若最高油温时的油位可能高出油位指示计，则应放油，使油位降至适当的高度，以免溢油。同时应查清油温升高的原因，并做相应的处理。

检查油位计、油枕及防爆筒顶部的大气连通管是否堵塞，对采用隔膜式油枕的变压器，应检查胶囊的呼吸是否畅通，以及油枕的气体是否排尽等，以避免产生假油位。

在检查过程中，需打开各放气或放油塞子、阀门时，必须先将重瓦斯保护由跳闸改接信号，以防油位发生突然变化，产生油流，使重瓦斯保护误动。

Jd1F5054　方向过流保护用途和原理是什么？

答：方向过流保护是在过流保护上加装一个方向元件而组成的保护装置。它广泛用于多电源的网络中，用来保护电网中相间短路和单相接地短路。由于加装了方向元件，它可以使线路小电源一端过流保护的动作值与对端过流保护同一时限段取较小的定值，并能选择性地切除故障。

方向过流保护原理接线如图 F-3 所示。电流继电器 3、4 作为启动元件，功率方向继电器 1、2 作为控制元件。为防止保护安装处附近两相短路时，母线故障相间电压很低造成功率方向元件拒动，所以采用 90° 接线，即 A 相功率元件接入 $\dot{I}_A$ 和 $\dot{U}_{bc}$，C 相功率元件接入 $\dot{I}_C$ 和 $\dot{U}_{ab}$。各相电流继电器触点和对应的功率方向继电器的触点是按相串联的。时限元件5是使保护装置获得必要的动作时限，其触点闭合经信号继电器7后，使出口中间继电器启动，发出跳闸脉冲，使断路器跳闸。

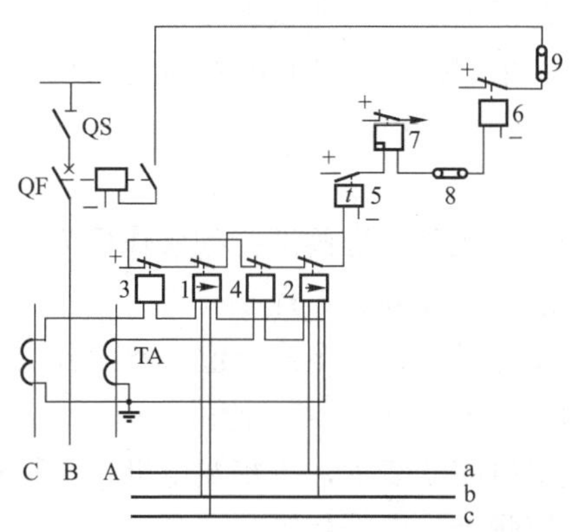

图 F-3　二相式方向过流保护原理接线图

1、2—功率方向继电器；3、4—电流继电器；5—时限元件；6、7—信号继电器；8、9—连接法

Je4F1055　使用兆欧表测量绝缘电阻应注意哪些事项？

答：使用兆欧表测量绝缘电阻应注意以下事项：

（1）测量高压设备绝缘电阻应有两人进行，必须在测量前切断电源，验明无电压且对地放电，确认检修设备无人工，测量线路绝缘应征得对方同意方可进行。

（2）在接线测量以前，检查兆欧表在开路时指示“无穷大”，短路时指示为“零”。

（3）测量电容较大的设备时，如电容器、电缆、大型变压器等，要有一定的充电时间，绝缘电阻测量结束后，应将被测设备对地放电。

（4）被测对象的表面应保持清洁，不应有污物，以免漏电影响测量的准确性。

（5）兆欧表的引线不得使用双股绞线，或把引线随便放在地上，以免引起引线绝缘不良引起错误，兆欧表测试导线尽量避免相互缠绕，以免测试导线本身影响测试精度。

（6）屏蔽端子应与被测设备的金属屏蔽相连接。

（7）测量绝缘电阻时，兆欧表及人员应与带电设备保持安全距离，同时，采取措施，防止兆欧表的引线反弹至带电设备上，引起短路或人身触电。

Je2F1056　试述手动准同期并列操作程序及注意事项。

答：手动准同期并列操作程序：

（1）先将发电机转速升至额定值，然后合上励磁回路开关给发电机加励磁，零起升压至额定值。

（2）投发电机同期装置，调整发电机转速和励磁，使其频率和电压与系统频率、电压相等。

（3）视同步表指针缓慢旋转，当其指针与“同期点”差较小角度时合上发电机主开关（超前一个小角度合闸是考虑到开关从操动机构动作到开关触头接触要经过一段时间）。

（4）断开发电机同期开关，适当接带无功负荷。将发电机励磁由手动倒为自动运行。

手动准同期并列时注意事项：

（1）发电机转速达额定值时，方可加励磁升压。

（2）发电机零起升压过程中，应注意监视发电机定子三相电流指示及核对发电机空载特性， 以检查定子绕组、转子绕组有无故障及定子电压指示的正确性。

（3）发电机零起升压应用手动励磁。在合励磁回路开关前，应检查手动励磁装置输出在最低位置。用备励供发电机励磁，升压前应将备励强励连接片停用。并列后方可启用，以防强励误动使发电机定子绕组承受过电压。

（4）并列过程中应注意同期装置投入时间尽可能短。并列后立即退出运行，以防时间过长损坏同期装置。并列时应保证同期闭锁装置在投入状态，以防造成非同期合闸。

（5）同步表指针旋转较快或同步表指针经过“同期点”有跳动现象时，严禁并列。

（6）如果同步表指针停在“同期点”不动，此时不准合闸。这是因为开关在合闸过程中，如果系统或待并发电机的频率突然变动，就可能使开关正好合在非同期点上。

Je3F2057　试述自同期并列法。

答：自同期并列法就是先将发电机转速升至额定值，接着合上主断路器，然后再合上励磁回路开关给发电机加励磁，即在不给励磁的情况下，将发电机接入电网的并列法。我国过去在水轮发电机上采用过自同期并列法。自同期法分为自动及手动两种。

自同期法优点是操作简单，合闸过程中自动化也简单，在事故情况下能迅速并列。缺点是有冲击电流，即在合闸瞬间使系统的电压下降。

采用自同期法并列时，应注意发电机转速和系统的同步转速（系统频率）不能相差过大，且合闸时应保证励磁绕组以灭磁电阻或自同期电阻在短接状态，以防合闸瞬间引起励磁绕组过电压，损坏励磁绕组。

Je3F2058　试述非同期并列可能产生的后果及防范措施。

答：凡不符合准同期条件进行并列，即将带励磁的发电机并入电网，叫做非同期并列。

非同期并列是发电厂的一种严重事故，由于某种原因造成非同期并列时，将可能产生很大的冲击电流和冲击转矩，会造成发电机及有关电气设备的损坏。严重时会将发电机线圈烧毁、端部变形，即使当时没有立即将设备损坏，也可能造成严重的隐患。就整个电力系统来讲，如果一台大型机组发生非同期并列，这台发电机与系统间将产生功率振荡，严重扰乱整个系统的正常运行，甚至造成电力系统稳定破坏。

为了防止非同期并列事故，应采取以下技术和组织措施：

（1）并列人员应熟悉主系统和二次系统。

（2）严格执行规章制度，并列操作应由有关部门批准的有并列权的值班人员进行，并由班长、值长监护，严格执行操作票制度。

（3）采取防止非同期并列的技术措施，如使用同期插锁、同期角度闭锁、自动准同期并列装置等。

（4）新安装或大修后发电机投入运行前，一定要检查发电机系统相序和进行核相。有关的电压互感器二次回路检修后也应核相。

Je3F3059　怎样进行中间介质置换充氢和排氢？

答：（1）中间介质置换充氢：

1）将来氢管堵板拆除，将氢系统各门置正常运行时状态；

2）从二氧化碳母管向发电机内充二氧化碳，压力稍增后，开启氢母管侧排污门排空气，保持在 0.0029～0.0049MPa 表压下进行置换，当二氧化碳含量达 85%以上时为合格；

3）从氢母管向发电机内充氢气，压力稍增后，开二氧化碳母管侧排污门排二氧化碳，保持在 0.0029～0.0049MPa 表压下进行置换，当氢气含量达 96%以上，氧气含量达 2%以下时为合格。

（2）中间介质置换排氢：

1）在来氢管加堵板；

2）停止内冷水泵运行；

3）排氢压接近零；

4）从二氧化碳母管向发电机内充二氧化碳，压力稍增后，开氢母管排污门排氢气，在 0.0029～0.0049MPa 表压下置换，当二氧化碳含量达 95%以上时为合格；

5）经空气干燥器从氢母管向发电机充压缩空气，压力稍增后，开二氧化碳母管侧排污门排二氧化碳，在 0.0029～

0.0049MPa 表压下置换，当空气含量达 90%以上时为合格。

Je3F3060 变压器的外加电压有何规定？

答：变压器的外加一次电压可以较额定电压为高，但一般不得超过相应分头电压值的 5%。

不论电压分头在任何位置，如果所加一次电压不超过其相应分头额定值的 5%，则变压器的二次侧可带额定电流。

根据变压器的构造特点，经过试验或经制造厂认可，加在变压器一次侧的电压允许比该分头额定电压增高 10%。此时，允许的电流值应遵守制造厂的规定或根据试验确定。

无载调压变压器在额定电压±5%范围内改换分头位置运行时，其额定容量不变，如为–7.5%和–10%分头时，额定容量应相应降低 2.5%和 5%。

有载调压变压器各分头位置的额定容量，应遵守制造厂规定。

Je2F4061 电力系统无功损耗主要有哪些因素？如何补偿？

答：电力系统的无功功率损耗由电力系统中的线路无功损耗和变压器中的无功损耗两部分组成。线路电抗中的无功损耗与线路电流的平方成正比，线路电纳中的无功功率是容性的，又称为充电功率，也可把它看成是无功电源。变压器的无功损耗包括励磁无功损耗和电抗中的无功损耗两部分。

补偿方法主要有：

（1）同步调相机；

（2）静电电容器补偿；

（3）变压器分接头调压；

（4）电抗器补偿。

Je2F4062　分析引起变压器瓦斯保护误动作常见有哪些原因？

答：常见原因主要有：

（1）呼吸系统不畅通。呼吸系统不畅或堵塞会造成轻、重瓦斯保护动作。

（2）冷却系统漏气。当冷却系统密封不严进入了空气，或新投入运行的变压器未经真空脱气时，都会引起气体继电器的动作。

（3）潜油泵有缺陷。潜油泵缺陷对油中气体的影响一是潜油泵本身烧损，使本体油热分解，产生大量可燃性气体；二是当窥视玻璃破裂时，由于轴尖处油流急速而造成负压，可以带入大量空气，以上两种情况都会造成气体继电器动作。

（4）变压器进气。轻瓦斯动作的原因绝大多数是变压器进气造成的。造成进气的原因主要有密封垫老化和破损、法兰结合面变形、油循环系统进气、潜油泵滤网堵塞、焊接处砂眼进气等。

（5）油枕油室中有气体。若油室中有气体，当运行时油面升高就会产生假油面，严重时会从呼吸器喷油或防爆膜破裂。此时变压器油箱内的压力经呼吸器法兰突然释熬，在气体继电器管路产生油流，同时套管升高座等死区的气体被压缩面积累的能量也突然释放，使油流的速度加快，导致瓦斯保护动作。

（6）气温骤降。运行正常的变压器，压力和温度下降时，有时空气过饱和而逸出，严重时甚至引起瓦斯保护动作。

（7）忽视气体继器防雨。下大雨时，气体继电器的触点被接线端子和地之间的雨水漏电阻短接，使跳闸回路接通。当出口继电器两端电压达到其动作电压时，导致变压器两侧的断路器跳闸。

（8）放气操作不当。当气温很高、变压器负荷又大时，或虽然气温不很高，负荷突然增大时，运行值班员应加强巡视，发现油位计油位异常升高时，应及时进行放气。放气时，必须是缓慢地打开放气阀，而不要快速大开阀门，以防止因油枕空间压力骤然降低，油箱的油迅速涌向油枕，而导致重瓦斯保护动作，引起跳闸。

（9）安装不当。新装的变压器，轻瓦斯保护80%动作是安装存在问题。例如，某部分出现真空、没有进行真空注油、气体继电器安装不当等，都可能使瓦斯保护动作。

Je3F4063　套管表面脏污和出现裂纹有什么危险？

答：套管表面脏污将使闪络电压（即发生闪络的最低电压）降低，如果脏污的表面潮湿，则闪络电压降得更低，此时线路中若有一定数值的过电压侵入，即引起闪络。闪络有如下危害：

（1）造成电网接地故障，引起保护动作，断路器跳闸；

（2）对套管表面有损伤，成为未来可能产生绝缘击穿的一个因素。

套管表面的脏物吸收水分后，导电性提高，泄漏电流增加，使绝缘套管发热，有可能使套管里面产生裂缝而最后导致击穿。

套管出现裂纹会使抗电强度降低。因为裂纹中充满了空气，空气的介电系数小，瓷套管的瓷质部分介电系数大，而电场强度的分布规律是，介电系数小的电场强度大，介电系数大的电场强度小，裂纹中的电场强度大到一定数值时，空气就被游离，引起局部放电，造成绝缘的进一步损坏，直至全部击穿。

裂纹中进入水分结冰时，也可能将套管胀裂。

Je3F5064　运行中的变压器铁芯为什么会有“嗡嗡”响声？怎样判断异音？

答：由于变压器铁芯是由一片片硅钢片叠成，所以片与片间存在间隙。当变压器通电后，有了激磁电流，铁芯中产生交变磁通，在侧推力和纵牵力作用下硅钢片产生倍频振动。这种振动使周围的空气或油发生振动，就发出“嗡嗡”的声音来。另外，靠近铁芯的里层线圈所产生的漏磁通对铁芯产生交变的吸力，芯柱两侧最外两极的铁芯硅钢片，若紧固得不牢，很容易受这个吸力的作用而产生倍频振动。这个吸力与电流的平方成正比，因此这种振动的大小与电流有关。

正常运行时，变压器铁芯的声音应是均匀的，当有其他杂音时，就应认真查找原因。

（1）过电压或过电流。变压器的响声增大，但仍是“嗡嗡”声，无杂音。随负荷的急剧变化，也可能呈现“割割割、割割割割”突击的间歇响声，此声音的发生和变压器的指示仪表（电流表、电压表）的指针同时动作，易辨别。

（2）夹紧铁芯的螺钉松动。呈现非常惊人的“锤击”和“刮大风”之声，如“叮叮当当”和“呼……呼……”之音。但指示仪表均正常，油色、油拉、油温也正常。

（3）变压器外壳与其他物体撞击。这是因为变压器内部铁芯振动引起其他部件的振动，使接触处相互撞击。如变压器上装控制线的软管与外壳或散热器撞击，呈现“沙沙沙”的声音，有连续较长、间歇的特点，变压器各部不会呈异常现象。这时可寻找声源，在最响的一侧用手或木棒按住再听声有何变化，以判别之。

（4）外界气候影响造成的放电。如大雾天、雪天造成套管处电晕放电或辉光放电，呈现“嘶嘶”、“嗤嗤”之声，夜间可见蓝色小火花。

（5）铁芯故障。如铁芯接地线断开会产生如放电的劈裂声，“铁芯着火”造成不正常鸣音。

（6）匝间短路。因短路处严重局部发热，使油局部沸腾会发出“咕噜咕噜”像水开了似的声音，这种声音特别要注意。

（7）分接开关故障。因分接开关接触不良，局部发热也会引起像线圈匝间短路所引起的那种声音。

Jf3F3065　电业生产为什么以“预防为主”的安全生产方针？贯彻“预防为主”的安全生产方针应做哪些工作？

答：电业生产事故也和其他事物一样，存在必然性和偶然性。出了事故，分析原因、总结教训，采取防止事故重演的措施是非常必要的，但更重要的是应把着眼点放在防止发生事故上。也就是说在事故发生前就采取各种行之有效和强有力的防范措施，防止事故发生。把事故后的处理变为事故前的预防，把事故消灭在萌芽阶段，做到居安思危，化危为安，这就是“预防为主”的安全生产方针。

要防止发生事故，首先要掌握发生事故的规律，采取对症下药的措施，是预防事故的有效方法。总结本单位过去发生事故的教训，从中找出原因；根据季节特点，制定防范措施；定期进行安全大检查和设备预防性试验，查找事故隐患；管理好安全网；及时掌握设备状况和职工安全思想情况；经常学习事故通报和安全通报，吸取外单位经验教训等，都是防止发生事故，行之有效的方法。

变电所在贯彻“预防为主”的安全生产方针时，应重点抓好以下几方面工作：

（1）树立事故可预防的信心，做好各项岗位安全工作，对本岗位安全负责。把“严”字贯穿于交接班、巡回检查、抄表、倒闸操作、检修配合、设备验收等值班工作的全过程，渗透到各项工作的每个细小的环节之中。

（2）严格执行设备的技术标准和各项规章制度，杜绝误操作事故，提高技术水平和执行规程的自觉性。

（3）及时发现设备缺陷，掌握设备技术状况，认真搞好季节性安全工作，对存在问题及时采取针对性措施。

（4）仔细认真对待各种异常障碍，对事故坚持三不放过。

（5）认真组织各种安全活动，做到安全活动周周有，安全生产天天议，安全措施人人订，安全目标齐努力。

Jf1F1066　论述高压断路器主要参数及含义。

答：（1）额定电压：它是表征断路器绝缘强度的参数，是断路器长期工作的标准电压。

（2）额定电流：它是表征断路器通过长期电流能力的参数，即断路器允许连续长期通过的最大电流。

（3）额定开断电流：它是表征断路器开断能力的参数。在额定电压下，断路器能保证可靠开断的最大电流，称为额定开断电流，其单位用断路器触头分离瞬间短路电流周期分量有效值的千安数表示。

（4）动稳定电流：它是表征断路器通过短时电流能力的参数，反映断路器承受短路电流电动力效应的能力。

（5）热稳定电流和热稳定电流的持续时间：执稳定电流也是表征断路器通过短时电流能力的参数，但它反映断路器承受短路电流热效应的能力。

（6）合闸时间与分闸时间：这是表征断路器操作性能的参数。各种不同类型的断路器的分、合闸时间不同，但都要求动作迅速。合闸时间是指从断路器操动机构合闸线圈接通到主触头接触这段时间，断路器的分闸时间包括固有分闸时间和熄弧时间两部分。固有分闸时间是指从操动机构分闸线圈接通到触头分离这段时间。熄弧时间是指从触头分离到各相电弧熄灭为止这段时间。所以，分闸时间也称为全分闸时间。

（7）操作循环：这也是表征断路器操作性能的指标。架空线路的短路故障大多是暂时性的，短路电流切断后，故障即迅速消失。因此，为了提高供电的可靠性和系统运行的稳定性，断路器应能承受一次或两次以上的关合、开断，或关合后立即开断的动作能力。此种按一定时间间隔进行多次分、合的操作称为操作循环。

Jf1F2067　发电机—变压器组运行中，造成过励磁原因有哪些？

答：造成过励磁的原因有以下几方面。

（1）发电机—变压器组与系统并列前，由于误操作，误加大励磁电流引起。

（2）发电机启动中，转子在低速预热时，误将电压升至额定值，则因发电机变压器低频运行而造成过励磁。

（3）切除发电机中，发电机解列减速，若灭磁开关拒动，使发电机遭受低频引起过励磁，

（4）发电机—变压器组出口断路器跳开后，若自动励磁调节器退出或失灵，则电压与频率均会升高，但因频率升高慢而引起过励磁，即使正常甩负荷，由于电压上升快，频率上升慢（惯性不一样），也可能使变压器过励磁。

（5）系统正常运行时频率降低也会引起。

Jf1F2068　处理生产事故的一般原则是什么?处理事故的主要任务及对运行人员的要求是什么?

答：发生事故，运行人员处理的原则是尽早作出准确判断，如故障设备、故障范围、故障原因、操作步骤等，尽快进行处理，尽量缩小事故范围。

（1）事故处理的主要任务：

1）尽快限制事故发展，消除事故的根源并解除对人身和设备的危险。

2）用一切可能的方法保持设备继续运行，保证对用户的正常供电；必要时应设法在未直接受到事故损害的机组上增加负荷。

3）尽快对已停电的用户恢复送电。

4）调整电力系统的运行方式，使其恢复正常。

处理事故应注意，在恢复对用户供电的同时，要首先恢复站用电的正常状态，特别是对于直流操作和较大型的变电所，这一点十分重要。

（2）事故处理对运行人员的要求：

1）所有运行人员必须坚守岗位。

2）当交接班时发生事故，而交接班手续尚未完成时，应停止交接班，由交班人处理事故，接班人协助处理。

3）发生事故时，当值调度员是处理事故的指挥人，凡与处理事故无关的人员，严禁进入现场或在现场停留。

4）处理事故时，重要操作（应在现场规程中明确规定）必须有值班调度员命令方可执行。

5）以下各项操作，在任何情况下均可不等值班调度员的命令，由值班人员执行：① 将直接对人员生命有威胁的设备停电；② 将已损坏的设备隔离（电气隔离）；③ 运行中的设备有受损伤的威胁时，根据现场事故处理规程的规定加以隔离；④ 当母线电压消失时，将连接到该母线上的断路器拉开。

以上操作执行后，应加以记录并尽快报告值班调度员。

异常及事故是威胁电力系统正常运行的大敌，而且又是运行中不可避免的现象。因此，能正确处理异常及事故，是每个运行人员最重要的基本功。要学会事故的分析、判断与处理的一般方法与原则，不断提高判断事故和处理事故的能力，以满足现场工作的需要。

Jf1F1069　变电设备遇到自然灾害怎样处理？

答：变电设备运行中，一旦遇到人身无法抗拒的自然灾害，如有淹没配电装置危险的洪水、配电装置附近的火灾及地震等。对于自然灾害一般的处理原则是：

（1）值班人员应尽可能采取的措施，防止设备损坏，尽可能地保持设备的正常运行。

（2）应尽可能利用一切联络手段向值班调度员和主管上级汇报，请求指示。

（3）如得不到上级明确指示或通信中断无法联系时，若值班人员已判明灾害确为不可避免，对设备有直接危害时，则可将设备电源切断，停止运行。

如灾害已威胁到值班人员的安全，在设备退出运行后，人员也可撤至安全地带。

4.2 技能操作试题

4.2.1 单项操作

行业：电力工程　　　工种：电气值班员　　　等级：初

<table>
<tr><td>编　号</td><td>C05A001</td><td>行为领域</td><td>e</td><td>鉴定范围</td><td>3</td></tr>
<tr><td>考核时限</td><td>15min</td><td>题　型</td><td>A</td><td>题　分</td><td>10</td></tr>
<tr><td>试题正文</td><td colspan="5">6kV1 号引风电动机送电</td></tr>
<tr><td>需要说明的问题和要求</td><td colspan="5">1. 操作人员独立完成
2. 注意安全，不准触摸设备</td></tr>
<tr><td>工具、材料、设备场地</td><td colspan="5">现场实际设备</td></tr>
<tr><td rowspan="4">评分标准</td><td>序号</td><td colspan="4">项　目　名　称</td></tr>
<tr><td>1
2
3
4
5
6
7
8
9
10
11</td><td colspan="4">检查 1 号引风电动机工作票是否全部收回，安全措施是否全部拆除
检查 1 号引风电动机回路是否具备送电条件
测量 1 号引风电动机绝缘电阻合格
检查 1 号引风电动机保护投入应正确
检查 1 号引风电动机开关在开位
合上 1 号引风电动机开关控制直流熔断器
将 1 号引风电动机开关推至试验位置
合上 1 号引风电动机开关插件
将 1 号引风电动机开关推至工作位置
合上 1 号引风电动机开关动力直流熔断器
检查上述操作无误后汇报</td></tr>
<tr><td>质量要求</td><td colspan="4">严格执行电气运行规程
不准漏项和顺序颠倒</td></tr>
<tr><td>得分或扣分</td><td colspan="4">1. 安全措施、工作票不检查，扣 4 分
2. 回路未测绝缘电阻送电，扣 2 分
3. 每操作完一项要检查是否良好，未检查者，扣 2 分
4. 操作结束后未及时汇报，扣 2 分
5. 漏项或顺序颠倒，本题不得分。经提示能继续操作的扣本题总分的 50%</td></tr>
</table>

行业：电力工程　　　工种：电气值班员　　　　等级：初

<table>
<tr><td>编　　号</td><td>C05A002</td><td>行为领域</td><td>e</td><td>鉴定范围</td><td>3</td></tr>
<tr><td>考核时限</td><td>15min</td><td>题　　型</td><td>A</td><td>题　　分</td><td>10</td></tr>
<tr><td>试题正文</td><td colspan="5">6kV 1 号引风电动机停电</td></tr>
<tr><td>需要说明的问题和要求</td><td colspan="5">1. 操作人员独立完成
2. 注意安全，不准触摸设备</td></tr>
<tr><td>工具、材料、设备场地</td><td colspan="5">现场实际设备</td></tr>
</table>

<table>
<tr><td rowspan="4">评分标准</td><td>序号</td><td>项　目　名　称</td></tr>
<tr><td>1
2
3
4
5
6
7</td><td>检查 1 号引风电动机开关在开位
拉开 1 号引风电动机开关动力直流熔断器
将 1 号引风电动机开关拉至试验位置
拉开 1 号引风电动机开关插件
将 1 号引风电动机开关拉至检修位置
拉开 1 号引风电动机开关控制直流熔断器
检查上述操作无误后向班长汇报</td></tr>
<tr><td>质量要求</td><td>严格执行电气运行规程
不准漏项和操作顺序颠倒</td></tr>
<tr><td>得分或扣分</td><td>1. 未检查开关在开路扣 4 分
2. 每操作完一项要检查是否良好，未检查扣 2 分
3. 漏项或顺序颠倒本题不得分。经提示能继续进行操作的扣本题总分 50%
4. 操作结束后，记清时间、未记清时间的扣 2 分
5. 操作结束后，未及时汇报扣 2 分</td></tr>
</table>

行业：电力工程　　　工种：电气值班员　　　等级：初

编　　号	C05A003	行为领域	e	鉴定范围	5
考核时限	15min	题　　型	A	题　　分	20
试题正文	用二氧化碳做中间介质发电机充氢气操作				
需要说明的问题和要求	1. 要求被考人单独完成操作任务 2. 考评员可根据实际机组类型，出拟相似题目 3. 被考人可先写出操作步骤，然后进行考核操作 4. 操作时，严格执行规程规定；现场考核只能进行模拟演示不准触及设备，并做好监护 5. 出现异常情况时，停止考核退出现场				
工具、材料、设备场地	1. 现场实际设备 2. 某厂 10 号发电机氢系统图，见图 CA-1				

评分标准	序号	项　目　名　称（操作步骤）
	1	收到操作令
	2	检查发电机本体周围 10m 内无动火作业
	3	系统检查氢系统，阀门开启正确，即开启 30、31、32、33、34 号门；关闭 7、8、9、10、12、16、29 号门；氢母管及二氧化碳母管所有阀门关闭；各有关仪表开启正确；停用氢冷器和循环干燥器
	4	联系汽机启动密封油系统正常后，由 CO_2 母管接引 CO_2 气瓶向机内充 CO_2 气体，并用 12 号门排气保持机内压力在 0.003～0.005MPa
	5	待 CO_2 气体充至 10 瓶左右时，联系化验人员在氢母管侧取样化验。当 CO_2 含量达 85%以上时，充气合格进行死角排污
	6	拆除氢母管 1、2 号门前死垫，打开 1～10、2～10 号和 1、2 号门，用 8 号门向机内缓慢充氢，打开 16、29 号门排出 CO_2，并保持机内压力
	7	待氢气充至发电机容积的 2 倍左右时，联系化验人员在 CO_2 母管侧取样化验。氢气纯度 96%以上，含氧量小于 2%，湿度小于 $2.5g/m^3$ 时，充气合格，停止充氢
	8	充氢结束后，将发电机氢压提至 0.1MPa 以上，但不得超过 0.2MPa
	质量要求	按规程规定操作正确
	得分或扣分	1. 操作中每漏一处扣 2 分、主要漏项扣 5 分 2. 操作前不核对设备标志扣 5 分 3. 不掌握气体化验标准扣 5 分 4. 发生误操作全题不得分

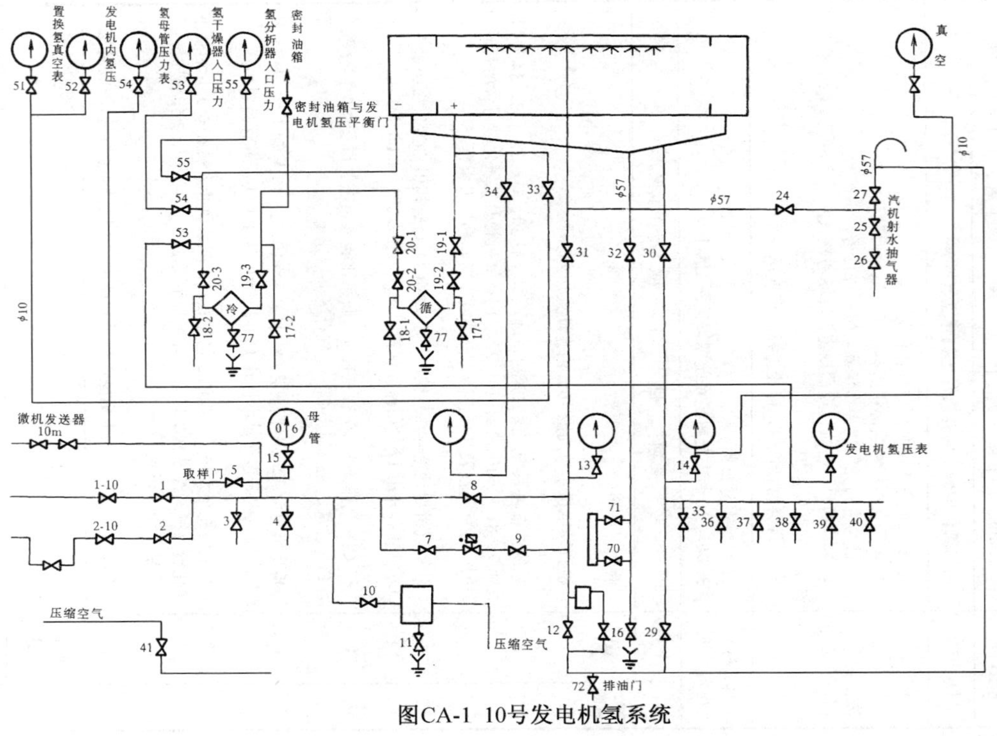

图CA-1 10号发电机氢系统

行业：电力工程　　　　工种：电气值班员　　　　等级：初

<table>
<tr><td colspan="2">编　　号</td><td>C05A004</td><td>行为领域</td><td>e</td><td>鉴定范围</td><td>3</td></tr>
<tr><td colspan="2">考核时限</td><td>15min</td><td>题　　型</td><td>A</td><td>题　　分</td><td>20</td></tr>
<tr><td colspan="2">试题正文</td><td colspan="5">用二氧化碳做中间介质置换氢气操作（发电机静止状态）</td></tr>
<tr><td colspan="2">需要说明的问题和要求</td><td colspan="5">1. 要求被考人单独完成操作任务
2. 考评员可根据实际机组类型，出拟相似题目
3. 被考人可先写出操作步骤，然后进行考核操作
4. 操作时，严格执行规程规定；现场考核只能进行模拟演示，不准触及设备，并做好监护
5. 出现异常情况时，停止考核退出现场</td></tr>
<tr><td colspan="2">工具、材料、设备场地</td><td colspan="5">1. 现场实际设备
2. 某厂 10 号发电机氢系统图，见图 CA-1</td></tr>
<tr><td rowspan="12">评分标准</td><td>序号</td><td colspan="5">项　　目　　名　　称（操作步骤）</td></tr>
<tr><td>1</td><td colspan="5">收到操作令</td></tr>
<tr><td>2</td><td colspan="5">检查发电机本体周围 10m 内无动火作业</td></tr>
<tr><td>3</td><td colspan="5">联系汽机值班员机内压力保持 0.005MPa 左右</td></tr>
<tr><td>4</td><td colspan="5">关闭来氢母管阀门 1～10、2～10 和 1、2 号门</td></tr>
<tr><td>5</td><td colspan="5">在 1、2 号门前加死垫</td></tr>
<tr><td>6</td><td colspan="5">在二氧化碳母管 35～40 号门接好二氧化碳气瓶，向机内充 CO_2 气体同时打开 12 号门排氢，保持机内压力不变</td></tr>
<tr><td>7</td><td colspan="5">当机内充 CO_2 气体体积达到机内容积的 1.5 倍时（国产 200MW 机组约 15 瓶 CO_2 时），停止充 CO_2 气体；联系化学人员，在氢母管取样化验 CO_2 含量 95%以上，含氧量小于 3%，即为合格，并吹洗各部死角</td></tr>
<tr><td>8</td><td colspan="5">打开 10 号门用压缩空气经空气滤过器向机内充空气，同时打开 29、16 号门排 CO_2 气体。当化验空气含量大于 90%时，气体置换结束</td></tr>
<tr><td>9</td><td colspan="5">根据需要可将机内空气压力降为零，停止密封油系统</td></tr>
<tr><td>质量要求</td><td colspan="5">按规程规定操作正确</td></tr>
<tr><td>得分或扣分</td><td colspan="5">1. 操作中每漏一处扣 2 分，主要漏项扣 5 分
2. 操作前不核对设备标志扣 5 分
3. 不掌握气体化验标准扣 5 分
4. 发生误操作全题不得分</td></tr>
</table>

行业：电力工程　　　　工种：电气值班员　　　　　　　等级：初

<table>
<tr><td>编　　号</td><td>C05A005</td><td>行为领域</td><td>e</td><td>鉴定范围</td><td>5</td></tr>
<tr><td>考核时限</td><td>10min</td><td>题　　型</td><td>A</td><td>题　　分</td><td>15</td></tr>
<tr><td>试题正文</td><td colspan="5">高压电动机停运时，断路器只断开一相判断处理</td></tr>
<tr><td>需要说明的问题和要求</td><td colspan="5">1. 要求被考人单独处理故障
2. 考评员可根据考试现场实际情况出示具体电机故障，被考人依据规程判断处理；现场考核只能进行模拟演示，不准触及设备，并做好监护
3. 出现异常情况，停止考核退出现场</td></tr>
<tr><td>工具、材料、设备场地</td><td colspan="5">实际现场设备</td></tr>
<tr><td rowspan="5">评分标准</td><td>序号</td><td colspan="4">项　目　名　称</td></tr>
<tr><td>1
1.1
1.2</td><td colspan="4">现象
电机停运时，指示灯、红灯灭，绿灯亮
电动机电流表指示升高（或为零）电动机转速下降</td></tr>
<tr><td>2
2.1
2.2
2.3

2.4</td><td colspan="4">处理
根据故障现象立即判断电动机断路器只断开一相
立即合上该电机开关
向值长汇报，将故障断路器所在母线负荷转移，将该母线停电，拉开故障断路器、隔离开关停电，然后恢复该母线运行负荷送出
通知检修人员进行处理</td></tr>
<tr><td>质量要求</td><td colspan="4">故障判断准确
处理正确</td></tr>
<tr><td>得分或扣分</td><td colspan="4">判断失误不得分
处理失误不得分
误操作全题不得分</td></tr>
</table>

行业：电力工程　　　工种：电气值班员　　　等级：初

<table>
<tr><td colspan="2">编　　号</td><td>C05A006</td><td>行为领域</td><td>e</td><td>鉴定范围</td><td>5</td></tr>
<tr><td colspan="2">考核时限</td><td>15min</td><td>题　　型</td><td>A</td><td>题　　分</td><td>20</td></tr>
<tr><td colspan="2">试题正文</td><td colspan="5">电动机自动跳闸如何处理</td></tr>
<tr><td colspan="2">需要说明的问题和要求</td><td colspan="5">1. 要求被考人单独进行故障处理
2. 考评员可根据实际情况，给出具体电机故障现象，被考人按规程规定处理；现场考核时只能进行模拟演示，不准触及设备，并做好监护
3. 出现异常情况，停止考核退出现场</td></tr>
<tr><td colspan="2">工具、材料、设备场地</td><td colspan="5">现场实际设备</td></tr>
<tr><td rowspan="5">评分标准</td><td>序号</td><td colspan="5">项　目　名　称</td></tr>
<tr><td>1
1.1</td><td colspan="5">现象
电动机断路器自动跳闸，电动机停止运行</td></tr>
<tr><td>2
2.1

2.2
2.2.1
2.2.2
2.2.3
2.2.4
2.3</td><td colspan="5">处理
若属重要设备，检查备用电机是否联动，若未联动应手合备用电机；若无备用电机且对生产有直接威胁者，电机检查未发现明显故障，可请示值长强送电一次
检查电机保护动作情况，并对电机本体及回路进行检查：
电机是否过热、有焦味或烧坏，回路有无明显故障
电机电源保险是否熔断，热偶是否动作
检查机械部分是否卡涩故障
测定绝缘电阻
经上述检查原因不明时，不得投入运行，应通知检修人员鉴定处理</td></tr>
<tr><td>质量要求</td><td colspan="5">按规程规定处理正确
依据规程检查处理正确
处理正确</td></tr>
<tr><td>得分或扣分</td><td colspan="5">处理延误时间扣 2 分
强送有误扣 3 分
电机外部检查漏项一处扣 2 分
原因不明强行投入不得分</td></tr>
</table>

行业：电力工程　　　工种：电气值班员　　　等级：中

<table>
<tr><td colspan="2">编　　号</td><td>C04A007</td><td>行为领域</td><td>e</td><td>鉴定范围</td><td>5</td></tr>
<tr><td colspan="2">考核时限</td><td>10min</td><td>题　　型</td><td>A</td><td>题　　分</td><td>15</td></tr>
<tr><td colspan="2">试题正文</td><td colspan="5">发电机温度高故障处理</td></tr>
<tr><td colspan="2">需要说明的问题和要求</td><td colspan="5">1. 要求被考人单独进行故障处理
2. 考评员可根据实际情况给出故障现象，被考人按规程规定进行处理；现场考核只能进行模拟演示，不准触及运行设备，并做好监护
3. 出现异常情况时，停止考核退出现场</td></tr>
<tr><td colspan="2">工具、材料、设备场地</td><td colspan="5">1. 仿真机或现场实际设备
2. 现场考核时，应选在备用设备上进行，无备用设备时，要做好安全防范措施
3. 操作工具和绝缘用具</td></tr>
<tr><td rowspan="5">评
分
标
准</td><td>序号</td><td colspan="5">项　目　名　称</td></tr>
<tr><td>1
1.1
1.2</td><td colspan="5">现象
发电机定子、转子温度超过额定值
温度巡检表显示定子铁芯、定子绕组、定子出水或出口风温度、可能越限报警</td></tr>
<tr><td>2
2.1
2.2
2.3
2.4
2.5</td><td colspan="5">处理
检查发电机各表计是否超过允许值，并同正常运行工况比较，核对温度计
检查发电机入口风温、氢系统及氢冷却器工作是否正常，如不正常应采取调节措施使之恢复
检查内冷水系统、水压、流量、温度是否正常，如不正常应采取措施进行调整
适当的降低无功负荷，降低温度、无效时再降低有功负荷，并适时监视发电机各部温度和机内氢压和纯度的变化
经上述调整发电机定子、转子温度仍持续上升时，应请示值长解列停机</td></tr>
<tr><td>质量要求</td><td colspan="5">按规定调整处理正确</td></tr>
<tr><td>得分或扣分</td><td colspan="5">不检查各表计核对温度计扣 1～3 分
不检查入口风温及氢冷却扣 2 分，采取措施不当扣 1 分
不检查内冷水系统扣 2 分
采取措施不当扣 1 分
不调整负荷扣 2 分，不监视发电机温度扣 1 分
不请示解列停机不得分</td></tr>
</table>

行业：电力工程　　工种：电气值班员　　等级：中

<table>
<tr><td>编　号</td><td>C04A008</td><td>行为领域</td><td>e</td><td>鉴定范围</td><td>5</td></tr>
<tr><td>考核时限</td><td>15min</td><td>题　型</td><td>A</td><td>题　分</td><td>20</td></tr>
<tr><td>试题正文</td><td colspan="5">发电机过负荷故障处理</td></tr>
<tr><td>需要说明的问题和要求</td><td colspan="5">1. 要求被考人单独进行故障处理
2. 在仿真机考核，由考评员给出故障现象，被考人按仿真规程判断处理
3. 现场考核，由考评员给出故障现象，被考人按现场规程判断处理，模拟演示，不得触及运行设备，并做好监护</td></tr>
<tr><td>工具、材料、设备场地</td><td colspan="5">现场考核：
1. 应选在备用机组进行演示，无备用机组、应做好安全防范措施
2. 备好操作工具和绝缘用具</td></tr>
<tr><td rowspan="14">评分标准</td><td>序号</td><td colspan="4">项　目　名　称</td></tr>
<tr><td>1</td><td colspan="4">现象</td></tr>
<tr><td>1.1</td><td colspan="4">警铃响、发电机过负荷灯光显示</td></tr>
<tr><td>1.2</td><td colspan="4">发电机定子电流和转子电流可能超过允许值，定子温度有所上升</td></tr>
<tr><td>1.3</td><td colspan="4">系统频率、电压可能降低</td></tr>
<tr><td>2</td><td colspan="4">处理</td></tr>
<tr><td>2.1</td><td colspan="4">根据发电机过负荷情况，降低发电机有功负荷和无功负荷，使定、转子电流不超过额定值</td></tr>
<tr><td>2.2</td><td colspan="4">若因自动励磁调节装置异常引起过负荷，可将故障调节器退出，改手动组运行，控制定、转子电流在允许范围内</td></tr>
<tr><td>2.3</td><td colspan="4">若系统频率、电压降低，是系统发生事故引起发电机过负荷，应按本机事故过负荷的能力掌握时间，进行处理</td></tr>
<tr><td>2.4</td><td colspan="4">发电机过负荷时，应对发电机各部温度、冷却气体、内冷水压、流量进行监视控制，并做好记录，发现异常应调整负荷</td></tr>
<tr><td>质量要求</td><td colspan="4">根据现象分析判断正确
调整负荷操作正确
事故过负荷处理正确、控制好过负荷时间
各部不超温、冷却介质控制调整符合规定</td></tr>
<tr><td>得分或扣分</td><td colspan="4">判断错误否决全项
操作每错一处扣 1 分
操作有误一处扣 1 分
处理错误不得分，过负荷参数掌握不对扣 3 分
温度超温扣 3 分，冷却介质调整不当扣 2 分</td></tr>
</table>

行业：电力工程　　　工种：电气值班员　　　等级：中

<table>
<tr><td>编　　号</td><td>C04A009</td><td>行为领域</td><td>e</td><td>鉴定范围</td><td>5</td></tr>
<tr><td>考核时限</td><td>10min</td><td>题　　型</td><td>A</td><td>题　　分</td><td>20</td></tr>
<tr><td>试题正文</td><td colspan="5">发电机定子接地故障判断处理</td></tr>
<tr><td>需要说明的问题和要求</td><td colspan="5">1. 要求被考人独立进行故障处理
2. 在仿真设备上考核时，由考评员给出故障现象，被考人按仿真机运行规程判断处理
3. 现场考核时，由考评员结合实际，给出故障现象，被考人按现场规程规定判断处理、模拟操作，不得触摸运行设备
4. 现场出现异常情况，应停止考核退出现场</td></tr>
<tr><td>工具、材料、设备场地</td><td colspan="5">1. 现场考核应在备用设备上进行演示，无备用设备应做好安全防范措施，以免影响机组运行
2. 备好必要的操作工具和绝缘用具</td></tr>
<tr><td rowspan="5">评分标准</td><td>序号</td><td colspan="4">项　目　名　称</td></tr>
<tr><td>1
1.1
1.2</td><td colspan="4">现象
警铃响，“定子 100%接地”红灯显示
发电机零序电压表有较高的电压值</td></tr>
<tr><td>2
2.1
2.2
2.3
2.4
2.5</td><td colspan="4">处理
根据零序电压表的数值，判明接地点的大致范围，若为 100V 说明接地点在发电机出口
对发电机出口一次系统进行全面检查，看是否有漏水、放电迹象，确认故障后设法消除
上述检查无效时应分别试停电压互感器看接地是否消除，如查不出接地点，应尽快停机处理
若零序电压表指示小于 100V 时的接地点，则接地点在发电机内部，可立即汇报值长，请示停机（一般发电机允许接地时间为 30min 或按本厂运行规程执行）
若定子接地保护投跳闸保护动作，按紧急停机处理</td></tr>
<tr><td>质量要求</td><td colspan="4">分析、判断正确
检查仔细、无漏项
试停互感器操作正确
处理果断，不超过规定时间</td></tr>
<tr><td>得分或扣分</td><td colspan="4">判断错误否决全项
检查漏项一处扣 1 分
停送互感器每漏一项扣 1 分
不汇报请示，停机不得分
处理超时扣 3 分</td></tr>
</table>

行业：电力工程　　工种：电气值班员　　等级：中

编　　号	C04A010	行为领域	e	鉴定范围	5
考核时限	15min	题　　型	A	题　　分	20
试题正文	变压器着火如何进行处理				
需要说明的问题和要求	1. 要求被考人单独进行事故处理 2. 考评员可结合现场实际，给出变压器具体着火地点，被考人按规程规定进行处理，现场考核只能进行模拟演示，不准触及运行设备，并做好监护 3. 出现异常情况时，应停止考核退出现场				
工具、材料、设备场地	1. 现场实际设备 2. 应选在备用设备进行考核，无备用变压器时，要做好安全防范措施 3. 备好操作工具、绝缘用具和灭火器材				

评分标准	序号	项　目　名　称
	1	现象
	1.1	变压器本体着火、冒烟
	2	处理
	2.1	立即到现场检查，确定变压器着火部位，若为变压器上部或内部着火时，汇报班长，通知网控（或单元值班室）立即将故障着火变压器停电
	2.2	拉开着火变压器两侧隔离开关，并断开变压器冷却装置电源
	2.3	联系消防队进行报警，并组织人员救火
	2.4	若变压器的油溢在变压器顶盖上着火，应打开变压器下部放油门放油，使油面低于着火处
	2.5	若变压器因内部故障引起着火时，禁止放油，以防变压器突然爆炸
	2.6	若检查为变压器外壳下部着火，在火势不大，且有足够安全距离时，可不停电迅速灭火，将通风装置停运，并做好停运准备
	2.7	变压器灭火，应使用二氧化碳及 1211 喷雾水枪进行灭火
	2.8	使用灭火器灭火时，应穿绝缘靴、带绝缘手套，注意液体不得喷至带电设备上
	质量要求	按规程规定正确处理
	得分或扣分	不到现场检查不得分 按着火点部位变压器不停电全题不得分 不报警或不会报警扣 2～4 分 处理错误扣 5 分 处理不当不得分 灭火器使用不当扣 1～3 分 不使用绝缘用具

行业：电力工程　　　工种：电气值班员　　　等级：中

<table>
<tr><td colspan="2">编　号</td><td>C04A011</td><td>行为领域</td><td>e</td><td>鉴定范围</td><td>5</td></tr>
<tr><td colspan="2">考核时限</td><td>20min</td><td>题　型</td><td>A</td><td>题　分</td><td>20</td></tr>
<tr><td colspan="2">试题正文</td><td colspan="5">厂用 6kV 母线发生谐振故障处理</td></tr>
<tr><td colspan="2">需要说明的问题和要求</td><td colspan="5">1. 要求被考人单独进行故障处理
2. 在仿真设备上演示，由考评员给出故障现象，被考人按仿真运行规程判断处理
3. 在现场进行模拟演示时，由考评员结合实际给出故障现象，被考人按现场规程要求，进行模拟操作演示，不得触及运行设备
4. 现场出现异常情况，应停止考核退出现场</td></tr>
<tr><td colspan="2">工具、材料、设备场地</td><td colspan="5">1. 现场考核，应在备用设备模拟操作，无备用设备时，应做好安全防范措施
2. 备好必要的操作工具和绝缘用具，穿好工作服戴安全帽</td></tr>
<tr><td rowspan="5">评分标准</td><td>序号</td><td colspan="5">项　目　名　称</td></tr>
<tr><td>1
1.1
1.2
1.3

1.4

1.5

1.6

1.7</td><td colspan="5">现象
警铃响，该段母线接地灯光来
母线电压表指示无变化
工频谐振时：6kV 母线绝缘监视表对地电压可能出现一相升高，两相降低，也可能一相降低，两相升高。升高相的电压值大于线电压（一般不会超过 3 倍相电压）：电压互感器开口三角电压不超过 100V
高频谐振时：6kV 母线对地电压可能三相同时升高，也可能一相升高，两相降低。升高相的电压值大于线电压（一般不会超过 3～3.5 倍相电压）：电压互感器开口三角电压大于 100V
分频谐振时：6kV 母线对地电压三相依次轮流升高，三相电压表在相同范围内出现低频摆动（一般不会超过 2 倍相电压）：电压互感器开口三角电压一般在 85～95V 之间
如果谐振时间长，消谐装置未动，处理不及时，互感器一次熔断器将被烧断。当断两相或三相将导致 BZT 装置和低电压保护动作，该分支 6kV 工作电源跳闸，备用电源联动，部分厂用电动机跳闸
如果谐振时间长，电压互感器可能烧损</td></tr>
<tr><td>2
2.1

2.2

2.3

2.4</td><td colspan="5">处理
立即查看母线绝缘监视表及电压互感器开口三角电压数值，判明为何种谐振过电压。停用该母线低电压保护及备用电源连锁开关
询问机、炉、燃岗位有无启动的设备，并联系有关岗位，启、停该段某些设备，改变运行参数消除谐振
上述方法无效时，瞬停该段电压互感器消除谐振。若电压互感器一次熔断器熔断，按规定处理
在处理过程中，操作人员应穿绝缘靴、戴绝缘手套</td></tr>
<tr><td>质量要求</td><td colspan="5">分析判断正确
故障处理操作正确
电压互感器停电顺序正确
正确使用绝缘用具</td></tr>
<tr><td>得分或扣分</td><td colspan="5">判断失误否决全项
操作错误每项扣 2 分，提示一次扣 2 分
操作顺序错误不得分
未穿绝缘用具不得分</td></tr>
</table>

行业：电力工程　　　　工种：电气值班员　　　　等级：中

<table>
<tr><td>编　　号</td><td>C04A012</td><td>行为领域</td><td>e</td><td>鉴定范围</td><td>5</td></tr>
<tr><td>考核时限</td><td>20min</td><td>题　　型</td><td>A</td><td>题　　分</td><td>10</td></tr>
<tr><td>试题正文</td><td colspan="5">发电机励磁回路一点接地</td></tr>
<tr><td>需要说明的问题和要求</td><td colspan="5">1. 操作者独立完成
2. 注意安全，不准触摸运行设备
3. 考核过程中，如遇有生产事故立即停止考核，退出现场</td></tr>
<tr><td>工具、材料、设备场地</td><td colspan="5">1. 仿真机
2. 现场实际设备</td></tr>
<tr><td rowspan="5">评分标准</td><td>序号</td><td colspan="4">项　目　名　称</td></tr>
<tr><td>1
1.1
1.2</td><td colspan="4">现象
发电机转子一点接地灯光来
转子绝缘监视电压表正、负对地指示值明显升高，另一极对地电压降低</td></tr>
<tr><td>2
2.1
2.2
2.3
2.4
2.5</td><td colspan="4">处理
全面检查励磁回路有无明显接地
分别试选整流柜是否接地
若备励具备运行条件，可倒备励运行
检查励磁回路各表计，保护装置有无接地
若确认发电机转子一点接地，应配合继电班人员投入两点接地保护</td></tr>
<tr><td>质量要求</td><td colspan="4">严格按规程规定处理
应与有关人员配合</td></tr>
<tr><td>得分或扣分</td><td colspan="4">说不清检查内容扣 2 分
试选前若将自动切为手动，扣 2 分
不会投入备励的操作扣 2 分
不能准确查出表计及保护装置，扣 2 分
不联系继电人员，扣 2 分</td></tr>
</table>

行业：电力工程　　　　工种：电气值班员　　　　等级：中

<table>
<tr><td>编　　号</td><td>C04A013</td><td>行为领域</td><td>e</td><td>鉴定范围</td><td>5</td></tr>
<tr><td>考核时限</td><td>20min</td><td>题　　型</td><td>A</td><td>题　　分</td><td>10</td></tr>
<tr><td>试题正文</td><td colspan="5">发电机爆炸着火</td></tr>
<tr><td>需要说明的问题和要求</td><td colspan="5">1. 被鉴定人员要独立完成
2. 注意安全，不准触摸运行设备
3. 考核过程中，遇有生产故障立即停止考核，退出现场</td></tr>
<tr><td>工具、材料、设备场地</td><td colspan="5">1. 仿真机
2. 现场实际设备</td></tr>
<tr><td rowspan="5">评分标准</td><td>序号</td><td colspan="4">项　目　名　称</td></tr>
<tr><td>1
1.1
1.2
1.3</td><td colspan="4">现象
发电机内发生巨响，有油烟等物喷出
出口温度高、氢纯度下降氢压高或急剧下降
发电机可能跳闸</td></tr>
<tr><td>2
2.1
2.2
2.3
2.4</td><td colspan="4">处理
机组未跳闸，立即解列发电机
迅速向机内充二氧化碳，排除氢气
在灭火期间，发电机定子内冷水不应中断
当火熄灭后，发电机转子应维持较长时间盘车，以防转子变形</td></tr>
<tr><td>质量要求</td><td colspan="4">果断、迅速按规程规定处理</td></tr>
<tr><td>得分或扣分</td><td colspan="4">机组未跳闸处理不果断，扣 2 分
排氢操作不正确，扣 2 分
未保持定子内冷水，扣 2 分
未保持发电机盘车，扣 2 分</td></tr>
</table>

行业：电力工程　　工种：电气值班员　　等级：中

编　号	C04A014	行为领域	e	鉴定范围	3
考核时限	30min	题　型	A	题　分	20
试题正文	发电机变压器组的启动，启动前的准备				
需要说明的问题和要求	1. 操作人要独立完成 2. 结合该厂实际编写				
工具、材料、设备场地	现场实际设备、发电机、变压器、励磁设备等				
评分标准	序号	项目名称			
	1 1.1	启动前的准备 发电机变压器组启动前，应将发电机变压器组的全部工作票收回，安全措施全部拆除，设备现场清洁，无遗留物，常设遮栏全部恢复，并测定发电机、变压器组全部绝缘合格。			
	2 2.1 2.2 2.3 2.4 2.5 2.6 2.7	测定绝缘项目 发电机定子、转子绝缘 主励磁机、副励磁机定子、转子绝缘 发电机、励磁机的轴承绝缘（大修后） 主变压器高压侧、厂高变压器低压侧绕组及分支电缆的绝缘 发电机内气体置换完毕，氢压正常 发电机定子内冷水投入，水压正常，水质合格 发电机灭火用二氧化碳应足够，压力充足并且气瓶与母管应有联接管			
	质量要求	按验收规程要求执行			
	得分或扣分	未核对工作票是否对、安全措施是否合理及现场是否清洁，扣 2 分 测绝缘电阻项目不清，扣 1～5 分 不知发电机、变压器绝缘电阻标准，扣 1～5 分 气体置换多少合格、压力是多少不清扣 1～2 分 水质多少合格不清，扣 1～3 分 不检查防火措施，扣 1～5 分			

行业：电力工程　　　工种：电气值班员　　　　等级：高

<table>
<tr><td>编　号</td><td>C03A015</td><td>行为领域</td><td>e</td><td>鉴定范围</td><td>3</td></tr>
<tr><td>考核时限</td><td>30min</td><td>题　型</td><td>A</td><td>题　分</td><td>30</td></tr>
<tr><td>试题正文</td><td colspan="5">发电机变压器组的启动及启动前的试验</td></tr>
<tr><td>需要说明的问题和要求</td><td colspan="5">1. 操作人要独立完成
2. 结合该厂实际编写</td></tr>
<tr><td>工具、材料、设备场地</td><td colspan="5">发变组全部设备</td></tr>
<tr><td rowspan="15">评分标准</td><td>序号</td><td colspan="4">项　目　名　称</td></tr>
<tr><td>1</td><td colspan="4">启动前的试验</td></tr>
<tr><td>2</td><td colspan="4">发电机变压器组系统所有信号正确</td></tr>
<tr><td>3</td><td colspan="4">励磁调节回路 R4 电阻灵活好用，感应调节器调速电机加、减方向试验应正确，限位灯指示正确</td></tr>
<tr><td>4</td><td colspan="4">主断路器、灭磁开关、励磁系统各开关及厂用分支工作电源开关拉合闸试验</td></tr>
<tr><td>5</td><td colspan="4">做主断路器、灭磁开关、励磁系统各开关联动试验</td></tr>
<tr><td>6</td><td colspan="4">主变压器冷却器工、备电源联动及冷却器启动试验</td></tr>
<tr><td>7</td><td colspan="4">发变组主断路器合闸、拉闸后，冷却风机、油泵自启动、自停止试验</td></tr>
<tr><td>8</td><td colspan="4">配合继电人员做各种保护动作跳主断路器、灭磁开关、励磁系统各开关及厂用分支工作电源开关试验</td></tr>
<tr><td>9</td><td colspan="4">配合热工、汽机做低油压、串轴、振动、断水保护动作跳发变组主断路器试验</td></tr>
<tr><td>10</td><td colspan="4">配合热工、汽机做发变组保护动作后关闭主汽门、抽汽逆止门的试验</td></tr>
<tr><td>11</td><td colspan="4">备用励机强励试验及备用励磁机开关跳闸联跳发变组主断路器试验</td></tr>
<tr><td>12</td><td colspan="4">配合继电人员做假同期试验（在机组及其同期回路检修后）</td></tr>
<tr><td>质量要求</td><td colspan="4">严格执行规程要求
严格执行规程的规定</td></tr>
<tr><td>得分或扣分</td><td colspan="4">不掌握发变组都有哪些信号扣 1～5 分
此项不检查扣 1～5 分
不知励磁系统的各开关扣 1～5 分
不知各项开关试验要求扣 1～5 分
配合继电、热工汽机做试验的内容不清扣 1～5 分
做不好本项试验及同期试验应扣 1～5 分</td></tr>
</table>

行业：电力工程　　　工种：电气值班员　　　等级：高

<table>
<tr><td>编　　号</td><td>C03A016</td><td>行为领域</td><td>e</td><td>鉴定范围</td><td>3</td></tr>
<tr><td>考核时限</td><td>20min</td><td>题　　型</td><td>A</td><td>题　　分</td><td>15</td></tr>
<tr><td>试题正文</td><td colspan="5">发电机变压器组的启动及启动过程中的检查</td></tr>
<tr><td>需要说明的问题和要求</td><td colspan="5">1. 操作人员要独立完成
2. 结合该厂现场实际编写</td></tr>
<tr><td>工具、材料、设备场地</td><td colspan="5">发变组的全部设备</td></tr>
<tr><td rowspan="4">评分标准</td><td>序号</td><td colspan="4">项　目　名　称</td></tr>
<tr><td>1
2
3
4</td><td colspan="4">启动过程中的检查
检查电刷是否振动、跳动或接触不良
机械部分无摩擦，振动值在允许范围内
检查冷却系统运行正常</td></tr>
<tr><td>质量要求</td><td colspan="4">按规程规定来检查所有的内容</td></tr>
<tr><td>得分或扣分</td><td colspan="4">检查细心、耐心，但不能看出问题扣1～5分
不听摩擦声，不知允许振动值扣1～5分
不了解冷却系统包含的内容扣1～5分</td></tr>
</table>

行业：电力工程　　　工种：电气值班员　　　　等级：高

编　　号	C03A017	行为领域	e	鉴定范围	5
考核时限	15min	题　　型	A	题　　分	30
试题正文	某厂10号厂用变压器（检修后）恢复送电操作				
需要说明的问题和要求	1. 要求被考人单独完成操作任务 2. 考评员可据现场实际设备情况，出拟相似题目 3. 被考人要先填写操作票，然后进行考核操作 4. 操作时，严格执行规程规定，现场考核，只能进行模拟演示，不准触及设备，并做好监护 5. 出现异常情况时，应停止考核退出现场				
工具、材料、设备场地	1. 现场实际设备 2. 某厂厂用380V母线工备电源系统图，见图CA-2 3. 操作工具和绝缘用具				

评分标准	序号	项　　目　　名　　称（操作票）
	1	收到单元长令
	2	拆除10号厂用变低压与5510负荷开关间接地线一组×号
	3	拆除10号厂用变本体高压侧接地线一组×号
	4	拆除一切安全措施
	5	测10号厂用变压器绝缘电阻×MΩ
	6	全面检查10号厂用变压器回路良好
	7	检查5610号断路器在开位
	8	将10号厂用变5610断路器推至工作位置
	9	检查5610断路器触头合位良好
	10	合上5610断路器操作、动力插件
	11	合上5610断路器动力直流
	12	检查5610断路器动力直流良好
	13	检查5510断路器开位
	14	合上380VX段工作电源5510隔离开关
	15	检查5510隔离开关合位良好
	16	检查10号厂用变保护启用正确
	17	合上5610断路器操作、信号直流
	18	合上5510断路器操作、信号直流
	19	合上10号厂用变5610断路器
	20	检查10号厂用变充电良好

续表

	序号	项　目　名　称（操作票）
	21	合上 380VX 段工作电源 5510 断路器
	22	检查 10 号厂用变电流表指示×A
	23	合上 380VX 段工备电源连锁 SA 开关
	24	拉开 380VX 段备用电源 5010 断路器
	25	检查 5010 断路器开位良好
	26	汇报单元长
	注	1. 原有地线送电前已拆除则送电时操作票中应写明××位置地线确已拆除 2. 此票适用于厂用变、公用变、输煤变、除尘工作变
评分标准	质量要求	1. 操作票用仿宋字填写 2. 操作任务要填写清楚 3. 重要操作、设备要写双重名称 4. 操作票不准合项、并项 5. 操作票不准涂抹、更改 6. 每项操作前要核对设备标志 7. 操作顺序不准任意颠倒或跳项操作 8. 每项操作完要做记号，重要操作要记录时间
	得分或扣分	1. 字迹潦草辨认不清，扣 5 分 2. 每漏一项扣 5 分，重要漏项全题不得分 3. 操作票合项、并项，每处扣 2 分 4. 操作任务填写不清，扣 5 分 5. 设备不写双重名称，每处扣 2 分 6. 操作术语使用不标准，每处扣 2 分 7. 操作票涂抹、更改，每处扣 2 分 8. 操作前不核对设备标志，每处扣 5 分 9. 颠倒操作或跳项操作，每处扣 5 分 10. 重要操作顺序有误，全题不得分 11. 操作后不做记号，重要操作不记录时间，每处扣 2 分 12. 每项操作后不检查，每处扣 5 分 13. 发生误操作，全题不得分

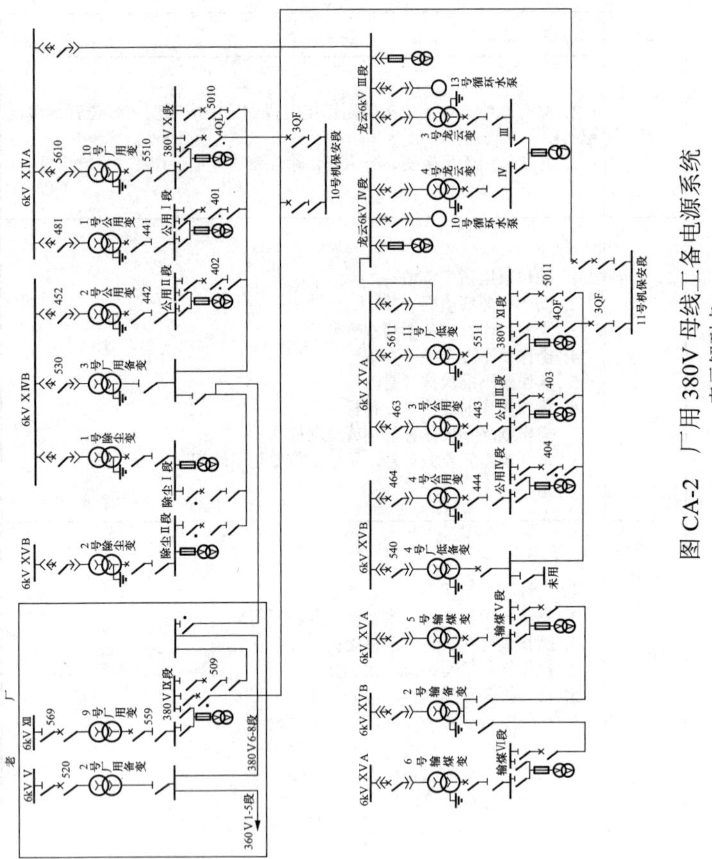

图 CA-2　厂用 380V 母线工备电源系统

·表示解列点。

行业：电力工程　　　工种：电气值班员　　　　等级：高

<table>
<tr><td>编　　号</td><td>C03A018</td><td>行为领域</td><td>e</td><td>鉴定范围</td><td>5</td></tr>
<tr><td>考核时限</td><td>20min</td><td>题　　型</td><td>A</td><td>题　　分</td><td>10</td></tr>
<tr><td>试题正文</td><td colspan="5">发电机励磁回路两点接地</td></tr>
<tr><td>需要说明的问题和要求</td><td colspan="5">1. 操作者要独立完成
2. 注意安全，不准触摸运行设备
3. 考核过程中，遇有生产故障应立即停止考核，退出现场</td></tr>
<tr><td>工具、材料、设备场地</td><td colspan="5">1. 仿真机
2. 现场实际设备</td></tr>
<tr><td rowspan="5">评分标准</td><td>序号</td><td colspan="4">项　目　名　称</td></tr>
<tr><td>1
1.1
1.2
1.3</td><td colspan="4">现象
励磁电流不正常，励磁电压降低或近于零
无功指示降低，机组发生强烈振动
两点接地保护投入时，发变组跳闸</td></tr>
<tr><td>2
2.1
2.2
2.3
2.4</td><td colspan="4">处理
根据现象判断是发电机两点接地故障
保护未动作跳闸，应立即解列发电机
若为转子回路故障，应停机处理
若为整流柜直流侧故障，经全面检查并取得运行主任同意后，以备励代替工励运行</td></tr>
<tr><td>质量要求</td><td colspan="4">按规程规定处理</td></tr>
<tr><td>得分或扣分</td><td colspan="4">不能准确判断是什么故障扣 1～2 分
查保护未动作未迅速解决发电机故障，扣 1～2 分
未确定故障部位，扣 1～2 分
经全面检查未确定故障应向本单位领导汇报，汇报不及时者扣 1～2 分</td></tr>
</table>

行业：电力工程　　　工种：电气值班员　　　　等级：高

<table>
<tr><td>编　　号</td><td>C03A019</td><td>行为领域</td><td>e</td><td>鉴定范围</td><td>5</td></tr>
<tr><td>考核时限</td><td>15min</td><td>题　　型</td><td>B</td><td>题　　分</td><td>20</td></tr>
<tr><td>试题正文</td><td colspan="5">硅整流装置跳闸</td></tr>
<tr><td>需要说明的问题和要求</td><td colspan="5">1. 结合现场实际独立完成
2. 注意安全，不准触摸设备
3. 如遇有生产事故，立即停止操作，退出现场</td></tr>
<tr><td>工具、材料、设备场地</td><td colspan="5">现场实际设备</td></tr>
<tr><td rowspan="5">评分标准</td><td>序号</td><td colspan="4">项　目　名　称</td></tr>
<tr><td>1
1.1
1.2</td><td colspan="4">现象
警报响，“硅整流故障”光字牌亮
装置屏上“运行”灯灭，“停止”灯亮，电流表指示零</td></tr>
<tr><td>2
2.1
2.2
2.3
2.4
2.5
2.6
2.7</td><td colspan="4">处理
复归警报及信号掉牌，注意维持直流母线电压
若为交流电源消失或过负荷引起，可不经检查，立即恢复
有备硅整流或充电机，可先停跳闸硅整流，然后起动备用硅整流或充电机运行
若为整流变一次保险熔断应停电，测定整流变绝缘，良好后可重新投入
若为整流装置直流开关跳闸，应检查直流侧有无短路现象，并通知检修处理
若为装置本身故障，应停电处理
调整运行方式，恢复蓄电池的浮充电运行</td></tr>
<tr><td>质量要求</td><td colspan="4">严格执行电气运行规程
处理过程中一定要保持直流母线电压</td></tr>
<tr><td>得分或扣分</td><td colspan="4">1. 一定要看清、记清事故现象，记不清者扣1～5分
2. 处理过程中未保持直流母线电压者扣除本题总分，经提示完成操作的扣总分的50%
3. 处理顺序不对者扣1～5分
4. 处理不果断、迅速，时间过长扣1～5分
5. 事故处理完了不及时汇报扣1～5分</td></tr>
</table>

行业：电力工程　　　　工种：电气值班员　　　　等级：高

<table>
<tr><td>编　　号</td><td>C03A020</td><td>行为领域</td><td>e</td><td>鉴定范围</td><td>5</td></tr>
<tr><td>考核时限</td><td>15min</td><td>题　　型</td><td>A</td><td>题　　分</td><td>30</td></tr>
<tr><td>试题正文</td><td colspan="5">变压器开关自动跳闸处理</td></tr>
<tr><td>需要说明的问题和要求</td><td colspan="5">1. 要求被考人单独进行故障处理
2. 在仿真机上考核，由考评员给出具体变压器故障现象，被考人按仿真规程进行判断处理
3. 现场考核，由考评员结合现场实际，给出具体变压器故障现象，被考人按现场规程模拟演示，不得触摸运行设备，并做好监护工作
4. 若现场出现异常情况，停止考核退出现场</td></tr>
<tr><td>工具、材料、设备场地</td><td colspan="5">现场考核时：
1. 应选在备用变压器模拟演示、无备用变压器时，要做好安全防范措施
2. 备好必要的操作工具和绝缘用具</td></tr>
<tr><td rowspan="11">评分标准</td><td>序号</td><td colspan="4">项　　目　　名　　称</td></tr>
<tr><td>1</td><td colspan="4">现象</td></tr>
<tr><td>1.1</td><td colspan="4">警报响、故障变压器两侧开关跳闸、绿灯闪光</td></tr>
<tr><td>1.2</td><td colspan="4">若厂用变压器故障，除变压器电流表指示零外，备用电源连锁装置动作自投</td></tr>
<tr><td>1.3</td><td colspan="4">若主变压器故障，系统有冲击，电流表指示为零</td></tr>
<tr><td>2</td><td colspan="4">处理</td></tr>
<tr><td>2.1</td><td colspan="4">立即恢复警报及闪光开关把手，根据故障现象和表计变化判明故障变压器</td></tr>
<tr><td>2.2</td><td colspan="4">若厂用变故障，首先检查备用变自投情况。若未自投，应手动投入备用变，不成功不准强送</td></tr>
<tr><td>2.3</td><td colspan="4">检查保护动作情况，并根据保护动作情况，对变压器本体及有关回路进行检查</td></tr>
<tr><td>2.4</td><td colspan="4">若瓦斯保护动作，按有关规定处理。属于瓦斯保护误动，可不经内部检查将重瓦斯保护改投信号，变压器恢复送电</td></tr>
</table>

续表

<table>
<tr><td></td><td>序号</td><td>项　目　名　称（操作票）</td></tr>
<tr><td rowspan="3">评分标准</td><td>2.5
2.6
2.7</td><td>若差动保护动作，应对差动保护范围内的设备进行检查。故障消除后，检查变压器本体无异常，测定变压器绝缘良好可恢复变压器送电
若过流保护动作，应对保护范围内设备进行外部检查；因穿越性故障引起过流保护动作时，故障切除后，即可恢复送电；若故障存在时，应对变压器、母线等进行检查，观查有无闪烙痕迹，查明原因，消除后可恢复送电
若因保护误动（由继电人员检查确定）可将该保护退出恢复送电，待该保护故障排除后投入使用
（注意：差动、瓦斯保护不能同时停用）</td></tr>
<tr><td>质量要求</td><td>分析判断正确
强送正常
检查仔细不漏项
故障点判明准确操作正确
保护使用正确</td></tr>
<tr><td>得分或扣分</td><td>判断失误否决全项
强送错误不得分
检查每漏一项扣 4 分
故障点判断失误扣 5 分，操作每漏一次扣 4 分
保护使用错误不得分</td></tr>
</table>

行业：电力工程　　　工种：电气值班员　　　　等级：高

<table>
<tr><td>编　　号</td><td>C03A021</td><td>行为领域</td><td>e</td><td>鉴定范围</td><td>5</td></tr>
<tr><td>考核时限</td><td>15min</td><td>题　　型</td><td>A</td><td>题　　分</td><td>20</td></tr>
<tr><td>试题正文</td><td colspan="5">变压器轻重瓦斯保护同时动作故障处理</td></tr>
<tr><td>需要说明的问题和要求</td><td colspan="5">1. 要求被考人单独进行故障处理
2. 要求在现场实际设备进行演示，由考评员给出故障现象，被考人按规程要求判断处理，只许模拟操作，不得触及运行设备，并做好监护工作
3. 若现场出现异常情况，停止考核退出现场</td></tr>
<tr><td>工具、材料、设备场地</td><td colspan="5">1. 应在备用变进行演示。无备用设备时，做好安全防范措施
2. 备好必要的操作工具和绝缘用具</td></tr>
<tr><td rowspan="5">评分标准</td><td>序号</td><td colspan="4">项　目　名　称</td></tr>
<tr><td>1
1.1
1.2
1.3</td><td colspan="4">现象
警报响、“瓦斯保护动作”灯光来，变压器开关跳闸，绿灯闪光
变压器温度高光字牌亮，油温表指示数值较高
变压器本体压力释放阀可能动作</td></tr>
<tr><td>2
2.1
2.2
2.3
2.4</td><td colspan="4">处理
立即恢复警报和闪光把手，检查保护动作情况判明变压器本体故障。并到变压器本体进行检查，查看瓦斯保护是否正确动作
检查油位、油温变化及油色、声音是否正常。是否有喷油现象，若为变压器本体故障，应将变压器停电解备；若为厂用变压器故障，应检查厂用电源联动是否正常，若失去电源应恢复正常运行
即时收集瓦斯气体进行鉴别，判断故障性质，如确属变压器内部故障，应将变压器停止运行，通知检修处理
若变压器本体及外部检查无异常、气体鉴别为无色不可燃气体（空气）或变压器跳闸系统未有冲击，可能为气体继电器本身或二次回路绝缘不良、误动。可不经内部检查，将重瓦斯保护改投信号试送电（差动保护不准退出），并通知试验人员处理</td></tr>
<tr><td>质量要求</td><td colspan="4">分析判断正确
检查不漏项，处理正确
正确收集气体故障性质判断准备
依据规程处理正确</td></tr>
<tr><td>得分或扣分</td><td colspan="4">判断错误否决全项
检查每漏一项扣 4 分
气体收集不到扣 5 分，故障性判断错误扣 5 分
处理错误不得分，经提示完成扣 5 分</td></tr>
</table>

行业：电力工程　　　工种：电气值班员　　　等级：高

<table>
<tr><td colspan="2">编　号</td><td>C03A022</td><td>行为领域</td><td>e</td><td>鉴定范围</td><td>5</td></tr>
<tr><td colspan="2">考核时限</td><td>10min</td><td>题　型</td><td>A</td><td>题　分</td><td>20</td></tr>
<tr><td colspan="2">试题正文</td><td colspan="5">发电机逆功率故障处理</td></tr>
<tr><td colspan="2">需要说明的问题和要求</td><td colspan="5">1. 要求被考人单独进行故障处理
2. 在仿真机上考核，由考评员给出故障现象，被考人按仿真机运行规程处理
3. 现场考核，由考评员给出故障现象，被考人按现场规程判断处理，模拟演示，不得触摸运行设备，并做好监护
4. 现场出现异常情况，停止考核退出现场</td></tr>
<tr><td colspan="2">工具、材料、设备场地</td><td colspan="5">现场考核时：
1. 应选在备用设备进行模拟演示。无备用设备时，做好安全防范措施
2. 备好必要的操作工具和绝缘用具</td></tr>
<tr><td rowspan="5">评分标准</td><td>序号</td><td colspan="5">项　目　名　称</td></tr>
<tr><td>1
1.1
1.2

1.3
1.4</td><td colspan="5">现象
警铃响、主汽门关闭灯光或发电机逆功率灯光亮
发电机有功表反转或为零，无功表指示升高、有功电度表反转、定子电流表指示下降，定子电压及转子电流、电压指示正常，系统频率可能降低
自动励磁调节器运行时，励磁电流有所下降
逆功率保护投入时，发电机跳闸、6kV 工作电源跳闸、备用电源联动</td></tr>
<tr><td>2
2.1
2.2

2.3

2.4</td><td colspan="5">处理
根据故障现象判明发电机变为电动机运行
若无紧急停机信号，不应将发电机解列。待主汽门打开后，汽机值班员尽快挂闸带有功负荷
若出现紧急停机信号，汽机有故障要求停机时，应立即请示值长倒换厂用电源解列停机
若发电机逆功率运行超过 1min，应请示值长解列停机</td></tr>
<tr><td>质量要求</td><td colspan="5">故障判断正确
无停机信号处理正确
按规定处理正确
处理不超过规定时间</td></tr>
<tr><td>得分或扣分</td><td colspan="5">判断错误否决全项
处理有误不得分，不及时汇报扣 10 分
延误超时不得分</td></tr>
</table>

行业：电力工程　　　工种：电气值班员　　　等级：技师

<table>
<tr><td colspan="2">编　　号</td><td>C02A023</td><td>行为领域</td><td>e</td><td>鉴定范围</td><td>5</td></tr>
<tr><td colspan="2">考核时限</td><td>15min</td><td>题　　型</td><td>A</td><td>题　　分</td><td>20</td></tr>
<tr><td colspan="2">试题正文</td><td colspan="5">主变油温异常升高原因查找及处理</td></tr>
<tr><td colspan="2">需要说明的问题和要求</td><td colspan="5">1. 要求被考人单独进行故障处理
2. 要求现场模拟演示，由考评员给出故障现象，被考人按现场运行规程判断处理，不得触动运行设备，并做好监视工作
3. 若现场出现异常情况，停止考核，退出现场</td></tr>
<tr><td colspan="2">工具、材料、设备场地</td><td colspan="5">1. 现场实际设备
2. 带好必要的操作工具和绝缘用具，穿好工作服</td></tr>
<tr><td rowspan="5">评分标准</td><td>序号</td><td colspan="5">项　目　名　称</td></tr>
<tr><td>1
1.1</td><td colspan="5">现象
变压器油温升高超过允许值</td></tr>
<tr><td>2
2.1
2.2

2.3

2.4

2.5</td><td colspan="5">处理
应立即降低变压器负荷，限制变压器温度继续上升
检查变压器外壳温度是否很高，油位有无异常升高，核对温度表是否准确
检查变压器冷却装置工作是否正常，工作泵、备用泵、风扇是否运行正常，若有异常尽快处理
检查各散热器温度是否一致，判明散热器是否有堵塞现象；运行中无法处理时，应联系停电处理
经上述检查未发现问题时，且油温较平时同一负荷和冷却环境下高出 10℃以上，或变压器负荷不变，温度不断上升，则为变压器内部故障，立即报告班、值长，停电处理</td></tr>
<tr><td>质量要求</td><td colspan="5">立即采取措施控制变压器温度
立即到变压器本体核对外客温度判断表计是否正确
全面检查冷却装置
正确判明散热器是否运行正常
正确判断变压器内部故障，处理正确</td></tr>
<tr><td>得分或扣分</td><td colspan="5">不采取措施扣 4 分
不检查变压器外壳温度扣 4 分
检查漏项一处扣 1 分
判断错误扣 4 分
判断失误扣 4 分，处理不当扣 2 分</td></tr>
</table>

行业：电力工程　　　工种：电气值班员　　　等级：技师

<table>
<tr><td colspan="2">编　　号</td><td>C02A024</td><td>行为领域</td><td>e</td><td>鉴定范围</td><td>5</td></tr>
<tr><td colspan="2">考核时限</td><td>15min</td><td>题　　型</td><td>A</td><td>题　　分</td><td>20</td></tr>
<tr><td colspan="2">试题正文</td><td colspan="5">厂用 6kV 系统接地故障处理</td></tr>
<tr><td colspan="2">需要说明的问题和要求</td><td colspan="5">1. 要求被考人单独进行故障处理
2. 在仿真机上考核时，由考评员给出故障现象，被考人按仿真机运行规程判断处理
3. 现场模拟操作演示时，由考评员给出故障现象，被考人依据现场规程判断处理、进行模拟演示，不得触摸运行设备，并做好监护
4. 若现场出现异常情况，停止考核退出现场</td></tr>
<tr><td colspan="2">工具、材料、设备场地</td><td colspan="5">1. 现场考核，应选在备用设备进行演示，以免影响机组运行；无备用设备，应做好安全防范措施
2. 现场考核时，应准备好必要的操作工具和绝缘用具，穿好工作服</td></tr>
<tr><td rowspan="5">评分标准</td><td>序号</td><td colspan="5">项　目　名　称</td></tr>
<tr><td>1
1.1
1.2</td><td colspan="5">现象
警铃响，“6kV 母线接地”灯光来
母线绝缘监视表指示，一相电压降低或零，其他两相电压升高或等于线电压</td></tr>
<tr><td>2
2.1
2.2
2.3
2.4
2.5
2.6
2.7</td><td colspan="5">处理
根据灯光和表计指示判明 6kV 系统接地及接地母线
询问机、炉、燃等岗位是否有启动高压电动机，如有则应停电进行检查
如接地同时伴有设备跳闸，禁止跳闸再次投入，应立即查明原因
按上述方法无效时，按次要负荷到主要负荷顺序瞬停选择方式查找接地点事前与有关专责联系好
切换厂用电源方式判断是否工作电源电缆接地
经上述选择仍未查出故障点，则证明母线或电压互感器接地，汇报班长、值长，停电处理
故障排除后恢复正常运行方式</td></tr>
<tr><td>质量要求</td><td colspan="5">判断接地母线正确
按运行规程选择接地操作程序正确
必要的联系工作准确，无漏项接地时间不准超过 2h（实际）</td></tr>
<tr><td>得分或扣分</td><td colspan="5">1. 判断接地母线失误否决全项
2. 选择接地操作顺序每错一处，扣 4 分
3. 停送负荷操作错误一处，扣 2 分
4. 联系工作有误或漏项一处，扣 2 分
5. 选择接地超时，扣 10 分</td></tr>
</table>

行业：电力工程　　　工种：电气值班员　　　等级：技师

<table>
<tr><td colspan="2">编　　号</td><td>C02A025</td><td>行为领域</td><td>e</td><td>鉴定范围</td><td>5</td></tr>
<tr><td colspan="2">考核时限</td><td>20min</td><td>题　　型</td><td>A</td><td>题　　分</td><td>30</td></tr>
<tr><td colspan="2">试题正文</td><td colspan="5">发电机变压器组主断路器自动跳闸故障处理</td></tr>
<tr><td colspan="2">需要说明的问题和要求</td><td colspan="5">1. 要求被考人单独进行故障处理
2. 在仿真机上考核，由考评员给出故障现象，被考人按仿真机规程判断处理
3. 现场考核，由考评员给出故障现象，被考人按现场规程判断处理模拟演示，不得触及运行设备，并做好监护
4. 现场出现异常情况，停止考核退出现场</td></tr>
<tr><td colspan="2">工具、材料、设备场地</td><td colspan="5">现场考核时：
1. 应选在备用机组进行演示，无备用机组时，应做好安全防范措施
2. 备好必要的操作工具和绝缘用具</td></tr>
<tr><td rowspan="5">评
分
标
准</td><td>序号</td><td colspan="5">项　目　名　称</td></tr>
<tr><td>1
1.1

1.2
1.3
1.4</td><td colspan="5">现象
警铃、警报响，机变组主断路器及灭磁开关跳闸、高工变低压开关跳闸、高备变联动投入。跳闸开关绿灯闪光、联动合闸开关红灯闪光
发变组有功、无功，定子电流、电压，转子电流、电压表指示为零
发电机转速可能升高
相应有保护动作，信号灯显示</td></tr>
<tr><td>2
2.1

2.2

2.3
2.4

2.5

2.6
2.7

2.8</td><td colspan="5">处理
根据故障现象判明为发变组故障时，恢复警报及闪光开关把手、检查灭磁开关是否跳闸，如未断立即将其断开
检查厂用 6kV 备用电源联动情况，如未联动，应手拉工作电源开关，备用电源联动；不成功可强送备用电源
检查发变保护动作情况，询问汽机危急保安器是否动作
若发电机主保护，如纵差、横差、转子两点接地等保护动作跳闸，应详细检查保护范围内的设备，确认故障点，测定发电机绝缘电阻，停机处理
若发电机后备保护动作，应进行外部检查，未发现问题时，应测量机变组回路绝缘电阻，待与外部故障隔绝后将发电机零起升压，无异常后，经值长同意后并列
若失磁保护动作，恢复励磁后可重新并列
若断水保护动作，待恢复供水后，可将发电机并列，同时检查发电机绕组、引线有无发热、漏水等
若确认是发电机保护误动作或人员过失误动，进行外部检查后即可重新并列</td></tr>
<tr><td>质量要求</td><td colspan="5">根据现象分析判断正确
依据规程操作正确
认真检查无漏项
处理迅速、正确</td></tr>
<tr><td>得分或扣分</td><td colspan="5">判断失误否决全项
处理中：操作原则错误扣 5 分，操作有一般错误扣 2 分
检查每漏一项扣 2 分
每提示一次扣 2 分</td></tr>
</table>

行业：电力工程　　　工种：电气值班员　　　等级：技师

<table>
<tr><td colspan="2">编　　号</td><td>C02A026</td><td>行为领域</td><td>e</td><td>鉴定范围</td><td>5</td></tr>
<tr><td colspan="2">考核时限</td><td>20min</td><td>题　　型</td><td>A</td><td>题　　分</td><td>20</td></tr>
<tr><td colspan="2">试题正文</td><td colspan="5">发电机单机振荡故障处理</td></tr>
<tr><td colspan="2">需要说明的问题和要求</td><td colspan="5">1. 要求被考人单独进行故障处理
2. 在仿真机上考核时，由考评员给出事故现象，被考人按仿真机规程判断处理
3. 现场模拟演示时，由考评员给出事故现象，被考人依据现场运行规程判断处理，不得触及运行设备，并做好监护
4. 若现场出现异常情况，停止考核，退出现场</td></tr>
<tr><td colspan="2">工具、材料、设备场地</td><td colspan="5">1. 现场考核，应选在备用设备进行演示，以免影响机组运行。无备用设备时，应做好安全防范措施
2. 现场考核时，应准备好必要的操作工具和绝缘用具，穿好工作服</td></tr>
<tr><td rowspan="5">评分标准</td><td>序号</td><td colspan="5">项　目　名　称</td></tr>
<tr><td>1
1.1
1.2

1.3
1.4
1.5</td><td colspan="5">现象
发电机有功表、无功表在全刻度范围内摆动
定子电流表三相同时剧烈摆动，通常超过正常值，定子电压表指示偏低并剧烈摆动
转子电流表在正常值附近摆动
机组发出与表计摆动合拍的鸣声
强励可能间歇动作</td></tr>
<tr><td>2
2.1
2.2

2.3

2.4</td><td colspan="5">处理
减少有功负荷，最大可能增加无功负荷，以便使发电机拉入同步
若经2min后调整不能恢复，应请示值长解列停机并及时调整频率、电压，以便重新并列
在发电机振荡期间，电压降低可能引起强励动作、在“强励限制”灯光未显示前1min内不得干涉。若1min后，仍未恢复，则应降低有功、无功负荷使定子、转子电流不超过事故过负荷规定值
若所有机组表计摆动一致，则为系统振荡引起，应根据值长令调整</td></tr>
<tr><td>质量要求</td><td colspan="5">分析判断准确，调整迅速
掌握时间、请示值长、汇报清楚、调整及时
按规程规定处理
处理结束汇报值长</td></tr>
<tr><td>得分或扣分</td><td colspan="5">判断不准，调整不及时扣5分
经提示完成操作扣总分的50%
调整不正确扣5分
调整不正确扣5分，经提示完成操作扣50%分
分析、判断不准确扣5分</td></tr>
</table>

行业：电力工程　　　　工种：电气值班员　　　　等级：高级技师

<table>
<tr><td>编　　号</td><td>C01A027</td><td>行为领域</td><td>e</td><td>鉴定范围</td><td>5</td></tr>
<tr><td>考核时限</td><td>10min</td><td>题　　型</td><td>A</td><td>题　　分</td><td>30</td></tr>
<tr><td>试题正文</td><td colspan="5">发电机变压器组主开关非全相故障处理</td></tr>
<tr><td>需要说明的问题和要求</td><td colspan="5">1. 要求被考人单独进行故障处理，考评员可给出一种工况故障
2. 在仿真机上考核时，由考评员给出故障现象，被考人按仿真机运行规程判断处理
3. 现场考核时，由考评员给出故障现象，被考人按现场规程判断处理，模拟演示，不得触摸运行设备，并做好监护
4. 出现异常情况，停止考核退出现场</td></tr>
<tr><td>工具、材料、设备场地</td><td colspan="5">现场考核时：
1. 应选在备用机组进行考核，无备用机组时，应做好安全防范措施
2. 备好必要的操作工具和绝缘用具</td></tr>
<tr><td rowspan="13">评分标准</td><td>序号</td><td colspan="4">项　　目　　名　　称</td></tr>
<tr><td>1</td><td colspan="4">现象</td></tr>
<tr><td>1.1</td><td colspan="4">主开关位置指示灯指示异常</td></tr>
<tr><td>1.2</td><td colspan="4">发电机定子三相电流指示不平衡或均为零</td></tr>
<tr><td>1.3</td><td colspan="4">若负序电流较小，且“主开关三相位置不一致”或发“负序过负荷”灯光</td></tr>
<tr><td>1.4</td><td colspan="4">若非全相产生的负序电流较大，负序过流保护动作跳开主开关</td></tr>
<tr><td>2</td><td colspan="4">处理</td></tr>
<tr><td>2.1</td><td colspan="4">若机组并、解列时，出现非全相合上、断开时，应立即将其三相断开</td></tr>
<tr><td>2.2</td><td colspan="4">若发电机主开关不能三相断开，应迅速断开该机所接母线上的所有电源开关及母联开关</td></tr>
<tr><td>2.3</td><td colspan="4">若保护动作跳闸，主开关出现非全相，应立即手动切主开关一次，不成功，按 2.2 方法处理</td></tr>
<tr><td>2.4</td><td colspan="4">若运行中出现非全相，且非全相保护及负序过流保护均未动作，应立即解列主开关，不成功按 2.2 方法处理</td></tr>
<tr><td>质量要求</td><td colspan="4">判断迅速、果断、准确，处理正确</td></tr>
<tr><td>得分或扣分</td><td colspan="4">判断失误否决全项
处理漏项每项扣 5 分，操作漏项每项扣 5 分</td></tr>
</table>

行业：电力工程　　工种：电气值班员　　等级：高级技师

<table>
<tr><td>编　　号</td><td>C01A028</td><td>行为领域</td><td>e</td><td>鉴定范围</td><td>5</td></tr>
<tr><td>考核时限</td><td>15min</td><td>题　　型</td><td>A</td><td>题　　分</td><td>20</td></tr>
<tr><td>试题正文</td><td colspan="5">发电机电流互感器二次回路断线故障处理</td></tr>
<tr><td>需要说明的问题和要求</td><td colspan="5">1. 要求被考核人单独进行故障处理
2. 在仿真机上考核由考评员给出具体电流互感器故障现象，被考人按仿真规程判断处理
3. 现场考核，由考评员结合现场实际，给出故障现象，被考人按现场规程判断处理、模拟演示，不得触摸运行设备，并做好监护工作
4. 现场出现异常情况，停止考核，退出现场</td></tr>
<tr><td>工具、材料、设备场地</td><td colspan="5">现场考核时：
1. 应选在备用设备模拟演示。无备用设备时，要做好安全防范措施
2. 备好必要的操作工具和绝缘用具</td></tr>
</table>

<table>
<tr><td rowspan="14">评
分
标
准</td><td>序号</td><td>项　目　名　称</td></tr>
<tr><td>1</td><td>现象</td></tr>
<tr><td>1.1</td><td>测量用电流互感器二次回路断线时，发电机有关电流表指示为零，有关有功表、无功表指示下降，电度表出现异常</td></tr>
<tr><td>1.2</td><td>保护用互感器回路断线时，有关保护可能误动作，“电流互感器断线”灯光可能来</td></tr>
<tr><td>1.3</td><td>励磁系统用电流互感器二次断线，将影响自动励磁调节器输出不正常</td></tr>
<tr><td>1.4</td><td>电流互感器二次开路，其本身有较大的交流声，可能产生过热、冒烟现象，二次断开处有放电及烧伤现象</td></tr>
<tr><td>2</td><td>处理</td></tr>
<tr><td>2.1</td><td>根据表计指示判断是哪组电流互感器故障</td></tr>
<tr><td>2.2</td><td>若保护用互感器二次断线，应将有关保护停用。若励磁调节器输出不正常，应切换手动组运行</td></tr>
<tr><td>2.3</td><td>对故障电流互感器二次回线进行全面检查，若互感器本身故障，应请示值长解列停机处理。若为有关电流端子接触不良引起，戴好绝缘用具排除故障，故障无法消除时，应请示停机处理</td></tr>
<tr><td>质量要求</td><td>根据故障现象分析判断正确
依据规程处理正确，操作无误
检查到位、无漏项，故障排除规范、绝缘用具使用正确</td></tr>
<tr><td>得分或扣分</td><td>判断错误否决全项，提示完成扣 3 分
处理有误一处扣 2 分
检查每漏一项扣 2 分
绝缘用具不用或使用错误不得分</td></tr>
</table>

行业：电力工程　　　工种：电气值班员　　　等级：高级技师

<table>
<tr><td>编　　号</td><td>C01A029</td><td>行为领域</td><td>e</td><td>鉴定范围</td><td>5</td></tr>
<tr><td>考核时限</td><td>20min</td><td>题　　型</td><td>A</td><td>题　　分</td><td>30</td></tr>
<tr><td>试题正文</td><td colspan="5">发电机失磁故障处理</td></tr>
<tr><td>需要说明的问题和要求</td><td colspan="5">1. 要求被考人单独进行故障处理
2. 在仿真机上考核时，由考评员给出故障现象，被考人按仿真机运行规定进行判断处理
3. 现场考核时，由考评员给出故障现象，被考人按现场规程判断处理、模拟演示，不得触及运行设备，并做好监护
4. 出现异常情况时，停止考核退出现场</td></tr>
<tr><td>工具、材料、设备场地</td><td colspan="5">现场考核时：
1. 应选在备用机组进行演示，无备用机组时，应做好安全防范措施
2. 备好操作工具和绝缘用具</td></tr>
<tr><td rowspan="5">评
分
标
准</td><td>序号</td><td colspan="4">项　　目　　名　　称</td></tr>
<tr><td>1
1.1
1.1.1

1.1.2

1.1.3

1.1.4
1.1.5
1.1.6
1.2</td><td colspan="4">现象
当失磁保护动作于信号时
警铃响、定子电压下降、有功表指示降低并摆动，并有“失磁保护动作”信号显示
无功表反指、定子电流增大并摆动，发电机，如母线（220kV 母线）电压下降
励磁电压、电流在不同的故障下，有不同的指示，自动调节器电流升高且摆动
若励磁机的励磁回路断线时，转子电压、电流指示为零
若转子回路断线时，转子电压升高、电流为零
若转子回路短路、转子电压降低，电流增大
当失磁保护作用于跳闸时，除有瞬间的上述现象外、主断路器、灭磁开关、厂用分支开关跳闸，备用电源联动合闸</td></tr>
<tr><td>2
2.1
2.2

2.3

2.4
2.5
2.6</td><td colspan="4">处理
若失磁保护动作跳闸，按发电机事故跳闸处理
失磁保护作用于信号或未投时，若励磁自动组 1K 运行应倒手动组 2K 运行，不成功则瞬停厂用电倒备用电源运行
允许无励磁运行的机组，在 3～5min 将负荷降至 40%额定负荷以下，然后进行故障处理，失磁运行不许超过规定时间（10min）
不允许失磁运行的机组、发电机失磁时，应先停机后排除故障
若为励磁机回路故障，可倒备用励磁机运行
若转子回路故障、励磁机回路故障停机后，做好安全措施，通知检修处理</td></tr>
<tr><td>质量要求</td><td colspan="4">根据故障现象判断发电机失磁
切换迅速、厂用电倒换正确
按规程处理正确，不超过规定时间
按规程处理
工备励磁机倒换正确</td></tr>
<tr><td>得分或扣分</td><td colspan="4">判断失误否决全项
切换慢扣 3 分、厂用电并列切换扣 3 分
降负荷超时扣 3 分，失磁运行超时扣 3 分
处理错误不得分
操作每漏一项扣 2 分</td></tr>
</table>

行业：电力工程　　　工种：电气值班员　　　等级：高级技师

编　　号	C01A030	行为领域	e	鉴定范围	5
考核时限	15min	题　　型	A	题　　分	20
试题正文	发电机电压互感器回路断线故障处理				
需要说明的问题和要求	1. 要求被考人单独进行故障处理，考评员可任选一组互感器进行考核 2. 在仿真机上考核，由考评员给出故障现象，被考人按仿真机规程判断处理 3. 现场考核，由考评员结合实际，给出故障现象，被考人按现场规程判断处理、模拟演示，不得触及运行设备，并做好监护工作 4. 出现异常情况，停止考核退出现场				
工具、材料、设备场地	现场考核时 1. 应选在备用机组进行考核，无备用机组时，应做好安全防护措施 2. 备好操作工具和绝缘用具				

评分标准	序号	项　目　名　称
	1 1.1 1.2 1.2.1 1.2.2 1.2.3 1.3 1.3.1 1.3.2 1.4	现象 警铃响，发电机出口电压回路断线灯光显示 表用电压互感器回路断线时 发电机定子电压、有功、无功、频率表指示异常显示，或指示下降或为零 定子电流及励磁系统其他表计指示正常 若一次熔丝熔断时，零序电压表可能有33V左右电压指示 发电机出口、调压器用互感器断线时 励磁自动组可能跳闸 若自动组不跳，发电机无功，定子电流，励磁电压，电流表可能出现异常指示 发电机保护用电压互感器断线时，发电机各表计指示正常
	2 2.1 2.2 2.2.1	处理 根据故障现象和表计指示情况，判明是哪组电压互感器故障 表用互感器断线故障处理 通知机、炉维护原负荷不变，电气做好故障期间的电量统计工作

续表

评分标准	序号	项　目　名　称
	2.2.2	若备励运行时，断开强励连接片。电调在功率控制时，应将其退出运行
	2.2.3	对互感器进行外部检查，若一次熔断器熔断检查后测定绝缘良好，可恢复送电；若二次熔丝（开关）熔断，可试送电，否则通知检修停电处理
	2.3	调压用电压互感器回路断线处理
	2.3.1	将励磁调节器自动组改为手动组开关运行
	2.3.2	若备励运行，停用强励连接片
	2.3.3	对互感器进行外部检查，停电测绝缘良好后，恢复送电，否则通知检修处理
	2.4	保护用电压互感器回路断线处理
	2.4.1	停用可能引起误动的保护，如失磁保护、低压闭锁过流保护等
	2.4.2	对电压互感器进行外部检查，若一次熔断器熔断，检查后停电测定绝缘良好后可恢复送电；若二次熔丝（开关）熔断可试投送电，不成功通知检修处理
	质量要求	故障互感器判明正确 依据规程进行处理操作正确
	得分或扣分	判断失误否决全项，经提示完成扣 5 分 处理每漏一项扣 3 分，操作每漏一项扣 2 分

行业：电力工程　　　工种：电气值班员　　　等级：高级技师

<table>
<tr><td colspan="2">编　　号</td><td>C01A031</td><td>行为领域</td><td>e</td><td>鉴定范围</td><td>5</td></tr>
<tr><td colspan="2">考核时限</td><td>15min</td><td>题　　型</td><td>A</td><td>题　　分</td><td>30</td></tr>
<tr><td colspan="2">试题正文</td><td colspan="5">厂用 6kV 母线故障判断处理</td></tr>
<tr><td colspan="2">需要说明的问题和要求</td><td colspan="5">1. 要求被考人单独进行故障处理
2. 在仿真机上考核时，由考评员给出故障现象，被考人按仿真机运行规程判断处理
3. 现场考核，由考评员结合现场实际情况，给出故障现象，被考人按现场规程判断处理、模拟演示，不得触及运行设备，并做好监护
4. 现场出现异常，停止考核退出现场</td></tr>
<tr><td colspan="2">工具、材料、设备场地</td><td colspan="5">1. 现场考核，应在备用设备上进行。无备用设备时，应做好安全防范措施
2. 备好必要的操作工具和绝缘用具</td></tr>
<tr><td rowspan="5">评分标准</td><td>序号</td><td colspan="5">项　目　名　称</td></tr>
<tr><td>1
1.1
1.2
1.3
1.4</td><td colspan="5">现象
系统冲击，警报响，故障母线工作电源绿灯闪光
工作电源开关跳闸、备用电源联动后又跳闸，有关表计指示为零
厂用工作电源和备用电源分支过流保护动作
6kV 母线室内有爆炸声及烟火</td></tr>
<tr><td>2
2.1

2.2
2.3

2.4

2.5

2.6</td><td colspan="5">处理
立即恢复闪光开关把手，检查保护动作情况。若工作电源和备用电源分支过流保护动作、母线电压表指示为零，可确认为母线故障
若备用电源分支过流保护未动，可强送备用电源一次
询问机、炉、燃等岗位有无开关拉不开的情况，迅速到母线室检查，有烟火进一步确认母线故障，查找故障点
若故障能排除，应将本段开关全部拉出，进行检查，测定母线绝缘，待故障排除后恢复母线正常运行
若故障不能排除，应立即通知检修处理，汇报班长，做好安全措施
检查由于 6kV 母线故障而引起的低厂变及保安段的运行情况，若失去电源应使其恢复正常供电，检查其他由于低电压影响的设备运行情况
配电装置着火应切断电源，然后用灭火器灭火</td></tr>
<tr><td>质量要求</td><td colspan="5">分析判断正确
强送正确
确认故障点正确
按规程正确操作
按规程处理正确
灭火器使用正确</td></tr>
<tr><td>得分或扣分</td><td colspan="5">故障点判断失误否决全项，提示一次扣 50%分值
不正确 0 分
操作每漏一项扣 1 分
不断电源 0 分，灭火器选择错误扣 2 分，不会使用扣 2 分</td></tr>
</table>

4.2.2 多项操作

行业：电力工程　　　　工种：电气值班员　　　　等级：中

<table>
<tr><td colspan="2">编　　号</td><td>C04B032</td><td>行为领域</td><td>e</td><td>鉴定范围</td><td>3</td></tr>
<tr><td colspan="2">考核时限</td><td>15min</td><td>题　　型</td><td>B</td><td>题　　分</td><td>40</td></tr>
<tr><td colspan="2">试题正文</td><td colspan="5">某厂 11 号发电机工励恢复送电、备励励磁机停止操作</td></tr>
<tr><td colspan="2">需要说明的问题和要求</td><td colspan="5">1. 要求被考单独完成操作任务
2. 考核时，被考人要先填写操作票，然后进行考核操作
3. 操作时要严格执行规程规定，现场考核只能进行模拟演示不准触及设备，做好监护工作
4. 出现异常停止考核退出现场</td></tr>
<tr><td colspan="2">工具、材料、设备场地</td><td colspan="5">1. 现场实际设备
2. 某厂 10 号、11 号机工备励磁一次系统图，见图 CA-3
3. 备好操作工具和绝缘用具</td></tr>
<tr><td rowspan="20">评分标准</td><td>序号</td><td colspan="5">项　　目　　名　　称</td></tr>
<tr><td>1</td><td colspan="5">收到单元长令</td></tr>
<tr><td>2</td><td colspan="5">检查 11 号机工励系统具备送电条件</td></tr>
<tr><td>3</td><td colspan="5">检查 11 号机工励自动组 1QL 开关在开位</td></tr>
<tr><td>4</td><td colspan="5">合上 11 号机工励自动组交流侧 1QS 隔离开关</td></tr>
<tr><td>5</td><td colspan="5">检查 11 号机工励自动组 2QL 开关在开位</td></tr>
<tr><td>6</td><td colspan="5">合上 11 号机工励自动组交流侧 2QS 隔离开关</td></tr>
<tr><td>7</td><td colspan="5">合上 11 号机工励手动组交流侧 3QS 隔离开关</td></tr>
<tr><td>8</td><td colspan="5">检查上述隔离开关在合位</td></tr>
<tr><td>9</td><td colspan="5">合上 11 号机可控硅屏内风机电源开关</td></tr>
<tr><td>10</td><td colspan="5">合上 11 号机励磁调节器屏风风机电源开关</td></tr>
<tr><td>11</td><td colspan="5">检查 11 号机整流柜 QL1 开关在开位</td></tr>
<tr><td>12</td><td colspan="5">合上 11 号机整流柜直流侧 QS1 隔离开关</td></tr>
<tr><td>13</td><td colspan="5">检查 11 号机整流柜 QL2 开关在开位</td></tr>
<tr><td>14</td><td colspan="5">合上 11 号机整流柜直流侧 QS2 隔离开关</td></tr>
<tr><td>15</td><td colspan="5">检查上述隔离开关在合位</td></tr>
<tr><td>16</td><td colspan="5">合上 11 号机 1 号整流柜 QL1 开关控制直流 SA1 开关（图 CA-2 无）</td></tr>
<tr><td>17</td><td colspan="5">合上 11 号机 1 号整流柜直流 24V 信号电源 SA3 开关</td></tr>
<tr><td>18</td><td colspan="5">合上 11 号机 1 号整流柜风机备用电源 SA6 开关</td></tr>
<tr><td>19</td><td colspan="5">合上 11 号机 1 号整流柜风机工作电源 SA5 开关</td></tr>
</table>

续表

	序号	项　目　名　称
评分标准	20	合上11号机2号整流柜QL2开关控制直流SA2开关
	21	合上11号机2号整流柜直流24V信号电源SA4开关
	22	合上11号机2号整流柜风机备用电源SA8开关
	23	合上11号机2号整流柜风机工作电源SA7开关
	24	合上11号机1QL操作直流熔断器
	25	合上11号机2QL操作直流熔断器
	26	合上11号机3QL操作直流熔断器
	27	合上11号机自动励磁调节器保护直流
	28	合上11号机QL1开关操作直流熔断器
	29	合上11号机QL2开关操作直流熔断器
	30	合上11号机感应调压器操作控制3SA开关
	31	合上11号机工励自动组1QL开关
	32	合上11号机工励自动组2QL开关
	33	投入11号机励磁连锁SA开关
	34	退出11号机强励30XB连接片
	35	调整11号机工励输出电压与备励电压相同
	36	测11号机工励输出电压与备励电压极性一致
	37	拉开5号备励单硅旁路5QS隔离开关
	38	检查5号备励单硅旁路5QS隔离开关在开位
	39	合上11号机工励A隔离开关
	40	合上11号机工励B隔离开关
	41	检查上述隔离开关在合位
	42	调整增加11号机工励输出，减少5号备励输出，保持11号机无功负荷不变
	43	调整至5号备励输出为零
	44	拉开11号机备励隔离开关

续表

	序号	项　目　名　称
	45	检查11号机备励隔离开关在开位
	46	投入11号机强励30XB连接片
	47	联系10号机电气值班调整5号备励副励电压至最小
	48	拉开5号备励电动机开关
	49	拉开11号机备励3SA开关
	50	检查5号备励磁场电阻在最大位置
	51	全面检查操作无误
	52	向单元长汇报
评分标准	质量要求	1. 操作票用仿宋字填写 2. 操作任务要填写清楚 3. 重要操作要写设备双重名称 4. 操作票不准合项、并项 5. 操作票不准涂抹更改 6. 每项操作前要核对设备标志 7. 操作顺序不准任意颠倒或跳项操作 8. 每项操作完后要划记号，重要操作要记录时间
	得分或扣分	1. 字迹潦草辨认不清扣5分 2. 每漏一项扣5分，重要漏项全题不得分 3. 操作票合项、并项每处扣2分 4. 操作任务填写不清扣3分 5. 设备不写双重名称每处扣2分 6. 操作术语使用不标准每处扣2分 7. 操作票涂抹更改每处扣2分 8. 操作前不核对设备标志每处扣5分 9. 操作顺序颠倒或跳项操作每处扣5分 10. 重要操作顺序有误全题不得分 11. 每项操作后不划记号重要操作不记录时间每处扣2分 12. 每项操作后不检查扣2分 13. 发生误操作全题不得分

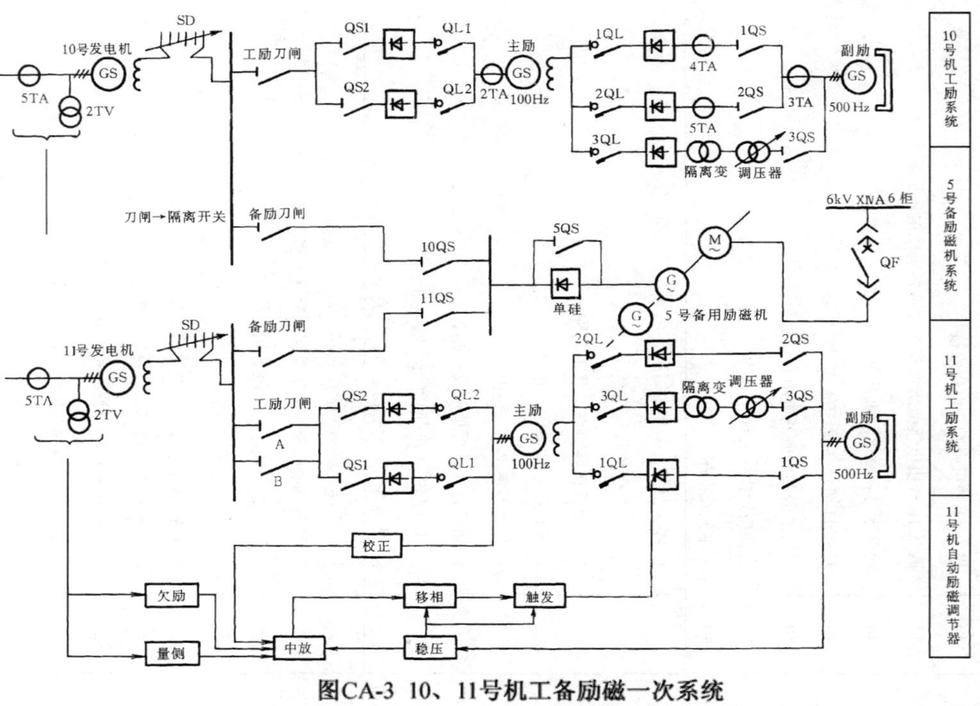

图CA-3 10、11号机工备励磁一次系统

行业：电力工程　　　工种：电气值班员　　　等级：中

<table>
<tr><td colspan="2">编　　号</td><td>C04B033</td><td>行为领域</td><td>e</td><td>鉴定范围</td><td>5</td></tr>
<tr><td colspan="2">考核时限</td><td>15min</td><td>题　　型</td><td>A</td><td>题　　分</td><td>35</td></tr>
<tr><td colspan="2">试题正文</td><td colspan="5">某厂 11 号发电机工励倒为备励运行操作</td></tr>
<tr><td colspan="2">需要说明的问题和要求</td><td colspan="5">1. 要求被考人单独完成操作任务
2. 考核时，被考人要先填写操作票，然后进行考核操作
3. 操作时，要严格执行规程规定，现场考核只能进行模拟演示，不准触及设备，并做好监护
4. 现场出现异常，停止考核退出现场</td></tr>
<tr><td colspan="2">工具、材料、设备场地</td><td colspan="5">1. 现场实际设备
2. 某厂 10 号、11 号机工备励磁一次系统图，见图 CA-3
3. 备好操作工具和绝缘用具</td></tr>
<tr><td rowspan="21">评分标准</td><td>序号</td><td colspan="5">项　目　名　称</td></tr>
<tr><td>1</td><td colspan="5">收到单元长令</td></tr>
<tr><td>2</td><td colspan="5">检查 5 号备励系统无异常</td></tr>
<tr><td>3</td><td colspan="5">检查 5 号备励磁场电阻在最大位置</td></tr>
<tr><td>4</td><td colspan="5">检查 5 号备励盘去 11 号发电机 11QS 隔离开关在合位</td></tr>
<tr><td>5</td><td colspan="5">检查 5 号备励盘去 11 号机 2SA 开关投入</td></tr>
<tr><td>6</td><td colspan="5">检查 5 号备励单硅旁路 5QS 隔离开关在开位</td></tr>
<tr><td>7</td><td colspan="5">退出 11 号发电机强励 30XB 连接片</td></tr>
<tr><td>8</td><td colspan="5">合上 11 号发电机备励 3SA 开关</td></tr>
<tr><td>9</td><td colspan="5">合上 5 号备励电动机开关</td></tr>
<tr><td>10</td><td colspan="5">检查 5 号备励启动正常</td></tr>
<tr><td>11</td><td colspan="5">联系 10 号机电气值班员调整 5 号备励副励电压 300V</td></tr>
<tr><td>12</td><td colspan="5">调整 5 号备励输出电压与 11 号机工励电压相同</td></tr>
<tr><td>13</td><td colspan="5">测 5 号备励输出电压与 11 号机工励电压极性一致</td></tr>
<tr><td>14</td><td colspan="5">合上 11 号发电机备励隔离开关</td></tr>
<tr><td>15</td><td colspan="5">检查隔离开关在合位</td></tr>
<tr><td>16</td><td colspan="5">调整增加 5 号备励输出，减少 11 号发电机工励输出，保持 11 号发电机无功负荷不变</td></tr>
<tr><td>17</td><td colspan="5">调整至 11 号发电机工励输出为零</td></tr>
<tr><td>18</td><td colspan="5">拉开 11 号发电机工励 A 隔离开关</td></tr>
<tr><td>19</td><td colspan="5">拉开 11 号发电机工励 B 隔离开关</td></tr>
<tr><td>20</td><td colspan="5">用 1AV 开关将 11 号发电机感应调压器电压降至零</td></tr>
</table>

续表

	序号	项　目　名　称
评分标准	21	将 11 号发电机励磁连锁 SA 开关切至断开位置
	22	拉开 11 号发电机工励自动组 1QL 开关
	23	拉开 11 号发电机工励自动组 2QL 开关
	24	拉开 11 号发电机 1 号整流柜 QL1 开关
	25	拉开 11 号发电机 2 号整流柜 QL1 开关
	26	拉开 11 号发电机 1QL 操作直流熔断器
	27	拉开 11 号发电机 2QL 操作直流熔断器
	28	拉开 11 号发电机 3QL 操作直流熔断器
	29	拉开 11 号发电机自动励磁调节器保护直流
	30	拉开 11 号发电机 QL1 开关操作直流熔断器
	31	拉开 11 号发电机 QL2 开关操作直流熔断器
	32	拉开 11 号发电机感应调压器操作控制 3SA 开关
	33	拉开 11 号发电机 1 号整流柜 QL1 开关控制直流 SA1 开关
	34	拉开 11 号发电机 1 号整流柜直流 24V 信号电源 SA3 开关
	35	拉开 11 号发电机 1 号整流柜风机备用电源 SA6 开关
	36	拉开 11 号发电机 1 号整流柜风机工作电源 SA5 开关
	37	拉开 11 号发电机 2 号整流柜 QL2 开关控制直流 SA2 开关
	38	拉开 11 号发电机 2 号整流柜直流 24V 信号电源 SA4 开关
	39	拉开 11 号发电机 2 号整流柜风机备用电源 SA8 开关
	40	拉开 11 号发电机 2 号整流柜风机工作电源 SA7 开关
	41	检查 11 号发电机整流柜 QL1 开关在开位
	42	拉开 11 号发电机整流柜直流侧 QS1 隔离开关
	43	检查 11 号发电机整流柜 QL2 开关在开位
	44	拉开 11 号发电机整流柜直流侧 QS2 隔离开关
	45	合上 5 号备励单硅旁路 5QS 隔离开关
	46	检查强励继电器 K 励磁
	47	投入 11 号发电机强励 30XB 连接片
	48	拉开 11 号发电机励磁调节器屏内风机电源开关
	49	拉开 11 号发电机可控硅屏内风机电源开关
	50	检查 11 号发电机工励自动组 1QL 开关在开位
	51	拉开 11 号发电机工励自动组交流侧 1QS 隔离开关
	52	检查 11 号发电机工励自动组 2QL 开关在开位
	53	拉开 11 号发电机励自动组交流侧 2QS 隔离开关

续表

<table>
<tr><td rowspan="9"></td><td>序号</td><td>项　目　名　称</td></tr>
<tr><td>54</td><td>检查 11 号发电机工励手动组 3QL 开关在开位</td></tr>
<tr><td>55</td><td>拉开 11 号发电机工励手动组交流侧 3QS 隔离开关</td></tr>
<tr><td>56</td><td>检查上述刀闸在开位</td></tr>
<tr><td>57</td><td>按工作票要求布置安全措施</td></tr>
<tr><td>58</td><td>全面检查操作无误</td></tr>
<tr><td>59</td><td>向单元长汇报</td></tr>
<tr><td rowspan="2">评分标准</td><td>质量要求</td><td>1. 操作票用仿宋字填写
2. 操作任务要填写清楚
3. 重要操作要写设备双重名称
4. 操作票不准合项、并项
5. 操作票不准涂抹、更改
6. 每项操作前要核对设备标志
7. 操作时不准任意颠倒或跳项操作
8. 每项操作完后要划记号，重要操作要记录时间</td></tr>
<tr><td>得分或扣分</td><td>1. 字迹潦草辨认不清扣 5 分
2. 每漏一项扣 5 分，重要漏项全题不得分
3. 操作票合项、并项每处扣 2 分
4. 操作任务填写不清扣 3 分
5. 设备写双重名称，每处扣 2 分
6. 操作术语使用不标准每处扣 2 分
7. 操作票涂抹、更改每处扣 2 分
8. 操作前不核对设备标志，每处扣 5 分
9. 操作顺序颠倒或跳项操作每处扣 5 分
10. 重要操作顺序有误全题不得分
11. 每项操作后不做记号，重要操作不记录时间，每处扣 2 分
12. 每项操作后不检查，每处扣 2 分
13. 发生误操作全题不得分</td></tr>
</table>

行业：电力工程　　　工种：电气值班员　　　等级：中

<table>
<tr><td>编　　号</td><td>C04B034</td><td>行为领域</td><td>e</td><td>鉴定范围</td><td>5</td></tr>
<tr><td>考核时限</td><td>15min</td><td>题　　型</td><td>B</td><td>题　　分</td><td>20</td></tr>
<tr><td>试题正文</td><td colspan="5">发电机氢气压力低查找及处理</td></tr>
<tr><td>需要说明的问题和要求</td><td colspan="5">1. 要求被考人单独进行故障处理
2. 考评员可根据实际情况，给出故障现象，被考人按规程规定进行处理，现场考核只能进行模拟演示，不准触及设备，并做好监护
3. 出现异常情况，停止考核退出现场</td></tr>
<tr><td>工具、材料、设备场地</td><td colspan="5">1. 现场实际设备
2. 某厂 10 号机氢系统图，见图 CA-1</td></tr>
</table>

<table>
<tr><td rowspan="4">评分标准</td><td>序号</td><td>项　目　名　称</td></tr>
<tr><td>1
1.1
2
2.1
2.2

2.3
2.4</td><td>现象
发电机氢压低灯光来，发电机补氢频繁，计算漏氢量不合格
处理
对氢系统所有阀门、管路、表计进行全面检查，是否有明显的漏点
将发电机氢压提至额定，关闭 30、31、32 号阀门和循环干燥器与发电机相连接的阀门，观察 2～4h 确认漏氢是机内还是机外，并通知检修人员进一步确定并设法处理
若氢压降低较快时，发电机所带负荷应按低氢压运行规定降低负荷
若氢压仍不能维持时，应请示解列停机</td></tr>
<tr><td>质量要求</td><td>对氢系统检查全面无漏项
确认漏氢范围准确
掌握本厂氢压变化的运行规定
处理果断正确</td></tr>
<tr><td>得分或扣分</td><td>每漏项一处扣 5 分
确认有误不得分
不掌握氢压变化的运行规定不得分
延误请示停机时间不得分</td></tr>
</table>

行业：电力工程　　　工种：电气值班员　　　等级：中

<table>
<tr><td>编　号</td><td>C04B035</td><td>行为领域</td><td>e</td><td>鉴定范围</td><td>3</td></tr>
<tr><td>考核时限</td><td>20min</td><td>题　型</td><td>B</td><td>题　分</td><td>20</td></tr>
<tr><td>试题正文</td><td colspan="5">低工变压器停电操作</td></tr>
<tr><td>需要说明的问题和要求</td><td colspan="5">1. 操作人员独立完成
2. 注意安全，不准触摸带电设备
3. 遇有生产事故，立即停止考核，退出现场</td></tr>
<tr><td>工具、材料、设备场地</td><td colspan="5">现场实际设备</td></tr>
<tr><td rowspan="4">评分标准</td><td>序号</td><td colspan="4">项　目　名　称</td></tr>
<tr><td>1
2
3
4
5
6
7
8
9
10
11</td><td colspan="4">通知机、炉注意监视
检查低备变充电备用良好
合上 380V 工作段备用电源开关，检查并列良好
拉开 380V 工作段连锁开关 BK
拉开低工变低压侧开关
拉开低工变高压侧开关
拉开低工变高、低压侧开关控制保险
检查低工变低压侧开关在开位，拉开低工变低压侧刀闸
检查低工变高压侧开关在开位，将其拉至检修位
热状态下测定低工变绝缘电阻
按工作票要求，布置安全措施</td></tr>
<tr><td>质量要求</td><td colspan="4">严格执行电气运行规程</td></tr>
<tr><td>得分或扣分</td><td colspan="4">1. 未通知机、炉扣 1～5 分
2. 操作顺序不对本题不得分，如经提示能继续操作扣 50%分
3. 不检查扣 1～5 分
4. 按工作票要求，安全措施漏项扣 1～5 分</td></tr>
</table>

行业：电力工程　　　工种：电气值班员　　　等级：中

<table>
<tr><td>编　　号</td><td>C04B036</td><td>行为领域</td><td>e</td><td>鉴定范围</td><td>3</td></tr>
<tr><td>考核时限</td><td>20min</td><td>题　　型</td><td>B</td><td>题　　分</td><td>20</td></tr>
<tr><td>试题正文</td><td colspan="5">发电机氢气温度高</td></tr>
<tr><td>需要说明的问题和要求</td><td colspan="5">操作人员独立完成</td></tr>
<tr><td>工具、材料、设备场地</td><td colspan="5">1. 仿真机
2. 现场实际设备</td></tr>
<tr><td rowspan="4">评分标准</td><td>序号</td><td colspan="4">项　目　名　称</td></tr>
<tr><td>1
1.1
1.2</td><td colspan="4">现象
警铃响、“氢气温度高”光字牌亮
冷氢温度大于 50℃及以上</td></tr>
<tr><td>2
2.1
2.2
2.3
2.4</td><td colspan="4">处理
检查氢气冷却器冷却水温度、压力、流量等是否正常，否则应及时调整
若冷却水压力、流量无法调整，应适当降低发电机负荷
检查氢气压力和纯度是否正确，否则应补氢或换氢，将其提高至正常值
密切监视定子绕组及铁芯温度</td></tr>
<tr><td>质量要求</td><td colspan="4">严格按规程规定执行</td></tr>
<tr><td></td><td>得分或扣分</td><td colspan="4">没有检查冷却水扣 1～5 分
没有降低负荷扣 5 分
没有检查氢气纯度扣 1～5 分
没有监视绕组温度扣 1～5 分</td></tr>
</table>

行业：电力工程　　　工种：电气值班员　　　等级：中

<table>
<tr><td>编　　号</td><td>C04B037</td><td>行为领域</td><td>e</td><td>鉴定范围</td><td>3</td></tr>
<tr><td>考核时限</td><td>20min</td><td>题　　型</td><td>B</td><td>题　　分</td><td>20</td></tr>
<tr><td>试题正文</td><td colspan="5">低工变送电操作</td></tr>
<tr><td>需要说明的问题和要求</td><td colspan="5">1. 操作人员独立完成
2. 如遇有生产事故，立即停止操作，退出现场
3. 注意安全，不准触摸运行设备</td></tr>
<tr><td>工具、材料、设备场地</td><td colspan="5">现场实际设备</td></tr>
<tr><td rowspan="4">评分标准</td><td>序号</td><td colspan="4">项　目　名　称</td></tr>
<tr><td>
1
2
3
4
5
6
7
8
9
10
11</td><td colspan="4">低工变送电操作：
收回所有工作票，安全措施全部拆除
检查变压器各部位正常，测定绝缘电阻合格
检查低工变保护使用正确
检查低工变小车开关在开位，将其推至工作位置
检查低工变低压侧开关在开位，合上其刀闸
合上低工变控制及动力保险
合上低工变高压侧开关，检查充电良好
合上低工变低压侧开关，检查并列良好
合上 380V 工作段连锁开关，并检查连锁继电器 K 励磁良好
拉开 380V 工作段备用电源开关
全检无误，汇报班长</td></tr>
<tr><td>质量要求</td><td colspan="4">严格执行电气运行规程</td></tr>
<tr><td>得分或扣分</td><td colspan="4">1. 未检查工作票是否全收回和安全措施全拆除，扣 1～10 分
2. 操作完未检查扣 1～5 分
3. 操作完了不及时汇报扣 1～5 分</td></tr>
</table>

行业：电力工程　　　工种：电气值班员　　　等级：高

<table>
<tr><td>编　　号</td><td>C03B038</td><td>行为领域</td><td>e</td><td>鉴定范围</td><td>3</td></tr>
<tr><td>考核时限</td><td>30min</td><td>题　　型</td><td>B</td><td>题　　分</td><td>15</td></tr>
<tr><td>试题正文</td><td colspan="5">发电机变压器组启动及发电机变压器组并列后的操作</td></tr>
<tr><td>需要说明的问题和要求</td><td colspan="5">1. 操作者要独立完成
2. 结合本单位现场实际</td></tr>
<tr><td>工具、材料、设备场地</td><td colspan="5">1. 仿真机
2. 本单位现场实际设备</td></tr>
<tr><td rowspan="4">评分标准</td><td>序号</td><td colspan="4">项　目　名　称</td></tr>
<tr><td>
1
2
3
4
5
6</td><td colspan="4">发电机、变压器组并列后的操作：
合上主变冷却器全部保护的切换连接片
调整主变中性点接地方式
将励磁方式切至自动
投入发电机冷凝干燥器
根据负荷及值长令切换厂用6kV系统运行方式
发电机并列后有功、无功负荷的增长速度由汽轮机的工作条件决定，此时定子总电流应按有功负荷比例增加，热启动和事故情况下，发电机电流的增加不受限制</td></tr>
<tr><td>质量要求</td><td colspan="4">严格按电气运行规程规定投入保护</td></tr>
<tr><td>得分或扣分</td><td colspan="4">漏投连接片或多投连接片，均扣1～5分
不了解6kV系统运行方式，扣1～5分
定子电流无根据增加，扣1～5分</td></tr>
</table>

行业：电力工程　　　工种：电气值班员　　　等级：高

<table>
<tr><td>编　　号</td><td>C03B039</td><td>行为领域</td><td>e</td><td>鉴定范围</td><td>5</td></tr>
<tr><td>考核时限</td><td>10min</td><td>题　　型</td><td>B</td><td>题　　分</td><td>15</td></tr>
<tr><td>试题正文</td><td colspan="5">直流系统硅整流装置故障跳闸处理</td></tr>
<tr><td>需要说明的问题和要求</td><td colspan="5">1. 要求被考人单独进行故障处理
2. 考评员可根据实际设备情况，给出事故现象，由被考人按规程规定判断处理
3. 现场考核时，只能进行模拟演示，不准触及设备，并做好监护
4. 出现异常情况，停止考核退出现场</td></tr>
<tr><td>工具、材料、设备场地</td><td colspan="5">现场实际设备</td></tr>
<tr><td rowspan="5">评分标准</td><td>序号</td><td colspan="4">项　目　名　称</td></tr>
<tr><td>1
1.1
1.2</td><td colspan="4">现象
警铃响，硅整流运行指示灯灭，输出电压、电流指示为零
直流配电盘电压降低，蓄电池呈放电状态</td></tr>
<tr><td>2
2.1
2.2

2.3
2.3.1
2.3.2

2.3.3</td><td colspan="4">处理
复归警铃、迅速调整直流母线电压
有备用硅整流装置的应将故障硅整流停电，将备用硅整流并于该段母线运行
检查交流电源及保护动作情况查明故障原因：
若是过压、过负荷引起掉闸，可立即恢复送电
若一次熔断器熔断，应停电进行回路检查，测定绝缘良好后可重新投入运行
若硅整流二次熔断器熔断，应检查直流侧有无短路现象，可控元件有无击穿等现象，并通知有关人员检修处理</td></tr>
<tr><td>质量要求</td><td colspan="4">母线电压调整操作正确
备用硅整流投入正确</td></tr>
<tr><td>得分或扣分</td><td colspan="4">调整操作有误，扣1～2分
操作有误，扣1～3分
检查不到位漏项，每处扣5分
操作每漏一项，扣5分</td></tr>
</table>

行业：电力工程　　　工种：电气值班员　　　　等级：高

<table>
<tr><td colspan="2">编　号</td><td>C03B040</td><td>行为领域</td><td>e</td><td>鉴定范围</td><td>5</td></tr>
<tr><td colspan="2">考核时限</td><td>10min</td><td>题　型</td><td>B</td><td>题　分</td><td>15</td></tr>
<tr><td colspan="2">试题正文</td><td colspan="5">直流系统接地故障处理</td></tr>
<tr><td colspan="2">需要说明的问题和要求</td><td colspan="5">1. 要求被考人单独进行故障处理
2. 考评员可根据实际情况给出故障现象，被考人按规程规定进行处理，找出故障点
3. 现场考核，只能进行模拟演示，不准触及设备，并做好监护
4. 现场出现异常情况，停止考核退出现象</td></tr>
<tr><td colspan="2">工具、材料、设备场地</td><td colspan="5">现场实际设备</td></tr>
<tr><td rowspan="5">评分标准</td><td>序号</td><td colspan="5">项　目　名　称</td></tr>
<tr><td>1
1.1
1.2</td><td colspan="5">现象
警铃响、“直流母线接地”灯光显示
直流母线绝缘监视电压表测试时，出现正或负极对地有较高的电压值</td></tr>
<tr><td>2
2.1
2.2
2.3

2.4

2.5

2.6

2.7
2.8</td><td colspan="5">处理
用绝缘监视电压表测试接地极性和接地程度
询问有关岗位有无启停设备或有其他操作，而引起接地
调整运行方式，断开直流母线分段断路器（或隔离开关）确定直流接地母线
逐一试拉接地母线所带负荷，直至选出接地分支回路；瞬停负荷时应通知有关岗位或专责
对不允许停电的直流负荷，应切换所在的直流母线，看接地是否转移，判断是否接地
对接地分支线路各设备，采取逐一瞬停查找，接地设备选出后，通知检修人员处理
若上述查找不成功时，应对蓄电池，硅整流装置，及直流母线查找
注意：试拉负荷时，应提前通知有关人员，本着先次要、后主要，先室内、后室外的原则，试拉时间尽量缩短</td></tr>
<tr><td>质量要求</td><td colspan="5">按规程规定快速、准确找出直流系统接地故障点，且操作顺序正确无误</td></tr>
<tr><td>得分或扣分</td><td colspan="5">不进行测量，扣 2 分
该项不进行扣 1 分
操作有误一处扣 1 分
试拉顺序有误，扣 2 分，瞬停时间过长，扣 1 分
操作有误扣 2 分
瞬停时间过长扣 1 分，不联系有关专责扣 3 分
查找方式有误，扣 2 分</td></tr>
</table>

行业：电力工程　　　工种：电气值班员　　　　等级：高

<table>
<tr><td>编　　号</td><td>C03B041</td><td>行为领域</td><td>e</td><td>鉴定范围</td><td>5</td></tr>
<tr><td>考核时限</td><td>15min</td><td>题　　型</td><td>B</td><td>题　　分</td><td>20</td></tr>
<tr><td>试题正文</td><td colspan="5">厂用 380V 母线故障处理</td></tr>
<tr><td>需要说明的问题和要求</td><td colspan="5">1. 要求被考人单独进行故障处理
2. 在仿真设备上考核时，由考评员给出故障现象，被考人按仿真设备运行规程判断处理
3. 现场考核时，由考评员结合现场实际情况，给出故障现象，被考人依据现场规程判断处理。模拟演示操作，不得触及运行设备，并做好监护
4. 若现场出现异常情况、停止考核退出现场</td></tr>
<tr><td>工具、材料、设备场地</td><td colspan="5">1. 现场考核应在备用设备上进行。无备用设备时，应做好安全防护措施
2. 备好必要的操作工具和绝缘用具</td></tr>
<tr><td rowspan="5">评分标准</td><td>序号</td><td colspan="4">项　目　名　称</td></tr>
<tr><td>1
1.1
1.2
1.3</td><td colspan="4">现象
警报响、低压母线工作电源跳闸、绿灯闪光，故障信号光字牌灯光来
备用电源联动后又跳闸，备用分支过流保护动作
故障母线电压表指示为零</td></tr>
<tr><td>2
2.1

2.2
2.3

2.4
2.4.1
2.4.2
2.4.3
2.5

2.6</td><td colspan="4">处理
立即恢复闪光把手，检查保护动作情况。若备用电源分支过流动作，母线电压表指示为零，可确认为母线故障
若备用电源分支过流未动，可强合一次备用电源
立即到母线室进行检查，确认故障点。拉开母线所带负荷断路器及隔离开关，对母线测绝缘电阻
若故障点在母线工作半段时：
将工作半段有关负荷倒由其他备用设备运行
拉开工作半段所有隔离开关及母联隔离开关，工作半段停电
合上备用电源开关备用半段母线恢复送电，将负荷带出
若故障点在备用半段时，按上述方法合上母线工作电源开关恢复工作半段母线送电
断开母线工备电源连锁断路器</td></tr>
<tr><td>质量要求</td><td colspan="4">分析判断正确
操作正确</td></tr>
<tr><td>得分或扣分</td><td colspan="4">判断失误否决全项，提示一次扣 10 分
不操作此次不得分
每漏一项扣 5 分
每漏一项扣 5 分
不操作此项不得分</td></tr>
</table>

行业：电力工程　　　工种：电气值班员　　　　等级：高

<table>
<tr><td>编　　号</td><td>C03B042</td><td>行为领域</td><td>e</td><td>鉴定范围</td><td>5</td></tr>
<tr><td>考核时限</td><td>15min</td><td>题　　型</td><td>B</td><td>题　　分</td><td>20</td></tr>
<tr><td>试题正文</td><td colspan="5">操作中开关断不开如何处理</td></tr>
<tr><td>需要说明的问题和要求</td><td colspan="5">1. 要求被考人单独进行故障处理
2. 要求现场模拟演示，由考评员结合现场实际，给出具体开关。被考人按现场实际系统及规程进行处理，不得触及运行设备，并做好监护工作
3. 若现场出现异常情况，停止考核退出现场</td></tr>
<tr><td>工具、材料、设备场地</td><td colspan="5">1. 现场实际设备及现场一次系统图
2. 备好、操作工具和绝缘用具、穿好工作服、戴好安全帽</td></tr>
<tr><td rowspan="4">评分标准</td><td>序号</td><td colspan="4">项　目　名　称</td></tr>
<tr><td>1
1.1</td><td colspan="4">现象
操作中开关断不开</td></tr>
<tr><td>2
2.1

2.2
2.2.1

2.2.2
2.2.3</td><td colspan="4">处理
紧急情况下开关断不开时，应手动捅掉开关；若不成功可断开上一级开关，使故障与系统隔离
一般情况下可采取如下措施：
检查操作熔断器是否熔断，控制回路是否断线，跳闸继电器回路触点是否良好；跳闸线圈是否烧坏、铁芯是否卡涩、储能机构或液压传动机构是否正常等影响跳闸的因素
若经上述检查无问题时，应手动捅掉开关通知检修处理
手动捅掉开关不成功时，应进行如下处理：
（1）变电所线路断路器可取下操作熔断器，用旁路或母联断路器旁代或串代停下处理
（2）发电机出口开关，可降负荷为零、倒母线后，用母联断路器将发电机解列
（3）厂用 6kV 母线电源开关，将母线负荷转移后停用上级断路器，将该半段进线停电
（4）转移 6kV 负荷开关的负荷用上一级开关停电</td></tr>
<tr><td>质量要求</td><td colspan="4">处理果断正确
检查程序正确无漏项
处理正确
依据现场规程和实际运行方式处理正确</td></tr>
<tr><td></td><td>得分或扣分</td><td colspan="4">延误时间扣 5 分，经提示扣 3 分
检查每漏一项扣 1 分
不正确 0 分
处理错误不得分，每漏一项扣 3 分，经提示完成扣 10 分</td></tr>
</table>

行业：电力工程　　　工种：电气值班员　　　等级：技师

<table>
<tr><td>编　　号</td><td>C02B043</td><td>行为领域</td><td>e</td><td>鉴定范围</td><td>5</td></tr>
<tr><td>考核时限</td><td>20min</td><td>题　　型</td><td>B</td><td>题　　分</td><td>30</td></tr>
<tr><td colspan="2">试题正文</td><td colspan="4">输电线路故障，开关拒动故障处理（发电厂 220kV 升压变电所、双母线接线方式）</td></tr>
<tr><td colspan="2">需要说明的问题和要求</td><td colspan="4">1. 要求被考核人单独进行故障处理
2. 在仿真机考核时，由考评员给出故障现象，被考人按仿真机规程判断处理
3. 现场模拟演示，结合现场实际，由考评员给出故障现象，被考人按现场运行规程判断处理，不得触及运行设备，并做好监护工作
4. 若现场出现异常情况，停止考核退出现场</td></tr>
<tr><td colspan="2">工具、材料、设备场地</td><td colspan="4">现场考核：
1. 尽量选在备用设备进行演示，无备用设备时，应做好安全防范措施，以免影响运行机组
2. 准备好必要的操作工具和绝缘用具，穿好工作服戴好安全帽</td></tr>
<tr><td rowspan="5">评
分
标
准</td><td>序号</td><td colspan="4">项　　目　　名　　称</td></tr>
<tr><td>1
1.1
1.2

1.3
1.4</td><td colspan="4">现象
警报响、系统有冲击，“掉牌未升起”灯光牌显示
除故障线路开关外，故障线路所在母线的所有元件开关及母联断路器，绿灯闪光
故障线路所在母线电压表指为零
故障线路有关保护，如高频、距离、四段零序等保护动作及失灵保护动作，故障录波器动作</td></tr>
<tr><td>2
2.1

2.2

2.3
2.4

2.5</td><td colspan="4">处理
恢复警报及闪光开关把手，检查保护动作情况，确认故障线路扩大为开关拒动所致
请示值长将故障线路停电，拉开拒动断路器两侧隔离开关，做好安全措施，母保使用正确
调整运行方式，采取措施，保证厂用电正常运行
用发电机对失电母线零起加压，或联系调度用其他电源线路对失电母线充电，良好后，恢复母线运行
将被迫停运机组与系统并列，送出该母线所有负荷。恢复厂用电正常运行方式</td></tr>
<tr><td>质量要求</td><td colspan="4">分析判断准确
按规程及时调整厂用电方式
操作正确</td></tr>
<tr><td>得分或扣分</td><td colspan="4">操作每漏一项扣 5 分，经提示完成扣 10 分，故障判断错误否决全项
操作每漏一项扣 5 分
每漏一项扣 5 分</td></tr>
</table>

行业：电力工程　　工种：电气运行值班员　　等级：技师

<table>
<tr><td colspan="2">编　　号</td><td>C02B044</td><td>行为领域</td><td>e</td><td>鉴定范围</td><td>5</td></tr>
<tr><td colspan="2">考核时限</td><td>20min</td><td>题　　型</td><td>B</td><td>题　　分</td><td>30</td></tr>
<tr><td colspan="2">试题正文</td><td colspan="5">主母线故障处理（双母线接线）</td></tr>
<tr><td colspan="2">需要说明的问题和要求</td><td colspan="5">1. 要求被考人单独进行故障处理
2. 在仿真设备上考核，由考评员给出故障现象，被考人按仿真设备运行规程处理
3. 现场考核时，由考评员结合实际系统，给出故障现象，被考人按现场规程规定进行模拟操作演示，不得触摸运行设备
4. 现场出现异常情况，停止考核退出现场</td></tr>
<tr><td colspan="2">工具、材料、设备场地</td><td colspan="5">1. 现场考核应在备用设备上进行，无备用设备时，应做好安全防范措施
2. 备好必要的操作工具和绝缘用具</td></tr>
<tr><td rowspan="5">评
分
标
准</td><td>序号</td><td colspan="5">项　　目　　名　　称</td></tr>
<tr><td>1
1.1
1.2

1.3</td><td colspan="5">现象
警报响、系统冲击、各表计剧烈摆动，“母线电压消失”灯光显示
故障母线全部进出线断路器及母联断路器绿灯闪光，母线电压为零，故障母线连接的元件表计指示为零
母差保护动作指示灯亮</td></tr>
<tr><td>2
2.1
2.2
2.3
2.4

2.5

2.6</td><td colspan="5">处理
恢复警报及闪光开关把手，断开故障母线未跳闸的开关
检查保护动作情况，确定故障母线。汇报值长
检查厂用电运行情况，采取措施尽量恢复厂用电正常运行
去现场检查，查明母线故障原因；隔离故障点；若母线无明显故障点或故障可立即排除，可用发电机对母线零起加压或联系调度由线路向故障母线充电，良好后用母联断路器并列，恢复故障母线其他元件运行
若故障不能立即消除，应立即拉开母联断路器两侧隔离开关及故障母线所有隔离开关，将故障母线所带负荷及机变组倒至非故障母线上运行，二次回路进行相应切换
做好安全措施通知检修人员处理</td></tr>
<tr><td>质量要求</td><td colspan="5">操作正确
分析、判断准确
依据规程正确处理
操作处理正确
倒闸操作正确
安全措施布置正确</td></tr>
<tr><td>得分或扣分</td><td colspan="5">每漏一项扣 5 分
判断错误不得分
经提示完成扣 10 分
检查不到位扣 5～10 分，操作有误扣 10 分
安全措施漏项，扣 1～5 分</td></tr>
</table>

行业：电力工程　　　　工种：电气值班员　　　　　等级：技师

<table>
<tr><td>编　号</td><td>C02B045</td><td>行为领域</td><td>e</td><td>鉴定范围</td><td>3</td></tr>
<tr><td>考核时限</td><td>20min</td><td>题　型</td><td>B</td><td>题　分</td><td>37</td></tr>
<tr><td>试题正文</td><td colspan="5">某厂 66kV 吉热乙线 7604 断路器送电，旁路 7660 断路器恢复备用（7603、7604 断路器为系统联络断路器）</td></tr>
<tr><td>需要说明的问题和要求</td><td colspan="5">1. 要求被考人单独完成操作任务
2. 考评员可根据考场设备实际情况，出拟相似题目
3. 考核时，被考人要先填写操作票，然后进行操作
4. 倒闸操作时，要严格执行规程中有关规定；现场考核只能进行模拟演示，不得触及设备，并做好监护
5. 若现场出现异常，停止考核退出现场</td></tr>
<tr><td>工具、材料、设备场地</td><td colspan="5">1. 需要仿真设备或实际变电所
2. 其厂 66kV 电气一次系统图，见图 CB-1
3. 系统运行方式：双母运行、母联投入，单数开关在北母，双数开关在南母
4. 备好操作工具和绝缘用具</td></tr>
<tr><td rowspan="2">评分标准</td><td>序号</td><td colspan="4">项　目　名　称（操作票）</td></tr>
<tr><td>1
2
3
4
5
6
7
8
9
10
11
12
13
14
15
16
17
18
19
20
21
22
23
24
25
26
27
28
29
30
31
32
33
34
35</td><td colspan="4">收到班长令
联系调度
检查 66kV 吉热乙线 7604 断路器在开位
合上 66kV 吉热乙线 7604 南隔离开关
检查吉热乙线 7604 南隔离开关在合位
合上 66kV 吉热乙线 7604 甲隔离开关
检查吉热乙线 7604 甲隔离开关在合位
合上吉热乙线 7604 动力直流
检查吉热乙线 7604 南电压 SA 开关投入中
检查吉热乙线 7604 北电压 SA 开关断开中
检查吉热乙线 7604 断路器保护启用正确
合上吉热乙线 7604 断路器操作信号直流
合上 66kV 吉热乙线 7604 断路器
检查吉热乙线 7604 电流见负荷转移
拉开 66kV 旁路 7660 断路器
检查旁路 7660 电流表指示为零
联系调度
合上吉热甲线 7603 重合闸开关
合上吉热乙线 7604 重合闸开关
退出吉热甲乙线 7603、7604 平衡控制 5XB 连接片
退出吉热甲乙线 7603、7604 平衡控制 5XB 连接片
投入吉热甲乙线 7603、7604 平衡控制 3XB 连接片
投入吉热甲线 7603 平衡保护 1XB 连接片
投入吉热乙线 7604 平衡保护 2XB 连接片
退出 66kV 母保跳旁路 7660 开关 5XB 连接片
拉开旁路 7660 开关操作直流
检查旁路 7660 断路器在开位
拉开旁路 7660 动力直流
拉开 66kV 吉热乙线 7604 丙隔离开关
检查吉热乙线 7604 丙隔离开关在开位
拉开 66kV 旁路 7660 南隔离开关
检查旁路 7660 南隔离开关在开位
全面检查操作无误
汇报班长
汇报调度</td></tr>
</table>

续表

	序号	项 目 名 称（操作票）
评分标准	质量要求	1. 操作票要用仿宋字填写 2. 操作任务要填写清楚 3. 重要操作设备要写双重名称 4. 操作票不准合项、并项 5. 操作票不准涂抹、更改 6. 每项操作前要核对设备标志 7. 操作顺序不能随意改动或跳项操作 8. 每项完成后要做记号，重要操作要记录时间
	得分或扣分	1. 字迹潦草辨认不清，扣 5 分 2. 每漏一项扣 5 分，严重漏项全题不得分 3. 操作票合项、并项，每处扣 2 分 4. 操作任务填写不清，扣 5 分 5. 设备不写双重名称，每处扣 2 分 6. 操作术语使用不标准，每处扣 2 分 7. 操作票涂抹、更改，每处扣 2 分 8. 操作前不核对设备标志，每处扣 5 分 9. 操作顺序颠倒或跳项操作，每处扣 5 分 10. 重要操作顺序填倒，全题不得分 11. 每项操作后不做记号、重要操作不记录时间，每处扣 2 分 12. 每项操作完不检查扣 2 分 13. 发生误操作全题不得分

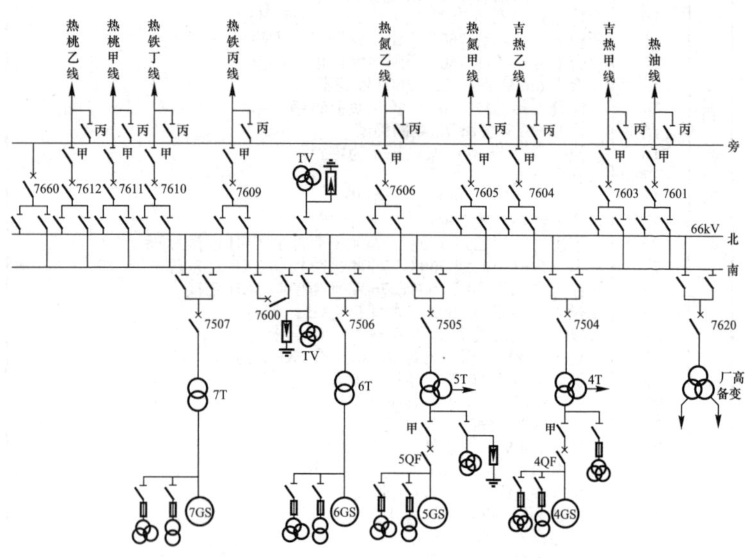

图 CB-1 某厂 66kV 电气一次系统图

行业：电力工程　　工种：电气值班员　　等级：技师

<table>
<tr><td colspan="2">编　　号</td><td>C02B046</td><td>行为领域</td><td>e</td><td>鉴定范围</td><td>3</td></tr>
<tr><td colspan="2">考核时限</td><td>10min</td><td>题　　型</td><td>B</td><td>题　　分</td><td>40</td></tr>
<tr><td colspan="2">试题正文</td><td colspan="5">某厂 66kV 热铁丁线 7610 线路检修，停电操作</td></tr>
<tr><td colspan="2">需要说明的问题和要求</td><td colspan="5">1. 要求被考人单独完成操作任务
2. 考评员可根据实际系统，出拟相似题目
3. 考核时，被考人要先填写操作票，然后进行考核操作
4. 操作时，要严格执行规程规定，现场考核只能进行模拟演示，不准触及设备，并做好监护
5. 出现异常情况时，停止考核退出现场</td></tr>
<tr><td colspan="2">工具、材料、设备场地</td><td colspan="5">1. 仿真设备或实际变电所
2. 某厂 66kV 电气一次系统图，见图 CB-1
3. 操作工具和绝缘用具</td></tr>
<tr><td rowspan="18">评分标准</td><td>序号</td><td colspan="5">项　目　名　称（操作票）</td></tr>
<tr><td>1</td><td colspan="5">收到班长令</td></tr>
<tr><td>2</td><td colspan="5">联系调度</td></tr>
<tr><td>3</td><td colspan="5">拉开热铁丁线 7610 重合闸开关</td></tr>
<tr><td>4</td><td colspan="5">检查热铁丁线 7610 重合闸指示灯灭</td></tr>
<tr><td>5</td><td colspan="5">检查热铁丁线 7610 电流表指示为零</td></tr>
<tr><td>6</td><td colspan="5">拉开热铁丁线 7610 断路器</td></tr>
<tr><td>7</td><td colspan="5">拉开热铁丁线 7610 断路器操作信号直流</td></tr>
<tr><td>8</td><td colspan="5">检查热铁丁线 7610 断路器在开位</td></tr>
<tr><td>9</td><td colspan="5">拉开热铁丁线 7610 断路器动力直流</td></tr>
<tr><td>10</td><td colspan="5">拉开热铁丁线 7610 甲隔离开关</td></tr>
<tr><td>11</td><td colspan="5">检查热铁丁线 7610 甲隔离开关在开位</td></tr>
<tr><td>12</td><td colspan="5">拉开热铁丁线 7610 南隔离开关</td></tr>
<tr><td>13</td><td colspan="5">检查热铁丁线 7610 南隔离开关在开位</td></tr>
<tr><td>14</td><td colspan="5">联系调度</td></tr>
<tr><td>15</td><td colspan="5">验明热铁丁线 7610 甲隔离开关线路侧确无电压</td></tr>
<tr><td>16</td><td colspan="5">在热铁丁线 7610 甲隔离开关线路侧挂地线一组×号</td></tr>
<tr><td>17</td><td colspan="5">按工作要求布置其他安全措施</td></tr>
</table>

续表

	序号	项 目 名 称（操作票）
	18	全面检查上述操作无误
	19	汇报班长
	20	汇报调度
评分标准	质量要求	1. 操作票用仿宋字填写 2. 操作任务要填写清楚 3. 重要操作设备要写双重名称 4. 操作票不准合项、并项 5. 操作票不准涂抹、更改 6. 每项操作前要核对设备标志 7. 操作顺序不准任意更改或跳项操作 8. 每项操作后要做记号，重要操作要记录时间 9. 每项操作后要进行必要的检查
	得分或扣分	1. 字迹潦草辨认不清，扣 5 分 2. 每漏一项扣 5 分，重要漏项全题不得分 3. 操作票合项、并项，每处扣 2 分 4. 操作任务填写不清，扣 5 分 5. 设备不写双重名称，每处扣 2 分 6. 操作术语使用不规范，每处扣 2 分 7. 操作票涂抹更改，每处扣 2 分 8. 操作前不核对设备标志，每处扣 5 分 9. 操作顺序颠倒或跳项操作，每处扣 5 分 10. 重要操作顺序有误，全题不得分 11. 每项操作后不做记号、重要操作不记录时间，每处扣 2 分 12. 每项操作后不检查，扣 5 分 13. 发生误操作，全题不得分

行业：电力工程　　工种：电气值班员　　等级：高级技师

<table>
<tr><td>编　　号</td><td>C01B047</td><td>行为领域</td><td>e</td><td>鉴定范围</td><td>3</td></tr>
<tr><td>考核时限</td><td>10min</td><td>题　　型</td><td>B</td><td>题　　分</td><td>40</td></tr>
<tr><td>试题正文</td><td colspan="5">某厂 66kV 热铁丁线 7610 线路检修后送电操作</td></tr>
<tr><td>需要说明的问题和要求</td><td colspan="5">1. 要求被考人单独完成操作任务
2. 考评员可根据实际设备系统，出拟相似题目
3. 考核时，被考人要先填写操作票，然后进行考核操作
4. 操作时，要严格执行规程规定，现场考核只能进行模拟演示，不得触及设备，并做好监护
5. 出现异常情况，停止考核退出现场</td></tr>
<tr><td>工具、材料、设备场地</td><td colspan="5">1. 仿真设备或实际变电所
2. 某厂 66kV 电气一次系统图，见图 CB-1
3. 操作工具和绝缘用具</td></tr>
</table>

<table>
<tr><td rowspan="2">评分标准</td><td>序号</td><td>项　目　名　称（操作票）</td></tr>
<tr><td>1
2
3
4
5
6
7
8
9
10
11
12
13
14
15
16
17
18
19</td><td>收到班长令
联系调度
拆除热铁丁线 7610 甲隔离开关线路侧地线一组×号
检查热铁丁线 7610 回路良好，具备送电条件
检查热铁丁线 7610 断路器在开位
合上热铁丁线 7610 南隔离开关
检查热铁丁线 7610 南隔离开关在合位
合上热铁丁线 7610 甲隔离开关
检查热铁丁线 7610 甲隔离开关在合位
合上热铁丁线 7610 断路器动力直流
检查热铁丁线 7610 保护启用正确
合上热铁丁线 7610 断路器操作信号直流
联系调度
合上热铁丁线 7610 断路器
合上热铁丁线 7610 重合闸开关
检查热铁丁线 7610 重合闸指示灯亮
全面检查上述操作无误
汇报班长
汇报调度</td></tr>
</table>

续表

	序号	项　目　名　称（操作票）
评分标准	质量要求	1. 操作票用仿宋字填写 2. 操作任务要填写清楚 3. 重要操作设备要写双重名称 4. 操作票不准合项、并项 5. 操作票不准涂抹更改 6. 每项操作前要核对设备标志 7. 操作顺序不准任意更改或跳项操作 8. 每项操作后要划记号，重要操作要记录时间 9. 每项操作后要进行必要的检查
	得分或扣分	1. 字迹潦草辨认不清，扣 5 分 2. 每漏一项扣 5 分，重要漏项全题不得分 3. 操作票合项，并项，每处扣 2 分 4. 操作任务填写不清，扣 5 分 5. 设备不写双重名称，每处扣 2 分 6. 操作术语使用不规范，每处扣 2 分 7. 操作票涂抹、更改，每处扣 2 分 8. 操作前不核对设备标志，每处扣 5 分 9. 操作顺序颠倒或跳项操作，每处扣 5 分 10. 重要操作顺序有误全题不得分 11. 每项操作后不做记号，重要操作不记录时间，每处扣 2 分 12. 每项操作后不检查，扣 2 分 13. 发生误操作，全题不得分

行业：电力工程　　　工种：电气值班员　　　等级：高级技师

<table>
<tr><td>编　号</td><td>C01B048</td><td>行为领域</td><td>e</td><td>鉴定范围</td><td>3</td></tr>
<tr><td>考核时限</td><td>20min</td><td>题　型</td><td>B</td><td>题　分</td><td>40</td></tr>
<tr><td>试题正文</td><td colspan="5">某厂 66kV 北母线停电操作</td></tr>
<tr><td>需要说明的问题和要求</td><td colspan="5">1. 要求被考人单独完成操作任务
2. 在现场或仿真设备上考核时，要先填写操作票，然后进行操作
3. 倒闸操作时，要严格执行规程的有关规定；现场操作只能进行模拟演示，不得触及运行设备，并做好监护
4. 若现场出现异常，停止考核退出现场</td></tr>
<tr><td>工具、材料、设备场地</td><td colspan="5">1. 需要仿真设备或现场实际变电所
2. 某厂 66kV 电气一次系统图，见图 CB-1
3. 系统运行方式：双母运行、母联投入、旁路备用、单数开关在北、双数开关在南
4. 备好操作工具和绝缘用具</td></tr>
<tr><td rowspan="2">评分标准</td><td>序号</td><td colspan="4">项　目　名　称</td></tr>
<tr><td>1
2
3
4
5
6
7
8
9
10
11
12
13
14
15
16
17
18
19
20
21
22</td><td colspan="4">收班长令
联系调度
拉开 66kV 低频保护直流
合上 66kV 低频保护电压开关于南母侧
合上 66kV 低频保护直流
合上 66kV 远动用 TV 电压开关于南母侧
合上 66kV 母保非选择刀闸
检查 66kV 母保非选择监视灯亮
合上 66kV 南北母复合电压联络 3XB 连接片
拉开 66kV 北母复合电压 1XB 连接片
拉开母联 7600 断路器操作直流
检查母联 7600 断路器在合位
合上 5T7505 南隔离开关
合上热氮甲线 7605 南隔离开关
合上吉热甲线 7603 南隔离开关
合上热油线 7601 南隔离开关
合上热铁丙线 7609 南隔离开关
合上 7T7507 南隔离开关
合上热桃甲线 7611 南隔离开关
检查上述隔离开关在合位位置指示正确
合上热桃甲线 7611 南电压 SA 开关
拉开热桃甲线 7611 北电压 SA 开关</td></tr>
</table>

续表

	序号	项　目　名　称
评分标准	23	合上吉热甲线 7603 南电压 SA 开关
	24	拉开吉热甲线 7603 北电压 SA 开关
	25	拉开热油线 7601 北隔离开关
	26	拉开吉热甲线 7603 北隔离开关
	27	拉开热氮甲线 7605 北隔离开关
	28	拉开 5T7505 北隔离开关
	29	拉开热桃甲线 7611 北隔离开关
	30	拉开 7T7507 北隔离开关
	31	拉开热铁丙线 7609 北隔离开关
	32	检查上述隔离开关在开位位置指示正确
	33	拉开 66kV 北母 TV 二次，开口三角 H 熔断器
	34	拉开 66kV 北母 TV 二次 A 相小刀闸
	35	拉开 66kV 北母 TV 二次 B 相小刀闸
	36	拉开 66kV 北母 TV 二次 C 相小刀闸
	37	检查上述刀闸在开位
	38	拉开 66kV 北母 TV 一次隔离开关
	39	检查 66kV 北母 TV 一次隔离开关在开位
	40	合上 66kV 母联 7600 操作直流
	41	检查 66kV 母联 7600 断路器电流表指为零
	42	拉开 66kV 母联 7600 断路器
	43	拉开 66kV 母联 7600 断路器操作信号直流
	44	检查 66kV 母联 7600 断路器在开位
	45	拉开 66kV 母联 7600 断路器动力直流
	46	拉开 66kV 母联 7600 北隔离开关
	47	拉开 66kV 母联 7600 南隔离开关
	48	检查上述隔离开关在开位
	49	检查 66kV 北母线所有北隔离开关在开位
	50	验明 66kV 北母线三相确无电压
	51	在 66kV 北母东侧挂地线一组×号
	52	在 66kV 北母西侧挂地线一组×号
	53	全面检查操作无误
	54	汇报班长
	55	汇报调度

续表

<table>
<tr><td></td><td>序号</td><td>项　目　名　称</td></tr>
<tr><td rowspan="2">评分标准</td><td>质量要求</td><td>1. 操作票要用仿宋字填写
2. 操作任务要填写清楚
3. 重要设备要使用双重名称
4. 操作票不准合项、并项
5. 操作票不准涂抹、更改
6. 每项操作前要核对设备标志
7. 操作顺序不准随意更改或跳项操作
8. 每完成一项操作要做记号，重要操作要记录时间</td></tr>
<tr><td>得分或扣分</td><td>1. 字迹潦草辨认不清，扣 5 分
2. 每漏一项扣 5 分，严重漏项全题不得分
3. 操作票合项、并项，每处扣 2 分
4. 操作任务填写不清，扣 5 分
5. 设备不写双重名称，每处扣 2 分
6. 操作术语使用不标准，每处扣 2 分
7. 操作票涂抹、更改，每处扣 2 分
8. 每项操作前不核对设备标志，扣 5 分
9. 操作顺序颠倒或跳项操作，每次扣 5 分
10. 重要设备颠倒操作，全题不得分
11. 每项操作后不做记号、重要操作不记录时间，每处扣 2 分
12. 每项操作完不检查，扣 2 分，隔离开关、断路器操作后不检查，扣 5 分
13. 发生误操作，全题不得分</td></tr>
</table>

行业：电力工程　　　工种：电气值班员　　　等级：高级技师

<table>
<tr><td colspan="2">编　　号</td><td>C01B049</td><td>行为领域</td><td>e</td><td>鉴定范围</td><td>3</td></tr>
<tr><td colspan="2">考核时限</td><td>15min</td><td>题　　型</td><td>B</td><td>题　　分</td><td>40</td></tr>
<tr><td colspan="2">试题正文</td><td colspan="5">220kV 热东甲线 7201 线路停电操作</td></tr>
<tr><td colspan="2">需要说明的问题和要求</td><td colspan="5">1. 要求被考人单独完成操作任务
2. 考评员可根据考场实际系统，出拟相似题目
3. 考核时，被考人要先填写操作票，然后进行考核操作
4. 操作时，要严格执行规程规定、现场考核，只能进行模拟演示不准触及设备，并做好监护
5. 现场出现异常情况，停止考核退出现场</td></tr>
<tr><td colspan="2">工具、材料、设备场地</td><td colspan="5">1. 仿真设备或实际变电所
2. 某厂 220kV 电气一次系统图，见图 CB-2
3. 操作工具和绝缘用具</td></tr>
<tr><td rowspan="25">评
分
标
准</td><td>序号</td><td colspan="5">项　目　名　称</td></tr>
<tr><td>1</td><td colspan="5">收到班长令</td></tr>
<tr><td>2</td><td colspan="5">联系调度</td></tr>
<tr><td>3</td><td colspan="5">拉开热东甲线 7201 重合闸 2XB 连接片</td></tr>
<tr><td>4</td><td colspan="5">查热东甲线 7201 断路器无电流</td></tr>
<tr><td>5</td><td colspan="5">拉开 220kV 热东甲线 7201 断路器</td></tr>
<tr><td>6</td><td colspan="5">检查热东甲线 7201 断路器在开位</td></tr>
<tr><td>7</td><td colspan="5">拉开热东甲线 7201 断路器动力直流</td></tr>
<tr><td>8</td><td colspan="5">拉开热东甲线 7201 甲隔离开关</td></tr>
<tr><td>9</td><td colspan="5">检查热东甲线 7201 甲隔离开关在开位</td></tr>
<tr><td>10</td><td colspan="5">拉开热东甲线 7201 南隔离开关</td></tr>
<tr><td>11</td><td colspan="5">检查热东甲线 7201 南隔离开关在开位</td></tr>
<tr><td>12</td><td colspan="5">检查热东甲线 7201 北隔离开关在开位</td></tr>
<tr><td>13</td><td colspan="5">拉开热东甲线 7201 线路侧 TV 二次熔断器</td></tr>
<tr><td>14</td><td colspan="5">联系调度</td></tr>
<tr><td>15</td><td colspan="5">合上热东甲线 7201 线路 QS3 接地隔离开关</td></tr>
<tr><td>16</td><td colspan="5">检查 7201 线路 QS3 接地隔离开关在合位</td></tr>
<tr><td>17</td><td colspan="5">合上热东甲线 7201 线路 QS2 接地隔离开关</td></tr>
<tr><td>18</td><td colspan="5">检查 7201QS2 接地隔离开关在合位</td></tr>
<tr><td>19</td><td colspan="5">合上热东甲线 7201QS1 接地隔离开关</td></tr>
<tr><td>20</td><td colspan="5">检查 7201QS1 接地隔离开关在合位</td></tr>
<tr><td>21</td><td colspan="5">退出 220kV 母保跳热东甲线 7201 断路器 8XB 连接片</td></tr>
<tr><td>22</td><td colspan="5">退出热东甲线 7201 断路器，起动失灵，保护 3XB 连接片</td></tr>
<tr><td>23</td><td colspan="5">退出失灵保护跳热东甲线 7201 断路器 1XB 连接片</td></tr>
<tr><td>24</td><td colspan="5">退出热东甲线 7201 断路器的相差高频 XB 连接片</td></tr>
</table>

续表

<table>
<tr><td rowspan="3">评分标准</td><td>序号</td><td>项目名称</td></tr>
<tr><td>25
26
27
28
29
30
31
32</td><td>退出热东甲线 7201 断路器的高频距离出口 1XB 连接片
退出热东甲线 7201 断路器的高频接地出口 2XB 连接片
退出热东甲线 7201 断路器的高频接地加速出口 3XB 连接片
退出热东甲线 7201 断路器的保护零序Ⅲ段 4XB 0 连接片
按工作要求布置好其他安全措施
全面检查，操作无误
汇报班长
汇报调度</td></tr>
<tr><td>质量要求</td><td>1. 操作票用仿宋字填写
2. 操作任务要填写清楚
3. 重要操作设备要写双重名称
4. 操作票不准合项、并项
5. 操作票不准涂抹、更改
6. 每项操作前要核对设备标志
7. 操作顺序不准任意颠倒或跳项操作
8. 每项操作后，要做记号，重要操作要记录时间
9. 每项操作后要进行必要的检查</td></tr>
<tr><td></td><td>得分或扣分</td><td>1. 字迹潦草辨认不清扣 5 分
2. 每漏一项扣 5 分，重要漏项全题不得分
3. 操作票合项、并项，每处扣 2 分
4. 操作任务填写不清，扣 5 分
5. 设备不写双重名称，每处扣 2 分
6. 操作术语使用不标准，每处扣 2 分
7. 操作票涂抹更改，每处扣 2 分
8. 操作前不核对设备标志，每处扣 5 分
9. 操作顺序颠倒或跳项操作，每处扣 5 分
10. 重要操作顺序有误，全题不得分
11. 每项操作后不划记号，重要操作不记录时间，每处扣 2 分
12. 每项操作后不检查，扣 2 分
13. 发生误操作全题不得分</td></tr>
</table>

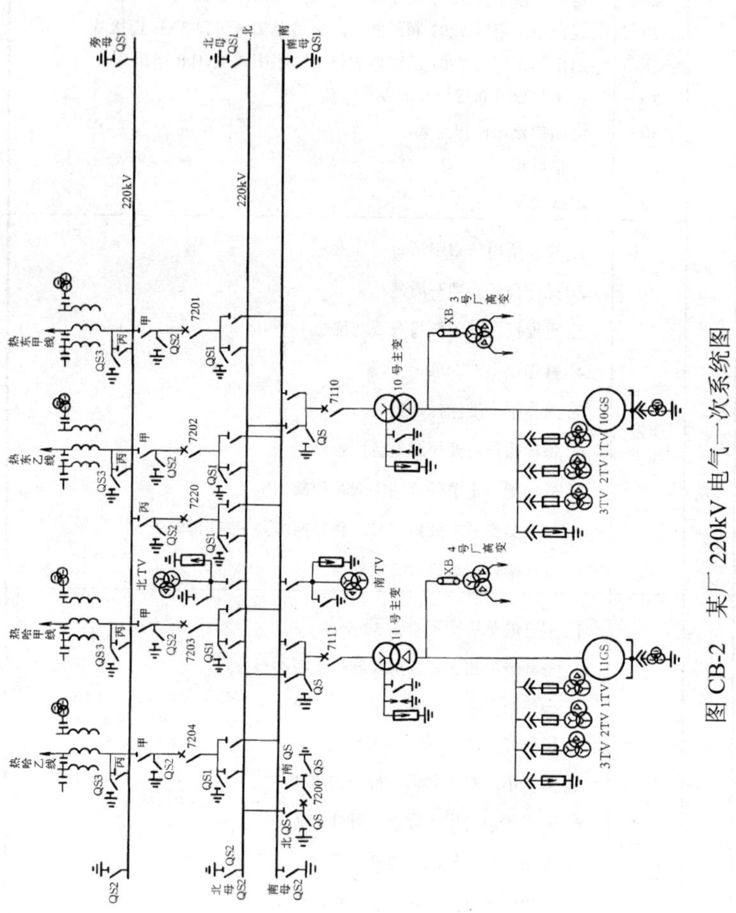

图 CB-2 某厂220kV电气一次系统图

行业：电力工程　　　工种：电气值班员　　　等级：高级技师

<table>
<tr><td colspan="2">编　　号</td><td>C01B050</td><td>行为领域</td><td>e</td><td>鉴定范围</td><td>5</td></tr>
<tr><td colspan="2">考核时限</td><td>20min</td><td>题　　型</td><td>C</td><td>题　　分</td><td>20</td></tr>
<tr><td colspan="2">试题正文</td><td colspan="5">系统振荡故障处理</td></tr>
<tr><td colspan="2">需要说明的问题和要求</td><td colspan="5">1. 要求被考人单独进行故障处理
2. 在仿真系统演示时，由考评员给出故障现象，按仿真规程判断处理
3. 在现场考核时，要求考评员结合实际运行方式，给出事故现象，被考人按现场规程判断处理
4. 若现场出现异常停止考核退出现场</td></tr>
<tr><td colspan="2">工具、材料、设备场地</td><td colspan="5">1. 现场实际设备、运行规程及一次系统图
2. 备好操作工具、绝缘用具</td></tr>
<tr><td rowspan="5">评分标准</td><td>序号</td><td colspan="5">项　目　名　称</td></tr>
<tr><td>1
1.1
1.2
1.3
1.4</td><td colspan="5">现象
发电机、送电线路有功、无功、电压、电流剧烈摆动
发电机转子电流表在正常值附近摆动
母线电压表剧烈摆动、系统频率升高或降低
照明灯光明暗闪动</td></tr>
<tr><td>2
2.1
2.2
2.3
2.4
2.5</td><td colspan="5">处理
根据表计摆动方向，判明是本厂机组失步还是与系统失步，并向值长汇报
如本厂各机组间表计摆动方向一致，说明本厂与系统失步，否则厂内机组失步，并判明失步机组，立即增加其无功降低有功；无效时立即解列机组，待系统正常后，与系统恢复并列
若本厂与系统失步，应增加各机组的无功至最大值
迅速采取措施，调整频率，使之与系统频率一致。为了提高频率要充分利用设备的过载能力，直至消除振荡或恢复正常频率为止；若本厂频率高于系统频率时，应迅速降低频率，直至振荡消失，但最低频率不能低于49Hz
如振荡不能消除应听从值长指挥处理</td></tr>
<tr><td>质量要求</td><td colspan="5">分析判断正确
判断失步机组正确，处理及时步骤正确
采取措施正确
操作程序正确
参数控制符合规定</td></tr>
<tr><td>得分或扣分</td><td colspan="5">判断错误不给分
单机振荡判断失误，不得分
处理有误，每项扣1～3分
操作有误，扣1～3分
运行参数控制有误，每项扣3分，经提示完成扣10分
操作有误，扣5分</td></tr>
</table>

行业：电力工程　　　工种：电气值班员　　　等级：高级技师

<table>
<tr><td colspan="2">编　　号</td><td>C01B051</td><td>行为领域</td><td>e</td><td>鉴定范围</td><td>5</td></tr>
<tr><td colspan="2">考核时限</td><td>20min</td><td>题　　型</td><td>C</td><td>题　　分</td><td>30</td></tr>
<tr><td colspan="2">试题正文</td><td colspan="5">母线故障，母联开关拒动处理
（发电厂升压变电所双母主接线为双母线运行方式）</td></tr>
<tr><td colspan="2">需要说明的问题和要求</td><td colspan="5">1. 要求被考人单独进行故障处理
2. 在仿真机上考核时，由考评员给出事故现象，被考人按仿真机规程判断处理
3. 现场模拟演示时，由考评员给出故障现象，被考人依据现场运行规程判断处理，不得触及运行设备，并做好监护工作
4. 若现场出现异常情况，停止考核退出现场</td></tr>
<tr><td colspan="2">工具、材料、设备场地</td><td colspan="5">1. 现场考核应选在备用设备上进行演示，无备用设备时，应做好安全防范措施，以免影响运行机理
2. 准备好必要的操作工具和绝缘用具，穿好工作服</td></tr>
<tr><td rowspan="5">评分标准</td><td>序号</td><td colspan="5">项　目　名　称</td></tr>
<tr><td>1
1.1
1.2
1.3
1.4</td><td colspan="5">现象
警报响、系统冲击，“掉牌未升起”和“母线电压消失”灯光牌显示
母联开关红灯亮，双母线所有开关绿灯闪光
双母线电压表指示为零
母线保护动作，故障母线选择掉牌和母保后备过流掉牌落下</td></tr>
<tr><td>2
2.1
2.2
2.3
2.4
2.5
2.6</td><td colspan="5">处理
恢复警报和闪光开关把手，检查保护动作情况，确定故障母线
调整运行方式，采取措施，保证厂用电正常运行
拉开母联开关动力、控制直流熔断器及母联两侧隔离开关，拉开故障母线所有断路器及隔离开关，检查非故障母线所有负荷断路器全部断
用发电机对非故障母线零起升压或用电源线路对非故障母线试充电，良好后恢复母线运行，送出非故障母线所有负荷
经现场检查，若故障可立即排除，用上述方法恢复故障母线运行；若不能立即排除，依次将故障母线上的元件倒到非故障母线上运行，母保使用正确
做好安全措施，通知检修人员处理</td></tr>
<tr><td>质量要求</td><td colspan="5">分析判断准确
按规程及时调整
操作顺序正确</td></tr>
<tr><td>得分或扣分</td><td colspan="5">操作每漏一项扣5分，提示完成操作，扣10分，故障母线判断不对否决全项
延误调整时间扣50%分值
操作程序不对否决全项
经提示操作正确，扣15分
安全措施漏项，一处扣5分</td></tr>
</table>

行业：电力工程　　　工种：电气值班员　　　等级：高级技师

<table>
<tr><td colspan="2">编　　号</td><td>C01B052</td><td>行为领域</td><td>e</td><td>鉴定范围</td><td>3</td></tr>
<tr><td colspan="2">考核时限</td><td>15min</td><td>题　　型</td><td>B</td><td>题　　分</td><td>40</td></tr>
<tr><td colspan="2">试题正文</td><td colspan="5">某厂 220kV 热东甲线 7201 线路检修后恢复送电操作</td></tr>
<tr><td colspan="2">需要说明的问题和要求</td><td colspan="5">1. 要求被考人单独完成操作任务
2. 考评员可根据考场实际系统，出拟相似题目
3. 考核时，被考人要先填写操作票，然后进行考核操作
4. 操作时，要严格执行规程规定，现场考核，只能进行模拟演示，不准触及设备，并做好监护
5. 现场出现异常情况，停止考核退出现场</td></tr>
<tr><td colspan="2">工具、材料、设备场地</td><td colspan="5">1. 仿真设备或实际变电所
2. 某厂 220kV 电气一次系统图，见图 CB-2
3. 操作工具和绝缘用具</td></tr>
<tr><td rowspan="29">评分标准</td><td>序号</td><td colspan="5">项　目　名　称</td></tr>
<tr><td>1</td><td colspan="5">收到班长令</td></tr>
<tr><td>2</td><td colspan="5">联系调度</td></tr>
<tr><td>3</td><td colspan="5">拉开热东甲线 7201QS1 接地隔离开关</td></tr>
<tr><td>4</td><td colspan="5">检查热东甲线 7201QS1 隔离开关在开位</td></tr>
<tr><td>5</td><td colspan="5">拉开热东甲线 7201QS2 接地隔离开关</td></tr>
<tr><td>6</td><td colspan="5">检查热东甲线 7201QS2 隔离开关在开位</td></tr>
<tr><td>7</td><td colspan="5">拉开热东甲线 7201 线路侧 QS3 接地隔离开关</td></tr>
<tr><td>8</td><td colspan="5">检查热东甲线 7201QS3 隔离开关在开位</td></tr>
<tr><td>9</td><td colspan="5">检查热东甲线 7201 回路良好，具备送电条件</td></tr>
<tr><td>10</td><td colspan="5">检查热东甲线 7201 断路器在开位</td></tr>
<tr><td>11</td><td colspan="5">合上热东甲线 7201 线路南隔离开关</td></tr>
<tr><td>12</td><td colspan="5">检查热东甲线 7201 南隔离开关在合位</td></tr>
<tr><td>13</td><td colspan="5">检查热东甲线 7201 北隔离开关在开位</td></tr>
<tr><td>14</td><td colspan="5">合上热东甲线 7201 甲隔离开关</td></tr>
<tr><td>15</td><td colspan="5">检查热东甲线 7201 甲隔离开关在合位</td></tr>
<tr><td>16</td><td colspan="5">合上热东甲线 7201 断路器动力直流</td></tr>
<tr><td>17</td><td colspan="5">合上热东甲线 7201 线路侧 TV 二次熔断器</td></tr>
<tr><td>18</td><td colspan="5">投入热东甲线 7201 距离保护Ⅰ段 XB 连接片</td></tr>
<tr><td>19</td><td colspan="5">投入热东甲线 7201 保护距离Ⅰ、Ⅱ段出口 1XB 连接片与 N 端</td></tr>
<tr><td>20</td><td colspan="5">投入热东甲线 7201 保护距离Ⅲ段 2XB 连接片于 R 端</td></tr>
<tr><td>21</td><td colspan="5">投入热东甲线 7201 保护灵敏Ⅰ段 1XB0 连接片</td></tr>
<tr><td>22</td><td colspan="5">投入热东甲线 7201 保护灵敏Ⅱ段 2XB0 连接片</td></tr>
<tr><td>23</td><td colspan="5">投入热东甲线 7201 保护零序Ⅱ段 3XB0 连接片</td></tr>
<tr><td>24</td><td colspan="5">退出热东甲线 7201 保护零序Ⅲ段 4XB0 连接片</td></tr>
<tr><td>25</td><td colspan="5">投入热东甲线 7201 起动失灵保护 3XB 连接片</td></tr>
<tr><td>26</td><td colspan="5">投入 220kV 失灵保护跳 7201 断路器 1XB 连接片</td></tr>
<tr><td>27</td><td colspan="5">投入 220kV 母保跳 7201 断路器 8XB 连接片</td></tr>
<tr><td>28</td><td colspan="5">投入热东甲线 7201 故障判别 XB 连接片</td></tr>
</table>

续表

	序号	项　目　名　称
评分标准	29	退出热东甲线 7201 相差高频 XB 连接片
	30	退出热东甲线 7201 高频距离出口 1XB 连接片
	31	退出热东甲线 7201 高频接地出口 2XB 连接片
	32	退出热东甲线 7201 高频接地加速出口 3XB 连接片
	33	检查热东甲线 7201 上述保护启用正确
	34	合上热东甲线 7201 断路器操作直流
	35	合上热东甲线 7201 断路器信号直流
	36	联系调度
	37	合上 220kV 热东甲线 7201 断路器
	38	投入热东甲线 7201 重合闸投入 2XB 连接片
	39	投入热东甲线 7201 重合闸后加速 3XB 连接片于Ⅲ段侧
	40	热东甲线 7201 相差高频通道试验合格
	41	热东甲线 7201 方向高频通道试验合格
	42	投入热东甲线 7201 相差高频 XB 连接片
	43	投入热东甲线 7201 高频距离保护出口 1XB 连接片
	44	投入热东甲线 7201 高频接地出口 2XB 连接片
	45	投入热东甲线 7201 高频接地加速出口 3XB 连接片
	46	投入热东甲线 7201 保护零序Ⅲ段 4XB0 连接片
	47	退出热东甲线 7201 保护距离Ⅰ段 XB 连接片
	48	退出热东甲线 7201 保护灵敏Ⅰ段 1XB0 连接片
	49	全面检查上述操作无误
	50	汇报班长
	51	汇报调度
	质量要求	1. 操作票用仿宋字填写 2. 操作任务要填写清楚 3. 重要操作设备要写双重名称 4. 操作票不准合项、并项 5. 操作票不准涂抹、更改 6. 每项操作前要核对设备标志 7. 操作顺序不准任意更改或跳项操作 8. 每项操作后要做记号，重要操作要记录时间 9. 每项操作后要进行必要的检查
	得分或扣分	1. 字迹潦草辨认不清扣 5 分 2. 每漏一项扣 5 分，重要漏项全题不得分 3. 操作票合项、并项每处扣 2 分 4. 操作任务填写不清扣 5 分 5. 设备不写双重名称，每处扣 2 分 6. 操作术语使用不规范，每处扣 2 分 7. 操作票涂抹、更改，每处扣 2 分 8. 操作前不核对设备标志，每处扣 5 分 9. 操作顺序颠倒或跳项操作，每处扣 5 分 10. 重要操作顺序有误，全题不得分 11. 每项操作后不做记号、重要操作不记录时间，每处扣 2 分 12. 每项操作后不检查，扣 2 分 13. 发生误操作全题不得分

4.2.3 综合操作

行业：电力工程　　　　工种：电气值班员　　　　等级：中

编　号	C04C053	行为领域	e	鉴定范围	3
考核时限	20min	题　型	C	题　分	40
试题正文	某厂 66kV 北母线恢复送电				
需要说明的问题和要求	1. 要求被考人单独完成任务 2. 考核时，被考人要先填写操作票，然后进行操作 3. 倒闸操作时，要严格执行规程中有关规定；现场操作时，只能进行模拟演示，不得触及设备、做好监护 4. 若现场出现异常，停止考核退出现场				
工具、材料、设备场地	1. 需要仿真设备或现场实际变电所 2. 某厂 66kV 电气一次系统图，见图 CB-1 3. 系统标准方式为：双母运行、母联投入、旁路备用，单数开关在北、双数开关在南 4. 备好操作工具和绝缘用具				

评分标准	序号	项目名称
	1	收到班长令
	2	联系调度
	3	拆除 66kV 北母线所有安全措施
	4	检查 66kV 北母线回路良好
	5	检查 66kV 母联 7600 断路器在开位
	6	合上 66kV 母联 7600 南隔离开关
	7	合上 66kV 母联 7600 北隔离开关
	8	检查上述隔离开关在合位
	9	合上母联 7600 断路器动力直流
	10	退出 66kV 母联手动合闸闭锁 XB 连接片
	11	投入母联 7600 保护 1XB 连接片
	12	投入母联 7600 保护 2XB 连接片
	13	投入母联 7600 保护 3XB 连接片
	14	合上母联 7600 断路器操作信号直流
	15	合上 66kV 母联 7600 断路器
	16	检查母联 7600 电流表指示正确
	17	拉开母联 7600 操作直流
	18	投入 66kV 母联手合闭锁 XB 连接片
	19	退出母联 7600 保护 1XB 连接片

续表

	序号	项　目　名　称
评分标准	20	退出母联 7600 保护 2XB 连接片
	21	退出母联 7600 保护 3XB 连接片
	22	检查母联 7600 开关在合位
	23	合上 66kV 北母 TV 一次隔离开关
	24	检查北母 TV 一次隔离开关在合位
	25	合上 66kV 北母 TV 二次 A 相小刀闸
	26	合上 66kV 北母 TV 二次 B 相小刀闸
	27	合上 66kV 北母 TV 二次 C 相小刀闸
	28	合上 66kV 北母 TV 二次开口三角熔断器
	29	测量 66kV 北母绝缘监视电压表指示正确
	30	合上 5T7505 北隔离开关
	31	合上热氮甲线 7605 北隔离开关
	32	合上吉热甲线 7603 北隔离开关
	33	合上热油线 7601 北隔离开关
	34	合上热铁丙线 7609 北隔离开关
	35	合上 7T7507 北隔离开关
	36	合上热桃甲线 7611 北隔离开关
	37	检查上述北隔离开关合位良好，P 刀闸位置指示正确
	38	合上热桃甲线 7611 北电压 SA 开关
	39	拉开热桃甲线 7611 北电压 SA 开关
	40	合上吉热甲线 7603 北电压 SA 开关
	41	拉开吉热甲线 7603 南电压 SA 开关
	42	拉开热油线 7601 南隔离开关
	43	拉开吉热甲线 7603 南隔离开关
	44	拉开热氮甲线 7605 南隔离开关
	45	拉开 5T7505 南隔离开关
	46	拉开热桃甲线 7611 南隔离开关
	47	拉开 7T7507 南隔离开关
	48	拉开热铁丙线 7609 南隔离开关
	49	检查上述南隔离开关在开位，P 刀闸位置指示正确
	50	拉开 66kV 低频保护直流
	51	合上 66kV 低频保护电压开关于北母
	52	合上 66kV 低频保护直流
	53	合上 66kV 远动 TV 电压开关于北母

续表

<table>
<tr><td rowspan="3">评分标准</td><td>序号</td><td>项目名称</td></tr>
<tr><td>54
55
56
57
58
59
60
61</td><td>合上母联7600操作直流
投入66kV北母复合电压1XB连接片
退出66kV南北母电压联络3XB连接片
测66kV母保差流合格
拉开66kV母保非选择P隔离开关
全面检查操作无误
汇报班长
汇报调度</td></tr>
<tr><td>质量要求</td><td>1. 操作票要用仿宋字填写
2. 操作任务要填写清楚
3. 重要设备要使用双重名称
4. 操作票不准合项、并项
5. 操作票不准涂抹、更改
6. 每项操作前要核对设备标志
7. 操作顺序不准随意改动或跳项操作
8. 每完成一项操作要做记号、重要操作要记录时间</td></tr>
<tr><td></td><td>得分或扣分</td><td>1. 字迹潦草辨认不清，扣5分
2. 每漏一项扣5分，严重漏项全题不得分
3. 操作票合项、并项，每处扣2分
4. 操作任务填写不清，扣5分
5. 设备不写双重名称，每处扣2分
6. 操作术语使用不标准，每处扣2分
7. 操作票涂抹、更改，每处扣2分
8. 操作前不核对设备标志，每次扣5分
9. 操作顺序颠倒或跳项操作，每处扣5分
10. 重要设备颠倒操作，全题不得分
11. 每项操作后不做记号、重要操作不记录时间，每处扣2分
12. 每项操作完不检查，扣2分，隔离开关，断路器操作后不检查，每次扣5分
13. 发生误操作，全题不得分</td></tr>
</table>

行业：电力工程　　　工种：电气值班员　　　等级：中

编　　号	C04C054	行为领域	e	鉴定范围	3
考核时限	20min	题　　型	C	题　　分	40
试题正文	某厂 66kV 吉热乙线 7604 断路器停电，线路由旁路 7660 断路器代的操作（7603、7604 为系统联络断路器）				
需要说明的问题和要求	1. 要求被考人单独完成操作任务 2. 考评员可根据考场实际情况，出拟相似题目 3. 考核时，被考人要先填写操作票，然后进行操作 4. 倒闸操作时，要严格执行规程中有关规定，现场考核只能进行模拟演示，不得触及设备，并做好监护 5. 若现场出现异常，停止考核退出现场				
工具、材料、设备场地	1. 需要仿真设备或实际变电所 2. 某厂 66kV 电气一次系统图，见图 CB-1 3. 系统运行方式为双母运行、母联投入、旁路备用，单数开关在北，双数开关在南 4. 备好操作工具和绝缘用具				
评分标准	序号	项　目　名　称			
	1	收到班长令			
	2	联系调度			
	3	检查旁路 7660 保护 1XB1 连接片投入中			
	4	检查旁路 7660 保护 1XB2 连接片投入中			
	5	检查旁路 7660 保护 1XB3 连接片投入中			
	6	检查旁路 7660 保护 1XB4 连接片投入中			
	7	检查旁路 7660 重合闸开关在开位			
	8	投入 66kV 母保跳 7660 开关 5XB 连接片于南侧			
	9	将 66kV 旁路 7660 微机保护定值轮拨至“1”区输入定值并确认			
	10	打印旁路 7660 定值单与调度核对			
	11	检查 66kV 旁路母线所有丙隔离开关在开位			
	12	检查 66kV 旁路 7660 断路器在开位			
	13	合上 66kV 旁路 7660 南隔离开关			
	14	检查旁路 7660 南隔离开关在合位			
	15	合上旁路 7660 断路器动力直流			
	16	检查旁路 7660 南电压 SA 开关在合位			
	17	检查旁路 7660 北电压 SA 开关在开位			
	18	合上旁路 7660 断路器操作信号直流			
	19	合上 66kV 旁路 7660 断路器			
	20	检查旁路 7660 电流表指示正确			
	21	拉开 66kV 旁路 7660 断路器			
	22	拉开旁路 7660 操作直流			
	23	检查旁路 7660 开关在开位			
	24	合上 66kV 吉热乙线 7604 丙隔离开关			
	25	检查吉热乙线 7604 丙隔离开关在合位			
	26	联系调度			
	27	拉开吉热甲线 7603 重合闸开关			

续表

	序号	项目名称
评分标准	28	拉开吉热乙线 7604 重合闸开关
	29	退出吉热甲线 7603 平衡保护 1XB 连接片
	30	退出吉热乙线 7604 平衡保护 2XB 连接片
	31	退出吉热甲乙线 7603、7604 平衡保护 3XB 连接片
	32	投入吉热甲乙线 7603、7604 差流控制 5XB 连接片
	33	投入吉热甲乙线 7603、7604 差流控制 5XB′ 连接片
	34	合上旁路 7660 操作直流
	35	合上 66kV 旁路 7660 断路器
	36	检查旁路 7660 电流表指示正确
	37	拉开 66kV 吉热乙线 7604 断路器
	38	拉开吉热乙线 7604 操作信号直流
	39	检查吉热乙线 7604 断路器在开位
	40	拉开吉热乙线 7604 断路器动力直流
	41	拉开 66kV 吉热乙线 7604 甲隔离开关
	42	检查吉热乙线 7604 甲隔离开关在开位
	43	拉开 66kV 吉热乙线 7604 南隔离开关
	44	检查吉热乙线 7604 南隔离开关在开位
	45	全面检查操作无误
	46	汇报班长
	47	汇报调度
	质量要求	1. 操作票要用仿宋字填写 2. 操作任务要填写清楚 3. 重要设备要写双重名称 4. 操作票不准合项、并项 5. 操作票不准涂抹、更改 6. 每项操作前要核对设备标志 7. 操作顺序不准随意改动或跳项操作 8. 每完成一项操作要做记号，重要操作要记录时间
	得分或扣分	1. 字迹潦草辨认不清，扣 5 分 2. 每漏一项扣 5 分，严重漏项，全题不得分 3. 操作票合项、并项，每处扣 2 分 4. 操作任务填写不清，扣 5 分 5. 设备不写双重名称，每处扣 2 分 6. 操作术语使用不标准，每处扣 2 分 7. 操作票涂抹、更改，每处扣 2 分 8. 操作前不核对设备标志，每次扣 5 分 9. 操作顺序颠倒或跳项操作，每处扣 5 分 10. 重要操作顺序颠倒，全题不得分 11. 每项操作后不做记号、重要操作不记录时间，每处扣 2 分 12. 每项操作完不检查，扣 2 分 13. 发生误操作全题不得分

行业：电力工程　　　工种：电气值班员　　　　等级：高

<table>
<tr><td>编　号</td><td>C03C055</td><td>行为领域</td><td>e</td><td>鉴定范围</td><td>3</td></tr>
<tr><td>考核时限</td><td>20min</td><td>题　型</td><td>C</td><td>题　分</td><td>40</td></tr>
<tr><td>试题正文</td><td colspan="5">某厂 220kV 北母线停电操作（母线检修）</td></tr>
<tr><td>需要说明的问题和要求</td><td colspan="5">1. 要求被考人单独完成操作任务
2. 在现场或仿真机上考核时，要先填写操作票，然后进行操作
3. 倒闸操作时，要执行运行规程的有关规定，现场操作只能进行模拟演示，不得触及运行设备，并做好监护
4. 若现场出现异常，停止考核退出现场</td></tr>
<tr><td>工具、材料、设备场地</td><td colspan="5">1. 仿真设备或现场实际场地
2. 某厂 220kV 电气一次系统图，见图 CB-2
3. 系统运行方式：双数开关北母运行，单数开关南母运行，旁路开关备用
4. 备好操作工具和绝缘用具</td></tr>
<tr><td rowspan="2">评分标准</td><td>序号</td><td colspan="4">项　目　名　称（操作票）</td></tr>
<tr><td>1
2
3
4
5
6
7
8
9
10
11
12
13
14
15
16
17
18
19
20
21
22
23</td><td colspan="4">收到班长令
联系调度
合上 220kV 母保非选择 P 刀闸
检查 P 刀闸合位良好
投入 220kV 复合电压 4XB 南北联络连接片
退出 220kV 北母线电压闭锁 2XB 连接片
拉开 220kVⅡ套故障录波电源开关
将 220kVⅡ套故障录波开关切至南母
合上 220kVⅡ套故障录波电源开关
拉开 220kV 母联 7200 断路器操作直流
检查 220kV 母联 7200 断路器合位良好
合上热哈乙线 7204 南隔离开关
合上热东乙线 7202 南隔离开关
合上 10 号主变 7110 南隔离开关
检查上述南隔离开关合位良好
拉开 10 号主变 7110 北隔离开关
拉开热东乙线 7202 北隔离开关
拉开热哈乙线 7204 北隔离开关
检查上述北隔离开关开位良好
拉开 220kV 北母 TV 二次开关
拉开 220kV 北母 TV 一次隔离开关
检查北母 TV 一次隔离开关开位良好
检查 220kV 北母线除母联隔离开关外其余全部北隔离开关在开位</td></tr>
</table>

续表

	序号	项　目　名　称（操作票）
评分标准	24	合上 220kV 母联 7200 断路器操作直流
	25	检查母联 7200 断路器电流表指示零位
	26	拉开 220kV 母联 7200 断路器
	27	拉开 220kV 母联 7200 断路器操作、信号直流
	28	拉开 220kV 北母 TV 同期熔断器
	29	检查 220kV 母联 7200 断路器开位良好
	30	拉开 220kV 母联 7200 断路器动力直流
	31	拉开 220kV 母联 7200 断路器北隔离开关
	32	检查 7200 北隔离开关开位良好
	33	拉开 220kV 母联 7200 南隔离开关
	34	检查 7200 南隔离开关开位良好
	35	验明 220kV 北母线西侧确无电压
	36	合上 220kV 北母西侧 QS1 接地隔离开关
	37	检查 QS2 接地隔离开关合位良好
	38	验明 220kV 北母东侧确无电压
	39	合上 220kV 北母东侧 QS2 接地隔离开关
	40	检查 QS1 接地隔离开关合位良好
	41	全面检查上述操作无误
	42	按工作票要求做好其他安全措施
	43	汇报班长
	44	汇报调度
	质量要求	1. 操作票要用仿宋字填写，字迹不得潦草或辨认不清 2. 操作任务要填写清楚 3. 每项设备要用双重名称 4. 操作票不准合项、并项 5. 操作票不准更改和涂抹 6. 每项操作前要核对设备标志 7. 操作顺序不准随意颠倒或跳项操作 8. 每完成一项操作要做记号，重要操作要记录时间
	得分或扣分	1. 字迹潦草辨认不清，扣 5 分 2. 操作每漏一项扣 5 分，严重漏项全题不得分 3. 操作票合项、并项，每处扣 2 分 4. 操作任务填写不清楚，扣 5 分 5. 设备不写双重名称，每处扣 2 分 6. 操作票术语使用不标准，每处扣 2 分 7. 操作票涂抹、更改，每处扣 2 分 8. 每项操作前不核对设备标志，扣 5 分 9. 操作顺序颠倒、跳项，每处扣 5 分，重要项目颠倒全题不得分 10. 每项操作完不做记号，重要操作不记录时间，每处扣 2 分 11. 每项操作完不检查，扣 2 分，隔离开关操作后不检查扣 5 分 12. 每漏一项操作扣 5 分，重要项目全题不得分 13. 发生误操作，全题不得分

行业：电力工程　　　工种：电气值班员　　　等级：高

<table>
<tr><td>编　　号</td><td>C03C056</td><td>行为领域</td><td>e</td><td>鉴定范围</td><td>3</td></tr>
<tr><td>考核时限</td><td>20min</td><td>题　　型</td><td>C</td><td>题　　分</td><td>40</td></tr>
<tr><td>试题正文</td><td colspan="5">某厂 220kV 北母线恢复送电</td></tr>
<tr><td>需要说明的问题和要求</td><td colspan="5">1. 要求被考人单独完成操作任务
2. 在现场或仿真机上考核时，要先填写操作票，然后进行操作
3. 倒闸操作时，要执行运行规程的有关规定，现场操作只能进行模拟演示，不得触及运行设备，并做好监护
4. 若现场出现异常，停止考核退出现场</td></tr>
<tr><td>工具、材料、设备场地</td><td colspan="5">1. 仿真设备或现场实际场地
2. 某厂 220kV 电气一次系统图，见图 CB-2
3. 系统标准运行方式：双数开关北母运行，单数开关南母运行，母联开关投入，旁路备用</td></tr>
<tr><td rowspan="2">评分标准</td><td>序号</td><td colspan="4">项　目　名　称</td></tr>
<tr><td>1
2
3
4
5
6
7
8
9
10
11
12
13
14
15
16
17
18
19
20
21
22
23</td><td colspan="4">收到班长令
联系调度
拉开 220kV 北母 QS1 接地隔离开关
检查 220kV 北母 QS1 接地隔离开关开位良好
拉开 220kV 北母 QS2 接地隔离开关
检查 220kV 北母 QS2 接地隔离开关开位良好
检查 220kV 北母线回路良好
检查母联 7200 断路器在开位
合上 220kV 母联 7200 北隔离开关
合上 220kV 母联 7200 南隔离开关
检查 7200 南北隔离开关在合位
合上 220kV 母联 7200 断路器动力直流
合上 220kV 母联 7200 断路器操作信号直流
退出 220kV 母保合闸闭锁 21XB 连接片
合上 220kV 母联 7200 断路器
拉开 220kV 母联 7200 断路器操作直流
投入 220kV 母保合闸闭锁 21XB 连接片
投入 220kV 北母 TVa603 熔丝
检查母联 7200 开关在合位
合上 220kV 北母 TV 隔离开关
检查 220kV 北母 TV 隔离开关合位良好
合上 220kV 北母 TV 二次三相小刀闸
检查 220kV 北母绝缘监视表指示正确</td></tr>
</table>

续表

<table>
<tr><td rowspan="3">评分标准</td><td>序号</td><td>项目名称</td></tr>
<tr><td>24
25
26
27
28
29
30
31
32
33
34
35
36
37
38
39
40
41
42
43</td><td>合上热哈乙线 7204 北隔离开关
合上热东乙线 7202 北隔离开关
合上 10 号机变 7110 北隔离开关
检查上述所合隔离开关合位良好
拉开 10 号机变 7110 南隔离开关
拉开热东乙线 7202 南隔离开关
拉开热哈乙线 7204 南隔离开关
检查上述所合隔离开关合位良好
合上 220kV 母联 7200 操作直流
拉开 220kVⅡ套故障录波电源开关
将 220kVⅡ套故障录波电压切换开关投至北母
合上 220kVⅡ套故障录波电源开关
投入 220kV 北母复合电压 2XB 连接片
退出 220kV 母保复合电压联络 4XB 连接片
测定 220kV 母保差流合格
拉开 220kV 母保非选择 P 刀闸
检查母保非选择 P 刀闸开位良好
检查上述操作无误
汇报班长
汇报调度</td></tr>
<tr><td>质量要求</td><td>1. 操作票要用仿宋字填写，字迹不得潦草或辨认不清
2. 操作任务要填写清楚
3. 每项设备要使用双重名称
4. 操作票不准合项、并项
5. 操作票不准涂抹更改
6. 每项操作前要核对设备标志
7. 操作顺序不准随意更改或跳项操作
8. 每完成一项操作要做记号，重要操作要记录时间</td></tr>
<tr><td></td><td>得分或扣分</td><td>1. 字迹潦草辨认不清，扣 5 分
2. 操作每漏一项，扣 5 分，严重漏项全题不得分
3. 操作票合项、并项，每处扣 2 分
4. 操作任务填写不清，扣 5 分
5. 设备不写双重名称每处扣 2 分
6. 操作术语使用不标准，每处扣 2 分
7. 操作票涂抹更改一处，扣 2 分
8. 每项操作前不核对设备标志扣 5 分
9. 操作顺序颠倒或跳项操作，每次扣 5 分
10. 重要项目填倒操作全题不得分
11. 每项操作后不做记号重要操作不记录时间扣 2 分
12. 每项操作完不检查扣 2 分，刀闸操作后不检查扣 5 分
13. 发生误操作全题不得分</td></tr>
</table>

行业：电力工程　　　工种：电气值班员　　　等级：技师

编　号	C02C057	行为领域	e	鉴定范围	3
考核时限	20min	题　型	C	题　分	40
试题正文	某厂 220kV 热东甲线 7201 断路器停电，线路由旁路 7220 断路器代操作				
需要说明的问题和要求	1. 要求被考人单独完成操作任务 2. 在现场或仿真设备上考核时，要先填写操作票，然后进行操作 3. 倒闸操作时，要严格执行规程的有关规定，现场操作只能进行模拟演示，不得触及运行设备，并做好监护 4. 若现场出现异常，停止考核退出现场				
工具、材料、设备场地	1. 仿真设备或现场实际场地 2. 某厂 220kV 电气一次系统图，见图 CB-2 3. 系统运行方式：双数开关运行在北母、单数开关在南母，母联投入、旁路备用 4. 备好操作工具和绝缘用具				

评分标准	序号	项　目　名　称
	1	收到班长令
	2	联系调度
	3	检查 220kV 旁路母线所有丙隔离开关在开位
	4	检查 220kV 旁路 7220 断路器在开位
	5	合上 220kV 旁路 7220 南隔离开关
	6	检查旁路 7220 南隔离开关合位良好
	7	合上 220kV 旁路 7220 丙隔离开关
	8	检查旁路 7220 丙隔离开关合位良好
	9	合上 220kV 旁路 7220 断路器动力直流熔断器
	10	检查 220kV 母保跳 7220 断路器 6XB 连接片在投入位置
	11	检查 220kV 失灵保护跳 7220 断路器 5XB 连接片在投入位置
	12	投入旁路 7220 起动失灵 XB 连接片
	13	检查旁路 7220 保护 A 相跳闸 1XB 连接片在投入中
	14	检查旁路 7220 保护 B 相跳闸 2XB 连接片在投入中
	15	检查旁路 7220 保护 C 相跳闸 3XB 连接片在投入中
	16	检查旁路 7220 保护三相跳闸 4XB 连接片在投入中
	17	检查旁路 7220 重合闸 5XB 连接片在投入中
	18	检查旁路 7220 重合闸延时 8XB 连接片在投入中
	19	检查旁路 7220 高频保护 9XB 连接片退出中
	20	检查旁路 7220 距离保护 10XB 连接片在投入中
	21	检查旁路 7220 零序各段 12XB 连接片投入中
	22	检查旁路 7220 零序 I 段 13XB 连接片投入中
	23	投入旁路 7220 操作直流

续表

	序号	项　目　名　称
评分标准	24	投入旁路 7220 信号直流
	25	检查旁路 7220 保护盘各电源指示灯亮
	26	合上微机打印机电源开关
	27	将旁路 7220 微机保护定值拨轮投至“1”位置
	28	按下 S.1～S.4 键打印定值单
	29	联系调度核对保护定值正确
	30	将旁路 7220 重合闸停用
	31	合上旁路 7220 断路器见旁母充电良好
	32	拉开旁路 7220 断路器
	33	检查旁路 7220 断路器开位良好
	34	合上热东甲线 7201 丙隔离开关
	35	检查热东甲线 7201 丙隔离开关合位良好
	36	联系调度
	37	投入热东甲线 7201 距离Ⅰ段 XB 连接片
	38	投入热东甲线 7201 零序灵敏Ⅰ段 1XB0 连接片
	39	退出热东甲线 7201 相差高频 XB 连接片
	40	退出热东甲线 7201 高频，距离出口 1XB 连接片
	41	退出热东甲线 7201 高频接地出口 2XB 连接片
	42	退出热东甲线 7201 高频接地加速出口 3XB 连接片
	43	退出 7201 保护零序Ⅲ段 4XB0 连接片
	44	投入热东甲线 7201TA 自身短路 1～4XB 连接片
	45	退出热东甲线 7201TA 去装置 5～8XB 连接片
	46	投入旁路 7220TA 去装置 29～32XB 连接片
	47	退出旁路 7220TA 自身短路 25～28XB 连接片
	48	合上旁路 7220 断路器
	49	检查旁路 7220 电流表指示正确
	50	将旁路 7220 断路器重合闸切至三重位置
	51	拉开热东甲线 7201 断路器解环
	52	拉开热东甲线 7201 断路器操作直流
	53	拉开热东甲线 7201 断路器动力直流
	54	将旁路电压切换开关 3SA 切至旁路侧，灯光正确
	55	联系调度
	56	做热东甲线 7201 相差高频通道试验合格
	57	投入热东甲线 7201 相差高频 XB 连接片
	58	退出旁路 7220 零序Ⅰ段 13XB 连接片
	59	检查热东甲线 7201 断路器在开位
	60	拉开热东甲线 7201 断路器动力直流

续表

	序号	项　目　名　称
	61 62 63 64 65 66 67 68 69 70 71 72	拉开热东甲线 7201 甲隔离开关 检查 7201 甲隔离开关在开位 拉开热东甲线 7201 南隔离开关 检查 7201 南隔离开关在开位 合上热东甲线 7201QS1 接地隔离开关 检查 7201QS1 隔离开关在合位 合上热东甲线 7201QS2 接地隔离开关 检查 7201QS2 隔离开关在合位 按工作票要求布置安全措施 全面检查上述操作无误 汇报班长 汇报调度
评分标准	质量要求	1. 操作票要用仿宋字填写，字迹不得潦草或辨认不清 2. 操作任务要填写清楚 3. 重要设备操作要使用双重名称 4. 操作票不准合项、并项 5. 操作票不准涂抹、更改 6. 每项操作前要核对设备标志 7. 操作顺序不准随意更改或跳项操作 8. 每完成一项操作要做记号，重要操作要记录时间
	得分或扣分	1. 字迹潦草辨认不清，扣 5 分 2. 操作每漏一项扣 5 分，严重漏项全题不得分 3. 操作票合项、并项，每处扣 2 分 4. 操作任务填写不清，扣 5 分 5. 设备不写双重名称，每处扣 2 分 6. 操作术语使用不标准，每处扣 2 分 7. 操作票涂抹、更改，一处扣 2 分 8. 每项操作前不核对设备标志，扣 5 分 9. 操作顺序颠倒或跳项操作，每次扣 5 分 10. 重要设备颠倒操作，全题不得分 11. 每项操作后不做记号，重要操作不记录时间，扣 2 分 12. 每项操作完不检查，扣 2 分，隔离开关、断路器操作后不检查，扣 5 分 13. 发生误操作全题不得分

行业：电力工程　　　　工种：电气值班员　　　　等级：高级技师

<table>
<tr><td>编　　号</td><td>C01C058</td><td>行为领域</td><td>e</td><td>鉴定范围</td><td>3</td></tr>
<tr><td>考核时限</td><td>20min</td><td>题　　型</td><td>C</td><td>题　　分</td><td>40</td></tr>
<tr><td>试题正文</td><td colspan="5">某厂 220kV 热东甲线 7201 断路器送电，旁路 7220 断路器恢复备用</td></tr>
<tr><td>需要说明的问题和要求</td><td colspan="5">1. 要求被考人单独完成操作任务
2. 考评员可根据考场设备实际情况，出拟相似题目
3. 考核时，被考人要先填写操作票，然后进行操作
4. 倒闸操作时，要严格执行规程之规定，现场考核只能进行模拟演示，不准触及设备，并做好监护
5. 现场出现异常，停止考核退出现场</td></tr>
<tr><td>工具、材料、设备场地</td><td colspan="5">1. 需要仿真设备或实际变电所
2. 某厂 220kV 电气一次系统图见图 CB-2
3. 系统运行方式：双母运行、母联投入，单数开关在南母、双数开关在北母
4. 备好操作工具和绝缘用具</td></tr>
<tr><td rowspan="2">评分标准</td><td>序号</td><td colspan="4">项　　目　　名　　称（操作票）</td></tr>
<tr><td>1
2
3
4
5
6
7
8
9
10
11
12
13
14
15
16
17
18
19
20
21
22
23
24</td><td colspan="4">收到班长令
联系调度
拉开 220kV 热东甲线 7201QS1 接地隔离开关
检查热东甲线 7201QS1 接地隔离开关在开位
拉开 220kV，热东甲线 7201QS2 接地隔离开关
检查热东甲线 7201QS2 接地隔离开关在开位
检查热东甲线 7201 断路器在开位
合上 220kV 热东甲线 7201 南隔离开关
检查热东甲线 7201 南隔离开关在合位
合上 220kV 热东甲线 7201 甲隔离开关
检查热东甲线 7201 甲隔离开关在合位
合上热东甲线 7201 断路器动力直流
投入热东甲线 7201 保护距离Ⅰ、Ⅱ段出口 1XB 连接片于 N 端
投入热东甲线 7201 保护距离Ⅲ段 2XB 连接片与 R 端
投入热东甲线 7201 距离保护Ⅰ段 XB 连接片
投入热东甲线 7201 保护灵敏Ⅰ段 1XB0 连接片
投入热东甲线 7201 保护灵敏Ⅱ段 2XB0 连接片
投入热东甲线 7201 保护零序Ⅱ段 3XB0 连接片
退出热东甲线 7201 保护零序Ⅲ段 4XB0 连接片
投入热东甲线 7201 起动失灵保护 3XB 连接片
投入热东甲线 7201 重合闸投入 2XB 连接片
投入热东甲线 7201 重合闸后加速 3XB 连接片于Ⅲ段位置
投入热东甲线 7201 故障判别 XB 连接片
投入 220kV 母保跳 7201 断路器 8XB 连接片</td></tr>
</table>

续表

	序号	项　目　名　称（操作票）
评分标准	25	投入 220kV 失灵保护跳 7201 断路器 1XB 连接片
	26	联系调度
	27	投入 220kV 旁路 7220 零序Ⅰ段 13XB 连接片
	28	退出热东甲线 7201 相差高频 XB 连接片
	29	检查热东甲线 7201 保护启用正确
	30	合上热东甲线 7201 断路器操作直流
	31	合上热东甲线 7201 断路器信号直流
	32	合上 220kV 热东甲线 7201 断路器环并
	33	检查热东甲线 7201 电流表指示正确
	34	拉开 220kV 旁路 7220 断路器解环
	35	检查旁路 7220 断路器电流表指示为零
	36	拉开旁路 7220 操作直流
	37	拉开旁路 7220 信号直流
	38	检查热东甲线 7201 重合闸灯光指示正确
	39	拉开 220kV 旁路 7220 微机保护打印机电源
	40	投入 220kV 旁路 7220TA 自身短路 25～28XB 连接片
	41	退出 220kV 旁路 7220TA 去装置 29～32XB 连接片
	42	投入热东甲线 7201TA 去装置 5～8XB 连接片
	43	退出热东甲线 7201TA 自身短路 1～4XB 连接片
	44	合上 220kV 旁路 7220 电压切换 3SA 开关切至 7201 侧，灯光指示正确
	45	联系调度
	46	做热东甲线 7201 相差高频通道试验合格
	47	做热东甲线 7201 方向高频通道试验合格
	48	投入热东甲线 7201 相差高频 XB 连接片
	49	投入热东甲线 7201 高频保护出口 1XB 连接片
	50	投入热东甲线 7201 高频接地出口 2XB 连接片
	51	投入热东甲线 7201 高频接地加速出口 3XB 连接片
	52	投入热东甲线 7201 保护零序Ⅲ段 4XB0 连接片
	53	退出热东甲线 7201 保护距离Ⅰ段 XB 连接片
	54	退出热东甲线 7201 保护灵敏Ⅰ段 1XB0 连接片
	55	检查 220kV 旁路 7220 开关在开位
	56	拉开旁路 7220 断路器动力直流
	57	拉开 220kV 热东甲线 7201 丙隔离开关
	58	检查热东甲线 7201 丙隔离开关在开位
	59	拉开 220kV 旁路 7220 丙隔离开关
	60	检查旁路 7220 丙隔离开关在开位

续表

	序号	项　目　名　称（操作票）
评分标准	61 62 63 64 65	拉开220kV旁路7220南隔离开关 检查旁路7220南隔离开关在开位 全面检查操作无误 汇报班长 汇报调度
	质量要求	1. 操作票要用仿宋字填写，字迹不得潦草或辨认不清 2. 操作任务要填写清楚 3. 重要操作设备要写双重名称 4. 操作票不准合项、并项 5. 操作票不准涂抹、更改 6. 每项操作前核对设备标志 7. 操作顺序不能随意颠倒或跳项操作 8. 每项完成后要做记号，重要操作要记录时间
	得分或扣分	1. 字迹潦草辨认不清，扣5分 2. 每漏一项扣5分，严重漏项全题不得分 3. 操作票合项、并项，每处扣2分 4. 操作任务填写不清，扣5分 5. 设备不写双重名称，每处扣2分 6. 操作术语使用不准确，每处扣2分 7. 操作票涂抹、更改，每处扣2分 8. 操作前不核对设备标志，每处扣5分 9. 操作顺序颠倒或跳项，每次扣5分 10. 重要操作顺序填倒，全题不得分 11. 每项操作后不做记号，重要操作不记录时间，每处扣2分 12. 每项操作后不检查，扣2分 13. 发生误操作，全题不得分

5 试卷样例

中级电气值班员知识要求试卷

一、选择题（每题 1 分，共 25 分）

下列每题都有 4 个答案，其中只有一个正确答案，将正确答案的代号填入括号内。

1. 凡是不能用（　　）简化为其他分支电路的电路，便是复杂电路。

（A）Y/△变化法；（B）回路电压法；（C）等效电流法；（D）串并联方法。

2. 当电路的支路数较多，回路较少，应取（　　）求解比较简便。

（A）回路电流法；（B）回路电压法；（C）节点电压法；（D）支路电流法。

3. 交流电路中，磁通与电压的相量关系是（　　）。

（A）超前 90°；（B）滞后 90°；（C）同相位；（D）相位相反。

4. 计算电路的依据是（　　）基本定律。

（A）基尔霍夫第一、二定律；（B）欧姆定律和磁场守恒定律；（C）基尔霍夫定律和欧姆定律；（D）叠加原理和等效电源定理。

5. 大型发电机定子绕组接地时间允许（　　）。

（A）2h；（B）1h；（C）0.5h；（D）立即停机。

6. 运行中的发电机失磁时，定子电流（　　）。

（A）升高；（B）不变；（C）降低；（D）至零。

7. 发电机失磁后会出现（　　）。

（A）既吸收有功又吸收无功；（B）发出有功吸收无功；（C）发出无功吸收有功；（D）发出有功发出无功。

8. 发电机并列点两端电压并列瞬间相角差，若为 180°，此时冲击电流为（　　）。

（A）最小；（B）0；（C）最大；（D）额定电流。

9. 瓦斯保护二次回路绝缘以 1kV 兆欧表测量，应不小于（　　）MΩ。

（A）0.5；（B）1；（C）5；（D）500。

10. 主变压器投停都必须合上各侧中性点接地开关，以防止（　　）损坏变压器。

（A）过电流；（B）过电压；（C）局部过热；（D）电磁冲击力。

11. 大型变压器无载调压，每两个相邻接头的电压差，一般为额定电压的（　　）。

（A）±2%；（B）±2.5%；（C）±5%；（D）±10%。

12. 定子绕组的旋转磁场转速与磁极对数有关。有一台两对极的电动机当交流电变化了一周，其旋转磁场变化了（　　）。

（A）1/4 周；（B）1 周；（C）1/2 周；（D）2 周。

13. 单台电动机熔丝应选择如下（　　）。

（A）额定电流；（B）1～2 倍额定电流；（C）2～3 倍额定电流；（D）6～7 倍额定电流。

14. 异步电动机在正常运转中，其转子电流的频率（　　）。

（A）大于定子电流频率；（B）等于定子电流频率；（C）小于定子电流频率；（D）等于零。

15. 隔离开关允许拉合励磁电流不超过（　　）A、10kV 以下，容量小于 320kVA 的空载变压器。

（A）10；（B）5；（C）2；（D）1。

16. 中性点不接地 6kV 系统，当发生一相金属性接地时，中性点对地有（　　）电压。

（A）6/3kV；（B）6/$\sqrt{3}$ kV；（C）6kV；（D）0V。

17. 三相垂直布置的电力电抗器绕线方向是（　）。

（A）三相一致；（B）上、下相一致；（C）上、中相一致；（D）中、下相一致。

18. 220V 直流母线在绝缘非常好的情况下，用电压表测得正极对地电压（　　）V。

（A）220；（B）110；（C）55；（D）0。

19. 在中性点不接地系统中，当发生一点接地后，其三相线电压（　）。

（A）均升高 $\sqrt{3}$ 倍；（B）均不变；（C）一个不变两个升高；（D）均下降 1/$\sqrt{3}$ 倍。

20. 发电机的横差保护用电流互感器台数为（　　）台。

（A）1；（B）2；（C）3；（D）6。

21. 400V 电动机装设的接地保护若出现下列哪项故障保护动作（　）。

（A）接线或绕组断线；（B）相间短路；（C）缺相运行；（D）电机接线或绕组接地。

22. 接地保护反应的是（　　）。

（A）负序电压、零序电流；（B）零序电压、负序电流；（C）零序电压或零序电流；（D）负序电压或负序电流。

23. 阻抗继电器是反应（　　）而动作的。

（A）电压变化；（B）电流变化；（C）电压与电流差值变化；（D）电压和电流比值变化。

24. 为避免输送功率较大等原因，造成负荷端的电压过低，可以在电路中（　　）。

（A）并联电容；（B）串联电感和电容；（C）串联电容；（D）串联电感。

25. 要测量开关的接触电阻大小应使用（　　）。

（A）兆欧表；（B）万用表；（C）电桥；（D）用电流电

压法。

二、判断题（每题 1 分，共 25 分）

判断下列描述是否正确，对的在括号内打“√”，错的在括号内打“×”。

1. 开关的交流合闸线圈通入同样数值的直流电压时，线圈会烧坏。（　）

2. 串联谐振的特点是回路阻抗最大。（　）

3. 发电机并列时，冲击电流的大小与电压成正比。（　）

4. 发电机励磁回路两点接地保护，只有在两点接地时才投入。（　）

5. 变压器的瓦斯保护一次投跳闸需经值长批准。（　）

6. 变压器投入运行后，它的励磁电流几乎不变。（　）

7. 当电压下降 10%异步电动机传动的排水泵电流将下降。（　）

8. 接线组别不同的变压器进行并列，则相当于短路。（　）

9. 电压互感器故障时，必须用隔离开关断开。（　）

10. 消弧线圈的调整应先在线路投运前进行。（　）

11. 电压互感器的误差与二次负荷的大小无关。（　）

12. 蓄电池正常运行中应采取浮充电方式。（　）

13. 电气仪表与继电保护装置应分别使用电流互感器不同次级。（　）

14. 6kV 电动机若要装设三相纵差保护必须要有 6 台电流互感器。（　）

15. 在中性点不接地的发电机三相电流不对称时，可以分解为正序、负序、零序三组分量。（　）

16. 差动保护的优点是能够迅速地、有选择地切除保护范围内的故障。（　）

17. 磁电式仪表只能测量直流。（　）

18. 负序电流保护可以反应三相对称短路。 （ ）

19. 在距离保护中故障点到保护安装处电气距离越长，动作时间也就越短。 （ ）

20. 变压器的主绝缘是指绕组对地、绕组与绕组之间的绝缘。 （ ）

21. 变压器负荷无论三相对称与否，变压器的过负荷保护只需要接入一相电流即可实现，经延时作用于跳闸。 （ ）

22. 母线倒闸操作中，必须将母差保护停用。 （ ）

23. 在进行电源并列时通常允许电压差在±10%的额定值范围内。 （ ）

24. 高峰负荷时升高电压，低谷负荷时降低电压的中枢点电压调整方法，称为“顺调压”。 （ ）

25. 工作票是进行检修工作的书面依据。 （ ）

三、简答题（每题 5 分，共 15 分）

1. 什么是线性电阻和非线性电阻?

2. 发电机转子绕组发生两点接地故障有哪些危害?

3. 在高频保护中采用远方起动发信的作用是什么?正常运行时为何要每日校验检查高频通道?

四、计算题（每题 5 分，共 15 分）

1. 有一只电流表，其最大量程为 5000μA，内阻为 300Ω，若要把量程扩大为 2A，求应并联多大电阻?

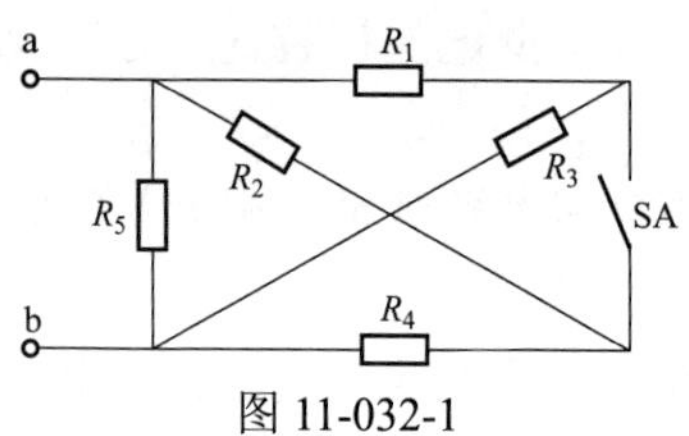

图 11-032-1

2. 如图 11-032-1 所示，已知 $R_1=R_2=R_3=R_4=3\ \Omega$，$R_5=6\ \Omega$，试求当控制开关 SA 打开和闭合时，电路中 a、b 两端的等效电阻 R_{ab} 的值各是多少?

3. 一个电容器的电容为 100μF，并接在电压为 220V，频率为 500Hz 的交流电源上，试求电路中的电流。若电压的初相角为π/6，试求电压、电流瞬时值表达式。

五、绘图题（每题 5 分，共 10 分）

1. 画出电阻、电感、电容并联交流电路图（$X_L > X_C$）及电流相量图。

2. 画出两相两继电器式有不完全星形原理接线图。

六、论述题（10 分）

为什么有些低压线路中用了自动空气开关后，还要串联交流接触器?

中级电气值班员技能要求试卷

一、厂用 6kV 系统接地故障处理（20 分）

二、某厂 66kV 北母线停电操作（40 分）

三、某厂 66kV 吉热乙线 7604 断路器停电，线路由旁路 7660 断路器代的操作（40 分）

中级电气值班员知识要求试卷答案

一、选择题

1. （D）；2.（A）；3.（B）；4.（C）；5.（D）；6.（A）；7.（B）；8.（C）；9.（C）；10.（B）；11.（B）；12.（C）；13.（C）；14.（C）；15.（C）；16.（B）；17.（B）；18.（D）；19.（B）；20.（A）；21.（D）；22.（C）；23.（D）；24.（A）；25.（D）。

二、判断题

1. （√）；2.（×）；3.（×）；4.（×）；5.（×）；6.（√）；7.（×）；8.（√）；9.（×）；10.（√）；11.（×）；12.（√）；13.（√）；14.（×）；15.（×）；16.（√）；17.（√）；18.（×）；19.（×）；20.（√）；21.（×）；22.（×）；23.（×）；24.（×）；25.（×）。

三、简答题

1. 答：电阻值不随电压、电流的变化而变化的电阻称为线性电阻。线性电阻的阻值是一个常量，其伏安特性为一条直线，线性电阻上的电压与电流的关系服从欧姆定律。电阻值随着电压、电流的变化而改变的电阻，称为非线性电阻，其伏安特性是一曲线。所以不能用欧姆定律来直接运算，而要根据伏安特性用作图法来求解。

2. 答：发电机转子绕组发生两点接地后，使相当一部分绕组短路。由于电阻减小，所以另一部分绕组电流增加，破坏了发电机气隙磁场的对称性，引起发电机剧烈振动，同时无功出力降低。另外，转子电流通过转子本体，如果电流较大，可能烧坏转子和磁化汽机部件，以及引起局部发热，使转子缓慢变形而偏心，进一步加剧振动。

3. 答：其作用是：

（1）可保证两侧起动发信与比相回路间的配合。

（2）可以进一步防止保护装置在区外故障时的误动作。

（3）便于通道检查。

因高频保护的发信机使用电子元件多，装置较复杂，任何一侧故障均有可能影响保护的正确动作。为了保证保护装置动作可靠性，每日人为起动发信机进行高频通道信号检查，以检查收发信机及通道是否正常。发现缺陷及时处理，保证保护的可靠性，发生本线故障能正确动作。

四、计算题

1. 解：扩大倍数 $n=2\times10^6\div5000=400$

并联电阻 $R'=r_0/(n-1)=300/(400-1)\approx0.75$（Ω）

答：应并联 0.75 Ω电阻。

2. 解：从电路可知，当 SA 开关打开时：

R_1 与 R_3 串联，电阻为 $R'=R_1+R_3=3+3=6$（Ω）

R_2 与 R_4 串联，电阻为 $R''=R_2+R_4=3+3=6$（Ω）

R_5 与 R' 和 R'' 并联，R' 与 R'' 先并联，且相等，即

$$R=\frac{R'}{2}=\frac{R''}{2}=3(\Omega)$$

R_5与 R 并联，则电路中 a、b 两端的等效电阻为

$$R_{ab}=\frac{R_5\cdot R}{R_5+R}=\frac{6\times3}{6+3}=2(\Omega)$$

当 SA 开关闭合时，从电路可知：

R_1与 R_2并联　$R_{1.2}=\frac{R_1}{2}=\frac{R_2}{2}=\frac{3}{2}=1.5(\Omega)$

R_3与 R_4并联　$R_{3.4}=\frac{R_3}{2}=\frac{R_4}{2}=\frac{3}{2}=1.5(\Omega)$

$R_{1.2}$与 $R_{3.4}$串联，电阻为 $R=R_{1.2}+R_{3.4}=1.5+1.5=3\,(\Omega)$

R 再与 R_5并联，则为电路 ab 两端的等效电阻

$$R_{ab}=\frac{R_5\cdot R}{R_5+R}=\frac{6\times3}{6+3}=2(\Omega)$$

答：当控制开关 SA 打开式闭合时，电路中 a、b 两端的等效电阻 R_{ab}为 2Ω

3. 解：根据公式　$X_C=\frac{1}{\omega C}=\frac{1}{2\pi fC}$

电路中的容抗　$X_C=\frac{1}{2\pi fC}=\frac{1}{2\times3.14\times500\times100\times10^{-6}}$

≈3.18（Ω）

电路中的电流　$I_C=\frac{U}{X_C}=\frac{220}{3.18}=69.18(\text{A})$

电源角频率　$\omega=2\pi f=2\times3.14\times500=3140$

电路电压瞬时值表达式　$u=220\sqrt{2}\sin\left(3140t+\frac{\pi}{6}\right)(\text{V})$

由于电流超前电压$\frac{\pi}{2}$，所以$\varphi=\frac{\pi}{6}+\frac{\pi}{2}=\frac{2\pi}{3}$

电路电流瞬时值表达式　$i=69.18\sqrt{2}\sin\left(3140t+\frac{2\pi}{3}\right)(\text{A})$

答：电压瞬时值表达式　$u = 220\sqrt{2}\sin\left(3140t + \frac{\pi}{6}\right)(\mathrm{V})$；

电流瞬时值表达式　$i = 69.18\sqrt{2}\sin\left(3140t + \frac{2\pi}{3}\right)\mathrm{A}$。

五、绘图题

1. 作图如下，见图 11-032-2、图 11-032-3。

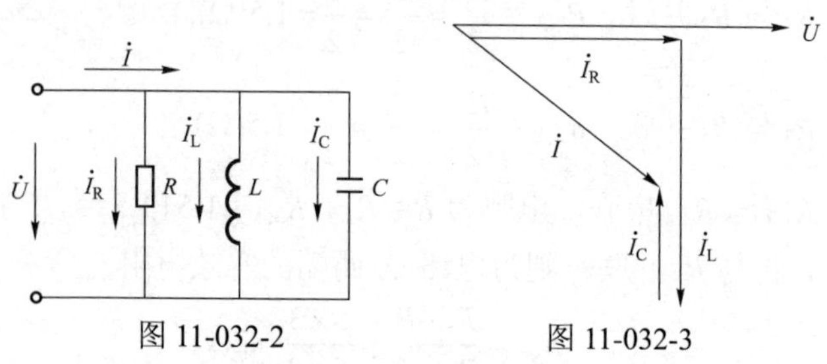

图 11-032-2　　　　图 11-032-3

2. 作图如下，见图 11-032-4。

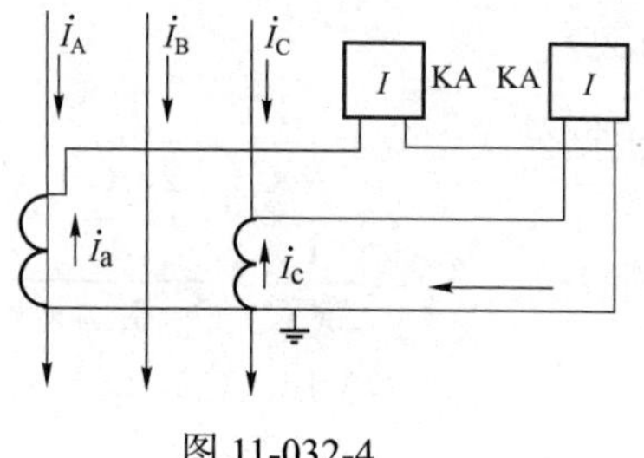

图 11-032-4

六、论述题

答：这要从自动空气开关和交流接触器的性能说起，自动空气开关有过载、短路和失压保护动能，但在结构上它着重提高了灭弧性能，不适宜于频繁操作。而交流接触器没有过载、短路的保护功能，只适用于频繁操作。因此，有些需要在正常工作电流下进行频繁操作的场所，常采用自动空气开关串联交流接触器的接线方式。这样既能由交流接触器承担工作电流的频繁接通和断开，又能由自动空气开关承担过载、短路和失压保护。

中级电气值班员技能要求试卷答案

一、答厂用 6kV 系统接地故障处理见下表。

<table>
<tr><td colspan="2">编　　号</td><td>C02A001</td><td>行为领域</td><td>e</td><td>鉴定范围</td><td>5</td></tr>
<tr><td colspan="2">考核时限</td><td>15min</td><td>题　　型</td><td>A</td><td>题　　分</td><td>20</td></tr>
<tr><td colspan="2">试题正文</td><td colspan="5">厂用 6kV 系统接地故障处理</td></tr>
<tr><td colspan="2">需要说明的问题和要求</td><td colspan="5">1. 要求被考人单独进行故障处理
2. 在仿真机上考核时，由考评员给出故障现象，被考人按仿真机运行规程判断处理
3. 现场模拟操作演示时，由考评员给出故障现象，被考人依据现场规程判断处理、进行模拟演示，不得触摸运行设备，并做好监护
4. 若现场出现异常情况，停止考核退出现场</td></tr>
<tr><td colspan="2">工具、材料、设备场地</td><td colspan="5">1. 现场考核，应选在备用设备进行演示，以免影响机组运行；无备用设备，应做好安全防范措施
2. 现场考核时，应准备好必要的操作工具和绝缘用具，穿好工作服</td></tr>
<tr><td rowspan="5">评分标准</td><td>序号</td><td colspan="5">项　目　名　称</td></tr>
<tr><td>1
1.1
1.2</td><td colspan="5">现象
警铃响，“6kV 母线接地”灯光来
母线绝缘监视表指示，一相电压降低或零，其他两相电压升高或等于线电压</td></tr>
<tr><td>2
2.1
2.2

2.3

2.4

2.5
2.6

2.7</td><td colspan="5">处理
根据灯光和表计指示判明 6kV 系统接地及接地母线
询问机、炉、燃等岗位是否有启动高压电动机，如有则应停电进行检查
如接地同时伴有设备跳闸，禁止跳闸再次投入，应立即查明原因
按上述方法无效时，按次要负荷到主要负荷顺序瞬停选择方式查找接地点事前与有关专责联系好
切换厂用电源方式判断是否工作电源电缆接地
经上述选择仍未查出故障点，则证明母线或电压互感器接地，汇报班长、值长，停电处理
故障排除后恢复正常运行方式</td></tr>
<tr><td>质量要求</td><td colspan="5">判断接地母线正确
按运行规程选择接地操作程序正确
必要的联系工作准确，无漏项接地时间不准超过 2h（实际）</td></tr>
<tr><td>得分或扣分</td><td colspan="5">1. 判断接地母线失误否决全项
2. 选择接地操作顺序每错一处，扣 4 分
3. 停送负荷操作错误一处，扣 2 分
4. 联系工作有误或漏项一处，扣 2 分
5. 选择接地超时，扣 10 分</td></tr>
</table>

二、答某厂 66kV 北母线停电操作如下表。

<table>
<tr><td colspan="2">编　号</td><td>C01B002</td><td>行为领域</td><td>e</td><td>鉴定范围</td><td>3</td></tr>
<tr><td colspan="2">考核时限</td><td>20min</td><td>题　型</td><td>B</td><td>题　分</td><td>40</td></tr>
<tr><td colspan="2">试题正文</td><td colspan="5">某厂 66kV 北母线停电操作</td></tr>
<tr><td colspan="2">需要说明的问题和要求</td><td colspan="5">1. 要求被考人单独完成操作任务
2. 在现场或仿真设备上考核时，要先填写操作票，然后进行操作
3. 倒闸操作时，要严格执行规程的有关规定；现场操作只能进行模拟演示，不得触及运行设备，并做好监护
4. 若现场出现异常，停止考核退出现场</td></tr>
<tr><td colspan="2">工具、材料、设备场地</td><td colspan="5">1. 需要仿真设备或现场实际变电所
2. 某厂 66kV 电气一次系统图，见图 CB-1
3. 系统运行方式：双母运行、母联投入、旁路备用、单数开关在北、双数开关在南
4. 备好操作工具和绝缘用具</td></tr>
<tr><td rowspan="2">评分标准</td><td>序号</td><td colspan="5">项　目　名　称</td></tr>
<tr><td>1
2
3
4
5
6
7
8
9
10
11
12
13
14
15
16
17
18
19
20
21
22
23
24
25
26
27
28</td><td colspan="5">收班长令
联系调度
拉开 66kV 低频保护直流
合上 66kV 低频保护电压开关于南母侧
合上 66kV 低频保护直流
合上 66kV 远动用 TV 电压开关于南母侧
合上 66kV 母保非选择 P 刀闸
检查 66kV 母保非选择监视灯亮
合上 66kV 南北母复合电压联络 3XB 连接片
拉开 66kV 北母复合电压 1XB 连接片
拉开母联 7600 断路器操作直流
检查母联 7600 断路器在合位
合上 5 号主变 7505 南隔离开关
合上热氮甲线 7605 南隔离开关
合上吉热甲线 7603 南隔离开关
合上热油线 7601 南隔离开关
合上热铁丙线 7609 南隔离开关
合上 7T7507 南隔离开关
合上热桃甲线 7611 南隔离开关
检查上述隔离开关在合位，P 刀闸位置指示正确
合上热桃甲线 7611 南电压 SA 开关
拉开热桃甲线 7611 北电压 SA 开关
合上吉热甲线 7603 南电压 SA 开关
拉开吉热甲线 7603 北电压 SA 开关
拉开热油线 7601 北隔离开关
拉开吉热甲线 7603 北隔离开关
拉开热氮甲线 7605 北隔离开关
拉开 5 号主变 7505 北隔离开关</td></tr>
</table>

续表

<table>
<tr><td rowspan="30">评
分
标
准</td><td>序号</td><td>项　目　名　称</td></tr>
<tr><td>29</td><td>拉开热桃甲线 7611 北隔离开关</td></tr>
<tr><td>30</td><td>拉开 7 号主变 7507 北隔离开关</td></tr>
<tr><td>31</td><td>拉开热铁丙线 7609 北隔离开关</td></tr>
<tr><td>32</td><td>检查上述隔离开关在开位，P 刀闸位置指示正确</td></tr>
<tr><td>33</td><td>拉开 66kV 北母 TV 二次，开口三角 H 熔丝</td></tr>
<tr><td>34</td><td>拉开 66kV 北母 TV 二次 A 相小刀闸</td></tr>
<tr><td>35</td><td>拉开 66kV 北母 TV 二次 B 相小刀闸</td></tr>
<tr><td>36</td><td>拉开 66kV 北母 TV 二次 C 相小刀闸</td></tr>
<tr><td>37</td><td>检查上述刀闸在开位</td></tr>
<tr><td>38</td><td>拉开 66kV 北母 TV 一次隔离开关</td></tr>
<tr><td>39</td><td>检查 66kV 北母 TV 一次隔离开关在开位</td></tr>
<tr><td>40</td><td>合上 66kV 母联 7600 操作直流</td></tr>
<tr><td>41</td><td>检查 66kV 母联 7600 断路器电流表指为零</td></tr>
<tr><td>42</td><td>拉开 66kV 母联 7600 断路器</td></tr>
<tr><td>43</td><td>拉开 66kV 母联 7600 断路器操作信号直流</td></tr>
<tr><td>44</td><td>检查 66kV 母联 7600 断路器在开位</td></tr>
<tr><td>45</td><td>拉开 66kV 母联 7600 断路器动力直流</td></tr>
<tr><td>46</td><td>拉开 66kV 母联 7600 北隔离开关</td></tr>
<tr><td>47</td><td>拉开 66kV 母联 7600 南隔离开关</td></tr>
<tr><td>48</td><td>检查上述隔离开关在开位</td></tr>
<tr><td>49</td><td>检查 66kV 北母线所有北隔离开关在开位</td></tr>
<tr><td>50</td><td>验明 66kV 北母线三相确无电压</td></tr>
<tr><td>51</td><td>在 66kV 北母东侧挂地线一组×号</td></tr>
<tr><td>52</td><td>在 66kV 北母西侧挂地线一组×号</td></tr>
<tr><td>53</td><td>全面检查操作无误</td></tr>
<tr><td>54</td><td>汇报班长</td></tr>
<tr><td>55</td><td>汇报调度</td></tr>
<tr><td>质量要求</td><td>1. 操作票要用仿宋字填写
2. 操作任务要填写清楚
3. 重要设备要使用双重名称
4. 操作票不准合项、并项
5. 操作票不准涂抹更改
6. 每项操作前要核对设备标志
7. 操作顺序不准随意更改或跳项操作
8. 每完成一项操作要做记号，重要操作要记录时间</td></tr>
<tr><td>得分或扣分</td><td>1. 字迹潦草辨认不清，扣 5 分
2. 每漏一项扣 5 分，严重漏项全题不得分
3. 操作票合项、并项，每处扣 2 分
4. 操作任务填写不清，扣 5 分
5. 设备不写双重名称，每处扣 2 分
6. 操作术语使用不标准，每处扣 2 分
7. 操作票涂抹、更改，每处扣 2 分
8. 每项操作前不核对设备标志，扣 5 分
9. 操作顺序颠倒或跳项操作，每次扣 5 分
10. 重要设备颠倒操作，全题不得分
11. 每项操作后不做记号、重要操作不记录时间，每处扣 2 分
12. 每项操作完不检查，扣 2 分，隔离开关、断路器操作后不检查，扣 5 分
13. 发生误操作，全题不得分</td></tr>
</table>

三、答某厂 66kV 吉热乙线 7604 断路器停电，线路由旁路 7660 断路器代的操作见下表。

编　号	C04C003	行为领域	e	鉴定范围	3
考核时限	20min	题　型	C	题　分	40
试题正文	某厂 66kV 吉热乙线 7604 断路器停电，线路由旁路 7660 断路器代的操作（7603、7604 为系统联络线）				
需要说明的问题和要求	1. 要求被考人单独完成操作任务 2. 考评员可根据考场实际情况，出拟相似题目 3. 考核时，被考人要先填写操作票，然后进行操作 4. 倒闸操作时，要严格执行规程中有关规定，现场考核只能进行模拟演示，不得触及设备，并做好监护 5. 若现场出现异常，停止考核退出现场				
工具、材料、设备场地	1. 需要仿真设备或实际变电所 2. 某厂 66kV 电气一次系统图，见图 CB-1 3. 系统运行方式为：双母运行、母联投入、旁路备用，单数开关在北，双数开关在南 4. 备好操作工具和绝缘用具				

评分标准	序号	项　目　名　称
	1	收到班长令
	2	联系调度
	3	检查旁路 7660 保护 1XB1 连接片投入中
	4	检查旁路 7660 保护 1XB2 连接片投入中
	5	检查旁路 7660 保护 1XB3 连接片投入中
	6	检查旁路 7660 保护 1XB4 连接片投入中
	7	检查旁路 7660 重合闸开关在开位
	8	投入 66kV 母保跳 7660 开关 5XB 连接片于南侧
	9	将 66kV 旁路 7660 微机保护定值轮拨至“1”区输入定值并确认
	10	打印旁路 7660 定值单与调度核对
	11	检查 66kV 旁路母线所有丙隔离开关在开位
	12	检查 66kV 旁路 7660 断路器在开位
	13	合上 66kV 旁路 7660 南隔离开关
	14	检查旁路 7660 南隔离开关在合位
	15	合上旁路 7660 断路器动力直流
	16	检查旁路 7660 南电压 SA 开关在合位
	17	检查旁路 7660 北电压 SA 开关在开位
	18	合上旁路 7660 断路器操作信号直流
	19	合上 66kV 旁路 7660 断路器
	20	检查旁路 7660 电流表指示正确
	21	拉开 66kV 旁路 7660 断路器
	22	拉开旁路 7660 操作直流
	23	检查旁路 7660 开关在开位
	24	合上 66kV 吉热乙线 7604 丙隔离开关

续表

	序号	项目名称
评分标准	25	检查吉热乙线7604丙隔离开关在合位
	26	联系调度
	27	拉开吉热甲线7603重合闸开关
	28	拉开吉热乙线7604重合闸开关
	29	退出吉热甲线7603平衡保护1XB连接片
	30	退出吉热乙线7604平衡保护2XB连接片
	31	退出吉热甲乙线7603、7604平衡保护3XB连接片
	32	投入吉热甲乙线7603、7604差流控制5XB连接片
	33	投入吉热甲乙线7603、7604差流控制5XB′连接片
	34	合上旁路7660操作直流
	35	合上66kV旁路7660断路器环并
	36	检查旁路7660电流表指示正确
	37	拉开66kV吉热乙线7604断路器
	38	拉开吉热乙线7604操作信号直流
	39	检查吉热乙线7604断路器在开位
	40	拉开吉热乙线7604断路器动力直流
	41	拉开66kV吉热乙线7604甲隔离开关
	42	检查吉热乙线7604甲隔离开关在开位
	43	拉开66kV吉热乙线7604南隔离开关
	44	检查吉热乙线7604南隔离开关在开位
	45	全面检查操作无误
	46	汇报班长
	47	汇报调度
	质量要求	1. 操作票要用仿宋字填写 2. 操作任务要填写清楚 3. 重要设备要写双重名称 4. 操作票不准合项、并项 5. 操作票不准涂抹、更改 6. 每项操作前要核对设备标志 7. 操作顺序不准随意改动或跳项操作 8. 每完成一项操作要做记号，重要操作要记录时间
	得分或扣分	1. 字迹潦草辨认不清，扣5分 2. 每漏一项扣5分，严重漏项，全题不得分 3. 操作票合项、并项，每处扣2分 4. 操作任务填写不清，扣5分 5. 设备不写双重名称，每处扣2分 6. 操作术语使用不标准，每处扣2分 7. 操作票涂抹、更改，每处扣2分 8. 操作前不核对设备标志，每次扣5分 9. 操作顺序颠倒或跳项操作，每处扣5分 10. 重要操作顺序颠倒，全题不得分 11. 每项操作后不做记号、重要操作不记录时间，每处扣2分 12. 每项操作完不检查，扣2分 13. 发生误操作全题不得分

6 组卷方案

6.1 理论知识考试组卷方案

技能鉴定理论知识试卷每卷不应少于五种题型，其题量为45～60题（试卷的题型与题量的分配，参照附表）。

试卷的题型与题量分配（组卷方案）表

题　型	鉴定工种等级		配　分	
	初级、中级	高级工、技师	初级、中级	高级工、技师
选　择	20题（1～2分/题）	20题（1～2分/题）	20～40	20～40
判　断	20题（1～2分/题）	20题（1～2分/题）	20～40	20～40
简答/计算	5题（6分/题）	5题（5分/题）	30	25
绘图/论述	1题（10分/题）	1题（5分/题） 2题（10分/题）	10	15
总　计	45～55	47～60	100	100

高级技师的试卷，可根据实际情况参照技师试卷命题，综合性、论述性的内容比重加大。

6.2 技能操作考核方案

对于技能操作试卷，库内每一个工种的各技术等级下，应最少保证有5套试卷（考核方案），每套试卷应由2～3项典型操作或标准化作业组成，其选项内容互为补充，不得重复。

技能操作考核由实际操作与口试或技术答辩两项内容组成，初、中级工实际操作加口试进行，技术答辩一般只在高级工、技师、高级技师中进行，并根据实际情况确定其组织方式和答辩内容。